景品表示法

第7版

消費者庁表示対策課長
高居良平 編著

商事法務

第7版はしがき

令和3年6月の本書第6版発行以降，景品表示法は，社会情勢の変化を踏まえて，種々の見直しが行われてきた。例えば，消費者庁は，インターネット上の広告手法の多様化・高度化等に伴い，広告主（商品・サービスの供給を行う事業者）によるアフィリエイトプログラムを利用した成果報酬型の広告が多く見られたことから「アフィリエイト広告等に関する検討会」を開催し，同検討会報告書（令和4年2月15日公表）の提言を踏まえて，令和4年6月29日に「事業者が講ずべき景品類の提供及び表示の管理上の措置についての指針」（平成26年内閣府告示第276号）の一部改正および「インターネット消費者取引に係る広告表示に関する景品表示法上の問題点及び留意事項」（平成23年10月28日消費者庁）の一部改定を行った。

また，インターネット広告市場が著しい拡大を見せる中，いわゆるステルスマーケティングの問題がより一層顕在化していた状況に鑑み，消費者庁は，「ステルスマーケティングに関する検討会」を開催し，同検討会報告書（令和4年12月28日公表）を踏まえて，令和5年3月28日，景品表示法第5条第3号に基づく不当表示として「一般消費者が事業者の表示であることを判別することが困難である表示」（いわゆるステルスマーケティング告示）を新たに指定した（同年10月1日施行）。

さらに，デジタル化の進展等の社会環境の変化等を踏まえて令和4年3月から開催していた「景品表示法検討会」の報告書（令和5年1月13日公表）が取りまとめられたところ，同検討会報告書の提言も踏まえ，令和5年通常国会に，確約手続の導入，繰り返し違反行為を行う事業者に対する課徴金の割増，悪質な事業者に対応するための直罰規定の導入等を内容とする不当景品類及び不当表示防止法の一部を改正する法律案が提出され，同法案は同年5月に成立・公布された（令和5年法律第29号。5月10日成立，同月17日公布。以下「改正景品表示法」という）。

今般，改正景品表示法が，一部の規定を除き令和6年10月1日から施行されることとなったことも踏まえ，第6版発行以降のこれらの動きを

取り入れるべく改訂を行うこととした。改訂に当たっては，関係法令やガイドラインについて追記・修正するとともに，必要に応じて掲載事例のアップデート等を行っている。

　今や，事業者にとっては，景品表示法を適切に理解し遵守することが日々の事業活動を行う上で必要不可欠になっている。また，一般消費者にとっても，デジタル社会の進展に伴い広告が多様化する中で適切に商品・サービスを選択するに当たって，景品表示法が「消費者力」のより一層の育成・強化に重要な役割を担っていることは疑いの余地がない。今回の改訂が，広告・宣伝業務等に携わり景品表示法の理解が不可欠な企業の担当者，一般消費者，法律関係者などの幅広い関係各位の理解を促進し，それが事業者のより一層のコンプライアンス向上につながるとともに，一般消費者の自主的かつ合理的な選択に資することを期待してやまない。

　なお，本書の改訂に当たっては，後記編著者にそれぞれ分担して旧版の記載内容の確認および改訂部分の原稿の執筆等をしていただいたが，第7版においても，その執筆内容については，執筆者それぞれの個人的な責任によるものであることをあらかじめお断りしておく。

　最後に，本書の改訂に当たっては，株式会社商事法務の池田知弘氏，新嶋さくら氏に多大な御尽力をいただいた。この場を借りて深く御礼申し上げる。

　　令和 6 年 6 月 26 日

消費者庁審議官

真渕　博

第 6 版はしがき

　平成 29 年 4 月に行われた本書第 5 版発行以降，消費者庁は，当時問題となりつつあった打消し表示に対する実態調査を行い，平成 29 年 7 月に打消し表示に関する実態調査報告書，平成 30 年 5 月にスマートフォンにおける打消し表示に関する実態調査報告書を，さらに同年 6 月には広告表示に接する消費者の視線に関する実態調査報告書をそれぞれ公表し，その結果を公表した。

　また，令和元年末以降発生した新型コロナウイルス感染症の流行という事態にあっては，新型コロナウイルス感染症への予防効果等を標ぼうする表示に対して景品表示法および健康増進法の観点から緊急監視を行い，合計 99 事業者 125 商品の表示に対して改善要請等を行うとともに，一般消費者に対して注意喚起を行い，すべての商品の表示について改善を確認する等，時機に応じた迅速な法執行によって一定の成果を上げてきた。

　さらに，令和 2 年 12 月には，価格表示についてのガイドラインである「不当な価格表示についての景品表示法上の考え方」を補完するものとして，「将来の販売価格を比較対照価格とする二重価格表示に対する執行方針」を策定・公表している。

　第 6 版では，第 5 版以降のこうした動きを取り入れるとともに，第 5 版の「第 7 章　景品表示法 Q & A」を本文中に統合し，「第 8 章　消費者庁の組織と主要な役割等について」の記載を削除し，巻末資料を URL の記載に代えるなど，より一層のコンパクト化を目指した。

　本書は，広告・宣伝業務に携わり，また，景品表示法に関心を有している実務家，消費者，法律関係者など関係各位の活用に資するべく，これらの消費者庁の近年の動きを含む景品表示法のこれまでの運用経験を踏まえ，全体的に記載を見直してアップデートし，インターネット広告の進展に伴い出現した新たな事例等も紹介しながら，その考え方を包括的に説明するものである。

　今回の改訂が，表示に対して適切な注意を向けている事業者にとって一

層の景品表示法コンプライアンスの向上につながるよう，引き続き強い期
待を寄せている。

　本書の改訂に当たっては，後記編著者にそれぞれ分担して旧版の記載内
容の確認と改訂部分の原稿の執筆等をしていただいた。なお，第6版に
おいても，その執筆内容については，執筆者それぞれの個人的な責任によ
るものであることをあらかじめお断りしておく。

　最後に，本書の改訂に当たっては，株式会社商事法務の澁谷禎之氏に多
大なご尽力をいただいた。この場を借りて深く御礼申し上げる。

　　令和3年1月22日

消費者庁審議官

片桐　一幸

第 5 版はしがき

　平成 27 年 8 月に本書第 4 版が発行された。その際には，平成 26 年 11 月に改正された課徴金制度についても追記されている。その後，課徴金制度の施行に向けて，平成 27 年 12 月に政令が，平成 28 年 1 月には内閣府令とガイドラインが公表され，平成 28 年 4 月に同制度の運用がスタートした。本書は，初版の発行以来，景品表示法の包括的な解説書として定評があり，課徴金制度の実務に必要な関係法令やガイドラインについて，本書への追記が待たれていた。

　課徴金制度が導入された改正景品表示法の運用については，各方面から多くの関心が寄せられているところであり，消費者庁としては，引き続き，同法の厳正かつ適切な運用に向けて，職員一丸となって取り組んでいきたい。

　なお，第 5 版においても，その執筆内容については，執筆者それぞれの個人的な責任によるものであることをあらかじめお断りしておく。

　最後に，今回の改訂に当たり，第 2 版以来御担当いただいている株式会社商事法務の岩佐智樹氏に多大な御尽力をいただいた。深く御礼申し上げる。

　　平成 29 年 1 月 15 日

消費者庁審議官

東出　浩一

第 4 版はしがき

　本書の第 3 版は，平成 26 年（2014 年）1 月に発行されたが，平成 25 年秋に発生したホテル・レストラン等におけるいわゆる食品表示等問題を受けて同年 12 月に食品表示等問題関係府省庁等会議で決定された「食品表示等の適正化について」に基づき，平成 26 年に景品表示法が二度改正された。平成 26 年 6 月改正法は，事業者のコンプライアンス体制の確立（事業者が講ずべき表示等の管理上の措置に関する規定）や行政の監視指導体制の強化などを内容とするもので，平成 26 年 12 月に施行された。

　平成 26 年 11 月改正法は，不当表示に対する課徴金制度を導入するもので，公布の日である同月 27 日から 1 年 6 か月以内に施行される。

　景品表示法については，昭和 37 年（1962 年）の制定以来，都道府県知事に同法に基づく調査と指示の権限を付与することを内容とする昭和 47 年（1972 年）の改正，不実証広告規制に係る規定を設けることを内容とする平成 15 年（2003 年）の改正などがあったが，平成 26 年の二度の改正は，これまでで最大のものと言っても過言ではないであろう。特に，課徴金制度の導入については，消費者法に同制度が導入されるのが初めてであるだけでなく，既存の課徴金制度にはない「被害回復」の視点も取り入れられている。

　このため，本書中に記載されている第 4 版・編著者のほか，吉野智博など表示対策課の職員が協力し，平成 26 年 6 月改正法と 11 月改正法の内容を追記するなどして，第 4 版を送り出すこととなった。本書が引き続き景品表示法を理解する上での基本書として広く御活用されることを期待している。

　なお，第 4 版においても，その執筆内容については，執筆者それぞれの個人的な責任によるものであることをあらかじめお断りしておく。

　最後に，今回の改訂に当たっても，第 2 版以来御担当いただいている株式会社商事法務の岩佐智樹氏に多大な御尽力をいただいた。深く御礼申し上げる。

平成 27 年 6 月 20 日

消費者庁審議官

菅久　修一

第3版はしがき

　本書の初版は，平成16年当時，不当景品類及び不当表示防止法（景品表示法）の運用を担当している者による解説書が長い間出版されていなかったことから，株式会社商事法務の坂井清氏からの勧めもあって，公正取引委員会の消費者取引課等において同法の企画・運用に携わってきた者が執筆し，翌17年に出版に至ったものである。本書では，「景品表示法のこれまでの運用経験を踏まえ，具体的な事例を紹介しながら，その考え方を包括的に説明」すること，すなわち，その時点での景品表示法の運用の実際を伝えることを目標としたが，幸いにして，このような方針で作成された本書は，好評を得て，版を重ねることができた。

　平成21年の消費者庁の設立とともに，景品表示法は，違反行為に対する処分の権限が公正取引委員会から消費者庁に移管され，その位置付けが独占禁止法の特例法から消費者法へと変わったのを機に，笠原宏消費者庁表示対策課長（当時）の編著により，平成22年に第2版が出版された。

　ところで，景品表示法は，「商品及び役務の取引に関連する不当な景品類及び表示による顧客の誘引を防止するため，一般消費者による自主的かつ合理的な選択を阻害するおそれのある行為の制限及び禁止について定め」ているが（同法第1条），例えば，表示については，消費者が手にした商品の品質等に関する情報を最もよく知っているのは，その商品を供給する者（製造業者や販売業者）であり，消費者は，自らの好み，必要性や予算などを考えつつ，製造業者等が表示した情報に基づいて，その商品を購入するかどうか判断することが多い。このため，製造業者等による表示が適切でなければ，その商品に関する正確な情報が消費者に伝わらず，消費者は，自主的で合理的な商品選択，すなわち，自分の好みに合った良質な商品を手頃な価格で手に入れることができなくなり，消費者の利益が損なわれる。一方，消費者が自主的かつ合理的に商品を選択できれば，消費者が求める良質な商品を手頃な価格で供給しようと努力している事業者の売上げと利益が伸びる。適正な表示は，消費者の利益だけでなく，創意あ

ふれる事業者の利益にもなるのである。

消費者庁が「消費者が安心して安全で豊かな消費生活を営むことができる社会の実現に向けて」行うべき任務の1つは,「商品及び役務の消費者による自主的かつ合理的な選択の確保……に関する事務」であり（消費者庁及び消費者委員会設置法第3条),「商品及び役務について消費者の自主的かつ合理的な選択の機会が確保され」ることは消費者基本法第2条で規定された消費者の権利の1つである。消費者庁では,消費者の生活に密接に関連する様々な法律を運用しているが,景品表示法には,こうした消費者の権利を実現する上で,極めて重要な役割が期待されている。

第2版の公刊から3年以上が経過したが,この間に,数多くの事件で措置が採られ,公正競争規約の新設や変更があり,また,オンラインゲームの「コンプガチャ」やインターネット取引などについて,景品表示法上の考え方が新たに示されている。こうした動きをアップデイトし,「景品表示法の今」をきちんとお伝えするため,片桐一幸消費者庁表示対策課長が編著者となって,xxiii ページ（注：第3版）記載の著者により,第3版を世に送り出すこととなった。本書がさらに版を重ねていくことになったことは,初版の編著者として大きな喜びである。

なお,第3版においても,その執筆内容については,執筆者それぞれの個人的な責任によるものであることをあらかじめお断りしておく。

本書が引き続き,広告・宣伝業務に携わり,また,関心を有している実務家,消費者,法律関係者など関係各位に御活用され,景品表示法コンプライアンスの向上,そして,消費者取引の適正化につながるよう強く期待している。

最後に,本書の改訂に当たっては,株式会社商事法務の岩佐智樹氏に多大なご尽力をいただいた。ここにその名を記して深く御礼申し上げる。

平成25年10月5日

消費者庁審議官

菅久　修一

第 2 版はしがき

　不当景品類及び不当表示防止法（景品表示法）は，昭和 37 年（1962 年）の制定以来，50 年近くにわたって，消費生活の様々な局面において，一般消費者の適正な選択の確保を通じた公正な競争の確保を支えてきました。景品表示法は，平成 21 年（2009 年）9 月 1 日，消費者庁の設立に伴い，公正取引委員会から消費者庁に移管されております。

　消費者行政の一元化を実現するために創設された消費者庁には，消費者に身近な問題を取り扱う種々の法律が移管されました。その中で，景品表示法は，違反行為に対する処分の権限が消費者庁に全面的に移管されたこととともに，市場における公正かつ自由な競争の維持・促進を通じて消費者利益の確保を図る独占禁止法の特例法から，消費者法にその位置づけを変えました。また，景品表示法の移管は，一般消費者による自主的かつ合理的な選択という消費者の利益を正面から確保することを目指す法律となるという大きな転換を伴うものであったという特徴を持っております。

　このような体系的な転換を遂げた景品表示法が，消費者利益の擁護・増進を任務とする消費者庁により運用されることに対しては，期待の一方で，運用がどのように変わっていくのかについて不安の念を述べる声も耳にしております。

　もとより，移管前の競争法の位置づけの下でも，景品・表示という販売促進活動の局面を捉えれば，公正な競争は，市場参加者である消費者の適正な選択の確保があって初めて成立・機能するのですから，移管によって，一般消費者による自主的かつ合理的選択を確保する法になったということは，いわばひとつのコインに対する光の当て方を変えるものです。また，一般消費者の認識を基礎としている景品表示法は，経済社会の変化とそれに伴う一般消費者の認識の変化に適切に対応して運用することが求められており，消費者庁を創設し，景品表示法をはじめとする多数の法律の移管をもたらした経済社会の変化を踏まえた運用が求められることも確かです。その意味で，景品表示法は，移管による法規定の変化のみならず，こ

れからの経済社会，消費者問題に対して求められるアプローチの変化を受けながら，成長していくことが求められているということがいえましょう。

　また，本書の初版刊行後においては，適格消費者団体による差止請求制度の導入，景品規制の更なる緩和等の制度変更がなされるとともに，150件を超える排除命令，審決が蓄積されてきたところでもあります。

　今般の改訂は，初版刊行後の制度変更，運用の蓄積を反映して，移管時点での景品表示法の制度・運用の到達点を示すとともに，移管に伴う制度変更を踏まえ，今後の展開への出発点を示すものです。本書が，広告・宣伝業務に携わる実務家，消費者，法律関係者など関係各位にとって，景品表示法を理解し，今後の展開に適切に対応するために活用され，また，それが，一般消費者による自主的かつ合理的な選択の確保を通じた消費者利益の増進と経済社会の健全な発展にいささかなりともつながることを期待しております。

　本書の初版は，初版のはしがきにあるとおり，当時の菅久修一・公正取引委員会事務総局取引部消費者取引課長の取りまとめのもと，xxi 頁（注：第 2 版）に記された著者が各箇所について担当するとともに，消費者取引課課員の協力により執筆されたものです。今般の改訂は，景品表示法の消費者庁への移管に消費者取引課長兼内閣官房消費者行政一元化準備室参事官として携わり，また，移管後は消費者庁表示対策課長として執行を担当している笠原宏が，編著者として行いました。第 2 版の内容については，初版の記載が維持されている部分を含めて，第 2 版編著者の個人的な責任であることをあらかじめお断りします。

　最後に，本書の改訂には，株式会社商事法務の岩佐智樹氏の多大なご尽力をいただきました。長時間を要しながらも第 2 版の公刊にこぎつけたのは，岩佐氏の粘り強い激励と懇切な助力のおかげです。記して厚く御礼申し上げます。

　平成 22 年 4 月 5 日

消費者庁審議官

原　　敏弘

はしがき

　不当景品類及び不当表示防止法（景品表示法）が制定されたのは，昭和37年（1962年）であり，今日まで，40年以上の歴史を積み重ねている。

　1960年代初めは，日本が高度経済成長を開始し，急速に発展する一方，消費者問題が顕在化してきた時期であり，景品表示法は，不当な表示と過大な景品提供という消費者に身近であるが，しかし重要な問題に迅速かつ効果的に対処するため，独占禁止法の特例法として立法された。その後，高度経済成長から，1970年代前半の石油危機を境に安定成長に移行し，経済のグローバル化が進展する中，1980年代末から90年代初めにかけて貿易摩擦問題が拡大し，また，1990年代以降，日本市場を一層自由かつ開放的なものとするため，規制緩和・規制改革が進められるなど，日本の経済社会は，大きく変貌し続けている。この間，景品表示法は，その適用範囲が拡大されるとともに，執行体制も強化されてきた。すなわち，昭和47年（1972年）に，都道府県知事に同法に基づく権限の一部を委任する改正が行われ，同法違反行為に対して，公正取引委員会だけでなく，都道府県も目を光らせることとなった（平成12年（2000年）の改正で自治事務となった。）。また，平成15年（2003年）には，合理的な根拠なく著しい優良性を示す不当表示を効果的に規制するために景品表示法第4条第2項が導入（不実証広告規制）されるとともに，景品表示法違反行為者に対して都道府県知事が指示できる範囲の拡大や検査の妨害に対する罰金の引上げによる都道府県知事による執行力の強化等を内容とする景品表示法の改正が行われた。

　また，景品表示法の運用に関しては，消費者を取り巻く社会経済情勢の変化に応じて，制定当初に運用の中心であった不動産の表示から，その後，食品の表示，二重価格表示，おとり広告，健康食品，そして，最近では電子商取引のようなインターネット上での表示の問題への対処など，違反事件の処理と消費者取引の適正化への取組が多様な面で広範に行われてきた。

　さらに，消費者政策という観点から見ても，昭和43年に制定された消

費者保護基本法が平成 16 年に全面的に改正され，消費者の自立の支援を消費者政策の基本理念とすることとされたが，消費者の適正な商品選択を妨げる不当表示及び過大な景品提供行為を防止し，消費者が自主的かつ合理的に行動できるようにすることが消費者の自立のためには不可欠であり，この点からも，景品表示法の果たすべき役割は，より重要になってきている。

このような中で，景品表示法の運用を担当する者がとりまとめた同法の解説書の出版を要望する声が強かったところ，本書は，景品表示法の企画・運用に携わってきた公正取引委員会取引部消費者取引課と景品表示監視室の担当官が，景品表示法のこれまでの運用の実務を踏まえ，具体的な事例を紹介しながら，その考え方を包括的に説明したものであり，まさに待望の書というべき，時宜を得た書であると考えている。

本書の執筆に当たっては，巻末（注：初版）に記載された著者がそれぞれの箇所を担当するとともに，資料の収集・整理，原稿へのコメント等に関して，金子智門，信太文子など消費者取引課の職員が協力し，全体の構成のとりまとめを編著者として菅久消費者取引課長が行ったものである。本書が広告・宣伝業務に携わっている実務家，消費者，法律関係者など

関係各方面において，景品表示法を理解するための一助となり，表示と景品提供の適正化，ひいては広く公正な競争の維持・促進につながることを期待している。

なお，その執筆内容については，執筆者それぞれの個人的な責任によるものであることをあらかじめお断りしておく。

最後に，本書が公刊できるに至るまでには，株式会社商事法務の坂井清氏に多大な御尽力をいただいた。この場を借りて，深くお礼を申し上げたい。

平成 17 年 6 月 20 日

公正取引委員会事務総局取引部長

山木　康孝

●目次

第1章　総説

1　景品表示法の目的と意義 ……………………………………………………… 1

2　景品表示法制定の経緯とその後の展開 ………………………………… 6

⑴　第1期　消費者問題の発生と景品表示法の制定（昭和20年代後半〜
　　昭和40年頃）　7

　ア　景品表示法制定前　7

　イ　昭和37年の景品表示法制定とその運用　8

　ウ　消費者モニター制度　10

⑵　第2期　経済社会の変貌に伴う景品表示行政の強化（昭和40年頃〜
　　昭和60年頃）　10

　ア　消費者問題の拡大と昭和47年の景品表示法改正　10

　イ　表示規制の動向　12

　ウ　総付景品規制の導入　15

　エ　公正競争規約の設定件数の増大　16

⑶　第3期　経済のグローバル化と規制改革に伴う景品表示行政の転換
　　（昭和60年頃〜平成10年頃）　16

　ア　市場開放問題への取組　16

　イ　景品規制の見直し　18

　ウ　表示規制の動向　19

　エ　地方分権推進計画を受けた景品表示法の改正　20

⑷　第4期　公正取引委員会による消費者問題への新たな取組（平成11
　　年頃以降）　21

　ア　消費者政策の推進と平成15年の景品表示法改正　21

　イ　景品規制の見直し　22

　ウ　経済実態の変化等に対応した景品表示法の運用の多様化　23

(5) 第 5 期　景品表示法の消費者庁への移管と新たな執行体制の確立（平成 21 年 9 月頃以降）　25

　　ア　消費者庁の新設と景品表示法の移管　25

　　イ　消費者庁を中心とした新たな執行体制の確立　30

　　ウ　インターネット上の新たなビジネスモデル等への対応　31

　　エ　食品表示への取組　33

　　オ　食品表示等問題への対応　34

　　カ　平成 26 年の景品表示法改正　35

　　キ　機能性表示食品に対する食品表示等関係法令に基づく事後的規制（事後チェック）の透明性の確保等に関する指針の策定・公表　37

　　ク　アフィリエイト広告への対応（管理措置指針の改正）　38

　　ケ　ステルスマーケティングへの対応（ステルスマーケティング告示の指定）　38

　　コ　令和 5 年の景品表示法改正　39

3　景品表示法の規定と本書の構成 ……………………………………………… 40

第 2 章　不当な表示

1　はじめに ……………………………………………………………………………… 41

2　不当表示規制に共通する事項 ……………………………………………… 41

(1)　表示とは　41

　　ア　景品表示法における定義（景表第 2 条第 4 項）　41

　　イ　「顧客を誘引するための手段として」　44

　　ウ　「事業者」　44

　　エ　「自己の供給する商品又は役務の……取引に関する事項について行う」　46

(2)　不当表示の主体　54

　　ア　基本的考え方　54

　　イ　表示主体性の所在が問題となる場面　55

3　禁止される表示（景表第 5 条） ………………………………………………… 62

目次　XV

(1) 景品表示法が定める類型　62

(2) 優良誤認表示と有利誤認表示で共通する要件　63

　　ア　有利誤認表示における「一般消費者に誤認される」と優良誤認表示における「一般消費者に対し……示す」　63

　　イ　「不当に顧客を誘引し，一般消費者による自主的かつ合理的な選択を阻害するおそれ」　70

　　ウ　「著しく優良」または「著しく有利」　71

(3) 一定の事項の不表示による不当表示　74

(4) 強調表示と打消し表示　78

　　ア　打消し表示に係る景品表示法の基本的な考え方　78

　　イ　打消し表示について評価した事例　79

4　優良誤認表示 ………………………………………………………………… 83

(1) 第5条第1号　83

　　ア　概要　83

　　イ　優良誤認表示の要件　84

(2) 第7条第2項（不実証広告規制）　93

　　ア　概要　93

　　イ　趣旨　94

　　ウ　規定の内容　96

　　エ　合理的な根拠の判断基準　102

5　有利誤認表示 ……………………………………………………………… 108

(1) 第5条第2号の要件　108

　　ア　「価格その他の取引条件」　108

　　イ　「実際のもの又は当該事業者と同種若しくは類似の商品若しくは役務を供給している他の事業者に係るものよりも取引の相手方に著しく有利であると一般消費者に誤認される」　109

(2) 価格に関する有利誤認表示　111

　　ア　販売価格に関する表示（販売価格を単体で示す場合）（第3）　112

　　イ　販売価格に関する表示（二重価格表示）　113

ウ　その他の価格に係る有利誤認表示（消費税関係）　158

(3)　その他の取引条件に係る有利誤認表示　162

　　ア　数量に関する有利誤認表示　162

　　イ　支払条件（手数料）に関するもの　162

　　ウ　景品類に関するもの　163

　　エ　その他の取引条件に関するもの　164

6　商品等の内容，取引条件以外の事項に係る不当表示（指定告示）… 166

(1)　第 5 条第 3 号　166

　　ア　趣旨　166

　　イ　指定の要件　167

　　ウ　指定手続　170

　　エ　現行の指定告示　170

(2)　無果汁の清涼飲料水等についての表示　171

　　ア　対象商品　171

　　イ　無果汁清涼飲料水等についての不当表示　171

　　ウ　僅少果汁清涼飲料水等についての不当表示　172

　　エ　事例　173

(3)　商品の原産国に関する不当な表示　173

　　ア　対象商品　174

　　イ　国産品についての不当表示　174

　　ウ　外国産品についての不当表示　175

　　エ　「原産国」　175

　　オ　事例　176

(4)　おとり広告に関する表示　179

　　ア　対象商品・役務　180

　　イ　不当表示　180

　　ウ　事例　184

(5)　不動産のおとり広告に関する表示　187

　　ア　対象商品・役務　188

　　イ　対象となる事業者　188

目次　　xvii

ウ 不当表示 188

エ 事例 189

(6) 有料老人ホームに関する不当な表示 190

ア 対象事業者 191

イ 対象となる表示 191

ウ 事例 195

(7) 消費者信用の融資費用に関する不当な表示 197

ア 対象事業者 197

イ 不当表示 197

(8) 一般消費者が事業者の表示であることを判別することが困難である表示（ステルスマーケティング告示） 198

ア 総論 198

イ 事業者が自己の供給する商品または役務の取引について行う表示（事業者の表示） 199

ウ 一般消費者が事業者の表示であることを判別することが困難であると認められるもの 201

7 他法令による表示規制 ……………………………………………… 203

(1) 食品表示法 204

(2) 食品衛生法 206

(3) 日本農林規格等に関する法律 207

(4) 健康増進法 207

(5) 不正競争防止法 209

(6) 特定商取引に関する法律 210

(7) 医薬品，医療機器等の品質，有効性及び安全性の確保等に関する法律 212

第3章　過大な景品類提供

1 はじめに ……………………………………………………………… 215

xviii 目次

2 景品類とは ··· 216

(1) 定義告示第 1 項　216

(2) 景品類等の指定の告示の運用基準　217

　ア　「顧客を誘引するための手段として」(定義告示運用基準 1)　218

　イ　「事業者」(定義告示運用基準 2)　218

　ウ　「自己の供給する商品又は役務の取引」(定義告示運用基準 3)　219

　エ　「取引に附随して」(定義告示運用基準 4)　220

　オ　「物品，金銭その他の経済上の利益」(定義告示運用基準 5)　228

　カ　景品類に該当しない経済上の利益　229

(3) 景品類の価額　237

3 懸賞制限告示 ··· 238

(1) 懸賞とは (懸賞制限告示第 1 項)　238

　ア　くじその他偶然性を利用して定める方法 (懸賞運用基準 1)　239

　イ　特定の行為の優劣または正誤によって定める方法 (懸賞運用基準 2)　240

(2) 最高額の制限 (懸賞制限告示第 2 項)　240

　ア　取引の価額について (懸賞運用基準 5(1))　241

　イ　同一の取引に附随して二以上の懸賞による景品類の提供が行われる場合の景品類の価額 (懸賞運用基準 5(2))　243

　ウ　懸賞により提供する景品類の限度について (懸賞運用基準 6)　243

(3) 総額の制限 (懸賞制限告示第 3 項)　244

(4) 共同懸賞の制限 (懸賞制限告示第 4 項)　244

　ア　概要　244

　イ　「一定の地域」(懸賞運用基準 8)　245

　ウ　商店街の共同懸賞 (懸賞運用基準 9)　246

　エ　「相当多数」(懸賞運用基準 10)　246

　オ　「一定の種類の事業」(懸賞運用基準 11)　247

　カ　共同懸賞への参加の不当な制限 (懸賞運用基準 12)　247

　キ　その他 (違反があった場合)　248

(5) 全面禁止される懸賞方法 (懸賞制限告示第 5 項)　248

目次　xix

4 総付制限告示 ·· 253

(1) 規制対象（総付制限告示第 1 項）　253

(2) 規制内容（総付制限告示第 1 項）　253

(3) 適用除外される場合（総付制限告示第 2 項）　254

  ア　概要　254

  イ　商品の販売・使用等のため必要な物品またはサービス（総付制限告示第 2 項第 1 号）（総付運用基準 2）　255

  ウ　見本その他宣伝用の物品またはサービス（総付制限告示第 2 項第 2 号）（総付運用基準 3）　255

  エ　自己との取引において用いられる割引券等（総付制限告示第 2 項第 3 号）（総付運用基準 4）　256

  オ　開店披露等の行事に際して提供する物品またはサービス（総付制限告示第 2 項第 4 号）　258

5 業種別告示 ··· 258

(1) 新聞業告示　258

  ア　懸賞景品に関する制限（第 1 項）　258

  イ　総付景品に関する制限（第 1 項第 3 号）　259

  ウ　その他（第 2 項）　259

(2) 雑誌業告示　259

  ア　懸賞景品に関する制限（第 1 項第 1 号）　259

  イ　総付景品に関する制限（第 1 項第 2 号）　259

  ウ　その他（第 2 項）　260

(3) 不動産業告示　260

  ア　懸賞景品に関する制限（第 1 号）　260

  イ　総付景品に関する制限（第 2 号）　260

(4) 医療関係告示　260

第 4 章　事業者が講ずべき景品類の提供及び表示の管理上の措置

1 はじめに ··· 263

2 第22条の意義 ··· 264

3 事業者が講ずべき表示等の管理上の措置（景表第22条）·············· 264
(1) 事業者が講ずべき表示等の管理上の措置（景表第22条第1項） 264
　ア 必要な措置とは 265
　イ 必要な措置を講じることが求められる対象とは 265
(2) 適切かつ有効な実施を図るために必要な指針（景表第22条第2項）
　　　266
(3) 事業所管大臣との協議等（景表第22条第3項） 266

4 事業者が講ずべき景品類の提供及び表示の管理上の措置についての指
　針 ··· 267
(1) 事業者が講ずべき景品類の提供及び表示の管理上の措置についての指
　針の構成 267
(2) 事業者が講ずべき表示等の管理上の措置に関する基本的な考え方
　　　268
　ア 必要な措置が求められる事業者（管理措置指針第2, 1） 268
　イ 事業者が講ずべき措置の規模や業態等による相違（管理措置指針第2, 2） 268
(3) 事業者が講ずべき表示等の管理上の措置の内容（管理措置指針第4）
　　　270
　ア 概要 270
　イ 7つの事項 271
(4) 景品表示法第8条第1項但書と管理措置指針との関係 282

5 行政指導（景表第23条，第24条）··· 283
(1) 指導および助言（景表第23条） 283
(2) 勧告および公表（景表第24条） 284
(3) 指導および助言と勧告の関係 284

目次　xxi

第5章　公正競争規約

1　公正競争規約制度の概要 ································· 287
- (1)　公正競争規約とは　287
- (2)　公正競争規約の役割　287
- (3)　公正競争規約がこれに参加していない事業者に及ぼす効果　288
- (4)　独占禁止法との関係　290

2　公正競争規約の内容 ································· 291
- (1)　表示規約　292
  - ア　目的　292
  - イ　定義　293
  - ウ　必要表示事項　295
  - エ　特定表示事項　298
  - オ　不当表示の禁止　299
  - カ　公正マーク等　301
  - キ　公正取引協議会等の設置　302
  - ク　公正取引協議会等の事業　302
  - ケ　違反に関する調査・措置・決定　303
  - コ　施行規則の設定　304
- (2)　景品規約　304
  - ア　目的　304
  - イ　定義　304
  - ウ　景品類の提供の制限　305

3　公正競争規約の設定 ································· 306
- (1)　公正競争規約を設定できる者　306
- (2)　公正競争規約設定の対象となる業種　307
- (3)　公正競争規約の認定　307
  - ア　認定要件　307

xxii　目次

イ　公正競争規約案の申請前の手続　309

ウ　公正競争規約案の申請と認定　309

(4)　認定の告示　311

(5)　認定の取消し　311

(6)　不服の申立て　312

(7)　公正競争規約の自主的な見直し　312

4　公正競争規約の運用（公正取引協議会等と公取協連合会の役割）　313

第6章　不当表示等に対する措置と手続

1　概観　317

2　行政機関による執行（総論）　317

(1)　概説　317

(2)　消費者庁・公正取引委員会・事業所管大臣等による執行　319

ア　端緒　319

イ　調査　319

ウ　措置　320

(3)　都道府県知事による執行　322

3　行政機関（消費者庁）による執行（措置命令）　324

(1)　概観　324

(2)　事前手続（弁明の機会の付与）　325

(3)　措置命令の内容　326

(4)　措置命令に対する不服申立て　328

(5)　措置命令違反に対する制裁　328

4　行政機関（消費者庁）による執行（課徴金納付命令）　328

(1)　課徴金納付命令の趣旨　328

(2)　課徴金納付命令の要件　329

目次　xxiii

ア　課徴金対象行為　　330

イ　課徴金額の算定方法　　330

ウ　「相当の注意を怠つた者でないと認められる」か否か　　356

エ　規模基準　　365

オ　課徴金納付命令に関する不実証広告規制　　365

カ　自主申告による課徴金額の減額　　366

キ　除斥期間　　367

(3)　自主返金（返金措置）の実施による課徴金額の減額等　　367

ア　概要　　367

イ　返金措置　　368

ウ　返金措置の実施および報告　　369

(4)　課徴金納付命令の効果等　　371

ア　課徴金納付命令の効果　　371

イ　課徴金納付命令の執行　　372

(5)　課徴金納付命令の手続　　372

ア　事前手続　　372

イ　不服申立手続　　372

5　行政機関（消費者庁）による執行（確約手続）　　374

(1)　確約手続の趣旨　　374

(2)　確約手続の概要　　375

ア　確約手続通知　　376

イ　確約認定の申請　　378

ウ　確約計画の認定，却下および変更　　381

エ　確約認定の効果等　　382

オ　確約認定の取消し　　383

6　適格消費者団体による差止請求　　383

(1)　趣旨　　384

(2)　差止請求権の内容　　384

ア　差止請求の対象となる行為　　384

イ　請求することができる措置の内容　384

ウ　差止請求権の行使の制約　385

(3)　差止請求手続　386

ア　書面による事前の請求　386

イ　訴訟の目的の価額　387

ウ　管轄と移送　387

(4)　適格消費者団体への情報提供　388

(5)　資料開示要請等　389

ア　趣旨　389

イ　資料開示要請の要件等　390

ウ　事業者の努力義務　390

7　罰則　…………………………………………………………………………　391

資料　393

事項索引　397

事例索引　400

COLUMN

外国事業者に対する適用　45

買取りサービスについて　47

いわゆる「偽広告」や「詐欺広告」　52

無償サービスを提供するデジタルプラットフォーム事業者への景品表示法の
　適用　53

イメージ広告　70

No.1 表示　86

「新発売」・「新作」という表現について　90

比較広告　92

「○人前」　109

海外市価を比較対照価格とする二重価格表示　149

増量表示　162

期間限定表示　165

実質的変更行為　176

売切れご容赦　183

メーカー・卸売業者が小売店の入場者に提供する場合の取引付随性　223

インターネット上の懸賞企画の留意点　224

当選者に対する商品の引渡しを店頭において実施する場合の取引附随性
　227

景品提供の主体と相手方　236

取引の価額の考え方　242

コンプガチャに関する景品表示法上の考え方　250

マイレージサービス　257

●凡例

景表	不当景品類及び不当表示防止法（昭和 37 年法律第 134 号）
独禁	私的独占の禁止及び公正取引の確保に関する法律（昭和 22 年法律第 54 号）
景表施行令	不当景品類及び不当表示防止法施行令（平成 21 年政令第 218 号）
景表施行規則	不当景品類及び不当表示防止法施行規則（平成 28 年内閣府令第 6 号）
確約府令	不当景品類及び不当表示防止法の規定に基づく確約手続に関する内閣府令 (令和 6 年内閣府令第 55 号)
確約手続運用基準	確約手続に関する運用基準
不実証広告ガイドライン	不当景品類及び不当表示防止法第 7 条第 2 項の運用指針（平成 15 年 10 月 28 日）
価格表示ガイドライン	不当な価格表示についての景品表示法上の考え方（平成 12 年 6 月 30 日）
比較広告ガイドライン	比較広告に関する景品表示法上の考え方（昭和 62 年 4 月 21 日）
課徴金ガイドライン	不当景品類及び不当表示防止法第 8 条（課徴金納付命令の基本的要件)に関する考え方(平成 28 年 1 月 29 日)
無果汁告示	無果汁の清涼飲料水等についての表示（昭和 48 年公取委告示第 4 号）
無果汁告示運用基準	「無果汁の清涼飲料水等についての表示」に関する運用基準について
原産国告示	商品の原産国に関する不当な表示（昭和 48 年公取委告示第 34 号）
原産国告示運用基準	「商品の原産国に関する不当な表示」の運用基準について
おとり広告告示	おとり広告に関する表示（平成 5 年公取委告示第 17 号）

おとり広告告示運用基準	「おとり広告に関する表示」等の運用基準
有料老人ホーム告示	有料老人ホームに関する不当な表示（平成 16 年公取委告示第 3 号）
有料老人ホーム告示運用基準	「有料老人ホームに関する不当な表示」の運用基準
ステルスマーケティング告示	一般消費者が事業者の表示であることを判別することが困難である表示（令和 5 年内閣府告示第 19 号）
ステルスマーケティング告示運用基準	「一般消費者が事業者の表示であることを判別することが困難である表示」の運用基準
定義告示	不当景品類及び不当表示防止法第 2 条の規定により景品類及び表示を指定する件（昭和 37 年公取委告示第 3 号）
定義告示運用基準	景品類等の指定の告示の運用基準について
懸賞制限告示	懸賞による景品類の提供に関する事項の制限（昭和 52 年公取委告示第 3 号）
懸賞運用基準	「懸賞による景品類の提供に関する事項の制限」の運用基準について
総付制限告示	一般消費者に対する景品類の提供に関する事項の制限（昭和 52 年公取委告示第 5 号）
総付運用基準	「一般消費者に対する景品類の提供に関する事項の制限」の運用基準について
新聞業告示	新聞業における景品類の提供に関する事項の制限（平成 10 年公取委告示第 5 号）
雑誌業告示	雑誌業における景品類の提供に関する事項の制限（平成 4 年公取委告示第 3 号）
不動産業告示	不動産業における一般消費者に対する景品類の提供に関する事項の制限（平成 9 年公取委告示第 37 号）
医療関係告示	医療用医薬品業，医療機器業及び衛生検査所業における景品類の提供に関する事項の制限（平成 9 年公取委告示第 54 号）

融資費用告示	消費者信用の融資費用に関する不当な表示（昭和 55 年公取委告示第 13 号）
不動産おとり広告告示	不動産のおとり広告に関する表示（昭和 55 年公取委告示第 14 号）
管理措置指針	事業者が講ずべき景品類の提供及び表示の管理上の措置についての指針（平成 26 年内閣府告示第 276 号）
消契	消費者契約法（平成 12 年法律第 61 号）
消契施行規則	消費者契約法施行規則（平成 19 年内閣府令第 17 号）
消設	消費者庁及び消費者委員会設置法（平成 21 年法律第 48 号）
JAS 法	日本農林規格等に関する法律（昭和 25 年法律第 175 号）

〔第7版・編著者紹介〕

※肩書は令和6年6月26日現在

高居良平（たかい・りょうへい）
　消費者庁表示対策課長

小田典靖（おだ・のりやす）
　消費者庁表示対策課上席景品・表示調査官事務代理

口ノ町達朗（くちのまち・たつろう）
　消費者庁表示対策課上席景品・表示調査官

栗田盛太郎（くりた・せいたろう）
　消費者庁表示対策課課長補佐（指導）

後藤大樹（ごとう・ひろき）
　消費者庁表示対策課課長補佐（総括）

鈴木和生（すずき・かずお）
　消費者庁表示対策課景品・表示調査官（弁護士）

土田悠太（つちだ・ゆうた）
　消費者庁表示対策課景品・表示調査官（弁護士）

藤平　章（とうへい・あきら）
　消費者庁表示対策課課長補佐（規約）

長濱俊晴（ながはま・としはる）
　消費者庁表示対策課景品・表示調査官（弁護士（登録抹消中））

汐元伸之（しおもと・のぶゆき）
　消費者庁表示対策課指導係長

福田博介（ふくだ・ひろすけ）
　消費者庁表示対策課総括係長

吉井悠祐（よしい・ゆうすけ）
　消費者庁表示対策課景品・表示調査官

岡田雄介（おかだ・ゆうすけ）
　消費者庁表示対策課係員

江本直樹（えもと・なおき）
　消費者庁表示対策課係員

〔第6版・編著者および担当部分紹介〕（五十音順）

※肩書は令和3年1月22日現在

伊藤敬之（いとう・たかゆき）　第2章ないし第4章
　　消費者庁表示対策課景品・表示調査官，弁護士

太田誉康（おおた・たかやす）　第1章ないし第4章，第6章
　　消費者庁表示対策課景品・表示調査官

大友伸幸（おおとも・のぶゆき）　第6章
　　消費者庁表示対策課課徴金審査官

澤入満里子（さわいり・まりこ）　第2章・第3章
　　消費者庁表示対策課課長補佐（消費税転嫁対策調整管理）

志賀　明（しが・あきら）　第2章
　　消費者庁表示対策課課長補佐（総括）

鈴木佳子（すずき・けいこ）　第1章・第2章
　　消費者庁表示対策課景品・表示調査官

辻本奈保（つじもと・なお）　第2章・第6章
　　消費者庁表示対策課食品表示対策室景品・表示調査官，弁護士

西川康一（にしかわ・こういち）　第2章，全体編集
　　消費者庁表示対策課長

松風宏幸（まつかぜ・ひろゆき）　第2章
　　消費者庁表示対策課上席景品・表示調査官

山﨑俊範（やまざき・としのり）　第5章
　　消費者庁表示対策課課長補佐（規約）

渡辺大祐（わたなべ・だいすけ）　第2章・第3章
　　消費者庁表示対策課景品・表示調査官

〔第5版・編著者紹介〕　＊肩書は平成29年1月15日当時

大元慎二（おおもと・しんじ）
　　消費者庁表示対策課長

大森　浩（おおもり・ひろし）
　　消費者庁表示対策課景品・表示調査官

猪又健夫（いのまた・たけお）
　　消費者庁表示対策課課長補佐（規約担当）
原山康彦（はらやま・やすひこ）
　　消費者庁表示対策課課長補佐（企画担当）
橋本庄一郎（はしもと・しょういちろう）
　　消費者庁表示対策課総括係長
山崎敏崇（やまざき・としたか）
　　消費者庁表示対策課景品・表示調査官

〔第4版・編著者紹介〕　＊肩書は平成 27 年 6 月 10 日当時
真渕　博（まぶち・ひろし）
　　消費者庁表示対策課長
大森　浩（おおもり・ひろし）
　　消費者庁表示対策課景品・表示調査官
平澤徳善（ひらさわ・のりよし）
　　消費者庁表示対策課課長補佐（規約担当）
関口岳史（せきぐち・たけふみ）
　　消費者庁表示対策課景品・表示調査官，弁護士
星　知矩（ほし・とものり）
　　消費者庁表示対策課課長補佐（企画担当），弁護士
高橋宗利（たかはし・むねとし）
　　消費者庁表示対策課景品・表示調査官
村松　聡（むらまつ・さとし）
　　消費者庁表示対策課規約第三係長
後藤大樹（ごとう・ひろき）
　　消費者庁表示対策課総括係長
田中健一郎（たなか・けんいちろう）
　　消費者庁表示対策課食品表示対策室食品表示調査官
柴田修輔（しばた・しゅうすけ）
　　消費者庁表示対策課景品・表示調査官

〔第 3 版・編著者紹介〕 ＊肩書は平成 25 年 11 月 30 日当時

片桐一幸（かたぎり・かずゆき）
　消費者庁表示対策課長

大森　浩（おおもり・ひろし）
　消費者庁表示対策課景品・表示調査官

杉浦正昭（すぎうら・まさあき）
　消費者庁表示対策課課長補佐（規約担当）

星　知矩（ほし・とものり）
　消費者庁表示対策課課長補佐（企画担当），弁護士

高橋宗利（たかはし・むねとし）
　消費者庁表示対策課景品・表示調査官

後藤大樹（ごとう・ひろき）
　消費者庁表示対策課総括係長

柴田修輔（しばた・しゅうすけ）
　消費者庁表示対策課景品・表示調査官

〔第 2 版・編著者紹介〕 ＊肩書は平成 22 年 4 月 20 日当時

笠原　宏（かさはら・ひろし）
　消費者庁表示対策課長

〔初　版・編著者紹介〕 ＊肩書は平成 17 年 6 月 20 日当時

菅久修一（すがひさ・しゅういち）
　公正取引委員会取引部消費者取引課長

小林　渉（こばやし・わたる）
　経済産業省商務情報政策局消費経済部消費経済対策課長（元公正取引委員会取引部相談指導室長）

西川康一（にしかわ・こういち）
　公正取引委員会取引部消費者取引課長補佐（総括）

南　雅晴（みなみ・まさはる）
　公正取引委員会経済取引局経済調査課長補佐（総括）（前取引部消費者取引課長補佐（総括））

鎌倉守男（かまくら・もりお）

　　公正取引委員会取引部消費者取引課長補佐（規約）

山岡誠朗（やまおか・のぶあき）

　　公正取引委員会取引部消費者取引課長補佐（規約）

寺西直子（てらにし・なおこ）

　　公正取引委員会取引部景品表示監視室企画調整係長

水村　豊（みずむら・ゆたか）

　　公正取引委員会取引部消費者取引課長補佐（調査・指導・電子商取引）

藤澤　圭（ふじさわ・かずし）

　　公正取引委員会取引部消費者取引課指導係長

> ## 第1章　総説

1　景品表示法の目的と意義

　不当景品類及び不当表示防止法（昭和37年法律第134号。以下「景品表示法」という）は，平成21年改正前の第1条にあるとおり，「商品及び役務の取引に関連する不当な景品類及び表示による顧客の誘引を防止するため，私的独占の禁止及び公正取引の確保に関する法律（昭和22年法律第54号。以下「独占禁止法」という）の特例を定めることにより，公正な競争を確保し，もつて一般消費者の利益を保護すること」を目的とし，昭和37年に制定された法律であるが，平成21年5月，消費者庁関連3法の成立によって，「商品及び役務の取引に関連する不当な景品類及び表示による顧客の誘引を防止するため，一般消費者による自主的かつ合理的な選択を阻害するおそれのある行為の制限及び禁止について定めることにより，一般消費者の利益を保護すること」を目的とするものと改定され，平成21年9月1日に消費者庁に移管された。

　以下では，公正取引委員会が所管していた景品表示法の目的と意義について概説した後，消費者庁が所管する景品表示法の目的との関係について解説することとする。

　景品表示法は，不当な顧客誘引行為のうち，不当な表示と過大な景品類の提供を禁止しているが，この法律の意義は，景品表示法が「独占禁止法の特例」であるという制定経緯からも，独占禁止法との関係で理解する必要がある。

　独占禁止法は，市場における公正かつ自由な競争を促進することを目的

とした法律であり（独禁第1条），この目的を達成するために，市場における公正かつ自由な競争を制限・阻害する行為を禁止しているが，同法で禁止されている行為の1つとして不公正な取引方法がある。

不公正な取引方法とは，平成21年改正前独占禁止法第2条第9項各号に当たる行為であって，公正な競争を阻害するおそれ（公正競争阻害性）のあるものとして，公正取引委員会が指定するものである。公正取引委員会は，「不公正な取引方法」（昭和57年公取委告示第15号）（一般指定）を指定しているが，不公正な取引方法として指定されたもののうち，平成21年改正前独占禁止法第2条第9項第3号にある「不当に競争者の顧客を自己と取引するように誘引し，又は強制すること。」に基づいて定められた「ぎまん的顧客誘引」（一般指定第8項）と「不当な利益による顧客誘引」（一般指定第9項）をより具体化したものが，景品表示法の不当な表示と過大な景品類の提供を禁止する規定である。

なお，平成21年6月に成立した改正独占禁止法において，不公正な取引方法の定義は変更され，一部の類型は法定化されたが，これらの不当顧客誘引行為については，引き続き，公正取引委員会が指定する方式とされている。

ぎまん的顧客誘引とは，「自己の供給する商品又は役務の内容又は取引条件その他これらの取引に関する事項について，実際のもの又は競争者に係るものよりも著しく優良又は有利であると顧客に誤認させることにより，競争者の顧客を自己と取引するように不当に誘引すること。」（一般指定第8項）であり，これが景品表示法の不当な表示の禁止となっている。

また，不当な利益による顧客誘引とは，「正常な商慣習に照らして不当な利益をもつて，競争者の顧客を自己と取引するように誘引すること。」（一般指定第9項）であり，これが景品表示法の過大な景品類の提供の禁止となっている。

景品表示法は，このようなぎまん的顧客誘引や不当な利益による顧客誘引に当たる行為のうち，特に消費者との関係で問題が大きいと考えられた不当な表示と過大な景品類の提供を取り上げて，さらに規定を具体的にし

たものである。

景品表示規制は，以下のように，消費者の商品または役務の自主的かつ合理的な選択を確保し，消費者の利益を実現するための消費者法としての性格も有している。

消費者が多様な商品または役務の中から自主的かつ合理的に商品等を選択できる場合には，消費者は，自らの好み，必要性や予算などに基づいて，商品等を選び購入することになる。これによって，消費者利益が実現されることになるが，このためには，商品等に関する情報が消費者に正確に歪みなく伝わることが必要であり，消費者は，そうした情報に基づいて，商品等を選択できることになる。そして，商品等の品質や価格などについて最もよく知っているのは，その商品等の製造業者や販売業者であるから，製造業者や販売業者が消費者に対して商品等に関する情報を正確に，かつ歪みなく伝えることが消費者による自主的かつ合理的な商品選択にとって不可欠である。

仮に製造業者や販売業者が商品等に関して，不当な表示を行うと，商品や役務に関する正確な情報が消費者に伝わらないことになり，また，過大な景品類の提供が行われると，商品等の品質や価格などに関する情報に基づく適切な商品選択が歪められてしまうことになる。この結果,消費者は，自主的かつ合理的な商品選択ができないこととなって，消費者利益の実現が損なわれることになる。

このため，景品表示法は，不当な表示と過大な景品類の提供を禁止しているが，これによって実現されるのは，消費者の利益だけではない。事業者の側からみると，消費者が自主的かつ合理的に商品選択をすることになれば，そのような消費者のニーズに合った商品等を供給している事業者の売上が増大し，利益を得ることができるということになり，その意味で，事業者の利益にもつながることになる。事業者にとっても，表示と景品類の提供の適正化は，消費者のために追加的な（できれば削減したい）コストをかけて行っていることではなく，市場を育て，事業者の利益を確保するために欠くべからざるものであり，このようなルールを遵守することに

1 景品表示法の目的と意義 **3**

よって，消費者と事業者は Win-Win の関係を構築できるのである。

　昭和43年に制定された消費者保護基本法が平成16年に全面的に改正され，消費者基本法（平成16年法律第70号）となった。消費者基本法第2条第1項は，基本理念として，消費者政策の「推進は，……消費者が自らの利益の擁護及び増進のため自主的かつ合理的に行動することができるよう消費者の自立を支援することを基本として行われなければならない。」と規定している。この改正によって，消費者政策の基本理念が従来の消費者の保護から消費者の自立の支援に転換されたが，消費者が自立し，自主的かつ合理的に商品選択をするためには，商品等に関する情報が事業者から消費者に正確にかつ歪みなく伝わること，すなわち表示と景品類の提供の適正化が不可欠であることは前記のとおりであり，この点からも景品表示法の役割は，消費者法の1つとして一層重要なものとなり，消費者庁へ移管されることとなったのである。

　福田総理（当時）の強いリーダーシップによって，平成20年6月27日，「消費者行政推進基本計画」が閣議決定され，「消費者の視点」から消費者政策を担う組織として消費者庁を設置することとされ，景品表示法も，「所要の見直しを行った上で，消費者庁に移管する」とされた。

　これを受けて，景品表示法は，「生産者サイドから消費者・生活者サイドへの視点の転換の象徴」として消費者政策を担うために設立される消費者庁に移管するため，競争政策ではなく，消費者政策のための法律であることが明らかとなるように目的規定を改正することとなった。前述のとおり，景品表示法に基づく過大な景品類の提供および不当表示に対する規制は，①公正な競争を確保するとともに，②消費者が自主的かつ合理的に商品または役務の選択を行える意思決定環境の創出・確保を図るための消費者政策とも位置付けられるところ，消費者庁が所管する消費者法と位置付けるために，後者の②の観点から目的規定を改正することとし，「この法律は，商品及び役務の取引に関連する不当な景品類及び表示による顧客の誘引を防止するため，一般消費者による自主的かつ合理的な選択を阻害するおそれのある行為の制限及び禁止について定めることにより，一般消費

4　第1章　総説

者の利益を保護することを目的とする。」こととされた。

　このように景品表示法は目的規定が変更されたが，①公正な競争を確保するとともに，②消費者が自主的かつ合理的に商品または役務の選択を行える意思決定環境の創出・確保を図るという政策目的は表裏一体の関係であるため，実体規制（過大な景品類の提供および不当表示規制）に実質上変更はなく，消費者庁の下で，景品表示法は消費者法として，引き続き，重要な役割を担うことが期待されることとなった。

　また昨今，情報通信技術の普及や取引のグローバル化等に伴い，広告の

[図表 1-1]　景品表示法の概要

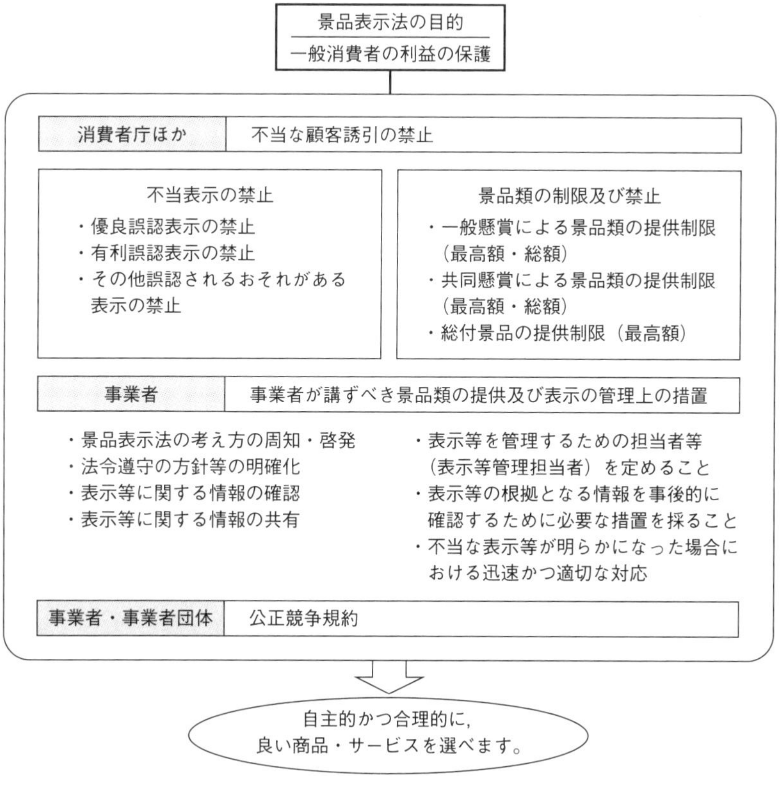

```
              ┌─────────────────────┐
              │    景品表示法の目的    │
              │ 一般消費者の利益の保護  │
              └─────────────────────┘
```

| 消費者庁ほか | 不当な顧客誘引の禁止 |

不当表示の禁止	景品類の制限及び禁止
・優良誤認表示の禁止 ・有利誤認表示の禁止 ・その他誤認されるおそれがある 　表示の禁止	・一般懸賞による景品類の提供制限 　（最高額・総額） ・共同懸賞による景品類の提供制限 　（最高額・総額） ・総付景品の提供制限（最高額）

事業者	事業者が講ずべき景品類の提供及び表示の管理上の措置
・景品表示法の考え方の周知・啓発 ・法令遵守の方針等の明確化 ・表示等に関する情報の確認 ・表示等に関する情報の共有	・表示等を管理するための担当者等 　（表示等管理担当者）を定めること ・表示等の根拠となる情報を事後的に 　確認するために必要な措置を採ること ・不当な表示等が明らかになった場合に 　おける迅速かつ適切な対応

| 事業者・事業者団体 | 公正競争規約 |

```
              ┌─────────────────────┐
              │   自主的かつ合理的に，   │
              │ 良い商品・サービスを選べます。│
              └─────────────────────┘
```

＊　消費者庁「事例でわかる景品表示法」2頁を基に作成。

1　景品表示法の目的と意義　　5

手法や商品・役務の提供方法は多様化し，非対面の取引が増加している一方，商品・役務の内容や取引条件は複雑化しているものが多くみられる。このような状況においては，いわゆる脆弱な消費者である高齢者や未成年者等に限らず，誰もが，合理的な判断が困難となり，消費者被害に遭う可能性があるということに十分留意し，景品表示法の目的を達成するため，一般消費者による自主的かつ合理的な選択を阻害するおそれのある行為を規制していく必要がある。

2　景品表示法制定の経緯とその後の展開

　景品表示法は，昭和37年に制定され，今日まで，経済情勢の変化に応じて，規定の見直しを行いつつ，様々な分野における表示や景品提供の問題に対処するため，運用されてきた。景品表示法をめぐるこれまでの展開を以下のように5期に分けて振りかえることとする。

　なお，条項番号は政令等の名称の中に含まれるものを除き，制定等された時点のものを記載している。

第1期　消費者問題の発生と景品表示法の制定（昭和20年代後半～昭和40年頃）

第2期　経済社会の変貌に伴う景品表示行政の強化（昭和40年頃～昭和60年頃）

第3期　経済のグローバル化と規制改革に伴う景品表示行政の転換（昭和60年頃～平成10年頃）

第4期　公正取引委員会による消費者問題への新たな取組（平成11年頃以降）

第5期　景品表示法の消費者庁への移管と新たな執行体制の確立（平成21年9月頃以降）

(1) 第1期　消費者問題の発生と景品表示法の制定（昭和20年代後半～昭和40年頃）

ア　景品表示法制定前

　昭和20年代後半から，我が国経済は，統制経済から自由競争を基調とする経済に復帰し，これに伴って，事業者間の販売競争が激しくなり，業種によっては，多額の物品，招待等の供応，抽選券付の販売で販売拡大を行おうとする傾向が生じてきた。

このような不当な景品提供や不当な広告・表示による顧客誘引行為は，独占禁止法の不公正な競争方法（昭和28年の独占禁止法改正以降は，不公正な取引方法）として一般的に規制対象となっていた。

　過大な景品付販売については，自紙の購入者に対して抽選により現金を提供していた新聞事業者に対する件（昭和30年）のように独占禁止法違反事件として処理するとともに，弊害が表面化してきた特定の業種については，独占禁止法に基づく不公正な競争方法（不公正な取引方法）としての指定が行われた。昭和27年のしょう油およびみそがその嚆矢であり，その後，ソース，カレー粉またはこしょう，ゴム履物，新聞，百貨店，マーガリンまたはショートニング，マッチ，教科書の各業種について指定が行われた。

　また，昭和33年頃から賞金や賞品の高額化が目立ち始めていた懸賞付販売は，昭和35～36年になって，その規模が爆発的に拡大し，例えば，チューインガムで1000万円が当たる，ウイスキーでハワイ旅行，化粧品で1000円札を背の高さまでというように波及的に高額化する傾向をみせた。こうした行為に対し，消費者の射幸心を過度に刺激するもの，反社会性を持つものであるとして，これらを終息させるための何らかの規制を要望する声が高まった。

　一方，昭和35年に，いわゆる「ニセ牛缶事件」が発生した。

　昭和35年7月末，東京都衛生局に，缶詰にハエが入っていたという届出があり，同衛生局が神奈川県衛生部と協力して調査を行った。この結果，

2　景品表示法制定の経緯とその後の展開　　　7

この問題とは別に，一般に市販されている牛肉の大和煮等と表示されている缶詰の大部分に馬肉や鯨肉が混入されていること，さらに，全国で20余社ある主な牛肉の缶詰メーカーのうち，牛肉を100％使用しているのは，わずか2社にすぎないことが判明した。

このようなぎまん的な表示に対して有効な規制を要請する世論が急速に高まった。公正取引委員会は，公正な競争を阻害するものとして不公正な取引方法として規制することとし，昭和36年2月に「畜肉，鯨肉等のかん詰業における特定の不公正な取引方法」，同年12月に「食品かん詰または食品びん詰業における特定の不公正な取引方法」を指定した。

しかし，これらは，ぎまん的表示を特定の分野に限定して規制するものであり，昭和35年12月に開催された畜肉，鯨肉等の缶詰業における特定の不公正な取引方法に関する公聴会においても，ぎまん的表示について一般的に規制を行い得るようにするのが望ましいという意見が最も多かった。

また，昭和30年代に入り，技術革新による大量生産体制の進展や国民の所得水準の向上とともに，販売競争の激化に伴う虚偽・誇大広告，新製品開発に伴う欠陥商品の発生，有害・危険な商品の存在など消費者をめぐる問題が生じ，消費者保護という新しい観点の取組が求められるようになった。こうした中，いわゆるニセ牛缶事件や過大な景品付販売に対する議論において，ぎまん的表示や過大な景品付販売を規制するには，独占禁止法によるだけでは限界があり，特別法の制定を望むという意見が有力に唱えられた。

イ　昭和37年の景品表示法制定とその運用

こうした状況を受けて，公正取引委員会は，顧客誘引の手段として行われる過大な景品付販売やぎまん的な広告等の不当な表示により顧客を誘引する行為について，迅速かつ効果的な規制を行うための新法の立案準備に昭和36年8月頃から着手した。公正取引委員会としては，消費者行政を行う場合，独占禁止法の精神に沿って過大景品や不当表示を規制することとし，この方向で立法作業を行うとの基本方針を決定し，この基本方針に

基づいて法案の作成作業を行い，関係省庁との意見調整等を経て，昭和37年3月に景品表示法案が国会に上程された。これは，同年5月に成立し，同年8月15日に施行された。

当初の景品表示法は，全文11条と附則から成り，第1条　目的，第2条　景品類及び表示の定義，第3条　景品類の制限及び禁止，第4条　不当な表示の禁止，第5条　公聴会及び告示，第6条　排除命令，第7条　独占禁止法との関係，第8条　審判手続等，第9条　排除命令の効力等，第10条　公正競争規約，第11条　行政不服審査法の適用除外等である。

景品関係については，景品表示法により，景品類の価額，総額，提供の方法等について，公正取引委員会が告示で禁止・制限することになっていることから，法律施行前の昭和37年7月に「懸賞による景品類の提供に関する事項の制限」（昭和37年公取委告示第5号）が定められた（昭和52年全部改正）。また，その後，昭和42年に「事業者に対する景品類の提供に関する事項の制限」（昭和42年公取委告示第17号，平成8年4月に廃止）が定められたほか，業種別の告示として，新聞業，チョコレート業など10業種以上について景品類の提供の制限が定められた。

表示関係の運用としては，当時，東京などの大都市に人口が集中し始め，大都市近郊の宅地開発が盛んに行われ，これに伴って，宅地分譲についての誇大広告が発生し，消費者被害が多発していたことから，当初，不動産の不当表示規制がもっぱら行われた。例えば，物件が駅の付近に設けられた案内所のすぐ近くであるかのように表示し，実際には10km以上離れていたもの，最寄駅名を記載せず，案内所所在地が最寄駅であるかのように表示していたもの，最低価格で販売するのは条件の悪いわずかな物件にすぎないのに，相当数あるかのように表示していたものなどに排除命令が行われた。

一方，昭和42年に，合成レモン飲料のテレビ広告等において，あたかもそれが天然レモンのジュースであるかのような表示をしていたことが不当表示とされた事件があり，これをきっかけとして食品の表示に対する社

会的関心が高まり，食品の表示への取組が活発化した。

当初の景品表示法第10条に規定された公正競争規約制度は，事業者の自主的なルールによる相互監視，相互抑制によって，不当な表示や不当な景品類の提供の防止を期待するものである。この期に認定された公正競争規約としては，景品類に関する公正競争規約が新聞業，チョコレート業など10件，表示に関する公正競争規約が不動産，防虫剤，観光土産品など15件であった。

ウ　消費者モニター制度

景品表示法の制定に伴って，消費者から速やかに情報を得るとともに消費者の意識の向上を図るため，公正取引委員会は，昭和39年に，国の消費者行政関連のモニター制度としては最初の消費者モニター制度を発足させた。昭和39年度は，東京地区と京阪神地区に限定し，東京地区150名，京阪神地区50名の計200名で開始された。

(2)　第2期　経済社会の変貌に伴う景品表示行政の強化（昭和40年頃～昭和60年頃）

ア　消費者問題の拡大と昭和47年の景品表示法改正

我が国経済は急速に発展する中，次々と生み出される新製品については，単に表示が虚偽でないということだけでなく，商品の内容を適切に表し，商品の使用，利用，保存等の方法を詳細に示すことが求められるようになり，食品については，いわゆる食品公害に対する不安感から，原材料，添加物，製造方法等の正しい表示が求められるようになった。また，持続的なインフレと所得の伸び悩みから，消費者が価格表示により敏感になり，より廉価な商品の選択に資するための適正な価格表示が要請されるようになった。企業の側でも，高度経済成長期の末期に起きたドルショックとそれに続く石油危機という厳しい経済環境の下，激しい販売競争に勝ち残るために，マーケティングの重要性が再認識されるようになり，景品の提供や宣伝広告による製品の差別化が一層進められた。

景品表示法の規制対象である虚偽・誇大な広告・表示や過大な景品付販売は，全国各地の事業者の日常の事業活動から，反復的，波及的かつ昂進的に絶えず発生する可能性があるので，その取締りのためには，全国各地で監視し，かつ，違反に対して迅速に処理する必要があった。また，地方公共団体は，消費者運動の高揚を背景として，地域住民の利益保護の観点から，表示行政等に積極的姿勢を示すようになった。

　景品表示法制定の際の当初原案には，公正取引委員会に対する都道府県知事の処分請求等の措置が盛り込まれていたものの，これは実現しなかったが，昭和43年の消費者保護基本法案の審議に際しては，「景品表示法については，……都道府県知事が公正取引委員会に対し，不当表示についての処分請求を行えるよう検討」すべき旨の附帯決議がなされ，さらに，昭和45年11月，国民生活審議会の「消費生活に関する情報の提供及び知識の普及に関する答申」の中で「景品表示法については，……地方公共団体との協力体制を強化し，さらに地方公共団体においても取締りが行える体制を検討」すべき旨指摘された。

　こうした状況を受けて，公正取引委員会は，景品表示法制定以来10年間の運用経験に照らして，過大な景品類の提供と不当表示の規制を迅速かつ適切に行うため，地域住民に密着した消費者保護行政を行っている都道府県知事に対して，同法に基づく権限の一部を委任することを内容とする景品表示法改正法案の作成作業を行い，同法案は，昭和47年2月に国会に提出され，同年5月に成立し，同年10月1日に施行された。

　この改正は，景品表示法に基づく国の事務の一部を都道府県知事に機関委任したものであり，①都道府県知事は，景品表示法違反行為者に対し，その行為を取りやめるべきこと等を指示することができる（景表第9条の2），②違反行為者が都道府県知事の指示に従わないとき，その他必要があるときは，都道府県知事は，公正取引委員会に適当な措置を採るべきことを求めること（措置請求）ができる（景表第9条の3），③都道府県知事は，指示や措置請求を行うため必要があると認めるときは，違反行為者等からの報告徴収やこれらの者の事務所等への立入検査をすることができる（景

表第9条の4）ことを主な内容とするものである。

イ　表示規制の動向

　景品表示法の運用のうち，表示規制については，昭和42〜43年頃から，いわゆる二重価格表示によって販売の増大を図る傾向が強まってきたことから，公正取引委員会は，価格表示の実態と消費者の意識を把握するため，昭和42年度に調査を行い，この結果を基に，特に二重価格表示の規制に焦点を当てて検討を行い，昭和44年5月に「不当な価格表示に関する不当景品類及び不当表示防止法第4条第2号の運用基準」（昭和44年事務局長通達第4号）を定めた。

　また，家庭用電気製品についての二重価格表示の実態をより広く調査するため，昭和45年10月，カラーテレビ，白黒テレビ，電気冷蔵庫と電気洗濯機の4品目を対象に，メーカーごとにメーカー希望小売価格と小売店における実売価格との値開き率等の調査を行った。この調査の結果，いずれの品目も20%を超える高い値開き率があることが判明したことから，公正取引委員会は，家電メーカーが，小売店における実売価格と著しく乖離した価格を「現金正価」等の名称で希望小売価格として表示すること等は，一般消費者に対して小売業者の付した実売価格で購入することが著しく有利であるとの誤認を与え，不当表示になると判断して，昭和46年1月に「カラーテレビ等家庭電気製品の希望小売価格の表示に関する取扱いについて」（昭和46年事務局長通達第1号）を定めた。

　昭和41年から42年にかけて発生した合成レモン飲料事件によって，無果汁の清涼飲料水等についての不当表示問題が大きく取り上げられ，次いで，果実飲料全体を対象として，ジュースという名称の用い方，果汁含有率の表示の方法等が問題にされるようになった。当時，果実飲料については，果汁100%のものから砂糖水に果汁のような着色，着香を施したものまで，その商品形態は多種多様であり，その広告・表示も千差万別であった。このため，公正取引委員会は，果汁が一定量以上含有されていない飲料について「果汁がたっぷり」等と果汁分を過大にみせかける表示を不当

表示として規制することとするとともに，果汁飲料等の製造業者に対して，表示に関する公正競争規約を設定し，表示の適正化を図るよう指導し，昭和46年3月に「果実飲料等の表示に関する公正競争規約」を認定した。

この規約で，果汁含有率が5％未満のものや果汁を含まないものについては，果汁を含まない旨を表示するが，「但し，着色したものにあっては『合成着色飲料』と，香料のみ使用したものにあっては『香料使用』と標示することにより上記の標示にかえることができる」と規定されていたのに対し，但書は不要として主婦連合会が昭和46年4月，この規約の認定について不服申立てを行った。公正取引委員会は，昭和48年3月，主婦連合会には不服申立てを行う資格がないとして審決で申立てを却下した。これに対し，申立て資格という手続上の問題をめぐって，主婦連合会は審決取消訴訟を提起し，東京高等裁判所を経て，昭和53年3月，最高裁判所は原告（主婦連合会）の上告を棄却した。

一方，公正取引委員会は，「合成着色飲料」，「香料使用」の表示について，規約施行半年後に「果実飲料等の表示に関する世論調査」を行った。その結果，消費者の大半が「合成着色飲料」，「香料使用」との表示だけでは，当該飲料に果汁が含まれているものと認識していることが判明したことから，昭和48年3月，景品表示法第4条第3号の規定に基づく指定告示として，果汁が全く含まれていないか，僅少な量（含有量5％未満）しか含まれていない果実飲料であって，「無果汁」等と表示していないものを不当表示とすることを内容とする「無果汁の清涼飲料水等についての表示」（昭和48年公取委告示第4号）を指定し，同指定告示は，同年9月に施行された。これは，景品表示法第4条第3号の規定に基づく最初の指定告示であった。

昭和43年頃から，国産品について欧米産であるかのように一般消費者に誤認させる不当な原産国表示が多発し始め，公正取引委員会は，不当表示として問題となる事案に対し，警告や排除命令を行ったが，昭和46年に行った原産国表示についての調査の結果，商品の原産国について一般消費者に誤認されるおそれのある表示が依然として多く，その範囲も拡大す

る傾向にあることが判明した。このため公正取引委員会は，このような原産国について誤認されるおそれのある表示を有効かつ適切に規制するため，景品表示法第4条第3号に基づく指定を行うこととし，昭和48年10月に「商品の原産国に関する不当な表示」（昭和48年公取委告示第34号）を指定し，同指定告示は，昭和49年5月に施行された。

　また，消費者信用の融資費用に関し，種々のトラブルが発生し，社会問題に発展したことを契機に，景品表示法第4条第3号に基づく告示として，昭和55年4月に，実質年率が明瞭に記載されていないものを不当な表示とすること等を内容とする「消費者信用の融資費用に関する不当な表示」（昭和55年公取委告示第13号）を指定し，同指定告示は，同年7月に施行された。

　積極的に販売する意思がない商品や，もともと販売することが不可能な商品を有利な条件で販売するような広告をすることによって，自己の店舗に顧客を誘引し，広告した商品以外の商品を販売するという性格を持つ広告を「おとり広告」という。

　公正取引委員会は，消費者団体への委託調査，消費者モニターに対するアンケート調査等によって，おとり広告の実態を把握した結果，景品表示法第4条第3号に基づく指定を行って規制する必要性があると判断し，広告を用いて行うおとり販売行為について，まず，弊害が大きい不動産を対象にして，昭和55年4月に「不動産のおとり広告に関する表示」（昭和55年公取委告示第14号）を指定し（昭和55年7月に施行），昭和57年6月に，規制対象を限定せず，あらゆる商品を対象とする「おとり広告に関する表示」（昭和57年公取委告示第13号）を指定した（昭和57年12月に施行，平成5年公取委告示第17号により全部変更）。

　また，国民の健康志向の高まりに伴って，いわゆる健康食品の販売・消費が増大し，その効能・効果に関する不当な表示が目立ってきた。このため，迅速かつ的確な規制を行うため，昭和59年5月に「いわゆる健康食品等の効能効果表示に関する不当景品類及び不当表示防止法違反事件関係事務処理細則」を定めて都道府県等に通知したが，その後も違反が跡を絶

たないことから，昭和60年6月，厚生省と共同で，「痩身効果等を標ぼうするいわゆる健康食品の広告等の注意点（チェックポイント）」を作成し，各都道府県に通知するとともに，関係業界団体に表示の適正化を，広告関係団体にはその協力を，それぞれ要請した。

ウ　総付景品規制の導入

　景品表示法の運用のうち，景品規制については，いわゆる総付景品規制に関する告示等の規定の整備が行われた。

　景品表示法に基づき懸賞による景品類の提供の制限が厳しく行われるようになってきたことに伴い，昭和40年代前半から，懸賞によらない景品類の提供，いわゆる総付景品の提供が行われるようになった。景品表示法に基づく告示では，総付景品は対象になっていなかったため，当初，ルームクーラーの販売促進のため，これを購入する消費者に対してカラーテレビの提供か旅行の招待をするという企画を行った販売業者に対し，独占禁止法の不公正な取引方法に当たるとして審決を行う（昭和43年）など，独占禁止法で禁止されている不公正な取引方法として規制した。しかし，このような新手の景品類の提供行為に対して，統一的かつ効率的に規制を行う必要があること等から，景品関係告示の全体的な見直し作業を行い，その整備を図ることとした。

　また，過大な景品類の提供に関する規制については，景品表示法や独占禁止法の規定に基づく告示によって行われてきたが，昭和47年の景品表示法改正によって都道府県知事が景品表示法に関する業務を担当することになったことに伴って，従来の独占禁止法に基づく告示のうち，景品表示法に基づく告示に移行すべきものは移行し，都道府県知事が過大な景品類の提供に関する規制をできるようにするとともに，景品表示法に基づく告示の中の不明確な点を明確化する必要があった。

　このため，公正取引委員会は，昭和50年度に，景品類の制限告示の整備方針を定め，一般消費者に対する懸賞によらない景品類の提供（総付景品）について，景品表示法による規制に移行するため，規制の基準を作成

するとともに，その他規定の整備を行うこととした。この方針に基づき，昭和52年3月，一般消費者に対して懸賞によらないで提供する景品類の価額等を定めた「一般消費者に対する景品類の提供に関する事項の制限」（昭和52年公取委告示第5号）を制定し，同年4月に施行された。

このほか，昭和46年7月，過大なオープン懸賞を規制するために，独占禁止法第2条第7項の規定に基づき「広告においてくじの方法等による経済上の利益の提供を申し出る場合の不公正な取引方法」（昭和46年公取委告示第34号，平成18年廃止）の指定を行った。また，昭和49年頃から，いわゆるマルチ商法が社会問題化し，公正取引委員会は，昭和50年6月，ホリディ・マジック㈱によるマルチ商法を不公正な取引方法として違反とした（ホリディ・マジック㈱に対する審決（昭和50年（勧）第16号（昭和50年6月13日）））。

エ　公正競争規約の設定件数の増大

公正競争規約については，昭和47年の景品表示法改正の際に，「公正競争規約の設定について業界を指導すること」との参議院商工委員会の附帯決議（昭和47年5月）があったこともあり，関係業界に対する制度趣旨の説明を積極的に行い，また，表示や景品提供の適正化が必要な業界に対しては，規約設定を要望するとともに，設定に当たって具体的な指導を行ったことから，公正競争規約の設定件数が増大した。

(3)　第3期　経済のグローバル化と規制改革に伴う景品表示行政の転換（昭和60年頃～平成10年頃）

ア　市場開放問題への取組

昭和50年代後半からの日本経済の景気回復過程において，ドル高もあって対米輸出の増加が高い伸びを示し，昭和60年代に入ると，日本の大幅な貿易黒字を背景として，貿易摩擦問題が発生した。日本市場が閉鎖的であるとの批判が高まり，日本市場を一層自由かつ開放的なものとするという市場開放問題への具体的な対応が迫られることとなり，これが景品表示

規制にも大きな影響を与えることになった。

公正取引委員会は，昭和61年5月，貿易摩擦問題に対する競争政策上の包括的な政策表明を「市場アクセスの改善のための競争政策上の対応」として公表した。ここで指摘している競争政策に関係する市場アクセス阻害要因のうち，景品表示法に関係するものとしては，①景品規制の実態に，外国事業者にとって販売促進活動を制限しすぎるところがあること，②原産国表示規制や比較広告規制の実態に，輸入品の販売や効果的な広告宣伝活動を妨げていると思われるところがあること，が挙げられている。

これらのうち，事業者が提供する景品の規制については，国際的にみても様々な立場があるものの，景品類の提供が不当な顧客誘引とならない範囲において，新規参入を容易にする販売促進手段として効果的に行われるよう，告示や運用基準の変更，ガイドラインの作成等によって，景品の提供に関する景品表示法の解釈の一層の明確化と取扱いの変更を行った。また，必要に応じて，関係する公正取引協議会に対し，公正競争規約の見直しを検討するよう指導し，景品類の上限の引上げ等を内容とする改正が行われた。

また，比較広告については，景品表示法で比較広告が禁止されているという誤解に基づく批判があったことから，こうした誤解を解消するため，昭和61年6月に，景品表示法は，競争事業者の商品との比較そのものを禁止・制限するものではないことを明確にし，不当表示に該当するおそれのある比較広告について一般的な判断基準を明らかにするとともに，昭和62年4月，景品表示法上問題とならない比較広告の要件を明らかにするため，「比較広告に関する景品表示法上の考え方」を公表した（なお，比較広告については，後記第2章コラム「比較広告」も参照）。さらに，一部の公正競争規約に比較広告を厳しく制限する規定を有するものがあったことから，関係する公正取引協議会に対し当該規約の見直しの指導を行い，これに基づき規約の変更が行われた。

原産国表示については，昭和61年9月から12月にかけて，国産ワインを対象として，原産国表示について調査を行い，その結果に基づいて改

2　景品表示法制定の経緯とその後の展開　　17

善指導を行った。また，昭和 63 年 10 月から「原産国表示問題研究会」
を開催し，平成元年 9 月，検討結果が「原産国表示と景品表示法について」
として公表された。

イ　景品規制の見直し

　内需主導による持続的な経済成長を図り，日本市場をより開かれたもの
としていくとともに，生活者・消費者を重視する視点に立ち，日本の経済
力に見合った豊かな国民生活を実現することが重要な課題となる中，平成
元年 9 月に日米構造問題協議（SII）が開始され，平成 2 年 4 月に，それ
までの議論に基づき，日米双方の政府が採った措置と今後採るべき措置を
盛り込んだ中間報告を公表した後，同年 6 月に最終報告書が作成・公表
された。この中で挙げられた競争政策に関連する対応策のうち景品表示規
制に関連するものとしては，「景品規制の内外無差別の運用と景品に関す
る公正競争規約の見直し」があった。

　また，平成 5 年以降，日米間で日米包括経済協議が開始された。この
協議では，競争政策全般にわたる問題は，規制緩和・競争政策作業部会で
議論されることになり，米国側からの要望事項の 1 つとして「景品規制
の緩和・見直し」が挙げられていた。

　景品提供は，様々な企業活動のうちの 1 つであり，原則的には自由な
企業活動の領域にあると捉えられるものの，その用いられ方によっては，
市場機能の発揮を妨げることになる場合もある。すなわち，景品が過大に
なり，消費者が景品により商品選択をすることとなると，良質廉価な商品・
サービスの供給という面での競争が有効に働かなくなり，消費者利益が損
なわれるおそれがあるが，このように公正な競争を阻害するおそれがある
場合に規制するという景品規制の趣旨を踏まえて，景品規制の在り方や具
体的内容を再検討し，競争政策の観点から，経済社会情勢の変化に対応し
たものにする必要がある。

　このような景品規制の見直し・明確化の基本的視点に基づき，上記のよ
うな米国からの指摘を受けて，景品規制に関しては，具体的な制限規定を

18　　第 1 章　総説

設けてから長期間経過しているものもあり，また，この間における経済規模の拡大，消費者の購買態度・価格観の変化，事業者の競争の多様化，流通構造の変化等の経済社会情勢の変化により，景品提供の機能・効果も変化し，景品による顧客誘引の程度も変化していることから，こうした変化を踏まえ，規制内容の検討が行われた。

　平成6年5月に，学識経験者による「景品規制の見直し・明確化に関する研究会」が開催され，同研究会が取りまとめた報告書が平成7年3月に公表された。公正取引委員会は，同研究会での検討の結果を踏まえ，景品規制の改正原案（骨子）を公表して各方面からの意見・要望の提出を受けた上で，具体的な改正案を示して，平成7年12月に公聴会を2回開催した。公聴会での意見を検討した結果，①上限金額を引き上げるとともに，制限の区分を簡素化することを内容とする「懸賞による景品類の提供に関する事項の制限」の改正，②上限金額5万円の制限を撤廃し，取引価額の10分の1以下の金額（この額が100円未満の場合は100円）の範囲内で総付景品を提供することができることとすることを内容とする「一般消費者に対する景品類の提供に関する事項の制限」の改正，③いわゆるオープン懸賞の上限金額の100万円から1000万円への引上げ，④「事業者に対する景品類の提供に関する事項の制限」の廃止やその他景品規制の対象範囲の縮減・明確化を含む景品規制の改正を行い，平成8年4月に施行された。また，これに引き続き，この内容に即して，業種別告示と公正競争規約の改廃を行った。

ウ　表示規制の動向

　表示規制に関しては，1990年代に入って，政府規制を緩和・撤廃し，市場メカニズムを活用していくことが重要な政策課題となったことによって，消費者に対する適正な情報提供がより重要になり，不当表示の排除是正や広告表示の適正化に対する取組が一層必要とされることとなった。

　この時期，経済のサービス化の進展を反映して，サービス産業に関する事案が多くみられるようになり，また，消費生活の高度化，多様化等に伴

う消費者の健康・本物志向や高級志向に便乗した不当表示事案がみられるようになった。例えば，痩身サービスについて，あたかも厳しい食事制限を行うことなく容易に痩身ができるかのように広告表示したもの，海外旅行の観光内容等について誤認させる広告表示をしたもの等に排除命令を行い，有料老人ホームの提供サービス等に関する表示，羽毛布団のダウン混合率の表示等に警告を行っている。

　また，おとり広告に関しては，ミシンの販売について特に安い価格で販売する旨の広告を行いながら，その広告掲載品を購入させないようにし，他のミシンを勧めていた件に排除命令が行われるなど，依然として問題がみられた。このため，昭和57年のおとり広告に関する表示の告示・運用基準制定後の実績を踏まえ，小売業界等における広告・販売の実態に即したより具体的なものとして，規制の明確化と実効性の向上を図るため，平成5年に，おとり広告に関する表示について，告示の全部改正と運用基準の改正を行い，新しいおとり広告に関する告示は，同年5月に施行された。

　さらに，①技術の進展に伴い新たに出現したインターネット等を利用した広告等，②販売方法の多様化に伴い進展の著しい電話や店頭等における口頭での広告等，そして③経済のサービス化に伴い進展の著しいサービス業における説明書面による表示が景品表示法の対象になることを明確にするため，平成10年12月に「不当景品類及び不当表示防止法第2条の規定により景品類及び表示を指定する件」（昭和37年公取委告示第3号）の改正を行い（平成10年公取委告示第20号），平成11年2月に施行された。

エ　地方分権推進計画を受けた景品表示法の改正

　平成10年5月29日に閣議決定された地方分権推進法（平成7年法律第96号）第8条に基づく「地方分権推進計画」において，景品表示法に基づく都道府県知事の事務を公正取引委員会の機関委任事務から自治事務に変更することとなり，①都道府県知事に対する指揮監督に関する規定（景表第9条の5）を削除し，②新たに地方自治法の改正により規定される主

務大臣の自治事務に対する関与規定と同様の規定（助言と勧告，資料提出
要求，是正措置要求）を新たに設けることとされた。この景品表示法の改
正は，「地方分権の推進を図るための関係法律の整備等に関する法律案」
によって行われることとなり，同法案は，平成11年7月に可決・成立し，
平成12年4月1日に施行された。

(4) 第4期　公正取引委員会による消費者問題への新たな取組（平成11年頃以降）

ア　消費者政策の推進と平成15年の景品表示法改正

　いわゆるバブル崩壊後の景気停滞が続く中，日本経済を活性化し，豊か
な社会を実現するため，日本の経済社会の構造を改革するとともに，競争
政策を積極的に展開し，規制改革後の公正な競争を確保することによって，
日本経済を透明なルールと市場原理，そして自己責任原則に立つ自由で公
正な経済社会としていくことがますます求められるようになった。こうし
た中，消費者に対しては，自己責任原則に基づいて行動することが求めら
れるようになってきていることから，消費者の適正な商品選択が妨げられ
ないよう，消費者向けの商品・サービスの種類や販売方法の多様化に適切
に対応しながら，景品表示法を厳正に運用するとともに，消費者取引の適
正化や消費者に対する適正な情報提供の観点からの取組を行うことがます
ます重要になってきている。

　今後の競争政策の在り方やそれを遂行するために必要な体制・機能等に
ついて検討するため，平成13年6月から「21世紀にふさわしい競争政策
を考える懇談会」が開催された。同懇談会が同年11月に取りまとめた提
言書の中で，消費者支援の強化として，現行の不当表示規制の見直しの検
討など消費者政策の積極的な推進の提言があったのを受けて，同月から「消
費者取引問題研究会」が開催され，競争政策と消費者政策の関係，消費者
による適正な選択の確保の実現のための対応，そして実効性ある排除措置，
有効な消費者支援措置等について検討を行った。同研究会は，公正取引委
員会による消費者政策，表示の信頼回復に向けた景品表示法の一層の活用，

消費者の適正な選択を歪める行為の規制，民事的救済制度の強化，そして公正取引委員会の調査・提言機能の強化と関係機関との連携強化を内容とする検討結果を取りまとめ，平成14年11月，その検討結果が報告書として公表された。

上記報告書では，実質的根拠なしに機能，効果，性質等を強調する表示を禁止すること，都道府県知事による執行力の強化等を図ることなど，景品表示法について所要の改正を行うべきとの提言があった。

この提言を踏まえ，景品表示法の改正を検討した結果，合理的な根拠なく著しい優良性を示す不当表示の効果的な規制方法（不実証広告規制）の導入，景品表示法違反行為者に対して都道府県知事が指示できる範囲の拡大や検査の妨害に対する罰金の引上げによる都道府県知事による執行力の強化等を内容とする景品表示法改正法案が平成15年2月に国会に提出され，同年5月に可決・成立し，同年11月から全面的に施行された。

不実証広告規制の導入（導入時は景表第4条第2項）により，公正取引委員会が商品・役務の内容について実際のものより著しく優良であると示す不当表示等に該当するか否かを判断するために必要があると認めるときは，当該表示をした事業者に対し，期間を定めて，表示の裏付けとなる合理的な根拠を示す資料の提出を求め，当該資料が提出されない場合は，不当表示とみなされることとなった。

また，改正法の運用の透明性と事業者の予見可能性を確保するため，景品表示法第4条第2項の適用に関して，どのような表示が対象となるのかや，提出資料が表示の裏付けとなる合理的な根拠を示すものであると認められるための要件等を明らかにするため，平成15年10月に，「不当景品類及び不当表示防止法第4条第2項の運用指針」を策定し，公表した。

イ　景品規制の見直し

総付景品規制については，前記(3)イのとおり，平成8年4月から，事業者が一般消費者に対して懸賞によらないで提供できる景品類の最高額は，総付景品の提供に係る取引価額の10分の1の金額（この額が100円

未満の場合は，100円）とされてきたが，「規制改革・民間開放推進3か年計画（再改定）」（平成18年3月31日閣議決定）において，「懸賞によらないいわゆる総付景品を付して商品等の販売を行うことは，実態として，取引の対象とされた商品と景品とされた商品をセットで販売するのと差はなく，通常の取引よりも景品分だけ消費者にとって有利になるものであること等から，その手法・程度が適当なものである限り，競争にとっては中立的又は促進的に機能すると考えられる。したがって，不当景品類及び不当表示防止法（昭和37年法律第134号）に基づく規制については，総付景品についてその在り方を見直すべきとの指摘があることも認識しつつ，消費者の適正な商品選択の確保等の観点からみて，ふさわしい方策を検討する。」とされたことを受け，公正取引委員会は検討を行った。

　検討の結果，総付景品の提供に係る取引価額の10分の2の金額（この額が200円未満の場合は，200円）に引き上げることとし，公聴会開催等の手続を経て，「一般消費者に対する景品類の提供に関する事項の制限」を一部改正し，平成19年3月7日付け官報に告示（同日施行）した。

　また，独占禁止法に基づく告示である「広告においてくじの方法等による経済上の利益の提供を申し出る場合の不公正な取引方法」を平成18年4月27日付けで廃止した。

ウ　経済実態の変化等に対応した景品表示法の運用の多様化

　景品表示法の運用のうち，表示規制については，小売業をめぐる競争環境や消費者の意識が変化し，それに伴って小売業者の用いる価格表示が多様化してきていること，また，不当な二重価格表示に関する景品表示法違反事件が多くみられることなどの状況に鑑み，「不当な価格表示に関する不当景品類及び不当表示防止法第4条第2号の運用基準」（昭和44年事務局長通達第4号）の見直しを行い，二重価格表示を中心とする不当な価格表示についての考え方の明確化に取り組むこととした。この検討作業の一環として「価格表示の在り方に関する懇談会」を開催し，また，関係各方面からの意見を検討した上，平成12年6月，前記運用基準に代わるもの

として，二重価格表示を中心とする不当な価格表示についての考え方を明らかにした「不当な価格表示についての景品表示法上の考え方」を策定し，公表した。さらに，平成14年12月には，平成14年5月～9月に行った実態調査やそれまでの違反事例を踏まえ，幅で示される割引率等の表示や，他店よりも廉価での販売を保証するという，いわゆる「価格保証販売」表示等の事例の追加等を内容とする上記考え方の一部改定を行い，公表した。

　一般家庭におけるインターネットの急速な普及とともに，消費者の商品・サービスの選択を惑わすようなウェブサイトの問題が顕在化してきたことから，消費者向け電子商取引に関して，平成13年1月，「消費者向け電子商取引への公正取引委員会の対応について―広告表示問題を中心に―」と題する報告書を公表した。また，この取組の一環として，BtoC取引における表示についての定期的かつ集中的な監視調査（インターネット・サーフ・デイ）を実施し，不当表示につながるおそれのあるサイトに対し啓発メールを発信している。インターネット・サーフ・デイの調査結果やインターネットに関する苦情・相談の傾向等を踏まえて，平成14年6月，消費者向け電子商取引における表示について，景品表示法上の問題点を整理し，問題となる事例と表示上の留意事項を整理した「消費者向け電子商取引における表示についての景品表示法上の問題点と留意事項」を策定し，公表した。平成15年6月には，インターネット接続サービスの取引に係る広告表示の実態調査を行い，この結果を踏まえ，同年8月，上記留意事項の一部改定を行った。

　また，一般消費者等に「電子商取引調査員」（平成14年度に50名に委嘱。平成15年度以降80名）としてインターネット上の広告表示の調査を委託し，問題のある表示についての情報等を報告してもらう「電子商取引監視調査システム」の運用を開始し，常時監視の体制を整えた。電子商取引監視調査システムも，平成21年9月から消費者庁に移管され，名称も「電子商取引表示監視調査システム」，「電子商取引表示調査員」に変更された（平成23年度から令和元年度まで50名に委嘱）。

有料老人ホームに関しては，不当表示事件が跡を絶たない状況が続いていたことから，不当表示を未然に防止し，不当表示に厳正に対処するため，平成15年5月から「有料老人ホームの表示に関する検討会」を開催し，平成15年10月，その検討結果を取りまとめた報告書「有料老人ホームの表示の適正化に向けて」が公表された。この検討結果を踏まえ，景品表示法第4条第1項第3号に基づく指定を行うこととし，公聴会を開催して意見を聴取し，平成16年4月に「有料老人ホームに関する不当な表示」（平成16年公取委告示第3号）を指定し，同年6月，この運用基準を策定し，公表した。これらは，同年10月に施行された。

　公正取引委員会は，消費者取引の適正化や消費者に対する適正な情報提供の観点から，広告・表示の調査を行い，この調査結果を踏まえて，景品表示法上の考え方の公表や関係団体に対する表示の適正化のための取組の要請等を行っている。平成11年度以降取り上げたものとしては，証券投資信託，環境保全に配慮した商品，飲用海洋深層水，保険商品，いわゆるノンアルコール飲料，温泉，テレビショッピング番組，家庭用塩，鶏卵，車検整備，黒酢・もろみ酢，果汁・果実表示のある加工食品等がある。

　昭和39年度から設けている消費者モニター制度（平成17年度1,100名）をより充実させるため，消費者モニター経験者などの中から，200名以内の規模で，消費者取引の適正化に関する経験，知識等を勘案して，消費者取引適正化推進員を選定することとし，平成17年度から実施した（平成17年1月12日公表）。これは，消費者モニターとして経験や知識を身につけた者などが，さらに消費者取引適正化推進員として，調査や情報収集などの活動に携わることで，消費者取引の適正化をより一層効率的に進めていくことを目的とするものである。

(5)　第5期　景品表示法の消費者庁への移管と新たな執行体制の確立（平成21年9月頃以降）

ア　消費者庁の新設と景品表示法の移管

　福田総理（当時）は，平成19年10月1日，第168回国会における所

信表明演説において，「国民生活に大きな不安をもたらした耐震偽装問題の発生を受け，安全・安心な住生活への転換を図る法改正が行われました。成熟した先進国となった我が国においては，生産第一という思考から，国民の安全・安心が重視されなければならないという時代になったと認識すべきです。政治や行政のあり方のすべてを見直し，国民の皆様が日々，安全で安心して暮らせるよう，真に消費者や生活者の視点に立った行政に発想を転換し，悪徳商法の根絶に向けた制度の整備など，消費者保護のための行政機能の強化に取り組みます。」と表明し，消費者行政を強化する方針を打ち出した。

平成20年1月18日，第169回国会における施政方針演説において，「今年を『生活者や消費者が主役となる社会』へ向けたスタートの年と位置付け，あらゆる制度を見直していきます。現在進めている法律や制度の『国民目線の総点検』に加えて，食品表示の偽装問題への対応など，各省庁縦割りになっている消費者行政を統一的・一元的に推進するための，強い権限を持つ新組織を発足させます。併せて消費者行政担当大臣を常設します。新組織は，国民の意見や苦情の窓口となり，政策に直結させ，消費者を主役とする政府の舵取り役になるものです。すでに検討を開始しており，なるべく早期に具体像を固める予定です。」と表明し，消費者庁構想が初めて具体的に明らかとなった。

平成20年2月には，消費者庁構想を具体化するために，「各省庁縦割りになっている消費者行政を統一的・一元的に推進するための，強い権限を持つ新組織の在り方を検討し，その組織を消費者を主役とする政府の舵取り役とするため」，消費者行政推進会議（座長：佐々木毅学習院大学法学部教授）の開催が閣議決定され，11回の本会議および4回のワーキンググループにおいて検討が行われた。本会議には，福田総理（当時）は，毎回出席し，また，消費者庁の組織としての基本的な性格を示すために，「消費者庁（仮称）の創設に向けて」（第6回本会議配布）と題するペーパーを作成し，説明するなど，自ら積極的に議論をリードした。

そして，消費者行政推進会議の検討や関係省庁との調整を経て，平成

20年6月27日に「消費者行政推進基本計画」が閣議決定された。同計画では，「消費者の視点」から消費者政策を担う組織として消費者庁を設立することとされ，同計画では，表示に関する法律については，「表示は，消費者に対し，商品・サービスの選択の基礎を与えるものであり，商品やサービスの性能や効果について誤解がないようにするため，商品やサービスの選択に当たって必要な情報が表示されること及び消費者を誤解させるような不当な表示がなされないようにする必要があること……などから，消費者庁が所管する。」とされ，景品表示法についても，「所要の見直しを行った上で，消費者庁に移管する」とされた。

　同計画に基づき，内閣官房消費者行政一元化準備室を中心に，関係省庁との連携の下で，消費者庁関連法の制定に係る作業が行われた。関係省庁が所管している消費者関連法を消費者庁に移管または共管とするために，「消費者庁設置法の施行に伴う関係法律の整備に関する法律」の制定作業が行われ，景品表示法の改正も，この作業の中で進められた。

　消費者庁は競争政策を所管するために設置されるものではなく，消費者庁は「生産者サイドから消費者・生活者サイドへの視点の転換の象徴」として消費者政策を担うために設立されることから，景品表示法を公正取引委員会から消費者庁に移管するために，新景品表示法は競争政策ではなく，消費者政策のための法律であることが明らかになるように目的規定を改正することとなった。

　前記1で述べたように，景品表示法に基づく過大な景品類の提供および不当表示に対する規制は，①公正な競争を確保するとともに，②消費者が自主的かつ合理的に商品または役務の選択を行える意思決定環境の創出・確保を図るための消費者政策とも位置付けられるところ，消費者庁が所管する消費者法と位置付けるために，後者の観点から目的規定を改正することとし，「この法律は，商品及び役務の取引に関連する不当な景品類及び表示による顧客の誘引を防止するため，一般消費者による自主的かつ合理的な選択を阻害するおそれのある行為の制限及び禁止について定めることにより，一般消費者の利益を保護することを目的とする。」こととさ

2　景品表示法制定の経緯とその後の展開　　27

れた。

このように景品表示法の目的規定が変更されたが，①公正な競争を確保するとともに，②消費者が自主的かつ合理的に商品または役務の選択を行える意思決定環境の創出・確保を図るという政策目的は表裏一体の関係であるので，改正後の景品表示法の実体規制（過大な景品類の提供および不当表示規制）に実質上変更はない。一方で，景品表示法の目的規定が変更され，競争法としての位置付けから外れたことから，必然的に，独占禁止法の特例法という位置付けが変更され，それに伴い，所要の改正が行われた。改正の概要は以下のとおりである。

①　過大な景品類の規制および不当表示規制（景表第3条および第4条）
　　消費者庁に移管されることから，規制の主体は公正取引委員会から内閣総理大臣に改正され，また，目的規定の改正に伴い，以下のとおり実体規定の要件が改正された。
・　景品規制（景表第3条）
　　景品類の価額の最高額等に関する事項の制限または景品類の提供の禁止の要件を「不当な顧客の誘引を防止するため」から「不当な顧客の誘引を防止し，一般消費者による自主的かつ合理的な選択を確保するため」に改正するが，規制範囲は実質上不変である。
・　不当表示規制（景表第4条第1項第1号～第3号）
　　「公正な競争を阻害するおそれ」を「一般消費者による自主的かつ合理的な選択を阻害するおそれ」に改正するが，規制範囲は実質上不変である。
②　指定および告示
・　第2条（表示および景品類の定義），第3条（景品類の制限および禁止）および第4条第1項第3号（優良・有利誤認以外の不当表示の指定）の指定を内閣総理大臣告示により行う。
・　指定の手続として，公聴会開催に加えて，消費者委員会からの意見聴取手続を新設（景表第5条第1項）。
③　行政処分（景表第6条）

・　現行の処分内容（差止め，再発防止，公示等）は維持し，「排除命令」から「措置命令」に改称。

・　審判制度を廃止し，消費者庁が所管または共管する他の消費者法の行政処分と同様の手続とする。

④　調査権限（景表第9条）

　　消費者庁の所管または共管の消費者関連法の権限を踏まえて，調査権限規定（報告徴収，提出命令，立入検査および質問）を新たに規定。

⑤　都道府県知事の指示および調査権限（景表第7条および第9条）

　　現行の指示（行政指導）制度および調査権限を維持。

⑥　規約または協定（景表第11条）

・　規約または協定の定義を「不当な顧客の誘引を防止し，一般消費者による自主的かつ合理的な選択及び事業者間の公正な競争を確保するための協定又は規約」とし，これに伴い認定要件を改正し，内閣総理大臣および公正取引委員会が認定する制度とする。

・　公正取引委員会による認定の法的効果として，独占禁止法の手続規定の適用除外制度（改正前景表第12条第5項）を維持（景表第11条第5項）。

・　規約の認定等に関する内閣府令を定める際は，公正取引委員会に事前協議（景表第14条）。

⑦　公正取引委員会への調査権限の委任（景表第12条）

　　公正取引委員会の地方事務所等活用のため，消費者庁長官が公正取引委員会に権限の一部（調査権限）を委任する規定を新設。

⑧　その他の所要の規定の整理等

・　消費者団体訴訟制度の整備（景表第10条）。

・　行政不服審査法の適用除外規定（改正前景表第13条）の廃止。

・　罰則規定の整備（景表第15条〜第20条）。

⑨　経過措置

・　施行日前に公正取引委員会が指定した景品・表示の定義および景品の制限に係る告示は，新法施行後は内閣総理大臣がした告示とみなす。

2　景品表示法制定の経緯とその後の展開

- 施行日前に公正取引委員会が認定した規約は，新法施行後は内閣総理大臣および公正取引委員会が認定したものとみなす。
- 施行日前に公正取引委員会がした排除命令はなお従前の例によることとし，その他の施行前の違反行為は，施行後，新法に基づき内閣総理大臣が措置命令を講じることができることとする。

　平成 20 年 9 月 29 日，「消費者庁設置法の施行に伴う関係法律の整備に関する法律案」は，「消費者庁設置法案」および「消費者安全法案」とともに，消費者庁関連 3 法案として，第 170 回国会に提出され，第 171 回国会において，平成 21 年 5 月 29 日，所要の修正を経て，成立した。消費者庁は，平成 21 年 9 月 1 日に発足し，改正景品表示法も消費者庁の下で，施行された。

イ　消費者庁を中心とした新たな執行体制の確立

　消費者庁には，公正取引委員会の景品表示行政に関する定員（44 人）が移管され，また，公正取引委員会の地方事務所は，景品表示法違反被疑事件についての調査権限を消費者庁長官から委任された。

　公正取引委員会の地方事務所は，景品表示法が消費者庁に移管された平成 21 年 9 月以降，消費者庁から配分された景品表示法違反被疑事件の調査業務に専念し，地方の事業者や都道府県等からの相談対応等については消費者庁において一元的に行う体制が採られた。しかし，平成 23 年度以降この体制は見直され，公正取引委員会の地方事務所は，景品表示法に基づき委任される調査事務の枠を超え，平成 21 年 8 月以前と同様に，事業者や地方自治体からの相談対応や地方における講演依頼に応じて講師派遣を行うなど，景品表示法関連の業務に積極的に取り組んでいる^(注)。

　また，消費者庁は，平成 24 年度から，景品表示法の執行を担う消費者庁，公正取引委員会および都道府県が景品表示法違反被疑事件の処理状況や事業者等からの相談状況等を共有するための「景品表示法執行 NET システム」を稼働させており，同システムの活用により，各執行主体相互による

情報共有を通じた有機的な法執行の実現と，それによる全体としての執行力の強化が期待される。

（注）　公正取引委員会の地方事務所が平成23年度以降に調査業務以外に業務を拡大した背景等については，公正取引委員会事務総局「公正取引委員会地方事務所等における景品表示法業務の拡大について」（平成23年3月4日）を参照（https://www.cao.go.jp/consumer/history/01/kabusoshiki/chihou/doc/110407_sankou.pdf）。

ウ　インターネット上の新たなビジネスモデル等への対応

　インターネットなどオンライン上で行われる表示への景品表示法の適用に関しては，公正取引委員会が平成14年6月に「消費者向け電子商取引における表示についての景品表示法上の問題点と留意事項」（(4)ウ参照。以下「電子商取引留意事項」という）を公表しているところであるが，消費者庁は，平成23年10月28日，「インターネット消費者取引に係る広告表示に関する景品表示法上の問題点及び留意事項」（以下「インターネット留意事項」という）を公表した。

　インターネット留意事項は，インターネット消費者取引に係る5つのビジネスモデル（フリーミアム，口コミサイト，フラッシュマーケティング，アフィリエイトプログラム，ドロップシッピング）を取り上げて，それぞれについて景品表示法上の考え方を示したものである。ただし，ここで示した考え方は，これまでの景品表示法の運用や電子商取引留意事項で既に示された考え方を踏襲したものであり，これを変更したり新たな考え方を付け加えたりしたものではない。

　インターネット留意事項公表後の平成24年1月頃，飲食店からの金銭提供を見返りとして当該飲食店に関する好意的な「口コミ」をグルメ情報サイトに投稿し，当該サイトにおける当該飲食店のランキングの上昇を請け負う「やらせ業者」の存在が報道された。その後も複数の「口コミサイト」において同様の「やらせ投稿」行為があったとする報道などが相次ぎ，こうした「やらせ投稿」問題は，一種の社会問題へと発展した。そこで，消費者庁は，平成24年5月9日，インターネット留意事項の改定を行い，

2　景品表示法制定の経緯とその後の展開　　31

口コミサイトに関する「問題となる事例」として「商品・サービスを提供する店舗を経営する事業者が，口コミ投稿の代行を行う事業者に依頼し，自己の供給する商品・サービスに関するサイトの口コミ情報コーナーに口コミを多数書き込ませ，口コミサイト上の評価自体を変動させて，もともと口コミサイト上で当該商品・サービスに対する好意的な評価はさほど多くなかったにもかかわらず，提供する商品・サービスの品質その他の内容について，あたかも一般消費者の多数から好意的評価を受けているかのように表示させること。」との事例を追加し，このような行為が景品表示法の不当表示に該当する可能性がある，との考え方を示した。

　また，平成 23 年の半ば頃以降，携帯電話端末やパソコン端末などを通じてインターネット上で提供されるゲーム（以下「オンラインゲーム」という）において，「コンプリートガチャ」または「コンプガチャ」（以下「コンプガチャ」と総称する）などと呼ばれるイベントが盛んに行われるようになった。「ガチャ」とは，「ガチャガチャ」などと呼ばれる玩具等の自動販売機になぞらえて名付けられたもので，「くじ」に類する偶然性を利用してオンラインゲーム上のアイテムなどを販売する手法のことを指す。そして，この「ガチャ」による偶然性を用いたアイテム等販売手法のうち，絵柄の付いたアイテム等の特定の組み合わせを揃えた利用者に対して特別のアイテム等を提供するというイベントが一般に「コンプガチャ」と呼ばれるものである。特定の数種類のアイテム等をすべて揃えるためには，「ガチャ」を何度も行う必要があることが一般的であるため，オンラインゲームの利用者が「コンプガチャ」に熱中するあまり，オンラインゲームを提供する事業者から高額の請求を受ける例が消費者問題として認識されるようになった。このような流れの中で，「コンプガチャ」が景品表示法の禁止する「カード合わせ」と呼ばれる手法に該当するのではないかとの問題意識が生まれ，報道でも取り上げられるに至った。

　そこで，消費者庁は，平成 24 年 5 月 18 日，「オンラインゲームの『コンプガチャ』と景品表示法の景品規制について」を公表し，インターネット上の取引の分野にも従来の取引の分野と同様に景品規制が及ぶことや，

「コンプガチャ」が景品表示法で禁止する「カード合わせ」に該当し得ることを明確にし、その考え方を「『懸賞による景品類の提供に関する事項の制限』の運用基準」の中でも明らかにするため、当該運用基準の改定を行った。また、平成25年1月9日、「インターネット上の取引と『カード合わせ』に関するQ&A」を公表し、オンラインゲームにおける「カード合わせ」に関する考え方をQ&A形式で示した。

エ　食品表示への取組

　消費者庁は、食品の表示に関しても積極的な取組を行っている。特に、いわゆる健康食品に関する表示についてはこれまでも公正取引委員会の排除命令や消費者庁の措置命令が行われているところだが、平成25年2月以降、景品表示法と健康増進法（平成14年法律第103号）の両法が相互に補完し合って効率的な法執行を図ることができるようにするため、新たに「食品表示担当班」を設け、景品表示法および健康増進法の両法の違反被疑事件として調査に当たるなど、両法の執行面での連携を強化した。

　また、平成25年7月には、消費者庁表示対策課内に「食品表示対策室」が設置され、食品の表示に関して、景品表示法、健康増進法だけでなく、日本農林規格等に関する法律（昭和25年法律第175号。以下「JAS法」という）、食品衛生法（昭和22年法律第233号）および米穀等の取引等に係る情報の記録及び産地情報の伝達に関する法律（平成21年法律第26号）に関する法執行も食品表示対策室において一元的に行う体制が整備された。

　さらに、平成27年4月に、食品表示法（平成25年法律第70号）が施行され、食品衛生法、JAS法および健康増進法の食品の表示に関する規定を統合して食品の表示に関する包括的かつ一元的な食品表示制度の運用が開始された。

　一方、事前規制を中心とする食品表示制度の法執行に関する事務については、令和6年4月から消費者庁食品表示課が所掌することとなり、食品表示対策室も食品表示課に移管され、食品表示制度の企画立案と法執行との連携を強化し、重大事件への迅速かつ有効な対応を可能とする体制を

整備することとされた。

オ　食品表示等問題への対応

㋐　食品表示等問題の発生と関係団体への要請

平成 25 年秋以降，ホテルが提供する料理等のメニュー表示に関して，表示と異なる食材が使用されていた事実が次々と明らかとなり，消費者の安全・安心が揺るがされる事態が発生した。

これを受けて，消費者庁では，景品表示法の不当な表示の考え方およびメニュー表示等の食品表示に係るこれまでの違反事例（考え方および事例集）を取りまとめるとともに，平成 25 年 11 月 6 日および 8 日に，ホテル・旅館等の関係団体に対して，傘下の事業者にこれらの考え方および事例集を周知することや表示の適正化等を要請した。

㋑　食品表示等問題関係府省庁等会議の開催

上記の問題を受けて，平成 25 年 11 月 11 日に，「食品表示等問題関係府省庁等会議」の第 1 回が開催され，関係府省庁等による今後の対処方針が決定された。

また，同年 12 月 9 日に開催された第 2 回の同会議で，今後の対策として「食品表示等の適正化について」が決定された。

㋒　個別事案への対応

消費者庁は，平成 25 年 12 月 19 日に，近畿日本鉄道株式会社，株式会社阪急阪神ホテルズおよび株式会社阪神ホテルシステムズに対して，景品表示法に基づく措置命令（計 4 件）を行った。

また，今回の問題が発生した平成 25 年秋から平成 26 年 3 月までの間に，170 件の行政指導を行った。

㋓　「メニュー・料理等の食品表示に係る景品表示法上の考え方について」（ガイドライン）の策定

消費者庁では，メニュー・料理等の食品表示に係る景品表示法上の考え方を整理し，事業者の予見可能性を高めること等を目的として，「メニュー・料理等の食品表示に係る景品表示法上の考え方について（案）」を作成・

公表し，同考え方（案）について，平成25年12月19日から平成26年1月27日までパブリックコメント手続に付すとともに，同日に意見交換会を開催した。

そして，消費者庁では，上記における様々な意見を踏まえ，所要の修正を行った上で，同年3月28日に「メニュー・料理等の食品表示に係る景品表示法上の考え方について」の成案を公表した。

(オ) 食品表示Gメン等の消費者庁への併任発令

食品表示等問題関係府省庁等会議の開催以降，行政の監視指導体制の強化が求められる中で，消費者庁では，農林水産省の協力を得て，同省の食品表示Gメン，米穀流通監視官等に対し，一定期間，消費者庁の職員として一時的に併任発令することにより，景品表示法に基づくレストラン，百貨店等への監視業務を実施することを決定し，平成26年2月26日に，同省の食品表示Gメン，米穀流通監視官等に対し，併任発令を行った。

カ 平成26年の景品表示法改正
(ア) 平成26年6月6日の景品表示法改正

上記オ(イ)においては，適正化対策の1つとして，景品表示法の改正が挙げられていたところ，平成26年3月11日に「不当景品類及び不当表示防止法等の一部を改正する等の法律案」が国会へ提出され，同年6月6日に成立し，同年12月1日に施行された。

本改正法では，事業者のコンプライアンス体制の確立として，事業者は，自己の供給する商品または役務の取引について，不当表示等の発生を防止するために必要な体制の整備その他の必要な措置等を講じなければならないとされるとともに，行政の監視指導体制の強化として，①都道府県知事に措置命令権限および合理的根拠提出要求権限が付与されたほか，②事業所管大臣または金融庁長官に対して，緊急かつ重点的に不当表示等に対処する必要がある場合などに調査の権限を委任できることが定められた。

このうち，事業者が講ずべき景品類の提供および表示の管理上の措置については，行政が，その適切かつ有効な実施を図るために必要な指針を定

めるものとするとされたことを受けて，「事業者が講ずべき景品類の提供
及び表示の管理上の措置についての指針（案）」を作成・公表し，同指針
案について，平成 26 年 8 月 8 日から同年 9 月 16 日までパブリックコメ
ント手続に付した。そして，消費者庁では，上記において提出された意見
を踏まえ，所要の修正を行った上で，同年 11 月 14 日に「事業者が講ず
べき景品類の提供及び表示の管理上の措置についての指針」の成案を公表
した。

また，行政の監視指導体制については，「不当景品類及び不当表示防止
法第十二条第一項及び第二項の規定による権限の委任に関する政令の一部
を改正する政令案」を作成・公表し，同政令案について，平成 26 年 8 月
20 日から同年 9 月 22 日までパブリックコメント手続に付した。そして，
同年 11 月 27 日に「不当景品類及び不当表示防止法第十二条第一項及び
第二項の規定による権限の委任に関する政令の一部を改正する政令」の成
案が公布された。

(イ) 平成 26 年 11 月 19 日の景品表示法改正

さらに，景品表示法への課徴金制度導入を内容とする「不当景品類及び
不当表示防止法の一部を改正する法律案」が平成 26 年 10 月 24 日に国会
へ提出され，同年 11 月 19 日に成立した。

本改正法では，不当表示による消費者の被害の回復を促進する観点から，
所定の手続 (注) に沿って消費者に自主返金（返金措置）を行った場合に，
返金相当額を課徴金額から減額する，または返金相当額が課徴金額を上回
るときは課徴金の納付を命じないこととしている。この減額制度は，我が
国で課徴金制度を導入している他法には類例がなく，景品表示法で初めて
取り入れられたものである。

本改正法成立後，消費者庁は，本改正法の施行に当たり，パブリックコ
メント手続を実施する等して各方面の意見を踏まえつつ，「不当景品類及
び不当表示防止法第十二条の規定による権限の委任等に関する政令」（平
成 21 年政令第 218 号）を改正する政令案，内閣府令（規則）案およびガイ
ドライン案の作成を進めた。

その結果，平成 27 年 12 月 11 日に，「不当景品類及び不当表示防止法の一部を改正する法律の施行に伴う関係政令の整備に関する政令」（以下「本整備政令」という）の成案を公表し（本整備政令により，政令は，「不当景品類及び不当表示防止法第十二条の規定による権限の委任等に関する政令」から「不当景品類及び不当表示防止法施行令」に改められた），平成 28 年 1 月 29 日には，「不当景品類及び不当表示防止法施行規則」（内閣府令）の成案を公表するに至った。

また，消費者庁は，本法の課徴金制度の運用の透明性や事業者の予見可能性を確保するため，平成 28 年 1 月 29 日に，「不当景品類及び不当表示防止法第 8 条（課徴金納付命令の基本的要件）に関する考え方」を公表した。これは，本法に基づく課徴金納付命令の要件のうち，課徴金額の算定方法および「相当の注意を怠つた者でないと認められる」か否かという基本的な要件についての考え方を，具体例を挙げながら説明するものである。

本改正法は，平成 28 年 4 月 1 日に施行されたところ，消費者庁は，平成 29 年 1 月 27 日，本改正法が施行された後，最初の課徴金納付命令を行うとともに，事業者から提出された実施予定返金措置計画を認定した。また，消費者庁は，一般消費者の被害回復を支援する観点等から，認定された実施予定返金措置計画を同庁ウェブサイトに掲載している。

（注）景品表示法（不当表示）に関する調査を受けた事業者が，課徴金納付命令に係る弁明の機会を付与された場合には，当該事業者は実施予定返金措置計画を提出し，内閣総理大臣（消費者庁長官）の認定を受けることができる。

キ　機能性表示食品に対する食品表示等関係法令に基づく事後的規制（事後チェック）の透明性の確保等に関する指針の策定・公表

消費者庁は，令和 2 年 3 月 24 日，機能性表示食品に対する食品表示法，景品表示法および健康増進法に基づく事後的規制（自主規制を含む）の透明性を確保し，事業者の予見可能性を高めるとともに，事業者による自主点検および業界団体による自主規制等の取組の円滑化を図ることにより，事業者の健全な広告等の事業活動の推進および消費者の自主的かつ合理的

な商品選択の機会を確保することを目的として，機能性表示食品に対する食品表示等関係法令に基づく事後的規制（事後チェック）の透明性の確保等に関する指針を公表し，同指針は同年4月1日から運用が開始された。

ク　アフィリエイト広告への対応（管理措置指針の改正）

　インターネット上の広告手法の多様化・高度化等に伴い，アフィリエイトプログラムを利用した成果報酬型の広告（以下「アフィリエイト広告」という）が多くみられるようになった。景品表示法においては，商品等の供給主体である事業者（広告主）が不当表示を行った場合に規制の対象となるが，アフィリエイト広告においては，一般的に広告主ではないアフィリエイターが表示物を作成・掲載するため，広告主による表示物の管理が行き届きにくいという特性や，アフィリエイターが成果報酬を求めて虚偽誇大な広告を行うインセンティブが働きやすいという特性がある。また，一般消費者にとっては，アフィリエイト広告であるか否かが外見上判別できない場合もあるため，不当表示が行われるおそれが懸念された。こうした観点から，消費者庁は，令和3年1月からアフィリエイト広告等について実態調査を行い，調査結果を公表するとともに，アフィリエイト広告において不当表示が生じない健全な広告の実施に向けた対応方策を検討するため，「アフィリエイト広告等に関する検討会」を開催し，景品表示法の適用等に関する考え方等について，令和4年2月に同検討会の報告書を公表した。消費者庁は，当該報告書を踏まえ，令和4年6月，景品表示法第26条（条項番号は当時のもの）に基づく「事業者が講ずべき景品類の提供及び表示の管理上の措置についての指針」の一部改正を行い，アフィリエイト広告が当該指針の対象に含まれることを明確化した。

ケ　ステルスマーケティングへの対応（ステルスマーケティング告示の指定）

　広告であるにもかかわらず，広告であることを隠す，いわゆる「ステルスマーケティング」について，消費者庁は，一般消費者の自主的かつ合理

的な選択を阻害するおそれがある行為を規制する景品表示法の観点からの
対応を検討するため，令和4年9月から「ステルスマーケティングに関
する検討会」を開催し，同年12月に報告書の公表を行った。そして，消
費者庁は，当該報告書等を踏まえ，令和5年3月，景品表示法第5条第3
号の規定に基づく告示によりステルスマーケティングを禁止すべく「一般
消費者が事業者の表示であることを判別することが困難である表示」（令
和5年内閣府告示第19号）を新たに不当表示として指定し，同告示は同年
10月1日から施行された。

コ　令和5年の景品表示法改正

　平成26年の景品表示法改正から一定期間が経過したことに加えて，デ
ジタル化の進展等の景品表示法を取り巻く社会環境の変化等を踏まえ，消
費者庁は，消費者利益の確保を図る観点から必要な措置について検討する
ため，「景品表示法検討会」を令和4年3月から10回にわたり開催した。
同検討会においては，事業者の自主的な取組の促進に向けた措置，違反行
為に対する抑止力の強化，消費者庁と適格消費者団体等の他の主体との連
携等について議論が重ねられ，消費者庁は，令和5年1月に検討結果を
取りまとめた報告書を公表した。その後，同報告書を踏まえて法案の検討
が行われ，令和5年2月，事業者の自主的な取組を促進するための確約
手続，繰り返し違反行為を行う事業者に対する課徴金の割増規定，悪質な
事業者へ対応するための直罰規定，適格消費者団体が事業者に対し表示の
合理的根拠の開示要請ができるとする規定等を内容とする「不当景品類及
び不当表示防止法の一部を改正する法律案」が閣議決定され，同法律案は
第211回国会に提出された。同法律案は，同年5月に成立し，公布された。
　本改正法成立後，消費者庁は，本改正法の施行に当たり，パブリックコ
メント手続を実施する等して各方面の意見を踏まえつつ，内閣府令（規則）
等の下位法令やガイドラインの作成を進めた。
　そして，令和6年4月18日，「不当景品類及び不当表示防止法施行規
則の一部を改正する内閣府令」，「不当景品類及び不当表示防止法の規定に

基づく確約手続に関する内閣府令」、「確約手続に関する運用基準」等を公表した。同運用基準は、確約手続の運用の透明性や事業者の予見可能性を確保するため、内閣総理大臣（消費者庁長官）が確約手続通知を行う際の判断基準や是正措置計画および影響是正措置計画の認定を行う際の考え方等を定めたものである。

　本改正法は、一部の規定を除き令和6年10月1日から施行されることとなった。

3　景品表示法の規定と本書の構成

　次章以下では、この景品表示法の主要な規定の考え方と実際の運用について、不当な表示（第2章）、過大な景品類提供（第3章）、事業者が講ずべき景品類の提供及び表示の管理上の措置（第4章）、公正競争規約（第5章）と不当表示等に対する措置と手続（第6章）に分けて説明している。また、本文末尾には関係する資料のURLを掲載している。

参考文献

　植木邦之『判・審決例からみた不当表示法（別冊NBL No.36）』（商事法務研究会、
　　1996）
　川井克倭＝地頭所五男『Q＆A景品表示法〔改訂版第2版〕』（青林書院、2007）
　公正取引委員会事務総局編『独占禁止政策五十年史』（公正取引委員会事務総局、
　　1997）
　公正取引委員会編『公正取引委員会年次報告・独占禁止白書』（平成10年度版以降、
　　公正取引協会）
　消費者庁「事例でわかる景品表示法──不当景品類及び不当表示防止法ガイドブック」
　消費者庁ウェブサイト（https://www.caa.go.jp/）
　首相官邸ウェブサイト（消費者行政推進会議）（https://warp.da.ndl.go.jp/info:ndljp/
　　pid/10317644/www.kantei.go.jp/jp/singi/shouhisha/index.html）
　公正取引委員会ウェブサイト（https://www.jftc.go.jp/）
　（一社）全国公正取引協議会連合会ウェブサイト（https://www.jfftc.org/）

第2章 不当な表示

1 はじめに

　景品表示法は，第5条において，事業者がその供給する商品や役務の取引について，一般消費者に対して，不当に顧客を誘引し，一般消費者による自主的かつ合理的な選択を阻害するおそれがあると認められる表示（不当表示）を行うことを禁止している。

　第5条は全3号からなる規定であり，不当表示は，第1号に規定される品質，規格その他の内容に関するもの（優良誤認表示），第2号に規定される価格その他の取引条件に関するもの（有利誤認表示），第3号に規定されるその他の不当表示の3つに分類される。

　本章においては，不当表示規制について，まず上記の3分類に共通する事項について説明した後，優良誤認表示，有利誤認表示，その他の不当表示のそれぞれについて解説し，最後に景品表示法以外の法令における表示規制について述べることとしたい。

2 不当表示規制に共通する事項

(1) 表示とは

ア　景品表示法における定義（景表第2条第4項）

　景品表示法は，第2条第4項で，同法の対象となる表示を，「顧客を誘引するための手段として，事業者が自己の供給する商品又は役務の内容又は取引条件その他これらの取引に関する事項について行う広告その他の表

示であつて，内閣総理大臣が指定するものをいう。」と定義しており，その詳細については，所管機関の告示による指定に委ねている。具体的には，公正取引委員会の告示による指定（「不当景品類及び不当表示防止法第2条の規定により景品類及び表示を指定する件」（昭和37年公取委告示第3号）（定義告示））が，平成21年景品表示法改正の根拠となった「消費者庁及び消費者委員会設置法の施行に伴う関係法律の整備に関する法律」（平成21年法律第49号）の経過措置（附則第4条）により，新景品表示法の規定に基づいて内閣総理大臣が指定したものとみなされて，引き続き適用される。

定義告示第2項は，上記の「広告その他の表示」について，以下の①〜⑤のとおり定めている。

① 商品，容器または包装による広告その他の表示およびこれらに添付した物による広告その他の表示

② 見本，チラシ，パンフレット，説明書面その他これらに類似する物による広告その他の表示（ダイレクトメール，ファクシミリ等によるものを含む）および口頭による広告その他の表示（電話によるものを含む）

③ ポスター，看板（プラカードおよび建物または電車，自動車等に記載されたものを含む），ネオン・サイン，アドバルーン，その他これらに類似する物による広告および陳列物または実演による広告

④ 新聞紙，雑誌その他の出版物，放送（有線電気通信設備または拡声機による放送を含む），映写，演劇または電光による広告

⑤ 情報処理の用に供する機器による広告その他の表示（インターネット，パソコン通信等によるものを含む）

①〜⑤は極めて広範な内容となっており，およそ事業者が顧客を誘引する際に利用すると思われるものはすべて含まれているといえよう。

CASE 2-1 ㈱ヘルスに対する措置命令
（平成25年10月17日）

本件は，家庭用電位治療器について，あたかも，本件商品を継続して使用することにより，頭痛，肩こり，不眠症および慢性便秘が緩解するだけでな

くこれらが治癒するかのように，また，高血圧，糖尿病，腰痛等の他の特定の疾病もしくは症状も緩解または治癒するかのように示す表示をしていたが，消費者庁が景品表示法第４条第２項の規定に基づき，期間を定めて，当該表示の裏付けとなる合理的な根拠を示す資料の提出を求めたところ，資料が提出されなかったという事案である。

本件では，「パワーヘルス」と称する家庭用電位治療器について，無料体験会場において，営業員をして来訪者に対し，「高血圧はパワーヘルスの生体電子で必ず治ります。」等と口頭で説明する等していたものであり，本件は，消費者庁発足以降において，口頭の表示について措置命令を行った初めての事案である。また，景品表示法制定以来，医療機器に関する表示について措置命令を行った初めての事案でもある（条項番号は当時のもの）。

CASE 2-2　㈱山田養蜂場に対する措置命令
（令和４年９月９日）

本件は，㈱山田養蜂場が，「ビタミンＤ＋亜鉛」と称する食品等のサプリメント（以下「本件商品」という）について，あたかも，本件商品を摂取することにより，新型コロナウイルスの感染予防および重症化予防の効果を得られるかのように示す表示をしていたが，消費者庁が景品表示法第７条第２項の規定に基づき，期間を定めて，当該表示の裏付けとなる合理的な根拠を示す資料の提出を求めたところ，資料が提出されたが，当該資料はいずれも，当該表示の裏付けとなる合理的な根拠を示すものであるとは認められないものであったという事案である。

本件の表示媒体には，「自社ウェブサイト」に加えて，事業者がプレスリリースを掲載する外部ウェブサイトである「株式会社 PR TIMES のウェブサイト」も含まれており，本件は，消費者庁発足以降において，プレスリリース配信代行業者のウェブサイトにおける事業者のプレスリリースの表示について措置命令を行った初めての事案である。

景品表示法以外の法令において消費者に交付することが義務付けられているような書面（有料老人ホームの入居希望者等に交付する重要事項説明書な

2　不当表示規制に共通する事項　　43

ど）も例外ではない（②に該当する）。また，商品名や企業名それ自体も，①～⑤のような形で表示する場合，景品表示法の対象となり得るのであって，実際にも企業名自体が景品表示法上問題とされた事例がある（例えば，㈱天然の温泉村に対する警告（平成16年8月9日））。

イ 「顧客を誘引するための手段として」

景品表示法第2条第4項における広告その他の表示は，「顧客を誘引するための手段として」行われるものである必要がある。「顧客を誘引する」とは，今まで取引関係のない者を新たに取引するよう誘引することだけでなく，既に取引関係がある者に対し，取引の増大・継続や再度の取引を誘引することも含む。したがって，例えば，商品の包装に隠されて購入前には消費者の目に触れることがないような表示であっても，購入後目に触れるものであれば景品表示法の対象となる。

「顧客を誘引するための手段として」行われているか否かは，事業者の主観的意図により判断されるものではなく，表示の受け手に対して客観的に顧客誘引の効果を持つものであるか否かで判断される。取引の増大・継続，再度の取引を含め，消費者が取引を行うかどうかを判断する際の考慮要因として受け取り得るものであれば，顧客を誘引するための手段となると考えられ，この場合，表示の対象となる商品または役務が実際に購入されたか否かは問題とならず，また，実際に誘引された顧客が個々に特定される必要はない。したがって，例えば，商品を購入するためのハイパーリンクがないウェブサイトの表示であり，当該ウェブサイトを通じた商品の購入実績がないとしても，景品表示法の対象となる。

ウ 「事業者」

景品表示法が消費者庁へ移管され，独占禁止法の特例法から消費者利益確保のための法律に位置付けを変えたことに伴い，「事業者」の定義規定が書き下ろされたが（景表第2条第1項），規制の趣旨の実質を変えようとするものではないことから，独占禁止法の規定ぶりが維持されている。営

44　第2章 不当な表示

利を目的としているかどうかを問わず，経済活動を行っている者はすべて事業者に該当する。

定義告示の解釈基準を示した「景品類等の指定の告示の運用基準について」（昭和 52 年事務局長通達第 7 号）（定義告示運用基準）は，「事業者」の意味について，独占禁止法上の解釈を踏まえた記述がなされているが，平成 21 年改正後の景品表示法第 2 条第 1 項の規定を前提としても，これによることができるものと考えられる。

したがって，営利を目的としない協同組合，共済組合等であっても，商品または役務を供給する事業については事業者に当たるほか（定義告示運用基準 2(1)^(注1)，学校法人，宗教法人等であっても，例えば出版物の販売等の収益事業を行う場合は，その収益事業については，事業者に当たる（定義告示運用基準 2(2)^(注2)）。

また，学校法人，宗教法人等や地方公共団体その他の公的機関等が，一般の事業者の私的な経済活動に類似する事業を行う場合は，仮に公共性のある目的であったとしても，その事業については，一般の事業者に準じて扱うことになる（定義告示運用基準 2(3)^(注3)）。

（注1）　具体的なケースとして，高知県農業協同組合に対する措置命令（令和 3 年 3 月 30 日）など。協同組合・共済組合だけでなく，国や地方公共団体の場合も，例えば，国債・地方債の発行等については事業者に該当しよう。

（注2）　具体的なケースとして，学校法人北海道安達学園に対する措置命令（平成 23 年 6 月 29 日）など。

（注3）　例えば，地方公共団体等が主催する博覧会・展覧会について，その主催者が入場券の販売に付随して懸賞により景品類を提供する場合は，一般の事業者が懸賞付販売をする場合の景品類の最高限度を定める規制のうち，共同懸賞の例に準じて，提供できる景品類の最高額（30 万円）・総額（懸賞に係る取引の予定総額の 3%）が規制されることとなる（「地方公共団体等の行う博覧会又は展覧会における懸賞について」（昭和 48 年 7 月 14 日公取委事務局長通知））。

COLUMN　外国事業者に対する適用

外国の事業者が支店や営業所を日本国内に有していない場合であっても，イン

2　不当表示規制に共通する事項　　45

ターネット通信販売等により，日本国内の一般消費者向けに商品を販売し，日本国内の一般消費者向けに表示を行っている場合には，景品表示法の適用対象となる。

実際に，日本国内に本店も営業所も有していないものの，日本国内の一般消費者向けにオンラインゲームの配信等を行っていた事業者がした表示について措置命令を行った事案（アワ・パーム・カンパニー・リミテッドに対する措置命令（平成30年1月26日））や，日本国内の一般消費者向けにサバイバルゲーム等で用いられるエアガン用BB弾のネット販売を行っていた事業者がした表示について措置命令を行った事案（Guay Guay Trading Co., LTD. に対する措置命令（令和4年12月20日））がある。

エ 「自己の供給する商品又は役務の……取引に関する事項について行う」

㈠ 「自己の供給する」

a 総説

景品表示法第2条第4項における広告その他の表示は，事業者が「自己の供給する」商品・役務の取引に関する事項について行うものである。この要件に関連し，どのような事業者であれば自己の商品・役務を供給している（供給主体性を有する）といえるかについては，少なくとも，商品のメーカー，卸，小売店のように当該商品の販売ルート上にある事業者や，役務を一般消費者に対し直接提供している事業者が該当することは議論の余地がないが，「供給する」とは，当該商品・役務の提供や流通の実態をみて実質的に判断される要件であるため，これらの事業者にとどまるものではない[注1]。

例えば，不動産売買の仲介事業者が，その仲介する不動産に関し表示を行う場合も，仲介事業者は売買・賃貸借契約の当事者ではないが，「自己の供給する」不動産について表示を行っているとみられる[注2]。

また，フランチャイズチェーンが取り扱う商品・役務に関し，当該チェーンの運営本部が表示を行う場合，本部自体は商品の売買や，役務の提供契約の当事者になっていなかったとしても，「自己の供給する」商品・役務について表示を行っているとみられる[注3]。

46　第2章　不当な表示

他方，広告代理店やメディア媒体（新聞社，出版社，放送局等）は，商品・役務の広告の制作等に関与していても，自らまたは当該商品・役務を供給する他の事業者と共同して自己の商品・役務を供給していると認められない限り，景品表示法の規制対象となる表示を行っているとはみられない。

なお，自己の「供給する」商品または役務の取引に関する事項について行われることが必要であることから，自己（当該事業者）が専ら商品または役務の供給を受ける取引（従業員の募集等）に関して行われる広告は，景品表示法の規制対象とならない。

（注1）「衆議院議員丸山穂高君提出インターネット商取引の多様化に伴う消費者保護の強化に関する質問に対する答弁書」（令和2年3月27日閣議決定）参照。例えば，事業者が商品・役務の提供に必要不可欠な役割を果たしている場合には，当該商品・役務を一般消費者に対して直接提供していないとしても，実質的に提供しているとして供給主体性が認められる余地があり得る。

（注2）「不動産のおとり広告に関する表示」（昭和55年公取委告示第14号）参照。

（注3）　具体的なケースとして，㈱村さ来本社に対する排除命令（平成19年（排）第41号（平成19年12月14日）），㈱ファミリーマートに対する措置命令（平成21年11月10日），㈱ファクトリージャパングループに対する措置命令（令和元年10月9日），セブンエー美容㈱および㈱エイチフォーに対する措置命令（令和4年3月3日）などがある。

COLUMN　買取りサービスについて

近年，一般消費者を対象として物品等の買取りを行ういわゆる「買取りサービス」が普及しており，買取りサービスに起因する消費者トラブル事例が報告されている。

買取りサービスにおいて，事業者は，一般消費者から購入した物品等の供給を受ける立場にある。一方で，事業者が，一般消費者のために当該物品等の査定等を行い，当該物品等を金銭と引き換えている場合には，景品表示法上，そのような「役務」を「供給する」立場でもあると認められる。したがって，この場合には，景品表示法の規制が及ぶこととなる。

これに対して，令和6年4月18日改定前の定義告示運用基準3(4)には，「自己が商品等の供給を受ける取引（例えば，古本の買入れ）は，『取引』に含まれない。」との記載があったところ，景品表示法検討会（令和4年開催）において，当該記載は，

2　不当表示規制に共通する事項　　47

事業者が物品等を購入する取引は，一律に景品表示法が適用されないかのような誤解を招くことから，見直しを行うべきことが提言された。

そこで，消費者庁は，令和6年4月18日，同運用基準を改定し，「自己が一般消費者から物品等を買い取る取引も，当該取引が，当該物品等を査定する等して当該物品等を金銭と引き換えるという役務を提供していると認められる場合には，『自己の供給する役務の取引』に当たる。」との解釈を明確にした。

b　供給主体性の有無が問題となるその他の場面

(a)　百貨店

百貨店の売り場を借りて営業している販売業者には，例えば，「〇〇百貨店名店街　××商店」といったように，自己の名称を明らかにして出店している者や，「〇〇百貨店××部」といったように，百貨店の一部門であるかのような形態で営業している者など様々な営業形態がある。

これらの販売業者が取り扱う商品について景品表示法上問題のある表示がなされた場合に，百貨店が当該商品の供給主体性を有するといえるかについては，百貨店等と販売業者の関係など，当該商品の提供や流通の実態をみて実質的に判断せざるを得ないが，例えば，前者のように自己の名称を明らかにして出店している者が，百貨店の関与を受けずに，百貨店の外で広告を行った場合においては，店舗の所在地として百貨店の名称が記載されていても，当該百貨店が当該商品の供給主体性を有することはないであろう。

他方，後者のように販売業者の営業が百貨店の一部門であるかのような形態で行われている場合においては，販売業者のみならず百貨店も「自己の供給する」商品について表示を行っているものと認定される場合がある。

CASE 2-3　㈱京王百貨店および明治屋産業㈱に対する排除命令
（平成14年（排）第27号（平成14年10月25日））

㈱京王百貨店および明治屋産業㈱は，明治屋産業㈱が東京都新宿区所在の京王百貨店新宿店の精肉売場に入店し同売場の運営を行い，㈱京王百貨店が明治屋産業㈱に対し当該売場の売上額に一定の比率を乗じた額を仕入額とし

48　第2章　不当な表示

て支払う旨の契約を締結し，一般消費者に食肉等を販売していた。

明治屋産業㈱は，取引先食肉卸売業者から部分肉を仕入れ，薄切りにした食肉を陳列棚に並べ，産地等を記載した札を掲示して量り売りにより販売するなど前記精肉売場の運営を行っていた。

㈱京王百貨店は，明治屋産業㈱に対し，前記精肉売場の運営に関する指示，助言等を行い，食肉を販売する際に用いる包装紙に貼付する会計用ラベルに「㈱京王百貨店　精肉売場」と記載するよう指示しており，また，当該売場における食肉の販売について，自社名義の新聞折り込みチラシを一般消費者に配布していた。

㈱京王百貨店および明治屋産業㈱は，前記精肉売場において，松阪牛と称して販売した牛肉の過半について，陳列棚に掲示した札に，例えば「松阪牛ヒレステーキ用」との表示を行い，かつ，当該商品を販売する際に用いる包装紙に貼付した会計用ラベルに，例えば「松阪牛ヒレステーキ」との表示を行うことにより，あたかも，当該商品が松阪牛の肉であるかのように表示していたが，実際には，とちぎ和牛等の肉であった。

(b)　オンライン・ショッピングモールの運営事業者

　オンライン・ショッピングモールの出店者（以下「出店者」という）が販売する商品に関し，出店者が供給主体性を有することについては議論の余地はないが，当該オンライン・ショッピングモールの運営事業者（以下「運営事業者」という）も供給主体性を有しているといえるかについては，当該商品の販売について運営事業者がどのように関与しているかといった，当該商品の提供・流通の実態を見て実質的に判断することとなる。したがって，当該オンライン・ショッピングモールの事業形態やシステム（例えば，出店者と購入希望者とのマッチング，受注，決済等に関するシステム）の態様，当該商品に関する販売キャンペーンの企画・実施状況（例えば，運営事業者が出店者と共同して当該販売キャンペーンを企画し実施しているか）等に鑑みて実質的に判断した結果，運営事業者が出店者と共同して供給主体性を有するとみられる場合があると考えられる。

2　不当表示規制に共通する事項　　49

(イ) 「商品又は役務の」

景品表示法第2条第4項における広告その他の表示は，自己の供給する「商品又は役務」の取引に関する事項について行われるものである。この点，「商品又は役務」についての表示であることが必要とされているため，自社の株主総会開催や新株発行の公告などは景品表示法の対象となる表示ではない。

なお，近年，商品・役務の効能・効果について書かれた書籍や映像媒体の広告という体裁をとっているものや，商品・役務の効能・効果について書かれた記事や情報番組の体裁をとっているものがあるが，実際にはそれが当該商品・役務自体の購入を誘引していると認められるような広告がみられる。このような広告は，当該商品・役務自体の表示と認められる場合があるものと考えられる。

さらに，医薬品，医療機器等の品質，有効性及び安全性の確保等に関する法律（薬機法）等における未承認医薬品の広告規制に係る現状をみると，広告等規制の対象となることを逃れるため，一部には，「薬事法における医薬品等の広告の該当性について」（平成10年9月29日医薬監第148号都道府県衛生主管部（局）長あて厚生省医薬安全局監視指導課長通知）におけるいわゆる「広告3要件」のうち，「特定医薬品等の商品名が明らかにされていること」を欠く，特定の商品名を記載せず，当該商品に含まれる成分の効果，効能を標ぼうするいわゆる「成分広告」という体裁をとっているが，実際にはそれが当該商品自体の購入を誘引していると認められるような広告がみられる。このような広告は，当該商品の表示と認められる場合があるものと考えられる。こうした成分広告を表示として認定した事例として，イマジン・グローバル・ケア㈱に対する措置命令（令和元年11月1日）がある。なお，ある広告に，字面上，商品名が記載されていないとしても，その一事をもって，当該広告が商品に関する表示でないというべきではない旨判示しているものとして，クロレラチラシ配布差止等請求事件の第一審判決（京都地判平成27年1月21日（平成26年（ワ）第116号））がある。

50　第2章　不当な表示

> **CASE 2-4** **イマジン・グローバル・ケア㈱に対する措置命令**
> **（令和元年 11 月 1 日）**
>
> 　イマジン・グローバル・ケア㈱は，自社が供給する「ブロリコ」と称する
> 食品について，自社ウェブサイトを通じて「ブロリコ」と称する成分に係る
> 資料を請求した一般消費者に対して，冊子およびチラシを送付するとともに，
> 対象商品の注文はがき付きチラシおよび対象商品の無料サンプルを送付して
> いたところ，自社ウェブサイトならびに冊子およびチラシにおいて，あたか
> も，対象商品を摂取するだけで，免疫力が高まり，疾病の治療または予防の
> 効果が得られるかのように示す表示をしていたが，消費者庁が景品表示法第
> 7 条第 2 項の規定に基づき，期間を定めて，当該表示の裏付けとなる合理的な
> 根拠を示す資料の提出を求めたところ，資料が提出されたが，当該資料は当該
> 表示の裏付けとなる合理的な根拠を示すものであるとは認められなかった。

㈱　「取引に関する事項」

　景品表示法第 2 条第 4 項における広告その他の表示は，自己の供給す
る商品・役務の「取引に関する事項」について行われるものである。この
点，事業者と一般消費者との間にどのような関係があれば「取引」が存在
するといえるのかについては，後記第 3 章 2 の景品類の定義に関する説
明の中で主として記載するが，この点については，関係する事業者と一般
消費者との関係等の実態をみて実質的に判断されるものである。仮に，商
品・役務を供給する事業者と一般消費者が一対一の関係であって，一般消
費者から直接当該事業者に対し，商品・役務の対価として金銭・ポイント
等が支払われているという関係があるのであれば，「取引」が存在するこ
とに議論の余地はなく，対価として金銭が支払われていない場合であって
も，金銭に代わる対価が支払われていれば，「取引」が存在することとな
るが，「取引」が存在すると認められるのはこのような場合にとどまらない。

　例えば，事業者 A が，金融商品の販売を行う事業者 B 等の販売代理店
となり，事業者 A が一般消費者に対し，金融商品の選び方についてアド
バイスを無料で行う旨を表示している場合はどうか。この場合，一般消費
者が事業者 A のアドバイスに従い，事業者 A を販売代理店として事業者

2　不当表示規制に共通する事項　　51

Bの金融商品を購入した場合に，一般消費者が事業者Bに支払った金銭等の一部が販売手数料等の形で事業者Bから事業者Aに対して後日支払われることになるといった事情があれば，金融商品の選び方についてのアドバイスの対価として，一般消費者が事業者Aに対して直接，アドバイス料等の名目で金銭等を支払うことがなかったとしても，このような一般消費者，事業者Aおよび事業者Bの三者の関係を総合的にみて判断した結果，一般消費者と事業者Aとの間に，金融商品の選び方のアドバイスという役務の「取引」が存在するといって差し支えない場合があると考えられる。

COLUMN いわゆる「偽広告」や「詐欺広告」

　近年，SNSを中心に，いわゆる「偽広告」や「詐欺広告」と呼ばれるものが数多くみられるようになっている。それらの多くは，なりすましと言われる，著名人の画像等を貼付した上で「儲かる」こと等をうたって投資を呼びかけるものだが，実際に金を振り込んでみると，出金ができない，相手方と連絡が取れなくなったという類いのものである。こうしたいわゆる「偽広告」や「詐欺広告」は景品表示法上の問題なのだろうか。

　既に述べたとおり，景品表示法の対象となる表示は「顧客を誘引するための手段として，事業者が自己の供給する商品又は役務の内容又は取引条件その他これらの取引に関する事項について行う広告その他の表示であつて，内閣総理大臣が指定するものをいう。」と定義されている（第2条第4項）。すなわち，「事業者」性を満たすことと「自己の供給する商品又は役務」に関する表示であることが要件となっている。これを踏まえると，いわゆる「偽広告」や「詐欺広告」と呼ばれるものは，単に金をだまし取るために行われているものであって，そもそも「自己の供給する商品又は役務」が存在しない。また，こうした詐欺広告等を行う者は，景品表示法上の「事業者」に該当するとは考えにくい。したがって，いわゆる「偽広告」や「詐欺広告」の類いは，日本語として広い意味での「広告」ではあるものの，景品表示法で対処する問題ではないと考えられる。そもそも，こうした「偽広告」や「詐欺広告」は，文字通り詐欺の一環として行われるものであり，刑事事件として摘発されるべきものであろう。

なお，令和 6 年通常国会で可決・成立した「特定電気通信役務提供者の損害賠償
責任の制限及び発信者情報の開示に関する法律の一部を改正する法律」（公布の日
（令和 6 年 5 月 17 日）から起算して 1 年を超えない範囲内において政令の定める
日から施行予定）による改正後の「特定電気通信による情報の流通によって発生す
る権利侵害等への対処に関する法律」（情報流通プラットフォーム対処法）には，
誹謗中傷等のインターネット上の権利侵害行為について，大規模プラットフォーム
事業者に対する削除要請を迅速に行えるようにするための仕組みが盛り込まれた。
いわゆる「偽広告」や「詐欺広告」については，こうしたインターネット上の違法・
有害情報に関する大規模プラットフォーム事業者に対する規制強化の流れの中で対
応が進むことが期待される。

COLUMN　無償サービスを提供するデジタルプラットフォーム事業者への景品表示法の
　　　　　　適用

　近年のデジタル化の進展はめざましく，デジタルプラットフォーム事業者が提供
する各種サービスは，今や，一般消費者にとって日々の生活になくてはならない存
在だといえよう。それでは，こうしたデジタルプラットフォーム事業者は，景品表
示法の適用を考える上で，どのように位置付けられるのであろうか。

　従来，消費者が対価を支払わない無償サービスについては，景品表示法第 2 条に
規定する「取引に関する事項」の「取引」に当たらないのではないかという議論があっ
た。

　しかし，既に述べたとおり，景品表示法の対象となる表示は「顧客を誘引するた
めの手段として，事業者が自己の供給する商品又は役務の内容又は取引条件その他
これらの取引に関する事項について行う広告その他の表示であつて，内閣総理大臣
が指定するものをいう。」と定義され（第 2 条第 4 項），同じく景品類は後ほど述べ
るとおり「顧客を誘引するための手段として，その方法が直接的であるか間接的で
あるかを問わず，くじの方法によるかどうかを問わず，事業者が自己の供給する商
品又は役務の取引（不動産に関する取引を含む。以下同じ。）に付随して相手方に
提供する物品，金銭その他の経済上の利益であつて，内閣総理大臣が指定するもの
をいう。」と定義されている（同条第 3 項）。この定義を踏まえると，デジタルプラッ
トフォーム事業者自身が提供する無償サービスについても，ケースバイケースでは

あるが，景品表示法の適用対象とすることに問題はないと思われる。特に，当該デジタルプラットフォーム事業者が，自社の無償サービスを利用する消費者から個人情報を入手し，それを自らの事業に活用している場合においては，消費者から一定の経済的な対価を得ているとも考えられ，景品表示法の対象とすることの意義はより大きいといえる。こうした論点を考える上で参考となる事例として，例えば，㈱DYM に対する措置命令（令和4年4月27日）が挙げられる。同事案では，同社が供給する「DYM 就職」および「DYM 新卒」と称する就職支援サービスにおいて，同社は，就職希望者たる一般消費者に対して無償で同サービスを提供し，同サービス利用者から得た個人情報を基に求人先企業をマッチングし，利用者が当該企業に採用されると，当該企業から手数料を得ていたというものである。

　なお，無償サービスを提供する事業者が利用者に対して景品を提供する場合には，景品規制を適用する際の「取引の価額」をどう考えるかという問題がある。これについては，景品規制の趣旨と取引の実態を踏まえつつ，ケースバイケースで判断することになろう。

⑵　不当表示の主体

ア　基本的考え方

　事業者は，自己の商品または役務を供給するに際し，一般消費者を誘引するために，自己の供給する商品または役務の内容または取引条件その他これらの取引に関する事項について，一般消費者に示す様々な表示を行うところ，景品表示法は，これらの表示が不当に顧客を誘引し，一般消費者による自主的かつ合理的な選択を阻害するおそれがあると認められる場合に，規制の対象としているのである。

　このような観点からは，景品表示法の表示規制の対象となる表示の主体とは，問題となる表示の内容の決定に関与した事業者であると解される。そして，表示内容の決定に関与した事業者とは，①自らもしくは他の者と共同して積極的に表示の内容を決定した事業者のみならず，②他の者の表示内容に関する説明に基づきその内容を定めた事業者，③他の事業者にその決定を委ねた事業者も含まれる。このうち，②の「他の者の表示内容に

関する説明に基づきその内容を定めた事業者」とは，他の事業者が決定したあるいは決定する表示内容についてその事業者から説明を受けてこれを了承しその表示を自己の表示とすることを了承した事業者をいい，また，③の「他の事業者にその決定を委ねた事業者」とは，自己が表示内容を決定することができるにもかかわらず他の事業者に表示内容の決定を任せた事業者をいうと解される[注]。

(注) ㈱ベイクルーズによる審決取消請求事件（東京高判平成20年5月23日（平成19年（行ケ）第5号）。本件の概要については，後記 CASE2-8 を参照）。本件判決では，景品表示法第4条第1項（条項番号は当時のもの）の「事業者」（不当表示を行った者）の解釈について，本文のとおり判示した上，本件における表示内容の決定過程（小売業者は，仕入先輸入販売業者による本件商品がイタリア製との説明を信用し，下げ札等にイタリア製と記載されることを了解した上で原産地等を記載した下げ札等の作成を委託したところ，仕入先輸入販売業者は，「イタリア製」と記載された下げ札等を作成し，本件商品に取り付けた）を踏まえ，小売業者が「他の者の表示内容に関する説明に基づきその内容を定めた事業者」に当たることは明らかであるとして，「表示内容の決定に関与した事業者」として表示主体となる旨認定した。

イ　表示主体性の所在が問題となる場面

㋐　小売業者の表示主体性

表示内容の決定について全く関与していない場合には，小売業者が不当表示の主体となることはない。例えば，メーカー・卸売業者が包装した商品を単に陳列したり，メーカー・卸売業者が作成したカタログ等を単に店頭に並べておいたりするにとどまり，当該カタログを使ったり，それに基づいて小売業者としての商品説明もしていない場合には，小売業者は，表示主体とはならない。

これに対して，小売業者が，メーカー・卸売業者が作成した表示物や説明を踏まえて，小売業者としてのチラシ，店内ポップ，カタログなどを作成して使用した場合には，当該チラシ等についての表示主体となる[注]。

小売業者が表示物の物理的作成を行っていなかったとしても，メーカー・卸売業者が行った説明に基づいて当該説明に従った表示物の作成を委託し

2　不当表示規制に共通する事項　　55

て，その表示物を一般消費者に示して商品の販売を行ったような場合であれば，当該小売業者は表示主体となる。前記アの（注）に記載した下げ札等の表示内容が問題となった事案は，まさに小売業者が表示物の物理的作成を行っていなかった事例である。

また，例えば，インターネット通販を行う小売業者が，商品の内容・価格等を一般消費者に説明する自社のウェブサイトのページにおいて，当該商品の納入業者が入力したその商品に関する情報をそのまま表示するようなシステムを自ら作成・運用していた場合も，小売業者はその入力された情報を含む自社のウェブサイト上の表示について，表示主体となる場合がある。商品販売サイトにおいて仕入先の入力した参考価格が表示される仕組みを構築していた当該サイトの運営事業者に表示主体性を認めた事案として，アマゾンジャパン㈴に対する措置命令（平成29年12月27日）がある。本事案に関する控訴審判決は，不当表示の是正等に関する権限の有無に着目して表示主体性を判断しており，その点において特徴的な事例といえよう。

（注）　納入業者からの説明をそのまま受けて，あるいは，商品の調達に際しての指示がそのまま守られていることを前提とするなどして，表示を行っていた小売業者による不当表示事案として，例えば，㈱そごうほか2社に対する排除命令（平成16年（排）第8号〜第10号（平成16年6月30日））がある。この事案（アブラガニをタラバガニと表示していた）で，そごうほか2社は，納入業者が当該商品をタラバガニであると説明したのを受けて，そのような内容のチラシの作成・配布等を行っていたところ，不当表示の主体であるとして排除命令の対象となった。

CASE 2-5　アマゾンジャパン㈴による措置命令取消請求事件
（東京高判令和2年12月3日（令和元年（行コ）第330号））

アマゾンジャパン㈴は，「Amazon.co.jp」と称する商品販売用ウェブサイトを運営して，リテール事業およびマーケットプレイス事業を営んでいるところ，自ら販売する特定の商品について，実際の販売価格に「参考価格」と称する価格を併記することにより，あたかも，実際の販売価格が当該「参考価格」に比して安いかのように表示していたことなどから，措置命令を受け

56　第2章　不当な表示

た。

　これに対し，アマゾンジャパン㈲は，同社が，製造事業者や卸業者が商品等の取引について決定した表示をそのまま消費者に伝達した小売業者であって，表示主体性が認められないなどと主張して取消訴訟を提起した。

　第一審判決（東京地判令和元年 11 月 15 日（平成 30 年（行ウ）第 30 号））は，原告（アマゾンジャパン㈲）が上記ウェブサイトを運営し，当該サイト上の表示の仕組みを自由に決定できる状況において，自ら販売者となって商品の販売を行い，仕入先が「参考価格」を入力した場合には当該価格を「参考価格」として表示することとしていたことなど，表示内容の決定に関与したといえることを根拠に表示主体性を認め，原告（アマゾンジャパン㈲）の請求を棄却した。

　これに対し，アマゾンジャパン㈲は控訴したものの，東京高判令和 2 年 12 月 3 日（令和元年（行コ）第 330 号）は，景品表示法第 5 条の不当な表示をした事業者につき，不当な表示内容を決定した事業者，すなわち，措置命令を受けたときに，その不当とされる表示内容を使うことを止める決定をしたり，再び同様なことを行うことを防止するために必要な事項を決定したりすることができる権限を有する事業者でなければならない，とした上で，措置命令を受けた場合に，「参考価格」という表示をやめたり，「参考価格」として表示される価格を低いものに変更する権限を当然に有すること，実際に，顧客による書き込みを受けて「参考価格」の表示を削除していることなどから，表示主体性を認め，控訴人（アマゾンジャパン㈲）の控訴を棄却した。

㈠　メーカー，製造元，卸売業者の表示主体性

　小売業者による表示について，メーカー，製造元，卸売業者等がその内容決定に関与している場合には，これらの者は小売業者とともに表示主体となり，景品表示法違反行為の主体となり得る。例えば，前記アの（注）に記載した下げ札等の表示内容が問題となった事案では，小売業者に対して，製造元からの情報に基づいて当該商品の原産国がイタリアであると説明し，小売業者の指示に従って，イタリア製であることを示す下げ札等を作成して商品に付して納品していた輸入卸売業者も表示主体として，小売

2　不当表示規制に共通する事項　　**57**

業者と連名で排除命令の名あて人となっている（平成16年（排）第19号ないし第23号（平成16年11月24日）における㈱八木通商）。このほか，製造元と販売元がともに表示主体とされて措置命令等（措置命令および排除命令を指す。以下同じ）の名あて人となっている事例は多数存在する。

CASE 2-6 ㈱リッツコーポレーションおよび㈲リッツソリューションに対する排除命令
（平成20年（排）第20号（平成20年2月8日））

㈱リッツコーポレーションは，平成17年8月頃以降，国内に存在する事業者に「リッツパワーシフトMS－001」と称する，自動車のシガーソケットに取り付けることにより燃焼効率が向上するとする商品を委託して製造させ，取引先販売業者を通じて一般消費者に販売していた。リッツパワーシフトMS－001の包装容器には，「燃焼効率向上」等と記載され，当該商品を自動車のシガーソケットに取り付けることにより自動車のエネルギー消費効率が向上するかのように示す表示がなされていたところ，㈱リッツコーポレーションおよび㈲リッツソリューションは，共同して，リッツパワーシフトMS－001の包装容器の台紙の記載内容を決定していた。

公正取引委員会が，これらの表示について，景品表示法第4条第1項第1号に該当する表示であるか否かを判断するため，同条第2項の規定に基づき，2社に対し，期間を定めて，当該表示の裏付けとなる合理的な根拠を示す資料の提出を求めたところ，2社は，当該期間内に資料を提出したが，当該資料は，当該表示の裏付けとなる合理的な根拠を示すものであるとは認められないものであった（条項番号はいずれも当時のもの）。

㊂　アフィリエイターなどの第三者を介した場合の表示主体性

近年，デジタル広告の拡大に伴い，商品・役務を供給する事業者が自ら表示を行うのではなく，第三者（いわゆるアフィリエイト広告^(注)におけるアフィリエイターやインフルエンサー等）を介して当該事業者の商品・役務に関する表示を行うような場合が多くみられる。

（注）　広告される商品等を供給する事業者以外の者（以下「アフィリエイター」とい

58　第2章　不当な表示

う）が，当該事業者が供給する商品等に関する広告を作成し，アフィリエイトプログラムを実行するシステムを通じて，事業者の運営する販売サイト等へのハイパーリンク等を作成して自己が運営するアフィリエイトサイト内に掲載し，当該アフィリエイトサイトの閲覧者がこれらを経由して当該販売サイト等にアクセスし，あらかじめ定められた条件を満たした場合に，事業者からアフィリエイターに対して成功報酬が支払われる仕組みの広告手法が多くみられる。この広告手法における，事業者の販売サイト等へのリンク（アフィリエイトリンク）をクリックさせるために行われる，アフィリエイターによるアフィリエイトサイト上の表示は，一般にアフィリエイト広告と呼ばれる。

　このような場合，当該第三者は，当該表示に係る商品・役務を当該事業者と共同して供給していると認められない限りは，供給主体性（前記(1)エ(ア)を参照）を欠くものであり，景品表示法の規制対象とならない。

　他方で，商品・役務を供給する事業者は，実際の表示を第三者が行っているからといって直ちに表示主体性を否定されるものではなく，当該表示の表示内容の決定に関与したと認められる場合には，表示主体性が認められることになる。表示内容の決定に関与したといえる場合には，前記アのとおり，第三者が行う表示について，当該事業者が自らもしくは当該第三者と共同して積極的に表示内容を決定した場合だけでなく，第三者に表示内容の決定を委ねた場合等も含まれる。したがって，商品・役務を供給する事業者が第三者の表示内容を知らなかったとしても，そのことによって，表示主体性が否定されるものではない。

　なお，第三者に表示内容の決定を委ねた場合については，当該第三者に対して直接表示内容の決定を委ねた場合だけでなく，広告代理店やASP等を通じて，当該第三者に表示内容の決定を委ねた場合も含まれる。また，事業者が，第三者に対して，「虚偽・誇大な内容は記載しないこと」，「関係法令は遵守すること」，「表示の責任は第三者にあること」等について指示文書を交付し，口頭で伝え，または禁止事項として契約等において合意をしていたとしても，そのことによって商品・役務を供給する事業者の表示主体性が否定されるものではない。

　表示主体性は，事案ごとに個別の取引実態を踏まえて判断されるが，例えば，前記（注）記載の仕組みの下に行われるアフィリエイト広告は，事

2　不当表示規制に共通する事項　　59

業者がアフィリエイターの表示内容の決定に関与していると認められる場合が多いと考えられる（インターネット消費者取引に係る広告表示に関する景品表示法上の問題点及び留意事項第2・4・(2)）。

アフィリエイトサイト上の表示について，広告主に表示主体性が認められた事例として，㈱T.Sコーポレーションに対する措置命令（令和3年3月3日），㈱アクガレージおよびアシスト㈱に対する措置命令（令和3年11月9日），㈱DYMに対する措置命令（令和4年4月27日），㈱バウムクーヘンに対する措置命令（令和5年6月14日）などがある。

㈔　表示主体性の所在を判断する際の留意点

表示上，製造元，輸入元，発売元として名称が記載されているかどうか，あるいは，当事者間で，誰が表示責任者となるかについての取決めがなされていることは，各事業者の関係を判断する材料を提供するものではあり得ても，記載の有無や当事者間の取決めの内容に従って表示者が誰であるかが判断されるわけではない。

また，表示主体性の判断に当たっては，一般消費者の認識や印象のみに基づいて判断することは適当でない。表示主体性が認められるか否かは，過去から違反行為発生時点までの表示のやり方の状況，当該表示の成立の経緯，表示についての経費の負担，表示の掲示・配布の状況などの具体的事情を勘案して，「表示内容の決定に関与した事業者」に当たるか否かによって判断すべきであり，「表示内容の決定に関与した事業者と一般消費者に認識されるか」という観点から判断されるべき問題ではないからである。

名称が記載されていない製造元が表示の主体として認定された事例として，㈱タカチホおよび㈱札幌グルメフーズに対する排除命令（平成16年(排)第17号（平成16年10月4日））における㈱タカチホの例がある。

CASE 2-7　㈱タカチホおよび㈱札幌グルメフーズに対する排除命令（平成16年（排）第17号（平成16年10月4日））

㈱タカチホは，㈱札幌グルメフーズと共同して山形県内で販売する観光土

産品として山形県特産のさくらんぼの果汁を用いることとした「さくらんぼグミ」と称する商品の仕様および包装箱の表示内容を決定し、㈱札幌グルメフーズにさくらんぼグミの製造を委託してこれを購入し、山形県に所在する観光土産品店またはホテルもしくは旅館の売店等を通じて一般消費者に販売していた。

　㈱タカチホは、さくらんぼグミの販売に当たり、さくらんぼグミの包装箱に販売者として山形県に所在する子会社であるタカチホ㈱の社名および所在地を記載していた。子会社であるタカチホ㈱は、役員のすべてを親会社である㈱タカチホの役員が兼任し、従業員を有していない事業者であり、さくらんぼグミの実際の販売は行っておらず、商品販売による売上の計上はなかった。

　㈱タカチホおよび㈱札幌グルメフーズは、共同して、さくらんぼグミの包装箱に「山形特産　さくらんぼ　果汁100％グミ」と記載することにより、あたかも、さくらんぼグミの原材料の果汁としてさくらんぼ果汁を100％用いているかのように表示していたが、実際にはりんご果汁のみを用いており、さくらんぼ果汁を全く用いていないものであった。

　また、製造元と発売元がともに表示内容の決定に関与している場合に、製造元が発売元との契約に違反して、あらかじめ定めていた仕様と異なるものを製造した結果、不当表示となった場合であっても、製造元と発売元がともに表示の主体であるということが左右されることはない。契約違反があったということは、あくまで製造元と発売元の間の民事上の問題であって、両者による表示によって一般消費者に誤認が生じたことに変わりはないからである。例えば、食品の缶詰を発売するに当たり、製造元と発売元が協議してその仕様を決定し、表示内容を決定したところ、製造元がコストダウンを図るために発売元に無断で仕様と異なる材料を用いて製造した結果、表示と実際の商品が一致しなくなり、不当表示となったような場合でも、製造元と発売元は、ともに表示の主体である。

3 禁止される表示（景表第5条）

(1) 景品表示法が定める類型

　景品表示法第5条は下記のとおり，不当表示として禁止される表示を3つに類型化している。すなわち，商品または役務の内容についての優良誤認表示（第1号），取引条件についての有利誤認表示（第2号）およびその他の不当表示（第3号）である。

（不当な表示の禁止）

第5条　事業者は，自己の供給する商品又は役務の取引について，次の各号のいずれかに該当する表示をしてはならない。

　一　商品又は役務の品質，規格その他の内容について，一般消費者に対し，実際のものよりも著しく優良であると示し，又は事実に相違して当該事業者と同種若しくは類似の商品若しくは役務を供給している他の事業者に係るものよりも著しく優良であると示す表示であつて，不当に顧客を誘引し，一般消費者による自主的かつ合理的な選択を阻害するおそれがあると認められるもの

　二　商品又は役務の価格その他の取引条件について，実際のもの又は当該事業者と同種若しくは類似の商品若しくは役務を供給している他の事業者に係るものよりも取引の相手方に著しく有利であると一般消費者に誤認される表示であつて，不当に顧客を誘引し，一般消費者による自主的かつ合理的な選択を阻害するおそれがあると認められるもの

　三　前2号に掲げるもののほか，商品又は役務の取引に関する事項について一般消費者に誤認されるおそれがある表示であつて，不当に顧客を誘引し，一般消費者による自主的かつ合理的な選択を阻害するおそれがあると認めて内閣総理大臣が指定するもの

　このうち，第1号の優良誤認表示と第2号の有利誤認表示の類型は，法律の規定そのものが不当表示の内容を示しているが，第3号のその他の不当表示の類型においては，不当表示の具体的な内容の特定が内閣総理大臣の告示による指定に委ねられている。このように，内閣総理大臣が不

当表示の内容を指定できることとされているのは,表示は多種多様であり,今後の経済社会状況の変化の中で,優良誤認表示や有利誤認表示の類型でカバーできない問題のある表示が出現した場合に,内閣総理大臣が迅速に対処できるようにするためである。

なお,当然のことながら,いずれの類型も,不当表示に当たる表示をしてはならないと定めているものであり,一定の表示を行うことを義務付けているものではない(ただし,後記(3)のとおり,一定の事項についての表示をしなかったことが,当該商品等についての他の表示部分の内容とあいまって不当表示を構成し,景品表示法の規制を受ける場合もある)。

(2) 優良誤認表示と有利誤認表示で共通する要件

不当表示の3類型のうち,第1号の優良誤認表示および第2号の有利誤認表示については,景品表示法の規定を運用する際の要件として,以下のように,かなりの部分が共通の内容を有している。他方,第3号のその他の不当表示の類型に係る要件は,内閣総理大臣が不当表示の内容を告示として指定する際の要件として規定されているものであり,告示が指定された後に告示の規定を適用する際の要件ではない(6(1)イ参照)。

ア 有利誤認表示における「一般消費者に誤認される」と優良誤認表示における「一般消費者に対し……示す」

㋐ 「誤認される」

不当表示は,一般消費者に,商品または役務の内容の優良性,取引条件の有利性等に関して誤認されるものであることを,その本質的な要素としている。すなわち,後述するとおり,「一般消費者に誤認される」表示であるという要件を充足すれば,基本的に他の立証を必要とせず,「不当に顧客を誘引し,一般消費者による自主的かつ合理的な選択を阻害するおそれがあると認め」られる。このことは,「公正な競争を阻害するおそれ」が要件として規定されていた平成21年改正前の景品表示法の下でも明らかにされていたが(後記イ(注)参照),「一般消費者による自主的かつ合

3 禁止される表示(景表第5条)　　63

理的な選択を阻害するおそれ」が要件として規定された平成21年改正後であれば，商品選択上重要な要素である商品等の内容や取引条件の優良性・有利性について誤認させられている消費者に自主的かつ合理的な選択が期待しがたいことは明らかであり，この理は，なおさら明らかである。

　この「誤認」とは，実際のものと一般消費者が当該表示から受ける印象・認識との間に差が生じることをいい，例えば，実際には表示されたとおりの内容・取引条件等が「ない」にもかかわらず「ある」と誤って認識することである。「誤認される」とは，誤認が生じる可能性が高いと認められれば十分であり，現実に多数の消費者が誤認したことや，まして，その表示に基づいて商品または役務を実際に購入した者が存在する必要はない[注]。

　また，「誤認される」だけで十分であるから，表示を行う事業者の主観的意図はもちろん，その故意・過失も問題とされない（下記CASE2-8の記載参照）。例えば，広告代理店，チラシ印刷業者などのミスで不当表示に当たる内容の表示物が作成され，一般消費者に誤認されることとなった場合，そのことによって広告主たる事業者が不当表示を行ったこととならなくなるものではない。

　（注）　この点について，㈱宇多商会に対する審決（平成9年（判）第4号（平成11年10月1日））では，次のように示されている。「『誤認』とは，実際のものと一般消費者が当該表示から受ける印象との間に差が生じることをいうのであるから，社会常識や用語等の一般的意味などを基準に判断して，こうした差が生じる可能性が高いと認められる場合には，当該表示は『誤認される』ものに該当するというべきであり，現実に一般消費者の誤認が生じたことは要件ではないと解される。」

CASE 2-8　　**㈱ベイクルーズによる審決取消請求事件**
（東京高判平成20年5月23日（平成19年（行ケ）第5号））

　本件は，衣料品のいわゆるセレクトショップにおいて，あたかも，本件対象商品（㈱ベイクルーズ（衣料品の小売業等を営む事業者）が取引先の輸入卸売業者を通じて海外から仕入れていたズボン）の原産国がイタリアであるかのように表示していたが，実際には，ルーマニアにおいて縫製されたものであり，原産国がイタリアであると認められるものではなかったという事案

64　　第2章　不当な表示

である。

　本件訴訟に先立つ審判において，排除命令の名宛人となった㈱ベイクルーズは，景品表示法第4条の規制を受ける表示主体について，「表示内容を決定し，ないしは決定に実質的に関与した者のことをいい，その内容の決定に関与した者が複数いるときは，その中のいずれか実質的な決定者が表示主体として取り扱われるべきである」とした上で，自社が輸入卸売業者に対して依頼した品質表示タッグおよび下げ札の作成と取付けは，原産国表示の内容決定に当たって，その表示内容を左右し得るような実質的な影響力は皆無であって，自社は，本件原産国表示について，表示の内容を決定し，ないしは決定に実質的に関与した者とはいえないと主張した。これに対して，公正取引委員会が，「不当な表示についてその内容の決定に関与した事業者は，その規制の対象となる事業者に当たるものと解すべきであり，……この場合の『決定に関与』とは，自ら若しくは他の者と共同して積極的に当該表示の内容を決定した場合のみならず，他の者の表示内容に関する説明に基づきその内容を定めた場合や，他の者にその決定を委ねた場合も含まれるものと解すべきであ」り，その場合において，「当該表示が同法第4条第1項に規定する不当な表示であることについて，当該決定関与者に故意又は過失があることを要しない。」と審決したことから，㈱ベイクルーズが当該審決を不服としてその取消しを求めたものである。

　本件判決では，争点となった故意または過失の要否について，「行政処分たる排除命令が，対象事業者に対する非難可能性を基礎とする民事上・刑事上の制裁とはその性質を異にするものであることを考慮すると，景品表示法4条1項に違反する不当表示行為すなわち違反行為については，不当表示行為すなわち違反行為があれば足り，それ以上に，そのことについて『不当表示を行った者』の故意・過失は要しないものというべきであり，故意・過失が存在しない場合であっても排除命令を発し得るものというべきである。」と判示した（本件判決では，故意または過失の要否以外にも，不当表示の主体について基本的な考え方が判示されている。詳細は，前記2(2)アを参照）。

　なお，同判決に対する㈱ベイクルーズの上告受理申立ては，最高裁において退けられ（最決平成21年6月23日（平成20年（行ツ）第255号，平成20年（行ヒ）第294号）），同判決は確定している（条項番号はいずれも当時のもの）。

3　禁止される表示（景表第5条）　　65

この点，景品表示法第5条第2号の規定（有利誤認表示）と同条第3号の規定（その他の不当表示）においては「一般消費者に誤認される」という用語が用いられているが，同条第1号の規定（優良誤認表示）においてはこの用語ではなく，「一般消費者に対し……示す」という用語が用いられている。この第1号は，後述する平成15年改正による景品表示法第4条第2項（改正当時。現行の第7条第2項）の追加に伴う改正により改められたものである。すなわち，第7条第2項は，表示の裏付けとなる合理的根拠を有しない商品または役務の内容に関する不当表示について，消費者庁長官（違反行為に対する行政処分である措置命令を行うのは，景品表示法上，内閣総理大臣と規定されているが（景表第7条第1項），この権限は，景品表示法第38条第1項により，消費者庁長官に委任されている。以下，本書では，措置命令の主体を消費者庁長官として記述する）の立証負担を軽減する規定であるが，この規定は，表示された内容が「ない」ということを具体的に立証する負担が消費者庁長官側に一方的にあることを前提とする「誤認される」という用語とは両立しない。このため，「誤認される」に代えて，立証負担について中立的な意味を有する用語として「示す」が用いられることとなった。

したがって，第5条第1号の規定は，第7条第2項によって不当表示とみなされる場合を除けば，実態としては，平成15年改正前と同様に，一般消費者に商品または役務の内容について誤認される表示のことを指すのであり，この点において，第5条第2号の規定と実質的な意味で要件に違いはない。つまり，事業者が一般消費者の誤認を生じさせる原因となる「著しく優良であると示す」行為を行えば，それはとりも直さず「一般消費者に誤認される」ものであって，不当表示につながるのである。

また，第5条第1号は「一般消費者に対し……示す」と，同条第2号（第3号も）は「一般消費者に誤認される」と規定しているので，第一義的な意味で規制対象となるのは事業者が一般消費者に直接向けて行った表示である。しかし，事業者に対する表示であっても，それが一般消費者の目に触れ，直接的に一般消費者の誤認を生じさせるような場合には，景品表示

66　　第2章　不当な表示

法の規制対象となる。このため，例えば，ある商品がそもそも事業者向けに開発され，当該商品の包装に「事業用」や「業務用」といったラベルが貼ってあるとしても，当該商品が事業者と並行して一般消費者にも販売されている場合には，景品表示法の規制対象となることがある。

なお，事業者の商品または役務の選択を歪めるような不当表示は，独占禁止法で規定されている不公正な取引方法（ぎまん的顧客誘引（一般指定第8項））の規制対象となり得る。

(イ)　「一般消費者」

誤認の主体となる「一般消費者」については，景品表示法の表示規制が，商品または役務の内容・取引条件等について消費者と事業者の間に情報や知識に大きな格差があることを踏まえて，消費者が適正な商品選択ができるよう，適正な表示を確保するために行われていることに鑑みれば，当該商品または役務についてさほど詳しい情報・知識を有していない，通常レベルの消費者，一般レベルの常識のみを有している消費者が基準となる。したがって，一般消費者に誤認される表示とは，そのような一般消費者が通常誤認を生ずる程度の表示であるということになり，ごく一部の消費者のみが勘違いや無知により誤認を生じるようなものは含まれないが，いわゆる業界の常識とされているような事項であっても一般消費者に誤認される可能性があることに注意する必要がある。

CASE 2-9　　一般照明用電球形 LED ランプ販売業者 12 社に対する
措置命令
（平成 24 年 6 月 14 日）

本件は，一般照明用電球形 LED ランプについて，あたかも，白熱電球の60 ワット形ないし 40 ワット形と同等の明るさを得られるかのように表示していたが，実際には，全光束（光源がすべての方向に放出する光束の総和）が，日本工業規格に定められた白熱電球 60 ワット形ないし 40 ワット形の全光束（白熱電球 60 ワット形の全光束は 810 ルーメン，白熱電球 40 ワット形の全光束は 485 ルーメン）を下回り，全体照明用器具に用いるなど用途によっ

3　禁止される表示（景表第 5 条）　　67

ては比較対照とした白熱電球等と同等の明るさを得ることができないもので
あったという事案である。

　光源の明るさを評価する指標としては，単位時間当たりに放射される光の
量である「光束」（単位はルーメン），単位面積当たりに入射する光束である
「照度」（単位はルクス）等があり，このうち，照度は測定位置・距離等によっ
て変化するが，光源から放射される光の総量（全光束）は条件に左右されず
一定であることから，光源の明るさの性能は全光束で測定するのが適当であ
ると考えられ，日本工業規格においても白熱電球の明るさの性能の指標は全
光束とされている（本件措置命令時点で日本工業規格にLED電球の明るさ
に係る規定はなかった）。

　この点，電球を下向きに使用した場合，白熱電球や電球形蛍光ランプが上
方向・水平方向にも万遍なく配光されるのに対して，LED電球は，少なく
とも本件措置命令時点で市場に流通していたもののほとんどが，発光源であ
るLED素子がすべて一方向（前方向）を向いているという構造上，上方向・
水平方向への配光が弱く，光束が下半分に集中するという特徴があった。そ
のため，そのようなLED電球を，直下を照らすことが主目的のダウンライ
ト等の照明器具に用いる場合には，当該LED電球の下半分の光束の値が，
特定の消費電力の白熱電球の全光束の半分以上であれば，人が感じる明るさ
は当該白熱電球とほぼ同等であり，使用上の支障は生じなかったと考えられ
るが，そのようなLED電球を全体照明用器具に用いる場合には，少なくと
も比較対照とした白熱電球と同等以上の全光束を発する性能を有していなけ
れば，比較対照とした白熱電球と同等の明るさを得ることはできなかったと
いうものであった。

　本件では，一部の商品において，実際の全光束を記載していたものもあっ
たが，一般消費者にとっては，当該全光束の表示ではなく，よりなじみのあ
る，比較対照とした白熱電球と同等の明るさを得ることができる旨の表示に
よって商品を選択していたと考えられることから，全光束の記載のない他の
本件対象商品と同様に不当表示と認定されたものである。

　なお，商品または役務のうちには，需要者の範囲が限定されているもの
もあるが，その場合には，その限定された需要者一般がそれについての一
般消費者である。例えば，ベビーカーであれば，ベビーカーの需要者たる

68　　第2章　不当な表示

一般消費者（例えば，小さい子どもを持つ親や祖父母）の認識に基づいて景品表示法上の適否が判断されることとなろう（参考事例として，アップリカ・チルドレンズプロダクツ㈱に対する措置命令（平成25年12月26日））。

(ウ) 判断の際の留意点

一般消費者に誤認が生じているかどうかの判断に当たっては，表示上の特定の文章，図表，写真等から一般消費者が受ける印象・認識ではなく，表示内容全体から一般消費者が受ける印象・認識が基準となる（「不当景品類及び不当表示防止法第7条第2項の運用指針」（平成15年10月28日）（以下「不実証広告ガイドライン」という）第1，2(2)第3段落，「不当な価格表示についての景品表示法上の考え方」（平成12年6月30日）（以下「価格表示ガイドライン」という）第2，1(3)参照）。したがって，例えば，仮に表示に記載されている個々の文章がすべて正しくても，ともに表示されている図表，写真等を含めた表示全体からみて一般消費者に誤認される場合には，不当表示として問題となることに注意する必要がある。

なお，表示内容全体から一般消費者が受ける印象・認識を基準として，一般消費者に誤認されるおそれのある表示であるか否かを判断する際には，商品名や企業名そのものの表示も表示内容全体を構成する要素の1つとして勘案することとなる。このような判断を行った事例として，原材料の原産地について，商品の包装の商品名やイラスト等表示の全体から優良誤認表示と認定された，㈱村田園による措置命令取消請求事件（東京地判平成29年6月27日（平成28年（行ウ）第135号））がある。

また，暗示的表現についても，表示全体から一般消費者が受ける印象・認識を決定付けるものであって，実際に，「ボンヤリ・にごった感じ」，「クリア」，「スッキリ」，「くもりの気にならない，鮮明な毎日」という表示について，表示全体として，視覚の不良感が改善されるという効能・効果を有する対象商品の優良性を強調するものであるといえる旨判示した，㈱だいにち堂による措置命令取消請求控訴事件判決（東京高判令和2年10月28日（令和2年（行コ）第96号））がある。同判決に対する㈱だいにち堂の上告は，最高裁において棄却され（最判令和4年3月8日（令和3年（行ツ）

3 禁止される表示（景表第5条）　69

第 33 号)），同判決は確定している。

> **COLUMN** イメージ広告
>
> 　例えば，缶コーヒー・メーカーの CM において有名俳優がその缶コーヒーを美味しそうに飲み干しているシーンや，金融機関の CM において有名俳優がその金融機関の顧客サービスを受けているシーンがあった場合，これらの内容は，当該俳優がその缶コーヒーの愛飲家ではなかったり，当該俳優がその金融機関と取引がない場合は，景品表示法の不当表示として問題となるのであろうか。
>
> 　この場合，視聴者は，これらのシーンが登場するのが CM の中であるという事実から，その俳優が実際にその缶コーヒーを愛飲していたり，その金融機関と取引しているとは限らず，あくまで CM の中での演技としてそのようなふるまいをしたにすぎないと認識すると思われる。この CM の効果として売上が向上したとしても，一般消費者は，一般的には，その俳優が愛飲しているとか，その俳優が取引しているという理由から商品または役務の内容を優良であると思って購入したわけではないであろう。
>
> 　したがって，このような広告（商品または役務の内容や取引条件について具体的に表示するのでなく，企業や商品または役務の知名度，好感度といった抽象的なイメージを向上させることのみを目的とした広告。一般的に「イメージ広告」と呼ばれる）については，不当表示の問題は通常生じないと考えられる。しかし，単なるイメージ広告を越えて，例えば，その俳優がそのコーヒーは品質が良いから愛飲しているとか，その俳優がその金融機関は顧客サービスが優れているから取引していると，自己の実体験に基づいているかのように述べる場合には，商品または役務の内容・取引条件の表示となり，不当表示の問題が生じ得ることになる。

イ 「不当に顧客を誘引し，一般消費者による自主的かつ合理的な選択を阻害するおそれ」

　一般消費者は，商品等の内容，取引条件という商品等の選択上重要な要素について誤認させられた状態において，自主的かつ合理的な選択を行うことができないことは明らかであることから，一般消費者に誤認される表示であると認められれば，通常，不当に顧客を誘引し，一般消費者による

自主的かつ合理的な選択を阻害するおそれがあると認められる^(注)。

　(注)　なお，平成21年改正により，「不当に顧客を誘引し，一般消費者による自主的かつ合理的な選択を阻害するおそれ」と置き換えられる前の「不当に顧客を誘引し，公正な競争を阻害するおそれ」の要件との関係で，㈱日本交通公社に対する審決（平成2年（判）第1号（平成3年11月21日））において，次のように示されている。「景品表示法第1条の規定の趣旨や同法の制定経過からみるに，景品表示法第4条第1号の『不当に顧客を誘引し，公正な競争を阻害するおそれがある』との要件は，同法が，不当な景品及び表示による不当顧客誘引行為を独占禁止法に定める規制手続の特例により適切かつ迅速に規制するために制定された法律であることから，そのことを明確にするために規定されたもので，顧客を誘引する手段として事業者が自己の供給する商品又は役務の取引について行う表示で『実際のものよりも著しく優良であると一般消費者に誤認される』ものは，通常『不当に顧客を誘引し，公正な競争を阻害するおそれがある』ものと解される。」（条項番号は当時のもの）。

ウ　「著しく優良」または「著しく有利」

　不当表示の各類型のうち第5条第1号・第2号の類型については，表示内容が「実際のものより」または「当該事業者と同種若しくは類似の商品若しくは役務を供給している他の事業者に係るものより」も「著しく優良」（第1号），「著しく有利」（第2号）であることが要件とされている。

　ここでいう「著しく」とは，当該表示の誇張の程度が，社会一般に許容される程度を超えて，一般消費者による商品または役務の選択に影響を与える場合を指す（不実証広告ガイドライン第1，2(2)第1段落，価格表示ガイドライン第2，1(2)参照）。

　すなわち，表示の中でも，広告・宣伝の要素を含むものの場合，表示対象である商品または役務が一般消費者から選択されるように，ある程度の誇張がなされるのが一般的であり，一般消費者もある程度の誇張が行われることを通常認識していることから，広告・宣伝に通常含まれる程度の誇張は，一般消費者の適切な選択を妨げないものとして許容される。

　しかしながら，この許容される限度を超えるほどに実際のものよりも優良，有利であると表示すれば，一般消費者は，商品または役務の内容が実

3　禁止される表示（景表第5条）　　71

際のものよりも優良，有利であると誤って認識し，その商品または役務の選択に不当な影響が生じることとなる。このような場合には，表示される優良性，有利性の程度が著しく，法律の要件である「著しく優良」または「著しく有利」に該当する（下記 CASE2-10 参照）。この許容される限度は，表示の内容によっても左右され，例えば，表示内容が客観的・具体的である場合などには，一般消費者は誇張を想定しないであろうから，許容される限度は狭くなるであろう。

　なお，一般消費者の自主的かつ合理的な選択を確保するという景品表示法の目的から合理的に解釈すると，具体的な表示が，「実際のものより」または「当該事業者と同種若しくは類似の商品若しくは役務を供給している他の事業者に係るものより」も「著しく優良」または「著しく有利」に当たるか否かは，いわゆる業界の常識や表示を行う事業者の認識により判断するのではなく，表示の受け手である一般消費者に「著しく優良」または「著しく有利」と認識されるか否かという観点から判断されるものであることに注意する必要がある（不実証広告ガイドライン第1，2(2)第1段落参照）。

CASE 2-10 　更生会社㈱カンキョー管財人大澤誠による審決取消請求事件

（東京高判平成 14 年 6 月 7 日（平成 13 年（行ケ）第 454 号））

　本件は，㈱カンキョー（実際の訴訟においては，同社について会社更生手続が開始されたことに伴い同社の管財人に選任された者が原告となった。後述の審判における被審人および上告受理申立てにおける上告人についても同じ）が製造販売する家庭用空気清浄機について，あたかも，①他のフィルター式空気清浄機よりも集塵能力が高く，また，②室内の空気中のウイルスを実用的な意味で有効に捕集する能力を有しているかのような表示をしていたが，実際には，そのような性能を有するものではなかったという事案である。

　本件訴訟に先立つ審判において，排除命令の名宛人となった㈱カンキョーは，自社と競争関係にある他社の空気清浄機の広告における表示からみれば，自社の広告は，社会通念上許される程度内のものであり，景品表示法第4条

72　　第2章　不当な表示

第1号の「競争関係にある他の事業者に係るものよりも著しく優良であると一般消費者に誤認される」との要件のうち「著しく」の要件には当たらず、また、競争関係にある他の事業者に係る表示よりも「著しく」誤認される表示でなければ同要件には該当しないと主張した。これに対して、公正取引委員会は、「景品表示法第4条第1号の『実際のもの又は競争関係にある他の事業者に係るものよりも著しく優良であると一般消費者に誤認される』との要件のうち『著しく』とは、当該商品の品質等が実際のもの又は競争事業者のものよりも優良であると一般消費者に誤認される程度が軽微ではないとの趣旨であり、社会通念上許される程度の誇張や一般消費者の商品選択に与える影響が軽微なものは『著しく』の要件には当たらないが、その限度を超えるものは不当表示に当たる」とした上で、「社会的に許容される程度を超えるか否かについては、商品の性質、一般消費者の知識水準、取引の実態、表示の内容・方法などを勘案して判断すべき」であるとの判断を示した。その上で、本件広告は、従来のフィルター式空気清浄機よりも一般的に集塵能力が優れていること等を表示して、一般消費者が空気清浄機を選択するに当たり、その商品選択の重要な事項である基本的な性能において優れていることを強調するものであったが、実際には、集塵能力において、フィルター式空気清浄機よりも劣る等のものであったことから、本件広告は、一般消費者に与える誤認の程度が大きいものというべきであり、「著しく」の要件に該当し、「不当表示となる」と審決したことから、㈱カンキョーが当該審決を不服としてその取消しを求めたものである。

　本件判決では、争点となった「著しく」の解釈について、「およそ広告であって自己の商品等について大なり小なり賛辞を語らないものはほとんどなく、広告にある程度の誇張・誇大が含まれることはやむを得ないと社会一般に受け止められていて、一般消費者の側も商品選択の上でそのことを考慮に入れているが、その誇張・誇大の程度が一般に許容されている限度を超え、一般消費者に誤認を与える程度に至ると、不当に顧客を誘引し、公正な競争を阻害するおそれが生ずる。そこで、景品表示法4条1号は、『著しく優良であると一般消費者に誤認されるため、不当に顧客を誘引し、公正な競争を阻害するおそれがあると認められる表示』を禁止したもので、ここにいう『著しく』とは、誇張・誇大の程度が社会一般に許容されている程度を超えている

3　禁止される表示（景表第5条）　　73

ことを指しているものであり，誇張・誇大が社会一般に許容される程度を超
えるものであるかどうかは，当該表示を誤認して顧客が誘引されるかどうか
で判断され，その誤認がなければ顧客が誘引されることは通常ないであろう
と認められる程度に達する誇大表示であれば『著しく優良であると一般消費
者に誤認される』表示に当たると解される。

そして，当該表示を誤認して顧客が誘引されるかどうかは，商品の性質，
一般消費者の知識水準，取引の実態，表示の方法，表示の対象となる内容な
どにより判断される。」とした上で，「本件広告の表示は，本件空気清浄機が
フィルター式空気清浄機よりも集塵能力が高」い等と一般消費者に誤認され
る表示であり，「一般消費者において，本件空気清浄機が，集塵能力におい
てフィルター式空気清浄機よりも劣るものであ」ること等を知っていれば，
「通常は本件空気清浄機の取引に誘引されることはないであろうと認められ
るから，本件広告の表示は『著しく優良であると一般消費者に誤認される』
表示に当たる」と判決した（条項番号はいずれも当時のもの）。

なお，同判決に対する㈱カンキョーの上告受理申立ては，最高裁において
退けられ（最決平成14年11月22日（平成14年（行ツ）第200号，平成
14年（行ヒ）第233号）），同判決は確定している。

(3) 一定の事項の不表示による不当表示

景品表示法は，業種横断的な一般法として，事業者による不当表示とい
う一定の行為をとらえてそれを事後的に規制しているのであって，特定の
事業に関する規制を設ける事業法のように，表示義務のある事項を事前に
具体的に定め，その表示義務が満たされていないことに対して規制する法
律ではない。

したがって，表示という行為には当たらない不表示そのものは，一般的
には景品表示法の規制対象ではない。例えば，原材料にAという物質を
使用した製品について「Aは使用しておりません。」といった表示，ある
いは，それに至らぬまでも，一般消費者からみて物質Aを使用していな
いと通常認識されるような表示があれば格別，原材料に使用した物質につ
いての何の表示もないことをもって，不当表示として問題にすることは一

般的には困難であろう。

　しかしながら，一般消費者にとってメリットをもたらすと同時に，消費者が通常知り得ないデメリットをもたらすような商品または役務について，事業者が一般消費者に対してメリットをもたらす事項のみを表示し，デメリットをもたらす事項を表示しないことがある。他方，一般消費者に誤認される表示といえるかどうかは，表示上の特定の文章，図表，写真等のみから一般消費者が受ける印象・認識により判断されるのではなく，表示全体から一般消費者が受ける印象・認識により判断されるのであるから，表示されたメリット事項の内容がそれだけをみれば真実であるとしても，事業者が一般消費者にとってデメリットとなる事項を適切に表示しないことにより，一般消費者に誤認される場合には，不当表示となるおそれがある。

　このような考え方は，例えば，「比較広告に関する景品表示法上の考え方」（昭和62年4月21日）（以下「比較広告ガイドライン」という）に「……表示を義務付けられており，又は通常表示されている事項であつて，主張する長所と不離一体の関係にある短所について，これを殊更表示しなかつたり，明りょうに表示しなかつたりするような場合には，商品全体の機能，効用等について一般消費者に誤認を与えるので，不当表示となるおそれがある。」と記載されているところにも現れている（比較広告ガイドライン5(3)第2段落）。このような考え方に立って不当表示が認定された事例として，例えば以下のものがある。

CASE 2-11　　**三和総合住宅㈱に対する排除命令**
　　　　　　　（昭和57年（排）第8号（昭和57年11月30日））

　「本件土地付住宅は，その接道状況から建築基準法の規定による制限を受け，新築，改築，増築等はできないものであるのに，三和総合住宅は，前記ビラにおいて，その旨を何ら記載せず，あたかもその利用につき何らの制限がないかのように表示しているものである。」

3　禁止される表示（景表第5条）　　75

CASE 2-12 　　九州電力㈱に対する排除命令
　　　　　　（平成 20 年（排）第 47 号（平成 20 年 10 月 15 日））

　九州地区地域において一般電気事業を営む九州電力㈱は，一般消費者に電気を供給するに当たり，オール電化住宅向けに「電化 de ナイト」と称する電気料金を設けている。

　オール電化住宅とは，給湯設備は「エコキュート」と称する電気給湯器等（以下「エコキュート等」という）を，調理器具は「IH クッキングヒーター」と称する電磁調理器（以下「IH クッキングヒーター」という）を使用する等，すべての熱源を電気で賄うこととした住宅をいう。

　エコキュート等の耐用年数は，10 年ないし 15 年程度と，IH クッキングヒーターの耐用年数は，8 年ないし 15 年程度といわれており，長期間にわたりオール電化住宅を使用するためには，これらの機器の買換えが必要である。九州地域に所在する金融機関の一部は，九州地域に居住する一般消費者が戸建住宅をオール電化住宅として新築，建替えまたはリフォームをする場合に，通常の住宅ローンより低い利率を適用する「オール電化住宅ローン」と称する融資制度（以下「オール電化住宅ローン」という）を設けている。

　九州電力㈱は，平成 19 年 10 月頃から平成 20 年 8 月頃までの間，一般消費者に配布したパンフレットに挟み込んだリーフレットにおいて，あたかも，給湯設備および調理器具の熱源としてガスを使用する住宅と比較して，オール電化住宅の方が 1 年間で最大で約 10 万円得になるかのように，オール電化住宅とするために必要な費用についてオール電化住宅ローンによる融資を受ける場合には，オール電化住宅の方が 30 年間で約 350 万円得になるかのように，また，オール電化住宅ローンによる融資を受けない場合には，オール電化住宅の方が 30 年間で約 300 万円得になるかのように示す表示をしているが，実際には，オール電化住宅とするためには，エコキュート等および IH クッキングヒーターの購入費用ならびにこれらの設置のための工事費用が必要であり，かつ，長期間にわたりオール電化住宅を使用するためには，これらの機器の買換えに伴う費用が必要であることを考慮すると，オール電化住宅の方が 1 年間で最大で約 10 万円または 30 年間で約 350 万円もしくは約 300 万円得になるとはいえないものであった。

これらのデメリット事項，あるいは表示上強調されているメリット事項の限定やこれを享受するための条件については，およそ何らかの形で書かれていればよいというものではなく，一般消費者がメリット事項として表示されている内容と一体のものとして理解できるように明瞭に表示されていなければならない。このようにデメリット事項，あるいは表示上強調されているメリット事項の限定やこれを享受するための条件についての表示が明瞭になされていなかったため，これが表示されていないのと同様に解されて不当表示が認定された事例が多数存在する。

　例として，紳士服販売業者5社に対する措置命令（平成23年7月26日）は，「全品半額」との表示とともに表示価格の半額で販売される商品の適用条件が表示されていたものの，「全品半額」との強調した記載に比較して文字が著しく小さいなど明瞭に記載されたものではなかった旨認定している。

　また，景品表示法第5条第3号に基づき不当表示を指定した告示においては，一定の表示について，特定の事項が明瞭に記載されていない場合は，一般消費者に誤認されるおそれがあることから，不当表示になるとしたものが多くある。例えば，「無果汁の清涼飲料水等についての表示」（昭和48年公取委告示第4号）（無果汁告示）においては，無果汁の清涼飲料水等に果実の名称，絵，色といった消費者が誤認するおそれのある表示がある場合，「無果汁」である旨が明瞭に表示されていなければ，当該果実の名称，絵，色といった表示は不当表示になるとしている。また，「有料老人ホームに関する不当な表示」（平成16年公取委告示第3号）（有料老人ホーム告示）第9項においては，「有料老人ホームが提供する介護保険法（平成9年法律第123号）の規定に基づく保険給付の対象とならない介護サービスについての表示であって，当該介護サービスの内容及び費用が明りょうに記載されていないもの」が不当表示とされ，表示した役務について，その内容や費用・徴収方法等が具体的に表示されていないことをもって不当表示に当たるとしている（有料老人ホーム告示運用基準9(2)）。

3　禁止される表示（景表第5条）　　77

CASE 2-13	㈱ドミノ・ピザジャパンに対する措置命令
	（令和 5 年 6 月 27 日）

　本件は，㈱ドミノ・ピザジャパンが，店舗やデリバリー等で提供するピザ等の料理（以下「本件料理」という）の料金について，例えば，あたかも，チラシに表示された価格（以下「表示価格」という）で本件料理の提供を受けることができるかのように示す表示をしていたが，実際には，「サービス料」が，「お持ち帰り」または「デリバリー」と称する表示価格（持ち帰りの場合はデリバリーの半額となる）に加算されるものであったという事案である。

　本件の表示媒体であるチラシには，チラシに記載されている表示価格以外にサービス料が加算される旨が明瞭に表示されておらず，チラシを見た一般消費者は本件料理を購入するために別途，サービス料の支払いが必要であるとは認識することができなかった。

　本件では，サービス料が明瞭に記載されていない本件料理のチラシの表示が不当表示として認定されている。

⑷　強調表示と打消し表示

ア　打消し表示に係る景品表示法の基本的な考え方

　一般消費者に対して，商品・役務の内容や取引条件について訴求するいわゆる強調表示は，それが事実に反するものでない限り何ら問題となるものではない。ただし，強調表示は，対象商品・役務のすべてについて，無条件，無制約に当てはまると一般消費者に受け止められるため，仮に例外などがあるときは，その旨の表示（いわゆる打消し表示）を分かりやすく適切に行わなければ，当該表示は景品表示法上問題となるおそれがある。

　強調表示と打消し表示との関係は，強調表示の訴求している内容が商品・役務の実際を反映していることが原則であり，打消し表示は，強調表示だけでは一般消費者が認識できない例外条件，制約条件等がある場合に例外的に使用されるべきものである。したがって，強調表示と打消し表示とが矛盾するような場合は，一般消費者に誤認され，景品表示法上問題となるおそれがある。

また，例えば，打消し表示の文字が小さい場合や，打消し表示の配置場所が強調表示から離れている場合，打消し表示が表示されている時間が短い場合等，打消し表示の表示方法に問題がある場合，一般消費者は打消し表示に気付くことができないか，打消し表示を読み終えることができない。また，打消し表示の内容に問題がある場合，一般消費者は打消し表示を読んでもその内容を理解できない。

　このように，打消し表示の内容を一般消費者が正しく認識できないことにより，商品・役務の内容や取引条件について実際のものまたは競争事業者に係るものよりも著しく優良または有利であると一般消費者に誤認される場合，景品表示法上問題となるおそれがある。

　打消し表示に係る景品表示法上の考え方等の詳細については，消費者庁「打消し表示に関する実態調査報告書」（平成29年7月公表），「スマートフォンにおける打消し表示に関する実態調査報告書」（平成30年5月公表），「広告表示に接する消費者の視線に関する実態調査報告書」（平成30年6月公表），「打消し表示に関する表示方法及び表示内容に関する留意点（実態調査報告書のまとめ）」（平成30年6月公表）も参照されたい。

イ　打消し表示について評価した事例

　打消し表示の内容を一般消費者が正しく認識できるように適切な表示方法で表示されているか否かについては，打消し表示の文字の大きさ，強調表示の文字と打消し表示の文字の大きさのバランス，配置箇所，背景との区別等から総合的に判断される。また，動画広告においては，打消し表示が含まれる画面の表示時間，音声等による表示の方法，強調表示と打消し表示が別の画面に表示されているか，複数の場面で内容の異なる複数の強調表示と打消し表示が存在するかといった要素も考慮することとなる。ウェブ広告においては，強調表示と打消し表示の距離，アコーディオンパネル等の初期状態では画面に表示されていない箇所に打消し表示が表示されているか，クリックやタップすることでリンク先に瞬時に移動するコンバージョンボタンの配置箇所等の要素も考慮することとなる。

3　禁止される表示（景表第5条)　　79

CASE 2-14	㈱ AOKI に対する措置命令

（平成 23 年 7 月 26 日）

㈱ AOKI は，紳士服を一般消費者に販売するに当たり，例えば，テレビコマーシャルにおいて，「スーツ・コート・ジャケット　全品半額」との映像，「スーツ，コート，ジャケット，全品半額」との音声等を表示していたが，実際には，メンズスーツ，メンズコートおよびメンズジャケットのうち表示価格が一定金額以上等の商品のみ，表示価格の半額で販売するものであった。

なお，㈱ AOKI は，テレビコマーシャルにおいて，上記強調表示とともに，同じ画面の下部に「●スーツ・コートは 31,500 円以上，ジャケットは 16,800 円以上が対象商品になります。　●一部ブランド品，パーソナルオーダー，レディス及び特別割引商品は除きます。」との文字を表示していたが，当該打消し表示は，「スーツ・コート・ジャケット　全品半額」と強調した映像，音声等に鑑みて，上記強調表示から受ける認識を打ち消すものではなかった。

CASE 2-15	㈱ TSUTAYA に対する措置命令

（平成 30 年 5 月 30 日）

㈱ TSUTAYA は，動画配信サービス等を一般消費者に提供するに当たり，例えば，自社ウェブサイトにおいて，「動画見放題　月額 933 円（税抜）30 日間無料お試し」と記載し，その背景に 30 本の動画の画像を掲載し，「人気ランキング」および「近日リリース」として，それぞれ 10 本の動画の画像を掲載することにより，あたかも，動画見放題プランを契約すれば，「動画見放題」との記載の背景に掲載された動画や，「人気ランキング」および「近日リリース」として掲載される人気の動画や「新作」と称するリリースカテゴリの動画など，TSUTAYA TV において配信する動画が見放題となるかのように示す表示をしていた。

実際には，動画見放題プランの対象動画は，TSUTAYA TV において配信する動画の 12％ないし 26％程度であって，特に，「新作」および「準新作」と称するリリースカテゴリの動画については，TSUTAYA TV において配信する動画に占める動画見放題プランの対象動画の割合が 1％ないし 9％程度

80　　第 2 章　不当な表示

であった。また,「動画見放題」との記載の背景に掲載した動画の過半は動画見放題プランの対象動画ではなく,「人気ランキング」として掲載したすべての動画も動画見放題プランの対象動画ではなく,「近日リリース」として掲載した動画を配信する際も大部分が動画見放題プランの対象ではなかった。さらに,提供される動画ポイントによって追加で視聴できるのは例えば「新作」と称するリリースカテゴリの動画であれば2本程度であり,動画見放題プランを契約すれば,「動画見放題」との記載の背景に掲載された動画や,「人気ランキング」および「近日リリース」として掲載される人気の動画や「新作」と称するリリースカテゴリの動画など,TSUTAYA TV において配信する動画が見放題となるものではなかった。

　なお,㈱TSUTAYA は,上記強調表示を記載したウェブページの下部に記載した「よくある質問」に,「▼動画見放題は新作も観られますか?」と記載し,当該記載をクリックすると,「実質0円で話題の最新作を観れるのは TSUTAYA TV だけです。　※実質0円とは月額933円に毎月1080円分のポイントがついて540円の『新作』でも2本ご覧いただけます。」との記載が表示され,「▼ TSUTAYA TV の動画配信とは?」と記載し,当該記載をクリックすると,「TSUTAYA TV の動画配信は,インターネットに接続したテレビ,パソコン,タブレット,スマートフォンから,好きな映画やアニメなど広いジャンルの映像をどこででもお楽しみいただける動画配信サービスです。　オススメの『動画見放題』プランなら,月額わずか933円(税抜)で,動画見放題(＊)　さらに,毎月1080円分の動画ポイントつき!まずは,いますぐ30日間の無料お試しをお楽しみください。　(＊)動画見放題プランは『動画見放題』対象の作品から,どれだけ観ても毎月定額でお楽しみいただけます。毎月,動画見放題プランの更新日に1080円分のポイントがつき,『新作』も含めお好きな作品をご覧いただけます。」との記載が表示されるようにしていたが,これらの記載は「見放題」との記載とは離れた箇所に小さな文字で記載されているものであり,回答に係る記載は質問に係る記載をそれぞれクリックしなければ表示されないものであることから,一般消費者が上記強調表示から受ける本件役務の内容に関する認識を打ち消すものではなかった。

3　禁止される表示(景表第5条)　　81

CASE 2-16	㈱レッドスパイスに対する措置命令
	（令和 3 年 3 月 18 日）

　㈱レッドスパイスは，除菌用品を一般消費者に販売するに当たり，例えば，容器包装において，「塩素成分で空間のウイルスから除菌・除去」，「家・電車・オフィス・学校・病院等　ウイルスが気になる場所から普段居る場所まで」などと記載し，当該除菌用品を身に着けた人物のイラスト等を表示するなど，あたかも，当該除菌用品を身に着ければ，身の回りの空間におけるウイルスや菌が除去または除菌される効果を得られるかのように示す表示をしていたが，消費者庁が景品表示法第 7 条第 2 項の規定に基づき，期間を定めて，当該表示の裏付けとなる合理的な根拠を示す資料の提出を求めたところ，資料が提出されたが，当該資料は当該表示の裏付けとなる合理的な根拠を示すものであるとは認められなかった。

　なお，㈱レッドスパイスは，上記強調表示とともに，容器包装において，「※使用環境によって効果が異なります。」，「○本製品は全てのウイルス，菌に効果がある物ではありません。」および「○使用状況により成分の効果は異なります。風のある屋外や，空気の流れが強い場所では十分に効果が発揮できません。」などと表示していたが，当該打消し表示は，上記強調表示に比していずれも小さく表示されていること等に鑑みて，一般消費者が上記強調表示から受ける認識を打ち消すものではなかった。

　商品等を使用した者の体験談を表示する場合，これを見た一般消費者は，体験談等を含めた表示全体から，「大体の人が効果を得られる」という認識を抱き，「個人の感想です。効果を保証するものではありません。」といった打消し表示に気付いたとしても「大体の人が効果を得られる」という認識が変容することはほとんどないため，（「打消し表示に関する実態調査報告書」），このような打消し表示については，仮に明瞭に表示されていたとしても，商品等効果に関する認識を打ち消すものとはならない。

CASE 2-17	㈱太田胃散に対する措置命令
	（平成 29 年 11 月 7 日）

　㈱太田胃散は，「葛の花イソフラボン　ウエストサポート茶」と称する機

能性表示食品等を一般消費者に販売するに当たり，自社ウェブサイトにおいて，例えば，「これまで何を試しても満足できなかった方へ」と題し，人物がズボンのウエストを指で広げ，腹部の肉が減ったように示す写真とともに，「１日１杯飲むだけ！」，「体重やお腹の脂肪を減らす！」，体験談として「若いころの服も，普通に着られるようになりました！」等と表示することにより，あたかも，本件商品を摂取するだけで，誰でも容易に，内臓脂肪および皮下脂肪の減少による，外見上，身体の変化を認識できるまでの腹部の痩身効果が得られるかのように示す表示をしていたが，消費者庁が景品表示法第７条第２項の規定に基づき，期間を定めて，当該表示の裏付けとなる合理的な根拠を示す資料の提出を求めたところ，資料が提出されたが，当該資料は本件表示の裏付けとなる合理的な根拠を示すものであるとは認められなかった。

　なお，㈱太田胃散は，上記強調表示を記載したウェブページにおいて，「※個人の感想です。効果効能を保証するものではありません。」等と記載していたが，当該打消し表示は，一般消費者が上記強調表示から受ける効果に関する認識を打ち消すものではなかった。

4　優良誤認表示

(1)　第５条第１号

ア　概要

　景品表示法において禁止される表示（不当表示）は，第５条の第１号から第３号に規定される３種類に区分されるが，その１つとして，第１号においては，商品または役務の内容について，「実際のものよりも著しく優良であると示」す表示と「事実に相違して当該事業者と同種若しくは類似の商品若しくは役務を供給している他の事業者に係るものよりも著しく優良であると示す」表示が掲げられている（優良誤認表示）。第１号は，もともと，「著しく優良であると一般消費者に誤認される表示」と規定されており，平成15年改正によっても，実質的な意味は変わるものではないと解されるところから（前記３(2)ア(ア)），改正後もこのように呼ばれること

4　優良誤認表示　　83

が多く，本書でも，便宜上，この呼称を用いる。

イ　優良誤認表示の要件
(ア)　商品または役務の内容に係る表示であること

第5条第1号が対象とするのは，「商品又は役務の品質，規格その他の内容」であり，商品または役務の内容に関するものであれば幅広く対象となり得るのであって，品質と規格は，その具体例である。

品質と規格は，商品または役務の内容に関する例示であるので，個別の表示内容が商品または役務の「品質」，「規格」，「その他の内容」のどれに該当するかを論ずることは実益がない。現に，排除命令および措置命令においても，ほとんどの場合，これらの区分を示すことなく「(商品又は役務の) 内容について」の不当表示である旨が認定されている。

しいて区分するとすれば，「品質」とは，商品に関する成分や属性のことであり，成分には，主に物理的特性としての原材料，純度，濃度，添加物などが，属性には，主に測定・評価の対象である性能，効果，安全性，耐久性，鮮度，味，においなどが含まれる。また，「規格」とは，国，公的機関，民間団体等が定めた一定の要件を満たすことで自動的にまたは認証等を経て特定のマーク等によって，その旨を表示することができるものをいうが，国，公的機関，民間団体等が定めた基準を充足している旨の表示も含まれよう。このほか，生命保険サービスにおける特定の疾病について保険金を支払う条件についての表示は，保険サービスがカバーする範囲という役務の内容に関するものであり（アメリカン・ライフ・インシュアランス・カンパニーに対する排除命令（平成19年（排）第35号（平成19年10月19日))），コンサートの座席配置についての表示は，コンサートの実施という役務の内容に関するものである（コンサートの提供事業者3社に対する措置命令（令和5年2月15日))。

また，商品または役務の「内容」には，品質，規格のように商品または役務そのものに直接関わるものに限られず，品質，規格に間接的に影響を及ぼすものも含まれる。例えば，原産地，製造方法，考案者，受賞の有無，

84　第2章　不当な表示

保証の有無，有効期限，他者からの評価などがある。このような事例とし
て，商品の材料の原産地と商品の製法の考案者に関して優良誤認表示とさ
れた㈱ベルーナに対する排除命令（平成16年（排）第12号（平成16年7
月13日））や，健康食品の効果・効能について当局がお墨付きを与えたか
のような表示について優良誤認表示とされた㈱アリュールに対する措置命
令（令和5年11月27日）がある。

CASE 2-18　㈱ベルーナに対する排除命令
（平成16年（排）第12号（平成16年7月13日））

　㈱ベルーナは，「カレーなる旅」と称するレトルトパウチ食品の販売に当
たり，通信販売用カタログに掲載した広告において「ご当地の新鮮な素材を
使ったカレーで日本各地を巡る」，「日本各地の名産品・特産品をふんだんに
盛り込んだオリジナルカレー」等と記載するとともに，「鹿児島ポークカレー」
との名称の商品について「南国九州から届いた素材が自慢です。」等と記載
することにより，あたかも，日本各地の名産品または特産品が主たる具材に
用いられているかのように表示していたが，実際には，当該商品に使われた
豚肉はデンマーク産であるなど各地方の名産または特産品が主たる具材に
用いられているものではなかった。また，同社は，ウェブサイトに掲載した
広告において，有名レストランで修行し，テレビ番組に出演したなどとする
料理人の経歴を紹介するとともに，「料理人の知識とアイデア，そして時間
を惜しみなく注いで，お店でもご家庭でも決して味わえないカレーメニュー
の数々を生み出して頂きました。」等と記載することにより，あたかも，当
該商品の調理法が，有名レストランで修行し，テレビ番組に出演したなどの
経歴を有する料理人によって考案されたかのように表示していたが，実際
には，同料理人によって考案されたものではなかった。

CASE 2-19　㈱アリュールに対する措置命令
（令和5年11月27日）

　㈱アリュールは，「スリムサポ（SlimSapo）」と称する機能性表示食品の販
売に当たり，広告作成等を行う事業者等に運営を委ねるウェブサイトにおい

4　優良誤認表示　　85

て，「機能性表示食品とは，根拠に基づいて効果が届出されているもので国が激やせする効果を認めているんです！」，「国が痩せると認めたサプリ」および「国が痩せる効果を認めた機能性表示食品」等と表示するなど，あたかも，本件商品を摂取すれば，本件商品に含まれる成分の作用により，誰でも，容易に，外見上，身体の変化を認識できるまでの痩身効果を得られることについて，消費者庁または国が認めているかのように示す表示をしていたが，実際には，消費者庁または国が本件商品に当該効果が得られることについて，認めた事実はなかった。

このように，商品または役務の「内容」とは広範な概念である。

COLUMN No.1 表示

　我が国では，多くの商品・サービスが，各種調査によってその売上実績，効果・性能，顧客満足度等の指標に基づきランク付けされている。一般消費者向けに商品・サービスを提供する事業者は，これらのランク付け情報を利用し，自己が供給する商品・サービスの内容の優良性または販売価格等の取引条件の有利性を一般消費者に訴求するために，広告等の表示物において，「No.1」，「第1位」，「トップ」，「日本一」などと強調する表示（いわゆる「No.1 表示」）を行うことがある。

　No.1 表示は，同種の商品・サービスの内容や取引条件に関して比較または差別化に資するための明確な数値指標となるものであり，一般的には，一般消費者にとって有益な情報と位置付けられる。他方，商品・サービスの内容の優良性を示す No.1 表示が事実と異なる場合には，実際のものまたは競争事業者のものよりも著しく優良または有利であると一般消費者に誤認され，不当表示として景品表示法上問題となる（例えば，「最大手」，「業界 No.1」，「日本一」などの表示が優良誤認に当たると認められた事例として，㈱ ARS および㈱リュウセンに対する措置命令（平成29 年 11 月 2 日）が，「満足度 3 冠達成」，「No.1……見積価格満足度」などの表示が有利誤認に当たると認められた事例として，フロンティアジャパン㈱に対する措置命令（令和 6 年 2 月 29 日）がある）。なお，No.1 表示は同種の商品または役務に関して「最上級」の優良性または有利性を訴求し，あらゆる同業者に対する明確な比較優位を訴える極めて訴求力の強い表現であることから，たとえ実際には第 2

位であっても，第1位と表示することと比べると著しい差異が生じているものと考えられる。

No.1 表示が合理的な根拠に基づくものと認められ，優良誤認または有利誤認表示とならないようにするためには，① No.1 表示の内容が客観的な調査に基づいていること，②調査結果を正確かつ適正に引用していることの両方を満たす必要があるところ，客観的な調査といえるためには，少なくとも，同種の商品または役務を供給している主な事業者と適切な基準で比較する必要があり，調査結果の正確かつ適正な引用といえるためには，No.1 表示は，直近の調査結果に基づいて表示するとともに，No.1 表示の対象となる商品等の範囲，地理的範囲，調査期間・時点，調査方法，調査の出典等についても，当該調査の事実に即して明瞭に表示するよう留意する必要がある。

例えば，No.1 表示の内容が，「利用者満足度 No.1」のように商品・サービスを実際に利用した者の感想を調査した結果に基づいているかのように一般消費者に認識されるものであれば，①少なくとも実際に商品または役務を利用した者に対する調査をせずに，商品・サービスを提供している事業者のウェブサイトを見た者による当該ウェブサイトの印象を調査したもの（いわゆるイメージ調査）にすぎない場合などは，そもそも客観的な調査であるとは認められず，また，②引用される調査結果として，単なるイメージ調査を基に「利用者満足度 No.1」と表示する場合は，調査結果の正確かつ適正な引用であるとは認められない。

㈑　実際のものよりも著しく優良であると示すこと

事業者が商品または役務の内容について表示をする場合に，その表示が実際の商品または役務の内容を的確に表すものであれば，一般消費者は当該商品または役務について正しく理解し，選択することが可能であるが，表示と実際の商品または役務との間に乖離がある場合には，一般消費者の適切な選択を妨げることになる。

この要件の「著しく優良」については，3⑵ウで既に説明したところであるが，「実際のものよりも著しく優良であると示」すという要件への該当性の判断に当たっては，表示内容と実際のものが科学的に等価であるとか，いずれが優良であるとも判断できない場合であっても，一般消費者にとって実際のものよりも「著しく優良」であると認識される表示が行われ

4　優良誤認表示　　87

れば不当表示となる。

　例えば，化石エネルギーにより発電された電力と再生可能エネルギーにより発電された電力との間には電力の質に差異は存在しない場合に，実際には家庭用に送電される電力は様々な発電方法により発電された電力が組み合わされたものであるにもかかわらず，あたかも，再生可能エネルギーにより発電された電力のみを供給するかのような表示が行われれば，当該表示は不当表示となる。

　また，原材料の大部分がメロンの果汁であるかのように示す果実ミックスジュースの包装の表示について，実際には原材料の98％程度はぶどう，りんごおよびバナナの果汁を用いており，メロンの果汁は2％程度しか用いていないものであったキリンビバレッジ㈱に対する措置命令（令和4年9月6日），健康食品の原材料であるビタミンCについて，天然由来のものと化学合成により製造されたものとの間の栄養学的な評価に関わりなく，アセロラ果実から得られたビタミンCを使用しているとの事実に反する表示が行われたアサヒフードアンドヘルスケア㈱に対する排除命令（平成16年（排）第14号（平成16年7月29日）），コピー用紙について，コピー用紙そのものとしての品質（白さ，インクの乗り，強度等）の優劣に関係なく，環境に配慮した商品としての訴求点に係る古紙パルプの利用率について実際のものを大幅に上回って100％使用等と表示した製紙会社に対する排除命令（平成20年（排）第28号ないし第35号（平成20年4月25日））などがある。

CASE 2-20　　アサヒフードアンドヘルスケア㈱に対する排除命令
　　　　　　　（平成16年（排）第14号（平成16年7月29日））

　アサヒフードアンドヘルスケア㈱は，ビタミンCを主成分とした錠剤型の食品を販売するに当たり，包装箱または包装袋に「アセロラ由来の天然ビタミンC」等と記載したほか，同社がインターネット上に開設しているウェブサイトにおいて「100％！天然のアセロラ由来のビタミンC」，「本品に含まれるビタミンCは，100％天然アセロラ由来です。」等と記載し，あたかも，

88　　第2章　不当な表示

本件商品に含まれているビタミンCのすべてがアセロラ果実から得られた
ものであるかのように表示していたが，実際には，当該商品に含まれている
ビタミンCの大部分がアセロラ果実から得られたものではなかった。

　他方，「開運」や「金運」のような神秘的内容，「気分爽快」のような主
観的内容，「健康によい」のような抽象的内容に関する表示については，
こうした内容の表示のみであれば，通常，一般消費者は，表示された効果
や性能について具体的なイメージを持つことはなく，むしろ，広告・宣伝
に通常含まれる程度の誇張であると解し，これらの文言が商品または役務
の選択を左右することにはならないと考えられるが，何らかの事情から，
このような表示が一般消費者にとって商品または役務の選択に際しての重
要な判断基準となっていると考えられ，さらに，これらの表示内容に加え
て具体的かつ著しい便益が主張されているなどによって，表示内容全体か
ら判断して，商品または役務の内容について，一般消費者に実際のものよ
りも著しく優良であると誤認される場合には，優良誤認表示に該当すると
判断されることがある。

　このような表示が優良誤認表示とされた事例として，金運上昇を標ぼう
する財布について，写真付きの多数の体験談や購入者のほとんどが効果を
実感したとの調査結果等を記載した新聞折り込みチラシの表示が虚偽で
あった㈱フジアートグループに対する排除命令（平成 15 年（排）第 22 号（平
成 15 年 12 月 5 日））がある（第 4 条第 1 号違反（条項番号は当時のもの））。

CASE 2-21　㈱フジアートグループに対する排除命令
　　　　　（平成 15 年（排）第 22 号（平成 15 年 12 月 5 日））

　㈱フジアートグループは，「風水・五鯉躍サイフ」（ふうすい・ごりやくサ
イフ）と称する財布の販売に当たり，新聞折り込みチラシにおいて，「思わ
ぬ大金を手にした！」，「使ったお金が 2 倍・3 倍になって戻ってきた！」等
と表示するとともに，①「パチンコ・懸賞・ナンバーズ……やっぱり鯉サイ
フの金運パワーはスゴイ！」，「奇跡の大逆転で貧乏生活から脱出！」等との

4　優良誤認表示　　89

見出しを付し，複数の者の写真および体験談を掲載し，②円グラフを用いた上で「購入者の97.8％が効果を実感！」等と記載し，③「『風水・五鯉躍サイフ』が発する風水パワーの全容解明に向けて，中国の著名な科学者・陳秀全博士が実験を行いました。」等と記載し，当該財布を使用したとされる者が写真で掲載されており，あたかも，これらの者が実際に金運が良くなった体験をしたかのように表示し，当該財布を使用したほとんどすべての者が実際に金運が上昇する効果を実感したという調査結果があるかのように表示し，当該財布について中華人民共和国の著名な科学者による実験が行われたかのように表示していたが，実際には，掲載された体験談のほとんどが㈱フジアートグループにより創作されたものであり，当該体験談とともに掲載された写真は㈱フジアートグループが依頼したモデル等のものであり，当該財布を購入した者に対して金運の上昇する効果について調査が行われたことはなく，当該財布について中華人民共和国の著名な科学者が実験を行ったという事実はなかった。

COLUMN 「新発売」・「新作」という表現について

通常，新発売，新作といった表示は，一般消費者の購買意欲を刺激して，商品選択に影響を及ぼすものであり，当該表示が事実と異なる場合には不当表示となるおそれがある。

表示と事実が異なる場合としては，例えば，①当該商品のパッケージのデザインを変更しただけで，内容物に変更がなされていないにもかかわらず，単に新発売，新作と表示している場合，②発売日から日数を経て，もはや新発売，新作とはいいがたい時期になっても依然として当該表示を継続して行っている場合がある。新発売，新作といった表示を継続して行うことのできる期間については，商品ごとに異なると考えられ，一般的な基準は存在しないが，これを長期間表示することによって常態化すると，不当表示となるおそれがある。

したがって，「新作」と表示できる期間の考え方としては，公正競争規約の規定や当該商品のライフサイクル，商品の販売実態等を踏まえ，社会通念に従って判断することとなる。

90 第2章 不当な表示

㈡ 事実に相違して当該事業者と同種もしくは類似の商品もしくは役務を供給している他の事業者に係るものよりも著しく優良であると示すこと

消費者は，商品または役務の内容に照らして選択を行う場合，当該商品または役務の内容そのものの優良性から判断するほかに，他の事業者が供給する競合商品または競合役務との比較において，商品または役務の選択を行う場合がある。このため，実際の商品または役務の内容そのものについては正しく表示していたとしても，競合商品または競合役務との比較による優良性について一般消費者に誤認される表示は，一般消費者の適正な選択を妨げることとなるため，不当表示として禁止されている。

なお，「同種若しくは類似の商品若しくは役務を供給している他の事業者」の文言は，平成21年改正に際して，「競争関係にある」を言い換えたものであり，改正によっても意味は変わっていない（以下では，便宜上，「競争関係にある他の事業者」，「競争事業者」と記することがある）。

この場合において，表示された優良性の程度が「著しい」とは広告において通常許容される程度を超えることを意味していること，「事実に相違して当該事業者と同種若しくは類似の商品若しくは役務を供給している他の事業者に係るものよりも著しく優良であると示す」ものに該当するか否かについては一般消費者の誤認を招く表示であるか否かという観点から判断されること等については，前記㈠と同様に，3⑵ウで既に説明したところである。

このように，競争事業者の商品または役務に比して優良性を訴求する表示の典型例としては，自己の供給する商品または役務について，これと競争関係にある特定の商品または役務を比較対象として明示的・暗示的に示し，その内容に関して客観的に測定・評価して比較する，いわゆる比較広告があるが，以下のように，これに限られるわけではない。

> **CASE 2-22** ニッタン㈱に対する排除命令
> （昭和45年（排）第13号（昭和45年3月20日））
>
> 　ニッタン㈱は，新聞・雑誌等の広告や取引先への挨拶状において，同社が販売するイオン式煙感知器について，「ニッタンが選ばれてアポロに乗りました」，「アポロにのつた火災感知器，宇宙船には世界中でもつとも信頼のおける製品が採用されています。ニッタンのイオン式煙感知器はアポロにも設備されています。」，「人類の偉業アポロ月旅行の船内火災予防装置には世界の数多い感知器の中からニッタンの製品が採用されました。」，「ご注目いただきたいのは本品はアポロ専用の別製品ではなく，当社が一般ビル用に開発した，ただの《市販品》であることです。」等と記載し，あたかもニッタン製のイオン式煙感知器が宇宙船に設置され，同社と競争関係にある他の事業者のものよりも品質，性能が著しく優良であるかのように表示していたが，実際には，同製品は，アポロ宇宙船には設置されていなかった（第4条第1号違反（条項番号は当時のもの））。

　また，例えば，食品などで，どの事業者も行っている安全・衛生対策を行っているにすぎないにもかかわらず，当該対策を殊更に強調することで，一般消費者が，他の事業者においては採られていない特別な対策を採っているために安全性が高いと誤認するような場合にも問題となり得る。

COLUMN 比較広告

(1)　比較広告に用いる嗜好調査結果の客観性

　嗜好調査結果に基づく数値や事実を適示して比較する場合には，当該調査が社会通念上および経験則上妥当と考えられる方法（例えば，無作為抽出法で相当数のサンプルを選んで，作為が生じないように考慮して行う調査方法）によって，主張しようとする事実が存在すると認識できる程度まで，行われている必要がある。これに当たるかどうかは，比較する商品等の特性，広告の影響の範囲や程度等を勘案して判断される。

　例えば，一般に，自社製品と他社製品に対する一般消費者の嗜好の程度について，相当広い地域で比較広告を行う場合には，相当数のサンプルを選んで嗜好調査を行

う必要がある。一方，例えば，中小企業が低額の商品について，一部の地域に限定して比較広告を行うような場合には，比較的少ない数のサンプルを選んで行った調査で足りる。

　どの程度のサンプル数であれば統計的に客観性が確保されたものといえるかについては，商品・サービスの特性，表示された効果，性能の特性，表示の影響の範囲や程度によって異なるため，これらの事項を勘案して個別事案ごとに判断しなければならない。ただし，少なくとも，学問上や，表示された効果，性能に関連する専門分野において，客観的な実証に耐える程度のものである必要がある（比較広告ガイドライン 3 (2)，不実証広告ガイドライン第 3，2 (1)エ〈例〉参照）。

(2)　新製品と旧製品の比較広告を行う場合の注意点

　「品質アップ！旧製品と比べて有効成分の含有量が 30%上昇 !!」などと表示する場合には，自社の旧製品との比較であることを明示するとともに，その内容が客観的に実証されていること，実証されている数値や事実を正確に引用していること，かつ，比較の方法が公正であることをすべて満たし，適正に比較したものであれば，通常，問題とはならないが（比較広告ガイドライン 1，2 (2)参照），この表示を新製品とはいいがたくなった時期になっても続けていると，不当表示となるおそれがある。

　また，新製品の長所だけを旧製品と比較し，短所は隠すことにより，実際には，新製品が旧製品より優良であるとはいえないにもかかわらず，一般消費者が新製品の方が優良であると誤認する場合には，不当表示となるおそれがある。

(3)　比較項目の選択における注意点

　一般に，どのような事項について比較したとしても特に問題はない。しかしながら，特定の事項について比較し，それが商品等の全体の機能，効用等にあまり影響がないにもかかわらず，あたかも商品等の全体の機能，効用等が優良であるかのように強調するような場合には，不当表示となるおそれがある（比較広告ガイドライン 5 (1)参照）。

(2)　第 7 条第 2 項（不実証広告規制）

ア　概要

　景品表示法第 5 条第 1 号により禁止される優良誤認表示の疑いがある場合，内閣総理大臣は，当該表示を行った事業者に対し，その表示の裏付

けとなる合理的な根拠を示す資料の提出を求めることができる（景表第7条第2項）。この権限は，消費者庁長官に委任されているが，公正取引委員会には委任されていない（景表第38条，景表施行令第14条，第15条）。また，同権限の都道府県知事への委任は後記第6章2(3)で詳述する。

　当該事業者が何ら資料を提出しない場合や，表示の裏付けとなる合理的根拠とは認められない資料を提出した場合には，当該表示は優良誤認表示とみなされ，当該表示により実際のものや競争事業者に係るものよりも著しく優良であると一般消費者に示すものであることを消費者庁長官が立証しなくても，不当表示として行政処分を行うことができる。この規定は，不当表示を迅速に規制し，一般消費者の利益を確保する観点から，平成15年改正により導入された。

　なお，課徴金納付命令との関係においても不実証広告規制が導入されている（景表第8条第3項）（後記第6章4(2)オ参照）。

イ　趣旨

　商品または役務の効果や性能について，実際のものや競争事業者に係るものよりも著しく優良であると一般消費者に誤認される表示が行われた場合，消費者庁長官は，このような不当表示を排除する行政処分を行うため，調査により，当該商品または役務の内容が表示どおりでないことを立証することが必要となる。しかし，このような立証を行うためには，専門機関による調査・鑑定などが必要なことから多大な時間を要し，その間も当該商品または役務が一般消費者に販売・提供され続ければ，消費者被害が拡大するという問題がある。

　他方，事業者が商品または役務の効果や性能の著しい優良性を示す表示を行った場合，一般消費者は，当該商品または役務には表示どおりの効果や性能があると認識するほか，通常，事業者がその効果や性能を裏付けるデータ等の根拠を有しているものと期待するであろう。このように，効果や性能の著しい優良性を示す表示は，一般消費者に対して強い訴求力を有しており，その顧客誘引効果も高い。

このような表示を行う事業者は，当該表示内容を裏付ける合理的な根拠をあらかじめ有しているべきであり，他方，事業者がそのような合理的な根拠を有していない場合は，実際の商品または役務に表示どおりの効果や性能がある可能性は低い。したがって，合理的な根拠なく商品または役務の効果や性能の著しい優良性を示す表示は，結果的な表示内容の真偽はともかく，これを迅速に規制することが必要である。

以上のようなことから，合理的な根拠なく商品または役務の効果や性能の著しい優良性を示す表示を迅速に規制できるようにするため，第7条第2項の規定が設けられている。本規定は，消費者庁長官による調査や立証の手続に関する規定であるが，同時に，事業者は合理的な根拠なく商品または役務の内容に関する著しい優良性を示す表示を行ってはならないという実体的な意義を有している。

CASE 2-23　　ミュー㈱による審決取消請求事件
（東京高判平成 22 年 11 月 26 日（平成 21 年（行ケ）第 45 号））

本件は，ミュー㈱が販売する「ビタクール」と称する商品をたばこの先端に付着させ喫煙すれば，主流煙について，その煙に含まれるニコチンがビタミンに変化することによりニコチンが減少し，または体内のビタミンCの破壊を抑制することにより，また，副流煙について，その煙に含まれるニコチンおよびタールが減少することにより，喫煙による害が軽減されるかのように示す表示をしていたが，公正取引委員会が景品表示法第4条第2項の規定に基づき，期間を定めて，当該表示の裏付けとなる合理的な根拠を示す資料の提出を求めたところ，資料が提出されたが，当該資料は当該表示の裏付けとなる合理的な根拠を示すものであるとは認められなかったという事案である。

本件判決では，第4条第2項について，「同法4条2項が新設されたのは，従前は，被告が，表示が実際のものよりも著しく優良であると示すものかどうかを調査して実証しなければならず，判断が下されるまでに多大な時間を要していたことについて，表示に対する消費者意識の高まりを受け，立証責任を事業者に転嫁し，表示が実際のものよりも著しく優良であると示すもの

4　優良誤認表示　　95

でないことを事業者が立証しなければならないものとしたのである。すなわち，当該商品に付された表示に沿った効果・性能を有しない商品が販売されると，公正な競争を阻害し，一般消費者の利益を損なうおそれが強いが，他方，被告が表示に沿った効果・性能を立証するためには，専門機関による調査，鑑定等に多大な時間を要し，その間も当該商品が販売され続け，一般消費者の被害が拡大するおそれがあることに鑑み，迅速・適正な審査を行い，速やかに処分を行うことにより公正な競争を確保し，これにより一般消費者の被害の拡大を防いで，一般消費者の表示に対する信頼を保護し，その利益を保護しようとするものである。そうすると，事業者が一般消費者向けに販売する商品について，効果・性能の優良性を示す表示を行う場合は，表示に沿った効果・性能がないかもしれないことによる不利益は一般消費者に負担させるべきではなく，当該商品に関する情報へのアクセスが容易であり，知識・判断力等において優る表示者（事業者）が負担すべきこととなる。また，事業者は，当該表示の裏付けとなる合理的な根拠を示す資料をあらかじめ有した上で表示を行うべきであり，かかる資料を有しないまま表示をして販売を行ってはならないのである。」とした上で，原告（ミュー㈱）が提出した資料は，「いずれも本件表示の裏付けとなる合理的な根拠を示す資料と認めることはでき」ないと判示した。

なお，同判決に対するミュー㈱の上告受理申立ては，最高裁において退けられ（最決平成 23 年 6 月 7 日（平成 23 年（行ツ）第 82 号，平成 23 年（行ヒ）第 90 号）），同判決は確定している（条項番号はいずれも当時のもの）。

ウ　規定の内容

㋐　合理的な根拠の提出を求める場合

第 7 条第 2 項には，「内閣総理大臣は，前項の規定による命令に関し，事業者がした表示が第 5 条第 1 号に該当するか否かを判断するため必要があると認めるとき」には，「当該表示の裏付けとなる合理的な根拠を示す資料の提出を求めることができる」と規定されており，条文上，商品または役務の内容に関する優良誤認表示の疑いがあれば消費者庁長官が第 7 条第 2 項の規定を適用することが可能である。個別の事案において，同

96　第 2 章　不当な表示

項の規定を用いるかどうかは，前記イのような，消費者庁長官の立証に要する時間を短縮して迅速に不当表示を規制するという第7条第2項の趣旨を踏まえつつ，表示の内容，見込まれる信憑性，表示内容が合理的根拠となる裏付けを伴うかについての判断材料の所在の状況などを勘案して，消費者庁長官が一定の裁量の下で判断することができると解される。

　なお，消費者庁長官において，対象表示が優良誤認表示に該当する疑いがあると認め，その該当性を判断するために，資料提出要求をする必要があると認める場合，第7条第2項の適用が可能である旨を具体的に判示した，㈱だいにち堂による措置命令取消請求控訴事件判決（東京高判令和2年10月28日（令和2年（行コ）第96号））がある。同判決に対する㈱だいにち堂の上告は，最高裁において棄却され（最判令和4年3月8日（令和3年（行ツ）第33号）），同判決は確定しているところ，同判決は，第7条第2項が憲法第21条第1項および第22条第1項に違反しない旨についても判示した。

　この点に関し，第7条第2項の運用の透明性と事業者の予見可能性を確保するため，同項の運用について一定の指針を示すことを目的として公表された不実証広告ガイドラインにおいては，第7条第2項の適用についての基本的な考え方として，「例えば，原材料，成分，容量，原産地，等級，住宅等の交通の便，周辺環境のような事項に関する表示については，通常，契約書等の取引上の書類や商品そのもの等の情報を確認することによって，当該表示が実際のものとは異なるものであるか否かを判断できる。」（不実証広告ガイドライン第2，1(1)。以下，このウおよびエにおいては，項目番号のみを記載する），「商品・サービスの内容に関する表示の中でも，痩身効果，空気清浄機能等のような効果，性能に関する表示については，契約書等の取引上の書類や商品そのもの等の情報を確認することだけでは，実際に表示されたとおりの効果，性能があるか否かを客観的に判断することは困難である。このような表示について，表示されたとおりの効果，性能があるか否かの立証を行うためには，専門機関による調査・鑑定等が必要となることから……当該表示を排除するための行政処分を行うまでに

4　優良誤認表示　　97

多大な時間を要し，その間にも当該商品・サービスが販売され続け，消費者被害が拡大するおそれがある。」（第2，1(2)）として，第7条第2項を適用する場合についての基本的な考え方を示しているが，最終的には，個々の事案ごとの個別の事情に照らして判断される。

　なお，条文上は，第7条第2項の適用対象となる表示は，第5条第1号の「商品又は役務の品質，規格その他の内容」に関する表示であって，効果，性能に関する表示は，「内容に関する表示」に包含される。すなわち，第7条第2項は，効果，性能に関する表示以外についても適用され得るものである。この点，同項を適用した事例について，これまでの実際の運用では，効果，性能に関する表示に対して適用したものが多くなっているが，どのような表示に適用するかは，個別事案ごとに判断されるものであり，効果，性能に関する表示に限られるものではない。実際に，効果，性能に関する表示以外の表示について同項を適用した事例として，いわゆるNo.1表示に関して同項を適用したプラスワン・マーケティング㈱に対する措置命令（平成29年4月21日）がある。

● 第7条第2項の適用事例

> **CASE 2-24**　　**ふるさと和漢堂㈱に対する措置命令**
> 　　　　　　　　**（令和元年6月28日）**
>
> 　ふるさと和漢堂㈱は，自社が供給する「ドクター・フトレマックス」と称する食品について，自社ウェブサイトにおいて，あたかも，食物の栄養素を十分に吸収できない者であっても，対象商品を摂取することにより，約2か月で，外見上身体の変化を認識できるまでの体重の増量効果が得られるかのように示す表示をしていたが，消費者庁が，景品表示法第7条第2項の規定に基づき，期間を定めて，当該表示の裏付けとなる合理的な根拠を示す資料の提出を求めたところ，資料が提出されたが，当該資料は，当該表示の裏付けとなる合理的な根拠を示すものであるとは認められなかった。

98　　第2章　不当な表示

CASE 2-25	㈱ e-chance に対する措置命令

（平成 29 年 12 月 19 日）

　㈱ e-chance は，自社が供給する「レニュマックス」と称する自動車ボディ等の傷補修剤について，BS 放送を通じて放送したテレビコマーシャルにおいて，あたかも，対象商品の修復性能は，自動車ボディのカラー層に至る傷に対して，対象商品を塗布して乾かすだけで容易に当該傷を判別できなくなる程度に消すことができるものであるかのように示す表示をしていたが，消費者庁が，景品表示法第 7 条第 2 項の規定に基づき，期間を定めて，当該表示の裏付けとなる合理的な根拠を示す資料の提出を求めたところ，資料が提出されたが，当該資料は当該表示の裏付けとなる合理的な根拠を示すものであるとは認められなかった。

CASE 2-26	二酸化塩素を利用した空間除菌を標ぼうするグッズ販売業者 17 社に対する措置命令

（平成 26 年 3 月 27 日）

　二酸化塩素を利用した空間除菌を標ぼうするグッズを販売する事業者 17 社は，各社が一般消費者に販売する空間除菌グッズについて，自社ウェブサイト等において，あたかも，対象商品を使用することで，対象商品から放出される二酸化塩素が，生活空間において，ウイルス除去，除菌，消臭等するかのように示す表示をしていたが，消費者庁が景品表示法第 4 条第 2 項の規定に基づき，期間を定めて，当該表示の裏付けとなる合理的な根拠を示す資料の提出を求めたところ，資料が提出されたが，当該資料は当該表示の裏付けとなる合理的な根拠を示すものであるとは認められなかった（条項番号は当時のもの）。

CASE 2-27	大幸薬品㈱に対する措置命令

（令和 4 年 1 月 20 日）

　大幸薬品㈱は，「クレベリン　スティック　ペンタイプ」と称する商品等の空間除菌用品について，商品パッケージ等において，「空間に浮遊するウ

4　優良誤認表示　　99

イルス・菌を除去※」,「身の回りの空間のウイルス・菌を除去するスティックタイプです。」,「用途」との記載とともに,電車のイラストおよび「電車・バスで」,ビルのイラストおよび「オフィスで」,病院のイラストおよび「病院で」ならびに教室のイラストおよび「学校で」,「使用方法」および人物の胸ポケットに当該商品がかけられているイラストとともに,「胸ポケットやネームホルダーにかける。」などと,あたかも,同社が定める使用方法のとおりに当該商品等を使用すれば,当該商品等から発生する二酸化塩素の作用により,特定の場所において,身の回りの空間に浮遊するウイルスまたは菌が除去または除菌される効果等が得られるかのように示す表示をしていたが,消費者庁が,それぞれ,景品表示法第7条第2項の規定に基づき,期間を定めて,当該表示の裏付けとなる合理的な根拠を示す資料の提出を求めたところ,資料が提出されたが,当該資料はいずれも当該表示の裏付けとなる合理的な根拠を示すものであるとは認められないものであった。

なお,上記商品等および同種商品に関する措置命令に係る仮の差止め申立ての一部却下決定に対する抗告事件(東京高決令和4年4月13日(令和4年(行ス)第8号))においては,大幸薬品㈱が合理的根拠として提出した資料につき,閉鎖試験空間での一定の条件(低濃度二酸化塩素ガスによるウイルス等の不活化に適するとされる湿度でかくはんファンを作動させる等)下における低濃度二酸化塩素ガスによる浮遊ウイルス等の除去等の効果を実証するにとどまり,閉鎖試験空間とは異なる実生活空間における浮遊ウイルス等の除去等の効果を実証するものではないとされている。

(イ) 合理的な根拠を示す資料の提出手続

消費者庁長官が第7条第2項の規定を適用する場合には,表示を行った事業者に対し,期間を定めて,当該表示の裏付けとなる合理的な根拠を示す資料の提出を求めることとされている。この資料提出を求める手続については,景表施行規則第7条において,消費者庁長官が第7条第2項の規定に基づいて資料の提出を求める場合には,①相手方の氏名または名称,②資料を求めることとなった表示,③資料を提出すべき期限と場所を記載した文書を交付して行うこととされている(景表施行規則第7条第1項)。

その提出期限については，原則として，資料の提出を求める文書を交付した日から15日後である（景表施行規則第7条第2項本文）。この15日という期間は，商品または役務の効果や性能に関する不当表示を迅速に規制するという第7条第2項の趣旨からなるべく短い期間とする必要性と，事業者が表示内容を裏付ける合理的な根拠をあらかじめ有している場合であっても，消費者庁長官に提出するための資料として取りまとめるためにある程度の準備期間が必要であることとを勘案して決められたものである。一方，事業者が当該期間内に資料を提出しないことについて正当な事由があると認められる場合はこの限りでないとされ（景表施行規則第7条第2項但書），不実証広告ガイドラインにおいては，消費者庁長官は，「事業者から書面により提出期限の延長の申出があり，正当な事由があると認めた場合には，その提出期限を延長することができる。」（第4，2(2)第1段落）とされている。ただし，合理的根拠についてはあらかじめ事業者が有していることが原則であり，「新たな又は追加的な試験・調査を実施する必要があるなどの理由は，正当な事由とは認められない。」（第4，2(2)第2段落）とされていることから，この正当な事由とは，例えば，自然災害等の不可抗力による場合など極めて限定的なものとなるであろう。

　また，第7条第2項により，事業者が表示の裏付けとなる合理的な根拠を示す資料を提出する場合には，当該資料が例えば海外機関の試験結果等であったとしても，日本語の訳文を添付するなどの方法によることが必要である。景品表示法は，日本国内において，我が国の一般の消費者の適正な選択を妨げるような不当表示を禁止しているものであり，第7条第2項に係る資料についても，我が国の一般消費者に対して行った表示の裏付けとなる合理的な根拠を示すものであるかどうかの判断に係るものであるからである。

　なお，行政庁が資料や報告の提出を求める場合，その提出を担保するために，不提出や虚偽の内容の提出に対して罰則等が規定されている場合が多いが，第7条第2項については，そのような規定は設けられていない。これは，第7条第2項により表示の裏付けとなる合理的な根拠を示す資

料の提出を求めることについては，事業者が当該資料を提出しなければ，当該表示が優良誤認表示とみなされ，消費者庁長官により措置命令が行われることとなることによる。

(ウ) 第7条第2項の効果

第7条第2項の規定に基づき，消費者庁長官が期間を定めて表示の裏付けとなる合理的な根拠を示す資料の提出を求めたにもかかわらず，事業者が当該期間内に何ら資料を提出しない場合や，何らかの資料が提出されても，それが表示の裏付けとなる合理的な根拠を示すものとは認められない場合には，当該表示は第5条第1号により禁止される優良誤認表示とみなされ，消費者庁長官が第7条第1項の規定に基づいて行う措置命令において，当該表示の差止め，再発防止措置，これらの実施に関連する公示，その他必要な事項が命じられることとなる。

また，表示の裏付けとなる合理的な根拠を示す資料の提出がなく，当該表示を優良誤認表示であるとみなす効果は，平成21年改正前の規定において，排除命令を不服として行われる審判手続にも及ぶ旨が規定されていた（平成21年改正前の条項番号は景表第4条第2項，第6条第2項）。平成21年改正により，同法が消費者庁の所管に移ったことにより，審判手続は適用されず，措置命令に対する不服申立てに係る手続（行政不服審査および取消訴訟）が採られることとなったが，これらの手続は，措置命令に取り消すべき瑕疵があるかどうかを判断する手続であることから，第7条第2項の効果は引き継がれる[注]。

当該裁判例では「本件取消訴訟の審理の対象となる訴訟物は本件各措置命令の違法性一般であり，その根拠規定である法4条2項に規定された処分要件の充足の有無が審理の対象となる」と判示されている。

（注）参考として，㈱翠光トップラインおよび㈱ジェイトップラインによる措置命令取消等請求事件判決（東京地判平成27年1月10日（平成27年（行ウ）第161号））。

エ 合理的な根拠の判断基準

第7条第2項の規定に基づき，消費者庁長官が事業者に対し，第5条

第1号に該当する表示か否かを判断するため必要があると認めて，当該表示の裏付けとなる合理的な根拠を示す資料の提出を求め，当該事業者から資料が提出された場合，消費者庁長官は，当該資料が当該表示の裏付けとなる合理的な根拠を示しているか否かを判断することとなる。この判断基準については，不実証広告ガイドラインの「第3『合理的な根拠』の判断基準」に考え方が示されている。これによれば，合理的な根拠と認められるためには，①提出資料が客観的に実証された内容のものであること，②表示された効果，性能と提出資料によって実証された内容が適切に対応していることの2つの要件を満たす必要がある。合理的な根拠該当性については，提出された資料が，一般消費者が当該表示内容全体から受ける印象ないし認識を裏付けるものとして合理的であるか否かという観点から判断されるべきであり，表示上の個々の文章，図表，写真等が事実であることの根拠資料を提出するだけで足りるものではない旨を示したティーライフ㈱による措置命令取消請求事件判決（東京地判令和4年4月28日（令和3年（行ウ）第153号））がある。

　ところで，販売業者が製造業者から商品または役務の効果，性能等についての情報を得て，自ら当該効果や性能に関する表示を行うことがある。この場合，表示を行ったのは販売業者であるが，製造業者が提供した当該商品または役務の効果，性能等についての情報が合理的な根拠を伴うものであり，当該根拠を示す資料が存在し，これが消費者庁長官に期限内に提出されれば，これに加えて，表示を行った販売業者が自ら，表示した効果や性能に関する客観的な実証試験・調査を行うなどして同一の根拠を示す資料を作成することを要求する意味はない。このため，不実証広告ガイドラインにおいては，製造業者からの情報を基に販売業者が効果や性能に関する表示を行う場合，販売業者は，「自ら実証試験・調査等を行うことが常に求められるものではなく，製造業者等が行った実証試験・調査等に係るデータ等が存在するかどうか及びその試験方法・結果の客観性等の確認を販売業者が自ら行ったことを示す書面等を当該表示の裏付けとなる根拠として提出することも可能である。」（第3，1）とされている。

したがって，販売業者が自ら表示内容の決定に関与するなど商品または役務の効果や性能に関する表示を行う主体となる場合であっても，販売業者は，基本的には，製造業者が有する根拠の合理性・客観性を確認し，これが肯定された場合には，当該製造業者が有する資料を自らの根拠資料とすることができる。しかし，販売業者が製造業者から根拠資料を取り寄せて確認をしたところ，当該合理性・客観性に何らかの疑義が発見されたにもかかわらず，そのまま，その商品または役務の効果や性能に関する表示を行った場合には，当該表示はその合理的根拠を示す資料が存在しないままに行われることとなる。したがって，このような場合，販売業者は，製造業者からさらに表示の裏付けとなる合理的根拠を取り寄せるなどして確認を尽くし，仮に，それでも当該合理性・客観性に疑義がある場合は，当該効果や性能に関する表示を差し控えるという対応をする必要がある。

㋐　判断基準①：客観的に実証された内容のものであること

　不実証広告ガイドラインによれば，提出資料が客観的に実証された内容のものであるとは，①試験・調査によって得られた結果であること，②専門家，専門家団体もしくは専門機関の見解または学術文献であることのいずれかに該当するものであることとされている（第3，2）。

　試験・調査によって得られた結果については，当該試験・調査の方法が恣意的であれば，その結果としての効果や性能の有無について客観性が確保されないこととなる。このため，「表示された商品・サービスの効果，性能に関連する学術界又は産業界において一般的に認められた方法又は関連分野の専門家多数が認める方法によって実施する必要がある。」（第3，2⑴ア）とされ，そのような方法が存在しない場合には，「社会通念上及び経験則上妥当と認められる方法で実施する必要がある。」（第3，2⑴イ第1段落）。なお，「社会通念上及び経験則上妥当と認められる方法が具体的にどのようなものかについては，表示の内容，商品・サービスの特性，関連分野の専門家が妥当と判断するか否か等を総合的に勘案して判断する。」（第3，2⑴イ第2段落）とされている。

　例えば，ある商品の効果，性能に関して，試験・調査によって得られた

結果と称する資料が提出されても，当該試験・調査が，その結果を得るに当たって当該商品の効果，性能に関連する学術界および産業界において，およそ一般的に認められた方法により実施されたものとはいえず，また，関連分野の専門家多数が認める方法により実施されたものともいえず，さらには，社会通念上または経験則上妥当と認められる方法により実施されたものともいえないような場合には，当該試験・調査によって得られた結果は，客観性が確保されたものとはいえないであろう。

この点，試験・調査の方法の客観性を確保するためには，実施主体が第三者機関である方が，その客観性の程度が高くなるが，第三者機関によらなければ客観性が保証されないものではなく，表示を行った事業者やその関係機関が実施したものであっても，前述のような方法によるものであれば，表示の裏付けとなる根拠として提出することが可能である。もっとも，外形的に第三者機関による試験・調査が行われているような場合であっても，例えば，当該試験・調査が成功報酬を得て依頼者の表示に沿う内容の根拠資料の作成を請け負う事業者等によるものであるような場合は，試験・調査の方法の客観性に疑義が生じる可能性があることに注意する必要がある。

また，試験・調査には，物理学的，化学的，生物学的，医学的観点等からの実験，測定等の方法によるもののほか，当該商品または役務を使用した消費者の体験談やモニターの意見等を収集する方法によるものも含まれる。ただし，このような体験に基づく実例収集が合理的根拠と認められるためには，統計的客観性が十分に確保されている必要があり，サンプルの抽出方法が無作為であること，サンプル数が十分あること，商品または役務の使用や意見等の収集に当たって特定のバイアスがかからないこと，統計値の集計・分析において恣意・作為が加わらないことなどが必要である。

専門家等の見解や学術文献については，「専門家等が，専門的知見に基づいて当該商品・サービスの表示された効果，性能について客観的に評価した見解又は学術文献であって，当該専門分野において一般的に認められているもの」，「専門家等が，当該商品・サービスとは関わりなく，表示された効果，性能について客観的に評価した見解又は学術文献であって，当

4　優良誤認表示　　105

該専門分野において一般的に認められているもの」（第3，2(2)ア①，②）
のいずれかであれば客観的に実証されたものと認められる。

したがって，特定の専門家等による特異な見解である場合や，新しい分
野であって専門家等が存在しない場合等で一般的に認められた見解がない
場合においては，専門家等の見解や学術文献を根拠として提出しても，客
観的に実証されたものとは認められず，後者のような場合には，調査・試
験によって得られた結果によることが必要となる。

なお，効果や性能の中には，科学的実証は困難であるが，いわゆる言い
伝えなど一般的に認められている経験則に基づくものがある。このような
経験則は，必ずしも合理的な根拠として認められないわけではないが，「こ
のような経験則を表示の裏付けとなる根拠として提出する場合において
も，専門家等の見解又は学術文献によってその存在が確認されている必要
がある。」（第3，2(2)ウ）。これは，このような経験則を合理的根拠として
評価しつつ，同時に，その経験則自体が特異なものでなく，一般的に認め
られているものであることを担保しようとするものである。

(イ) 判断基準②：表示と実証内容とが適切に対応していること

提出された資料が客観的に実証された内容のものであっても，その内容
が表示された効果や性能に適切に対応したものでなければ，表示の裏付け
となる合理的な根拠とは認められない。

不実証広告ガイドラインにおいては，表示と実証内容とが適切に対応し
ないものとして，実証が行われた環境・条件では効果や性能が認められる
が，当該環境・条件が一般的な使用環境・条件とは異なっている場合，実
証された効果や性能以上の効果や性能を表示する場合などが例示されてい
る（第3，3）。一般消費者は，表示全体から商品または役務の効果・効能
について一定の認識を有するものであるから，ここでいう表示とは，表示
全体のことであり，個別の表示内容やキーワードではないことに注意が必
要である。

例えば，痩身効果を標ぼうする食品について，実際の試験・調査では，
極めて苛烈な運動や食事制限を同時並行的に行っていたにもかかわらず，

106　第2章　不当な表示

あたかも，当該商品を摂取するだけで，特段の運動や食事制限をすることなく容易に著しい痩身効果が得られるかのように示す表示を行ったような場合には，当該表示と実証内容とが適切に対応しているとはいえないであろう。また，「人」に対して著しい痩身効果を有すると訴求する表示を行う場合には，あくまでも「人」に対して著しい痩身効果が認められる合理的な根拠を提出する必要がある。したがって，例えばラットがこれを摂取した場合に著しい痩身効果が認められた資料があったとしても，これを「人」にとって当該効果が認められる合理的な根拠とは認められない。

さらに，例えば，化学物質を利用した空間除菌を標ぼうする商品について，実際の試験・調査は密閉空間で行われていたにもかかわらず，あたかも，当該商品から放出される化学物質が，生活空間においても，ウイルス除去等をするかのように示す表示を行ったような場合には，当該表示と実証内容とが適切に対応しているとはいえないであろう。

この点について，景品表示法第7条第2項の規定を適用したものではないが，実証による効果，性能と表示全体から一般消費者が受ける印象としての効果，性能とが異なるとされたシャープ㈱に対する措置命令（平成24年11月28日）がある。

CASE 2-28　**シャープ㈱に対する措置命令**
　　　　　　　　（平成24年11月28日）

　シャープ㈱は，自社が供給する「プラズマクラスター」と称するイオンを放出する機器を搭載した電気掃除機について，カタログおよび自社ウェブサイトにおいて，「プラズマクラスターだからできることがあります。掃除機の中も，お部屋の中も，清潔・快適。」，「ダニのふん・死がいの浮遊アレル物質のタンパク質を分解・除去」等と表示していたが，実際には，当該電気掃除機の排気口付近から放出されるイオンによって対象商品を使用した室内の空気中に浮遊するダニ由来のアレルギーの原因となる物質をアレルギーの原因とならない物質に分解または除去する性能を有するものではなかった。

　カタログなどには，「約15分で91％作用を低減します。（1m³ボックス内での実験結果）」との記載もなされていたが，表示全体から一般消費者が受

4　優良誤認表示　　107

> ける印象としての性能は，上記のとおり室内のアレルギーの原因となる物質
> に対する性能である。

　また，表示が，当該商品の原材料の有する性能等を踏まえて作成された
場合，当該原材料が表示どおりの性能等を有し，その合理的な根拠を示す
資料が存在したとしても，表示に係る商品自体が当該原材料の持つ性能等
が発揮するものであることについての合理的な根拠を示す資料が提出され
なければ，当該表示は，当然，優良誤認表示であると認定されることとなる。

5　有利誤認表示

(1)　第5条第2号の要件

　景品表示法第5条第2号には，不当表示として，「商品又は役務の価格
その他の取引条件について，実際のもの又は当該事業者と同種若しくは類
似の商品若しくは役務を供給している他の事業者に係るものよりも取引の
相手方に著しく有利であると一般消費者に誤認される」表示が掲げられて
いる（有利誤認表示）。

　景品表示法の規定は，このような表示が不当表示に該当するために，さ
らに「不当に顧客を誘引し，一般消費者による自主的かつ合理的な選択を
阻害するおそれがあると認められる」ことを要求しているが，これについ
ては，「著しく有利であると一般消費者に誤認される」表示であれば当然
満たされる事項を確認的に規定したものにすぎないことは，3(2)イとウで
述べたとおりである。

ア　「価格その他の取引条件」

　「価格その他の取引条件」とは，商品または役務の内容そのものを除い
た取引に係る条件のことをいい，商品または役務の価格・料金の額のほか，
数量，支払条件，取引に付随して提供される景品類，アフターサービスや，
商品または役務本体に付属する各種の経済上の利益等，種々のものを幅広

く含む。

　これらをさらに具体的に例示すると，価格・料金の額には，「〇〇円」というように直接具体的な額が示されるものだけでなく，割引率などのように間接的に額が示されるもののほか，安さの理由・程度を説明するために使われるその他の文言も含まれる。価格以外の取引条件のうち，数量については，商品の個数，内容量，重量等やサービスの回数，時間などが，支払条件には，現金払いか分割払いかといった支払方法，支払期間・期限，手数料，解約条件などが含まれ，また，景品類には，提供の有無，その内容，価額，種類，提供の方法，当選率などが，アフターサービスには，修理，補修，検査などが含まれる。その他，保証に関する事項（内容，期間，条件など）や，バージョンアップ，配達，取付け，回収といった副次的なサービスなども取引条件に含まれよう。

COLUMN　「〇人前」

　「〇人前」といった内容量に関する表示も，取引条件に関する表示となるところ，1人前の分量についての一般的な基準は存在せず，個々の事業者が商品ごとに通常1人前の分量として適当な量を判断し，各事業者が自己の責任において「〇人前」という表示をしている。

　したがって，「〇人前」といった表示を行う場合には，一般消費者に対する適正な情報提供の観点から，事業者において基準を明確にした上，「〇人前，〇〇グラム」等と一般消費者が内容量を正確に把握できるように表示することが望ましい。

イ 「実際のもの又は当該事業者と同種若しくは類似の商品若しくは役務を供給している他の事業者に係るものよりも取引の相手方に著しく有利であると一般消費者に誤認される」

　この要件を満たす可能性がある場合としては，価格その他の取引条件について，事実に反してあるいは事実を誇張して，実際のものよりも取引の相手方に有利な事項を表示したり，競争事業者の取引条件を悪く表示したりする場合や，競争事業者の取引条件について事実を表示してはいるが，

5　有利誤認表示　　**109**

競争事業者と自己の取引条件との間に差がないにもかかわらず，競争事業者の取引条件の欠点のみを表示するなど競争事業者との比較の方法が公正でない場合などが想定される。

「取引の相手方」とは，実際に取引をする一般消費者だけでなく，取引の相手方となるべき一般消費者も含まれる。また，「取引の相手方に著しく有利」とは，一般消費者の誰にとっても有利であると認識される場合だけではなく，特別の事情がある一般消費者のみにとって有利と認識される場合でも，このような特別の事情にある者から誰でも有利と認識されるものであれば含まれる。

例えば，「現金払いの方は2割引」と表示しているにもかかわらず，実際は1割引である場合，割引率の如何によらず，カード払いで購入するつもりの消費者にとってはそのような表示を有利（価格が安い）と認識しないであろうが，現金で購入するつもりの消費者であれば誰でも有利と認識するものであるので，「取引の相手方に有利」との要件は満たされることになる。

また，取引条件の内容そのもの（価格など）については事実が記載されているが，当該取引条件の内容が特定の立場にある一般消費者にだけ優先的に適用されるかのように表示して，他の一般消費者より厚遇されているとの誤認を一般消費者に与えるような場合も，取引の相手方に有利と誤認されるものであるから，この要件を満たす。

例えば，実際には誰にでもその価格で販売しているのに，「あなただけには優待価格！」と表示したり，ダイレクトメールに抽選券を付け，「特賞」が出た場合には商品を半額で販売すると表示しているが実際にはほとんどすべての者に「特賞」が出るようになっている場合などがこれに当たる。

なお，この要件のその他の部分，つまり，「一般消費者に誤認される」については，3(2)ア(ア)で説明し，また，「著しく有利」についても，3(2)ウで説明したとおりである。

⑵ 価格に関する有利誤認表示

　景品表示法第5条第2号に違反する有利誤認表示のうち，価格表示に関するものについては，公正取引委員会が平成12年6月に価格表示ガイドラインを公表しており（その後，平成14年12月，平成18年1月，平成28年4月に消費者庁により一部改正），平成21年改正後においても，このガイドラインに示された考え方を踏まえながら，景品表示法の規定に照らして，個別事案ごとに規制が行われている。

　なお，価格表示がなされた広告等についても，例えば，チラシに価格表示をした商品が実際には販売される用意がされていないものであったなど，広告，チラシ等において，広く一般消費者に対し取引の申出をした商品または役務について，実際には申出どおりに購入することができないものであるにもかかわらず，一般消費者が申出どおりに購入できると誤認するおそれの観点からの規制については，景品表示法第5条第3号の規定に基づく「おとり広告に関する表示」（平成5年公取委告示第17号）（おとり広告告示）により規制され，この規制についての考え方は，「『おとり広告に関する表示』等の運用基準」（平成5年事務局長通達第6号）（おとり広告告示運用基準）で示されている。

　以下，アおよびイにおいて，価格表示ガイドラインを参照しながら，価格表示規制の内容について説明する（以下，この⑵において価格表示ガイドラインを引用する際には，項目番号のみを記載する）。また，価格表示ガイドラインには言及されていない消費税に関する不当表示についてウで述べる。

　まず，景品表示法上問題となる価格表示について一般的に整理すれば，以下のとおりである（第2，2）。

⑴　実際の販売価格よりも安い価格を表示する場合
⑵　販売価格が，過去の販売価格や競争事業者の販売価格等と比較して安いとの印象を与える表示を行っているが，例えば，次のような理由のために実際は安くない場合

5　有利誤認表示　　111

ア　比較に用いた販売価格が実際と異なっているとき。
　イ　商品又は役務の内容や適用条件が異なるものの販売価格を比較に用いているとき。
(3)　その他，販売価格が安いとの印象を与える表示を行っているが，実際は安くない場合

ア　販売価格に関する表示（販売価格を単体で示す場合）（第3）

　特定の商品の販売に際して販売価格が表示される場合には，当然ながら一般消費者は，表示された販売価格で当該商品を購入できると認識するものと考えるので，①販売価格そのものはもちろん，②当該価格が適用される商品または役務の範囲（関連する商品，役務が一体的に提供されているか否か等），③当該価格が適用される顧客の条件について，実際と異なる表示を行ったり，あいまいな表示を行う場合には，一般消費者に販売価格が安いとの誤認を与え，不当表示に該当するおそれがある。この考え方は，販売価格を単体で表示する場合だけではなく，以下で記述するすべての価格表示の類型における販売価格の表示についても同様に当てはまるものである（第3，1）。

　価格表示ガイドラインは，販売価格に関する次のような表示は，不当表示に該当するおそれがあるとしている（第3，2）。

①　実際の販売価格より安い価格を販売価格として表示すること。

②　通常他の関連する商品や役務と併せて一体的に販売されている商品について，これらの関連する商品または役務の対価を別途請求する場合に，その旨を明示しないで，商品の販売価格のみを表示すること。

③　表示された販売価格が適用される顧客が限定されているにもかかわらず，その条件を明示しないで，商品の販売価格のみを表示すること。

CASE 2-29　西日本電信電話㈱に対する排除命令
　　　　（平成20年（排）第43号（平成20年7月15日））

　西日本電信電話㈱は，IPネットワーク技術による音声電話サービス（ひ

かり電話）を一般消費者に提供するに当たり，チラシ，ダイレクトメール広告，新聞折り込みチラシにおいて，

① ひかり電話を利用するに当たって，フレッツ光プレミアムと称する光ファイバ設備を用いた通信サービスの利用料が必要であるにもかかわらず，その旨を記載せずまたは明瞭に記載せず，あたかも，通話料以外に月額基本料のみで利用することができるかのように表示していた

② ひかり電話の通話料は，通話対象が加入電話，ひかり電話等を利用する者である場合に限り，当該通話料が全国一律で3分ごとに8.4円であるが，その旨を記載せず，あたかも，通話対象に関係なく，当該通話料が全国一律で3分ごとに8.4円であるかのように表示していた

③ 「ひかり電話A」と称する料金プランに含まれる通話料504円分で通話できる通話対象は，加入電話，ひかり電話等を利用する者である場合に限られるが，その旨を記載せずまたは明瞭に記載せず，あたかも，当該通話料分の通話対象には制限がないかのように表示していた

ことから，価格について実際のものよりも著しく有利であると一般消費者に誤認される表示を行っていたとして排除命令が行われた。

なお，このような表示については，消費者が当該商品または役務を最終的に購入するまでのいずれかの時点で正しい販売価格を知ることも多いと考えられるが，実際の販売価格よりも安い価格が販売価格として表示されれば，これによって顧客が誘引されるのであり，その後に，他の異なる表示物でそれを打ち消したとしても，チラシの表示の不当性がなくなるものではない。

イ 販売価格に関する表示（二重価格表示）

㋐ 基本的考え方（第4，1）

いわゆる二重価格表示は，価格の安さを強調するために最も多用されていると思われる表示の手法である。価格表示ガイドラインは，二重価格表示について，「事業者が自己の販売価格に当該販売価格よりも高い他の価格（以下「比較対照価格」という）を併記して表示するもの」と定義し，「その内容が適正な場合には，一般消費者の適正な商品選択と事業者間の価格

5 有利誤認表示　　113

競争の促進に資する面がある。」と，その手法自体について否定的な評価はしていない。

この際，二重価格表示の「内容が適正」といえるためには，販売される商品と同一の商品の価格が比較対照価格に用いられること，比較対照価格について実際と異なる表示やあいまいな表示が行われないことなどが重要である。価格表示ガイドラインは，下記の場合のような二重価格表示については，一般消費者に販売価格が安いとの誤認を与え，不当表示に該当するおそれがあるとしている。

① 同一ではない商品の価格を比較対照価格に用いて表示を行う場合（第4，1(1)）
② 比較対照価格に用いる価格について実際と異なる表示やあいまいな表示を行う場合（第4，1(2)）

以下，それぞれの類型ごとに詳述する。

　a　同一ではない商品の価格を比較対照価格に用いて表示を行う場合（第4，1(1)）

価格表示ガイドラインは，「同一ではない商品の価格との二重価格表示が行われる場合には，……一般消費者に販売価格が安いとの誤認を与え，不当表示に該当するおそれがある。」としている（第4，1(1)ア第1段落）。これは，商品等の販売価格には，商品の品質，販売価格の性格（セール価格か通常価格かなど），小売業者の業態（ディスカウンターか百貨店かなど），アフターサービスの有無など，種々の事情が反映されているものであるが，一般消費者はそのような隠された事情を正確に認識できるものではなく，これらの要素の差異を明らかにすることなく販売価格のみを比較表示した場合には，一般消費者は，価格に影響する要素は同一であることを前提に，単純に表示された価格の差だけで比較して，取引条件が有利であると誤認してしまうおそれがあるからである。

商品の同一性（「同一ではない商品」かどうか）について，価格表示ガイドラインは，「銘柄，品質，規格等からみて同一とみられるか否かにより判断される。」としている（第4，1(1)イ）。この場合，当該商品の通常の

114　第2章　不当な表示

販売実態において販売価格に影響しないような要素について差異があっても商品の同一性は認められると考えられ，例えば，衣料品等のように色やサイズの違いがあっても同一の価格で販売されるような商品については，銘柄，品質，規格および値引前の販売価格が全く同一である場合に同一の商品に該当すると認められる一方，新品と中古品，汚れ物，キズ物，旧型または旧式の物については，同一の商品とは考えられない。

　なお，野菜，鮮魚等の生鮮食料品については，その特性上，工場で大量生産されるような工業製品よりも，商品の同一性が認められる場合は少ないが，全く考えられないわけではない。すなわち，タイムサービスや閉店間際の売れ残り回避のための見切り販売などの場合は，現にそれまで販売されていた商品そのものの価格を引き下げるものであるので，商品の同一性が明らかである。また，それ以外でも，一般消費者の購入経験や商品の特徴（品質，生産・加工状況，価格変化の状況など）に対する認識等により，同一の商品と考えることが可能な場合があろう。

　ただし，同一ではない商品との二重価格表示であっても，一の事業者が実際に販売している2つの異なる商品について現在の販売価格を比較することは，通常，景品表示法上問題となるものではない（第4，1(1)ア第2段落）。これは，当該事業者自身が販売していれば，通常は，商品の差異以外の価格の決定要素については共通であると考えられ，そうであれば，一般消費者が商品の違いを正確に認識した上で販売価格の安さを評価することができると考えられるためである。したがって，一の事業者が販売する異なる商品の販売価格を用いた二重価格表示であるという状況が確保されていること，すなわち，一の事業者が同一の販売条件の下，同一の性格の販売価格を用いた上で，2つの商品それぞれがどのようなものであるか（品質の違い等）が消費者に明確に示されていることが必要であり，販売条件や販売価格の性格が異なったり，商品の品質の違い等が正確に認識できないような場合や，同等品であるかのように誤認される場合には，一の事業者が行う場合でも，当該表示は不当表示に該当するおそれがある。例えば，新品の商品とそのキズ物の商品をともに販売している事業者が，その

5　有利誤認表示　　115

商品がキズ物であることを明瞭に表示した上で，キズ物の商品を「新品の半額」と表示する場合には，一般消費者は，両者の品質等の違いを認識した上で商品選択ができるので，通常，景品表示法上問題とならない。しかし，キズ物であることを明瞭に表示していない場合には，新品とキズ物という同一でない商品を比較しており，この価格差がその商品にキズがあることによるということを一般消費者が認識できないため，一般消費者に販売価格が安いとの誤認を与え，不当表示となるおそれがある。

 b 比較対照価格に用いる価格について実際と異なる表示やあいまいな表示を行う場合（第4，1(2)）

比較対照価格に用いられる価格には，過去の販売価格，希望小売価格，競争業者の販売価格，他の顧客向けの販売価格など多岐にわたるものがあるが，いずれについても，例えば，そもそも当該価格が存在しない場合に架空の価格を設定して表示したり，当該価格は存在するがそれよりも高い架空の価格を表示するなど，事実に基づかない虚偽の比較対照価格を用いる場合は，不当表示に該当するであろう。

また，過去の販売価格や競争事業者の販売価格等でそれ自体は根拠のある価格を比較対照価格に用いる場合でも，一般消費者が販売価格を適切に評価することができるようにするために，当該価格がどのような内容の価格であるか（比較対照価格が適用される商品の範囲や顧客の条件），比較対照価格がどのような性質のものなのか（自己の過去の販売価格なのか，希望小売価格なのか等）を正確に表示する必要があり，比較対照価格に用いる価格についてあいまいな表示を行う場合には，一般消費者に販売価格が安いとの誤認を与え，不当表示に該当するおそれがある。

比較対照価格として用いられる販売価格の類型ごとにみると，以下のとおりである。

 (イ) **過去の販売価格等を比較対照価格とする二重価格表示（第4，2）**

 a 基本的考え方（第4，2(1)ア(ア)）

需要喚起，在庫処分等の目的で行われる期間限定のセールにおいて，過去の販売価格に「当店通常価格」，「セール前価格」等の名称を付して比較

対照価格に用いる二重価格表示が行われる場合には，一般消費者は，通常，同一の商品が当該価格でセール前の相当期間販売されており，セール期間中の販売価格が，セール前の価格に比較して当該値下げ分だけ安くなっていると認識するものと考えられる。

このような観点から，価格表示ガイドラインは，過去の価格を比較対照価格とする二重価格表示について「最近相当期間にわたって販売されていた価格」（最近相当期間価格）との概念を基に，下記のように基本的考え方を示している（第4，2(1)ア(ア)b）。

① 同一の商品について最近相当期間価格とはいえない価格を比較対照価格に用いるときは，当該価格がいつの時点でどの程度の期間販売されていた価格であるか等その内容を正確に表示しない限り，一般消費者に販売価額が安いとの誤認を与え，不当表示に該当するおそれがある。
② 同一の商品について最近相当期間価格を比較対照価格とする場合には，不当表示に該当するおそれはない。

上記①は，最近相当期間価格といえない販売価格（最近とはいえない過去の離れた一時点の価格や短期間だけ用いられた価格等）については，比較対照価格に用いることが直ちに不当表示に該当するわけではないが，当該販売価格が用いられた時期・期間等の内容を正確に表示していない限りは不当表示に該当するおそれがあることを意味する。もとより，時期・期間を明示したとしても，販売価格を安くみせかけるために特異な状況の価格を恣意的に用いるような場合は問題となる。

例えば，通常の価格変動の状況からみて明らかに高い一時的な価格を比較対照価格に用いるような場合は，一般消費者が価格変動の全体的な状況を知っているわけではないことから，販売価格が安いとの誤認を与えることとなり景品表示法上問題となり得る。

また，販売形態が通常と異なるために高い価格で販売されていた商品の価格を比較対照価格に用いるような場合（例えば，二重価格表示を行う時点では店頭販売をしているが，以前は限定販売や受注販売をしていた場合）についても，消費者が販売価格の安さの程度を適切に評価しているとはいえな

5 有利誤認表示 117

いことから，たとえ比較対照価格が用いられていた時期・期間が明示され
ていても，景品表示法上問題となり得る。

　さらに，価格表示ガイドラインは，セール実施の決定後に販売を開始し
た商品の二重価格表示についても，「セール前価格で販売されていた期間
を正確に表示したとしても，不当表示に該当するおそれがある。」として
いる。これは，セールの直前に販売が開始される商品については，通常，セー
ルでの販売価格が販売開始の時点で既に決まっていると考えられ，このよ
うな状況でのセール前の価格は，セールでの販売価格を安くみせかけるた
めに，あえて高めに設定することが可能であることから，そのようなみせ
かけの価格設定を防止する趣旨である。

　したがって，そのようなみせかけの価格設定の懸念が存在しない場合に
までこの考え方が当てはまるものではなく，例えば，セールの実施が数か
月も前に決定されているような場合に，その後販売が開始された商品のす
べてについて二重価格表示が問題となるものではない。

　他方，上記②によれば，最近相当期間価格を比較対照価格に用いる場合，
わざわざ時期・期間等の内容を表示しなくても通常は問題はない。しかし，
前記(ア)のとおり，比較対照価格の内容についてあいまいな表示を行うこと
は問題があることから，「当店通常価格」等の名称を付してその性格を明
らかにすることは必要である。

　b　最近相当期間価格についての考え方・判断基準（第4, 2(1)ア(イ), (ウ)）
　(a)　比較対照価格に用いようとする価格が「最近相当期間価格」とい
　　　えるかどうかは，当該価格で販売されていた時期と期間（特殊な価
　　　格が適用されるような特異な時期の価格ではないか，販売期間は短くな
　　　いかなど），対象となっている商品の一般的価格変動の状況（変動の
　　　中で当該価格がどのような位置を占めるか，特異なものではないかな
　　　ど），当該店舗における販売形態（特殊な価格が適用されるような通
　　　常と異なる販売形態ではないかなど）等を考慮しつつ，個々の事案ご
　　　とに検討されることとなる（第4, 2(1)ア(ウ)）。
　この際，「相当期間」については，必ずしも連続した期間に限定される

118　　第2章　不当な表示

ものではなく，断続的にセールが実施される場合であれば，比較対照価格で販売されていた期間を全体としてみて評価することとなる（第4，2(1)ア(イ)a）。また，「販売されていた」といえるためには，事業者が通常の販売活動において当該商品を販売していたことで足り，実際に消費者に購入された実績のあることまでは必要ではない。他方，形式的に一定の期間にわたって販売されていたとしても，通常の販売場所とは異なる場所に陳列してあるなど販売形態が通常と異なっている場合や，単に比較対照価格とするための実績作りとして一時的に当該価格で販売していたとみられるような場合には，「販売されていた」とはいえない（第4，2(1)ア(イ)b）。

　(b)　当該商品の販売期間の「過半を占めている」

　価格表示ガイドラインは，最近相当期間価格と認められるための要件について，以下のような考え方を示している（第4，2(1)ア(ウ)）。

> ①　二重価格表示を行う最近時において，
> ②　比較対照価格に用いようとする価格で販売されていた期間が，
> ③　当該商品の販売期間の過半を占めている場合，
> については，当該価格を最近相当期間価格とみてよい

　この中でポイントとなるのは③の「過半を占めている」という要件である。これは，価格の変動が頻繁に行われ，「最近時」という一定期間において複数の価格が存在する場合に，どの価格が最近相当期間価格であるのかを判断するための要件である。

　「過半」を判断する際の分母となる期間は，二重価格表示を行う「最近時」において当該商品が販売されていた期間であるが，「最近時」について，価格表示ガイドラインは「セール開始時点からさかのぼる8週間について検討される」としている。

　したがって，商品の販売がセール開始まで継続して8週間以上行われていた場合についての分母は8週間となる。他方，商品の販売が品切れ等の理由により断続的になる場合は，セール開始時点からさかのぼる8週間の間における当該商品の販売期間を全体としてみた（通算した）期間が分母となる。また，商品の販売開始からセール開始時点までの期間が8週

5　有利誤認表示　　119

間未満である場合については，「最近時」は当該 8 週間未満の間となり，その間における当該商品の販売期間を通算した期間が分母となる。

　この要件は，セール前の販売価格を比較対照価格として使用する限り，セール実施期間を通じて満たされている必要がある。ただし，二重価格表示が行われる時点で，セールの期間が明示される場合には，一般消費者にとって価格の変化の過程が明らかであり，セール期間中に要件が満たされなくなったとしても，直ちに問題とはならないと考えられる。

　さらに，「最近時」における「当該商品の販売期間の過半を占めている」場合であっても，下記④と⑤のような場合には，最近相当期間価格とは認められない（第 4，2⑴ア(ウ)）。

---

④　比較対照価格に用いようとする価格での販売期間が通算して 2 週間未満の場合には，最近相当期間価格とは認められない。

⑤　比較対照価格に用いようとする価格で販売された最後の日から 2 週間以上経過している場合には，最近相当期間価格とは認められない。

　上記④は，「当該商品の販売期間の過半を占めている」という要件だけでは，ごく短期間しか販売されていないものでも最近相当期間価格ということになってしまうことから，比較対照価格に用いようとする価格で販売されていた期間があまりに短いものについて最近「相当期間」価格と認めることは適当ではないとして設けられたものである。

　これに対し，上記⑤は，前記③の「当該商品の販売期間の過半を占めている」という要件と上記④だけでは，セール開始時点からかけ離れた過去の価格が最近相当期間価格となってしまう場合があることから，そのような過去の価格を「最近」相当期間価格と認めることは適当ではないとして設けられたものである。したがって，上記⑤の要件は，セール開始時点において満たされていることが必要なのであって，この要件によってセールの実施期間が 2 週間を超えてはならないということとはならない。

　このように，①〜⑤の考え方に照らすと，新規開店の店舗については，販売実績が全くないので，当然のことながら過去の販売価格を比較対照価格とする二重価格表示を行うことはできないこととなる。ただし，チェー

120　　第 2 章　不当な表示

ンストア等が既存の店舗に加えて新たな店舗を開く場合については，各店舗で統一的な価格設定が行われていることを前提に，「当社通常価格（この価格は当チェーンの他店における通常価格です）」等，その比較対照価格の内容を明確にすることで，自社の他の店舗の過去の販売価格を用いた二重価格表示を行うことは問題ないと考えられる（これまで記述したような，過去の販売価格を比較対照価格に用いるための要件を満たすことが前提である）。

以上を整理して，商品の販売期間の長さに応じて，比較対照価格に用いようとする価格が最近相当期間価格と認められるかどうかの判断の手順をフローチャートにすると図表 2-1 のようになる。また，価格の変化について想定されるいくつかのバリエーションごとに，それぞれ最近相当期間価格と認められるかどうかを示すと図表 2-2 のようになる。

(c)　最近相当期間価格の要件の成立時点

以上から，最近相当期間価格と認められるためには，

・　当該商品の販売期間の過半を占めていること（要件 a）

・　その価格での販売期間が 2 週間未満でないこと（要件 b）

・　その価格で販売された最後の日から 2 週間以上経過していないこと（要件 c）

の 3 つの要件を満たすことが必要であると整理できる。

これらのうち要件 a と c については，時間の経過によって要件該当性の基礎となる事情が変化していくものであるため，要件の成立時期について，二重価格表示が行われるセールの開始時点で成立していれば足りるのか，それとも，セールが終わるまでに常に成立していなければならないのかが問題となる。

例えば，過去 8 週間継続して同じ価格で販売してきた商品について，当該価格を比較対照価格とする二重価格表示を行う場合，セールの開始時点では当該比較対照価格は要件 a から c をすべて満たしているが，セール期間が 2 週間となった時点で要件 c を満たさなくなり，さらに，セール期間が 4 週間となった時点で要件 a も満たさなくなる（セールが始まった 4 週間の時点で過去 8 週間をみると，比較対照価格での販売期間が 4 週間，セール

5　有利誤認表示　　121

[図表2-1] 最近相当期間にわたって販売されていた価格の考え方

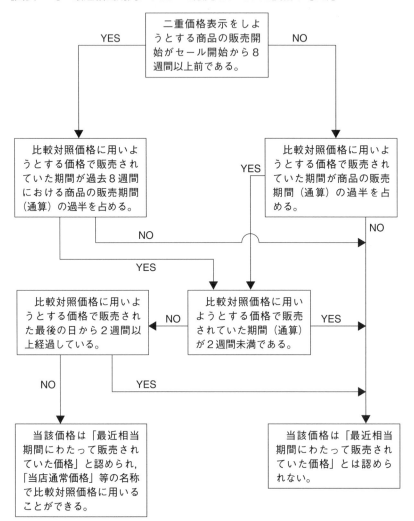

［図表2-2］ 「最近相当期間にわたって販売されていた価格」と認められる価格の事例

　Bの価格でセールを開始する際，A，CまたはDの価格について，最近相当期間価格と認められる場合は○印，認められない場合は×印を付す（線の下の数字は販売期間（週単位）を示す）。

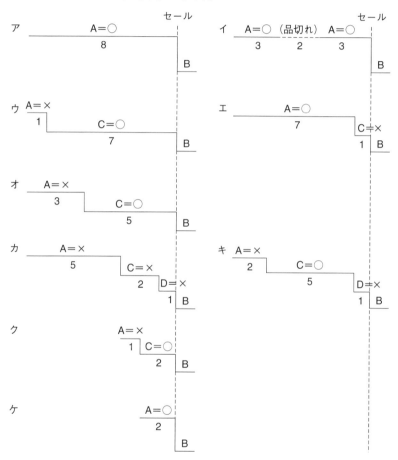

（注）　クは商品の販売期間が3週間，ケは商品の販売期間が2週間の事例

価格での販売期間が4週間となって，前者が「過半を占める」状況が失われてしまう）が，このような場合に二重価格表示を継続することが景品表示法上問題とならないのであろうか。

この点については，原則として，要件cについてはセールの開始時点で成立していれば足りると考えられるが，要件aについてはセールが終わるまで常に成立している必要があり，要件aが満たされなくなった後は，セールを継続すること自体は何の問題もないものの，当初の二重価格表示を継続することは景品表示法上問題となるおそれがある。

ただし，二重価格表示が行われる時点で，セールの期間が明示される場合には，一般消費者にとって価格の変化の過程が明らかであり，セール期間中に要件aが満たされなくなったとしても，直ちに問題とはならないと考えられる。

c　不当表示に該当するおそれのある表示

価格表示ガイドラインにおいて不当表示に該当するおそれがあるとして挙げている過去の販売価格を比較対象とする二重価格表示の事例には，以下のようなものがある（第4，2(2)ア）。実際にも行政処分が多く出されてきた（実際の販売価格よりも著しく高い価格を「平日価格」として表示し，これを比較対照価格に用いた二重価格表示に係る㈱丸久に対する排除命令（平成16年（排）第7号（平成16年4月13日））等）。

① 実際に販売されていた価格よりも高い価格を，「当店通常価格」等最近相当期間にわたって販売されていた価格であるとの印象を与えるような名称を付して比較対照価格に用いること。

（事例）

・ A衣料品店が，「紳士スーツ　当店通常価格5万8000円の品　4万円」と表示しているが，実際には，当該商品と同一の商品について，通常4万5000円で販売しているとき。

② 販売実績の全くない商品またはセール直前に販売が開始された商品等，短期間しか販売した実績のない商品の価格を，「当店通常価格」等最近相当期間にわたって販売されていた価格であるとの印象を与

124　第2章　不当な表示

えるような名称を付して比較対照価格に用いること。

（事例）

・　A寝具店が、「羽毛ふとん　当店通常価格1万5800円を1万2000円」と表示しているが、実際には、当該商品は今回初めて販売されるものであるとき。

③　過去の販売期間のうち短期間において販売されていた価格を、「当店通常価格」等最近相当期間にわたって販売されていた価格であるとの印象を与えるような名称を付して比較対照価格に用いること。

（事例）

・　A衣料品店が、「婦人カシミヤセーター　当店通常価格1万2000円を9500円」と表示しているが、実際には、当該商品と同一の商品について、過去の販売期間（8週間）のうち、当該価格で販売されていた期間は当初2週間だけであり、その後の6週間はこれより低い価格で販売されていたとき。

④　過去において販売されていた価格を、具体的な販売期間を明示しないで、または実際と異なる販売期間を付記して比較対照価格に用いること。

（事例）

・　A衣料品店が、「新作ダブルスーツ　○月1日〜20日までの販売価格4万8000円の品　3万3800円」と表示しているが、実際には、当該商品と同一の商品について、当該比較対照価格により販売されていたのは2日間だけであるとき。

・　Aゴルフ用品製造販売業者が、インターネット上のショッピングサイトにおいて、「ゴルフクラブ　定価38万円　特価13万8000円」と表示しているが、実際には、当該「定価」と称する価格は、当該商品の販売開始時における同社の直営小売店舗での販売価格であって、当該価格での販売は4年前に終了しているとき。

⑤　販売する商品と同一ではない商品（中古品等を販売する場合において、新品など当該商品の中古品等ではない商品を含む）の過去の販売

5　有利誤認表示　　125

価格を比較対照価格に用いること。

（事例）

- A楽器店が，「電子オルガン　当店通常価格65万円を36万5000円」と表示しているが，実際には，当該商品は長期間展示品であって新品とはみなされないもので，当店通常価格は新品のものの価格であるとき。

CASE 2-30　㈱シーズメンに対する措置命令
（平成29年12月5日）

　㈱シーズメンは，平成29年6月後半以降に実施した「夏期セール」と称するセール（本件セール）において，衣料品を一般消費者に販売するに当たり，所定の期間，「POP」と称する店頭表示物に「40% OFF」等と記載するとともに，対象商品に取り付けた「タグ」と称する値札に「販売価格＋税」と記載し，当該販売価格の上に当該販売価格から40％割り引いた販売価格を記載した「貼りプラ」と称するシールを貼付することにより，あたかも，対象商品を所定の店舗における通常の販売価格から40％割り引いて販売するかのように表示していたが，実際には，対象商品は本件セール実施前に販売されたことがないものであって，販売価格は，本件セールにおいて40％という割引率を表示するために，㈱シーズメンが任意に設定したものであった。

CASE 2-31　マカフィー㈱に対する措置命令
（平成30年3月22日）

　マカフィー㈱は，「マカフィーリブセーフ1年版」と称するセキュリティソフトウェアの使用許諾を一般消費者に提供するに当たり，自社ウェブサイトにおいて，例えば，平成28年10月14日から同年12月5日までの間，「実施期間 2016/12/5 まで」，「標準価格 8,208円（税込）」，「今なら 2,462円お得！」，「30% OFF」および「特別価格 5,746円（税込）」と記載するなど，あたかも，「標準価格」と称する価額は，「マカフィーリブセーフ1年版」と称するセキュリティソフトウェアの使用許諾について通常提供している価格であり，かつ，所定の期限までに対象役務の提供を申し込んだ場合に限り，「特

126　第2章　不当な表示

別価格」と称する価額で対象役務の提供を受けることができるかのように表示していたが、実際には、「標準価格」と称する価額は、「マカフィーリブセーフ1年版」と称するセキュリティソフトウェアの使用許諾の提供開始日である平成28年10月14日から提供終了日である平成29年11月21日までの間、提供された実績のないものであり、かつ、同期間において、「特別価格」と称する価額で対象役務の提供を受けることができるものであった。

CASE 2-32 富士通クライアントコンピューティング㈱に対する措置命令
（令和5年6月23日）

　富士通クライアントコンピューティング㈱は、ノートパソコン15商品（以下「本件15商品」という）を一般消費者に販売するに当たり、「富士通WEB　MART」と称する自社ウェブサイトにおいて、例えば、「LIFEBOOK WU2／G」と称するノートパソコンについて、遅くとも令和4年10月4日から同月5日までの間、「WEB価格（税込）187,880円　キャンペーン価格（税込）148,425円　21％OFF（10／5　14時まで）」と表示するなど、あたかも「WEB価格」と称する価額（以下「WEB価格」という）は、自社ウェブサイトにおいて本件15商品について通常販売している価格であり、「キャンペーン価格」と称する価額が当該通常販売している価格に比して安いかのように表示していたが、実際には、WEB価格は、自社ウェブサイトにおいて、本件15商品について販売された実績のないものであった。

CASE 2-33 ㈱EE21に対する措置命令
（令和4年3月24日）

　㈱EE21は、「未来ケアカレッジ」の名称で供給する「介護職員初任者研修」と称する役務（以下「本件研修」という）を一般消費者に提供するに当たり、自社ウェブサイトにおいて、例えば、令和2年10月16日から同年11月19日までの間、「通常受講料　¥64,500（税別）」、「11／19お申込み分まで　げき得キャンペーン　教室限定　キャンペーン価格　¥44,500（税別）」

5　有利誤認表示　　127

等と表示するなど，

①　あたかも，「通常受講料」と称する価額は，㈱EE21 において本件研修について通常提供している価格であり，「キャンペーン価格」等と称する実際の提供価格が当該通常提供している価格に比して安いかのように表示していたが，実際には，「通常受講料」と称する価額は，㈱EE21 において本件研修について最近相当期間にわたって提供された実績のないものであった。

②　あたかも，表示された期限までに申し込んだ場合に限り，「通常受講料」と称する価額から割り引いた価格で本件研修の提供を受けることができるかのように表示していたが，実際には表示された期限後に申し込んだ場合であっても，「通常受講料」と称する価額から割り引いた価格で本件研修の提供を受けることができるものであった。

また，季節商品について，過去の販売価格を比較対照価格とする二重価格表示について有利誤認に該当すると判断した，㈱ライフサポートによる措置命令取消請求事件（大阪地判令和 3 年 4 月 22 日（令和元年（行ウ）第73 号））がある。同事件では，「本件各表示における二重価格表示が一般消費者に誤認される表示であるか否かを検討するに当たって，当該表示がされた媒体を離れた他の媒体の表示内容がどのようなものであるかによって左右される関係にない」とも判示されており，過去の販売価格または販売実績を検討するに当たっては，異なる媒体も含めてすべての表示媒体を考慮するのではなく，あくまで同一の表示媒体における販売価格または販売実績（例えば，自社ウェブサイトでの価格表記であれば自社ウェブサイトでの販売価格または販売実績）のみを考慮すべきことが明らかにされている。

CASE 2-34　**㈱ライフサポートによる措置命令取消請求事件（大阪地判令和 3 年 4 月 22 日（令和元年（行ウ）第 73 号））**

㈱ライフサポートは，おせち料理である 7 商品（以下「本件 7 商品」という）を一般消費者に販売するに当たり，例えば，「快適生活オンライン」と称する自社ウェブサイトにおいて，「鶴寿」と称するおせち料理について，

第 2 章　不当な表示

平成29年12月1日から同月13日までの間,「数量限定　歳末特別価格！年末のおせちお急ぎください！なくなり次第終了！　通常価格28,800円(税別)↓↓↓残りわずか!!　今なら!!8,000円お値引き　歳末特別価格20,800円　税別」と記載することにより,あたかも,「通常価格」と称する価額は,同社において対象商品について通常販売している価格であり,「歳末特別価格」と称する実際の販売価格が当該通常販売している価格に比して安いかのように表示していたが,実際には,「通常価格」と称する価額は,同社において対象商品について最近相当期間にわたって販売された実績のないものであったという事案である。

　本件判決は,価格表示ガイドラインの内容について,「一般的な合理性を有するものであると認められる」ことから,「景品表示法5条2号該当性を判断するに当たっては,価格表示ガイドラインが定めるところにより,最近相当期間価格に当たるか否かについて勘酌しつつ,『著しく有利であると一般消費者に誤認される表示』に当たるか否かについて判断すべきである」とした上で,「本件7商品について,『通常価格』による販売を意味する商品番号が記載された本件カタログ等を配布していたが,実際には,一般消費者からの要望があれば『通常価格』と称する価格によることなくセール価格による販売をしていたのであるから,一般消費者としては,希望すれば原告から本件7商品をセール価格で購入することができたということができ,このような原告の本件7商品の販売実態に照らせば,原告が本件7商品を通常価格による販売をしていたという実績があったということはできない。」旨判示した。また,原告が,「比較対照価格である『通常価格』と称する価格を考える際にも,その時点における他の媒体における価格表示を広く検討して比較対照価格を考察することが実態に合致している」旨主張したのに対し,本件判決は,「本件各表示における二重価格表示が一般消費者に誤認される表示であるか否かを検討するに当たって,当該表示がされた媒体を離れた他の媒体の表示内容がどのようなものであるかによって左右される関係にない。」旨判示した。

5　有利誤認表示　　129

CASE 2-35	㈱北海道産地直送センターに対する措置命令

（令和4年7月29日）

　㈱北海道産地直送センターは，① 自社ウェブサイトにおいて，食品34商品（以下「本件34商品」という）を一般消費者に販売するに当たり，例えば，「味付け焼きたらこ　600g」と称する食品について，令和3年10月22日から令和4年1月13日までの間，「味付け焼きたらこ　600g」，「通常価格：¥4,000 税込」および「販売価格：¥1,480 税込」と表示することにより，あたかも，「通常価格」と称する価額は，自社ウェブサイトにおいて本件34商品について通常販売している価格であり，実際の販売価格が当該通常販売している価格に比して安いかのように表示していたが，実際には，「通常価格」と称する価額は，自社ウェブサイトにおいて本件34商品について販売された実績のないものであった。

　㈡　**将来の販売価格を比較対照価格とする二重価格表示**（第4，2⑴イ）

　a　価格表示ガイドラインにおける考え方

　価格表示ガイドラインは，将来の販売価格を比較対照価格とする二重価格表示（新発売当初の「お試し価格」の表示など）について，「表示された将来の販売価格が十分な根拠のあるものでないとき」には，不当表示に該当するおそれがあり，「将来の価格として表示された価格で販売することが確かな場合……以外において，将来の販売価格を用いた二重価格表示を行うことは，適切でないと考えられる。」と，基本的に否定的な評価をしている。

　ここでいう「表示された将来の販売価格が十分な根拠のあるものでないとき」がどのような場合かについて，価格表示ガイドラインは，①「実際に販売することのない価格であるとき」や②「ごく短期間のみ当該価格で販売するにすぎないとき」を例示している。

CASE 2-36	ジュピターショップチャンネル㈱に対する措置命令

（平成30年3月16日）

　ジュピターショップチャンネル㈱は，「三菱電機1台4役！ かんたん録画

テレビ"リアル"＜32V型＞」および同「40V型」（以下「本件40型テレビ」という）と称するテレビ（以下，併せて「本件テレビ」という）ならびに「甘くてぷりっぷり！特大ずわいがに一番脚肉むき身＆かに爪＜計1.1kg＞」と称するずわいがに（以下「本件ずわいがに」といい，以下，本件テレビと併せて「本件3商品」という）を一般消費者に販売するに当たり，本件テレビについては，平成28年12月9日，平成29年1月2日から同月7日までの間，同年3月20日および同年4月23日の各期間に，本件ずわいがににについては，平成28年12月13日に，地上波放送，CS放送またはBS放送を通じて放送したテレビショッピング番組において，各セール企画として，実際の販売価格に当該価格を上回る「明日以降」または「期間以降」と称する価額を併記した映像を放送することにより，あたかも「明日以降」または「期間以降」と称する価額は，本件3商品について当該セール企画終了後に適用される通常の販売価格であって，実際の販売価格が当該価格に比して安いかのように表示していた。

　実際には，本件3商品が各セール企画終了後に販売される期間は2日間または3日間のみであって，ごく短期間のみ「明日以降」または「期間以降」と称する価額で販売するにすぎず，当該価額での販売実績もジュピターショップチャンネル㈱において実質的に問われないものであって，将来の販売価格として十分な根拠のあるものとは認められない。

　　b　将来の販売価格を比較対照価格とする二重価格表示に対する執行方針

消費者庁は，令和2年12月に「将来の販売価格を比較対照価格とする二重価格表示に対する執行方針」（以下「執行方針」という）を公表した。執行方針は，将来の販売価格を比較対照価格とする二重価格表示を行おうとする事業者の予見可能性を向上させるとともに，このような二重価格表示が一般消費者を誤認させるような方法で行われることを未然防止することを目的としており，価格表示ガイドラインを補完するものとなっている。

　　(a)　過去の販売価格との相違等に関する基本的な考え方（執行方針第1）

将来の販売価格を比較対照価格とする二重価格表示に対する基本的な考

え方として，過去の販売価格が過去における販売実績に基づく確定した事
実として存在するのに対し，将来の販売価格は，二重価格表示を行ってい
る時点において未だ現実のものとなっていない価格であり，虚偽表示につ
ながるおそれが本質的に内在していると考えられ，表示した将来の販売価
格で販売することが確かな場合以外は基本的に行うべきではないとして，
価格表示ガイドラインと同様の考え方を示している。

(b) 将来の販売価格について消費者庁が景品表示法を適用する際の考
え方（執行方針第2，1）

将来の販売価格を比較対照価格とする二重価格表示を見た一般消費者
は，通常，比較対照価格とされた将来の販売価格に十分な根拠がある，す
なわち，セール期間経過後に，当該商品等が比較対照価格とされた価格で
販売されることが予定されており，かつ，その予定のとおり販売されるこ
とが確実であると認識すると考えられることから，事業者が「比較対照価
格とされた将来の販売価格で販売する」「確実な予定」を有していないに
もかかわらず，当該価格を比較対照価格とする二重価格表示を行うことは，
このような消費者の認識と齟齬が生じ，景品表示法に違反する有利誤認表
示となるおそれがあるとしている。

この場合における「比較対照価格とされた将来の販売価格で販売する」
とは，それが「事業者がセール期間経過後の一般的な販売活動において比
較対照価格とされた将来の販売価格で販売すること」が必要であって，い
わゆるみせかけのものではあってはならないとしている。例えば，「●月
●日まで 10,000 円　その後 100,000 円」といった表示のように，比較対
照価格とされた将来の販売価格が，その価格での購入者がほとんど存在し
ないと考えられるほど高額であるなど一般的な価格ではない場合は，みせ
かけの価格である，すなわち，比較対照価格の根拠を形式的に整える手段
として当該価格で販売するものであるとみられることから，「比較対照価
格とされた将来の販売価格で販売する」とはみられない。なお，インター
ネット通販サイトにおいてセール価格で販売された商品が，セール期間経
過後においても当該サイトで検索等を行うことにより，他の商品と同様に

132　　第 2 章　不当な表示

容易に購入可能であるようなものであれば，販売場所が一般的なものとはいえないという理由で「将来の販売価格で販売していない場合」とみられることは通常ないとしている（消費者庁「『将来の販売価格を比較対照価格とする二重価格表示に対する執行方針（案）』に関する御意見の概要及び御意見に対する考え方」）。

また「確実な予定」について，これを有していると認められるためには，セール期間経過後に比較対照価格とされた将来の販売価格で販売するための「合理的かつ確実に実施される販売計画」[注]を，セール期間を通じて有している必要があるとしている。

（注）販売計画の内容が，それを実行しても計画のとおり比較対照価格とされた将来の販売価格で販売することができる見込みが客観的に乏しいなどのために合理的なものと認められない場合は「合理的」な販売計画を有しているとは認められないとしている。

また，販売計画の内容が，例えば，比較対照価格とされた将来の販売価格で販売するか否か自体について，将来の販売価格を比較対照価格とする二重価格表示の開始後に事業者が改めて判断するものになっている場合や，発生するか否かが不確実な事実にかからしめている場合などは，「確実に実施される」販売計画とは認められないとしている。

(c) 有利誤認表示として取り扱われる場合の考慮事項（執行方針第2，2(1)）

執行方針は，事業者が，将来の販売価格を比較対照価格とする二重価格表示の対象となっている商品等を，セール期間経過後に，比較対照価格とされた将来の販売価格で実際に販売している場合は，比較対照価格の根拠を形式的に整える手段として当該価格で販売しているものであるとみられるような場合を除き，通常，事業者が将来の販売価格を比較対照価格とする二重価格表示を行う際に有していた合理的かつ確実に実施される販売計画に基づいて販売しているものであると推測されるとしている。

他方，執行方針は，消費者庁が景品表示法を適用する際の考慮事項として，事業者が，将来の販売価格で販売できない特段の事情が存在しないにもかかわらず，当該将来の販売価格で販売していない場合には，通常，合理的かつ確実に実施される販売計画を有していなかったことが推認され，このような場合には，原則として，表示開始時点から景品表示法に違反す

5　有利誤認表示　133

る有利誤認表示であるものとして取り扱うこととなるとしている。

　(d)　有利誤認表示として取り扱われない場合の考慮事項（執行方針第2，2(2)）

　事業者が，合理的かつ確実に実施される販売計画を有していたことを示す資料やデータを有し，かつ，将来の販売価格で販売できない特段の事情（後記(e)参照）が存在する場合は，当該特段の事情が発生する以前において，合理的かつ確実に実施される販売計画を有していなかったことは推認されないとしている。したがって，事業者から，合理的かつ確実に実施される販売計画を有していたことを示す資料やデータおよび特段の事情が存在することを示す資料の提出があり，かつ，当該特段の事情の発生後遅滞なく当該表示を取りやめ，顧客に対し，比較対照価格とされた将来の販売価格で販売することができなくなったことを告知している場合等においては，原則として，これを景品表示法に違反する有利誤認表示であるものとして取り扱うことはないとしている。

　この場合における合理的かつ確実に実施される販売計画を有していたことを示す資料やデータとして，

- ・　自ら製造している場合にあってはその製造計画（製造数量，製造原価等）や販売に要する費用を示す資料，他の事業者から仕入れている場合にあっては他の事業者との契約内容（発注数量，仕入価格，納期等）や販売に要する費用を示す資料であって，表示した将来の販売価格で販売できるか否かの判断に資するもの
- ・　将来の販売価格を比較対照価格とする二重価格表示の対象商品と同一または類似の商品の売上を示す資料やデータであって，表示した将来の販売価格で販売した場合の売上の推測に資するもの

を例示している。このことは，景品表示法第22条の事業者が講ずべき景品類の提供及び表示の管理上の措置としても必要なことであることも示している。

　(e)　将来の販売価格で販売できない特段の事情（執行方針第2，2(2)イ）

　執行方針は，将来の販売価格で販売できない特段の事情が存在すると認

められるのは，災害の発生や感染症の流行等のように，事業者の責に帰することができない不可抗力を原因とする場合であって，セールの販売目標が達成できずにセールを継続する，他社が値下げをしたために対抗上セールを継続するといった，事業活動を行う上で予見できないとはいえないような事情である場合は，将来の販売価格で販売できない特段の事情が存在するとは認められない旨を，このような特段の事情が認められる場合と認められない場合それぞれについての具体的な事例とともに示している。

　(f)　将来の販売価格での販売期間（執行方針第2，2(3)）

　執行方針は，事業者が将来の販売価格を比較対照価格とする二重価格表示を行った場合において，セール期間経過後に比較対照価格とされた将来の販売価格で販売したのがごく短期間であったことがやむを得ないと評価できる特段の事情が存在していないにもかかわらず，ごく短期間しか比較対照価格とされた将来の販売価格で販売しなかった場合は，通常，合理的かつ確実に実施される販売計画を有していなかったことが推認されることから，比較対照価格とされた将来の販売価格で販売する期間がいつであるかなど比較対照価格の内容を正確に表示しない限り，消費者庁は，このような場合における将来の販売価格を比較対照価格に用いた二重価格表示を，原則として，その表示開始時点から，景品表示法に違反する有利誤認表示であるものとして取り扱うとしている。

　消費者庁は，比較対照価格とされた将来の販売価格で販売する期間がごく短期間であったか否かを，当該セール期間とトータルの販売期間との関係，一般的な価格変動の状況等を考慮して，個別に判断するが，執行方針において，一般的には，事業者が，セール期間経過後直ちに比較対照価格とされた将来の販売価格で販売を開始し，当該販売価格での販売を2週間以上継続した場合には，ごく短期間であったとは考えられないという考え方を示しており，このような場合，当該販売価格での販売が，比較対照価格の根拠を形式的に整える手段として行われていたものであるとみられるような場合を除き，将来の販売価格での販売期間が短いという理由で有利誤認表示として取り扱うことはないとしている。

5　有利誤認表示　135

執行方針公表後に実際に行政処分が行われた事案として、㈱ハピリィに対する措置命令（令和3年9月14日）がある。

CASE 2-37 ㈱ハピリィに対する措置命令
（令和3年9月14日）

㈱ハピリィは、「七五三前撮りデータセット」または「七五三データセット」と称する撮影プランおよび「七五三前撮りアルバム＆データセット」または「七五三アルバム＆データセット」と称する撮影プランの各役務（以下これらを併せて「本件2役務」という）を一般消費者に提供するに当たり、自社ウェブサイトにおいて、例えば、「七五三前撮りデータセット」または「七五三データセット」と称する撮影プランについて、令和2年5月14日から同年6月29日までの間、「オフシーズンの七五三撮影は断然お得♪　七五三前撮りキャンペーン　期間：6月1日（月）～7月31日（金）」、「七五三前撮りデータセット」、「対象期間：6月1日（月）～7月31日（金）」、「通常価格 38,700円が最大47% Off　19,800円（税抜）　土日祝日は 24,800円（税抜）」、「■撮影期間　6月1日（月）～7月31日（金）」等と表示するなど、あたかも、「通常価格」と称する価額は、㈱ハピリィにおいて本件2役務について通常提供している価格であり、また、表示された期間内または期限内に撮影した場合に限り、「通常価格」と称する価額から割り引いた価格で本件2役務の提供を受けることができるかのように表示していた。

実際には、「通常価格」と称する価額は、㈱ハピリィにおいて本件2役務について提供された実績のないものであり、また、表示された期間外または期限後に撮影した場合であっても、「通常価格」と称する価額から割り引いた価格で本件2役務の提供を受けることができるものであった。

㈲　タイムサービスを行う場合の二重価格表示（第4，2⑴ウ）

タイムサービスにおける割引表示は、広い意味では過去（タイムサービス開始前）または将来（タイムサービス終了後）の販売価格を比較対照価格とする二重価格表示であるが、価格表示ガイドラインは、タイムサービスについては「通常は、不当表示に該当するおそれはない」としている。

タイムサービスは、それまで販売してきた商品そのものについて、値札

136　第2章　不当な表示

等で示されているそれまでの販売価格から割引販売をするものであり，その価格変化の状況は一般消費者にとっても明らかである。このため，本来の表示価格（商品本体に貼付されている値札シールや，商品の陳列棚で示される価格などであって，当店通常価格などの名称が付されずに単に販売価格だけが示されているもの）を比較対照価格とする二重価格表示については，比較対照価格で販売されていた期間の長短を厳密に論じなくても，通常は不当表示に該当するおそれはない。

なお，タイムサービスを行う場合の二重価格表示であっても，表示価格で販売されていなかったり，実績作りのための架空の価格と認められるような場合については，不当表示となる可能性があることはいうまでもない。

(オ) 希望小売価格を比較対照価格とする二重価格表示（第4，3）

a 基本的考え方

希望小売価格は，しばしば比較対照価格として用いられる。希望小売価格は，多くの場合，下記①および②のような性質をもっており，一般消費者も，希望小売価格をそのようなものとして認識していると考えられることから，小売業者の販売価格が安いかどうかを判断する際の参考情報の1つとなり得るものである一方，以下の①，②に当たらない価格を希望小売価格として比較対照価格として用いるときには不当表示に該当することとなるおそれがある（第4，3(1)ア）。

> ① 製造業者，卸売業者，輸入総代理店等，小売業者以外の者により，小売業者の価格設定の参考となるものとして設定されている。
> ② あらかじめ，新聞広告，カタログ，商品本体への印字等により公表されている。

この際，①の要件を満たすためには，製造業者等が小売業者から独立した立場で第三者として希望小売価格を設定していることが必要であり，製造業者等が小売業者の意向を受けて希望小売価格を高めに設定しているような場合には，①の要件を満たしているとはいいがたい。また，②の要件を満たすためには，広く一般消費者に示されていることが必要であって，たまたま一部の消費者の目に触れることがある（例えば，製造業者等が小売

5　有利誤認表示　　137

業者向けに作成したカタログ等に参考小売価格（後記 d 参照）として記載されている価格を，一部の小売業者が商談の際に一般消費者に示すことがあるような場合）だけでは不十分であり，また，商品本体に印字がされている場合であっても，それが希望小売価格を示したものであるということが一般消費者に認識されないようなものであれば②の要件は満たされない。

CASE 2-38　㈲ビッグイレブンに対する排除命令
（平成 17 年（排）第 6 号（平成 17 年 8 月 2 日））

　㈲ビッグイレブンは，平成 17 年 1 月 29 日から翌 30 日までを期間として宮崎県小林市所在の小林市みどり会館において催事販売を実施するに当たり，同月 28 日に一般消費者に配布した，当該催事販売に関する新聞折り込みチラシにおいて，上段に「一流メーカー・一流問屋の倒産品」等と大きく記載し，「Ⓧ印はメーカー希望小売価格。」と記載の上，衣料品，日用雑貨品等 34 品目について，例えば，「メンズ＆レディース　カシミヤ 100％高級セーター各種　サイズ／各種　Ⓧ 38,000 円　税込ズバリ 1,998 円均一」等と，実際の販売価格に比し，著しく高い価格を「メーカー希望小売価格」として表示し，これを比較対照価格として実際の販売価格に併記していたが，「メーカー希望小売価格」と称する価格は，当該商品の製造業者が設定したものではなく，㈲ビッグイレブンが独自に設定した価格であって，実際の販売価格が著しく安いかのように表示していた。

---

　b　希望小売価格の撤廃・改定

　近年，家電製品やビール等の業界においては，製造業者等が希望小売価格を撤廃する（「オープン価格」とする）動きがある。また，海外輸入ブランド品等については，為替レートの変動等に対応し，輸入総代理店が希望小売価格を改定することも多くみられる。

　このような希望小売価格の撤廃・改定が設定者により行われた場合，従前の希望小売価格を比較対照価格に用いた二重価格表示は不当表示に該当するおそれがあり，これは小売業者が撤廃・改定を知らずに表示した場合でも同様である。したがって，希望小売価格を比較対照価格に用いた二重

価格表示を用いようとする小売業者は，当該希望小売価格がその時点で有効なものであるか否かを事前に確認する必要があり，他方，希望小売価格を設定している製造業者等は，それを撤廃・改定した場合にはその旨を小売業者に十分周知することが求められよう。

　　c　希望小売価格と実勢価格が乖離している場合

　希望小売価格が実勢価格から乖離している場合に，こうした希望小売価格を比較対照価格に用いて二重価格表示を行ったということのみで不当表示となることはない。

　これは，希望小売価格と小売店における実勢価格は，通常，ある程度の乖離があるものであり，現在においては一般消費者にもこのように認識されていると思われるからである[注]。

<small>　[注]　希望小売価格と実勢価格の乖離は，製造業者等が希望小売価格の撤廃または引き下げを行えば是正されるが，是正が行われない状態で乖離のみを問題視することは，かえって，小売店による価格引下げのインセンティブを削ぐという，競争政策上好ましくない効果が発生することになる。</small>

　　d　希望小売価格に類似するもの（参考小売価格等）（第4，3(1)イ）

　製造業者等は，小売業者が小売価格を設定する際の参考に供するため，「参考小売価格」，「参考上代」等の名称で小売業者に価格を呈示することがある。このような価格を「希望小売価格」として比較対照価格に用いることは，あらかじめ一般消費者に広く示されているという要件を欠くので，景品表示法上問題となる。

　他方，「参考小売価格」等であることを示して，これらの価格を比較対照価格として用いた二重価格表示については，小売業者の小売価格設定の参考となるものとして，製造業者等が設定したものをカタログやパンフレットに記載するなどして当該商品を取り扱う小売業者に広く呈示されている場合には，販売価格の安さを評価する指標の1つとなり得るものであるから，これを行うこと自体は可能である（第4，3(1)イ）。

　ただし，参考小売価格，参考上代等は，一般消費者には示されていない馴染みのない名称の価格であることから，あえて比較対照価格に用いる場

合には，希望小売価格とは異なるものであるということがはっきり分かるように，異なった名称を用いるなどの必要がある。また，これらの価格を比較対照価格に用いる際には，当該価格がどのような性質の価格であるかの説明を注記するなどにより，一般消費者が比較対照価格の内容を正確に理解できるようにすることが望ましい。

さらに「当該商品を取り扱う小売業者に広く呈示されている」ことが必要であるので，得意先，大口取引先等，一部の事業者に対してのみ呈示されているにすぎないような場合に当該価格を比較対照価格に用いる場合には，不当表示に当たるおそれがある。小売業者は，自己が呈示を受けている参考小売価格等であっても「当該商品を取り扱う小売業者に広く呈示されてい」ないことがあることに留意して，当該価格を設定した製造業者等に対して，当該商品を取り扱う小売業者に広く呈示されているかどうかについて事前に十分な確認を行うことが求められよう。

e 不当表示に該当するおそれのある表示（第4，3(2)）

価格表示ガイドラインでは，希望小売価格，参考小売価格等を比較対照価格に用いる次のような二重価格表示は，不当表示に該当するおそれがあるとしている。

① 希望小売価格よりも高い価格を希望小売価格として比較対照価格に用いること。

（事例）

・ A電器店が，「全自動洗濯機 メーカー希望小売価格7万5000円の品 5万8000円」と表示しているが，実際には，当該商品と同一の商品について，メーカーであるB電機が設定した希望小売価格は6万7000円であるとき。

② 希望小売価格が設定されていない場合（希望小売価格が撤廃されている場合を含む）に，任意の価格を希望小売価格として比較対照価格に用いること。

（事例）

・ A衣料品店が，「ビジネス・スーツ メーカー希望小売価格2万9000

円の品　割引価格 2 万 3800 円」と表示しているが，実際には，当該商品と同一の商品について，メーカーは希望小売価格を設定していないとき。

・　A スーパーが，「インバーターエアコン　メーカー希望小売価格 20 万円の品　13 万 8000 円」と表示しているが，実際には，当該商品と同一の商品について，メーカーである B 電機は希望小売価格を 1 年前に撤廃しているとき。

③　プライベートブランド商品について小売業者が自ら設定した価格，製造業者等がもっぱら自ら小売販売している商品について自ら設定した価格，または特定の小売業者がもっぱら販売している商品について製造業者等が当該小売業者の意向を受けて設定した価格を，希望小売価格として比較対照価格に用いること。

（事例）

・　A ミシン店が，「電子ミシン　メーカー希望小売価格 3 万円の品　1 万 8000 円」と表示しているが，実際には，当該商品は同店が海外の事業者に製造委託した自社ブランド商品であるとき。

・　A 宝飾品製造販売業者が，「プラチナ台ダイヤモンドリング 0.1 カラット　メーカー希望小売価格 10 万円の品　3 割引　7 万円」と表示しているが，実際には，当該商品は A 宝飾品製造販売業者が製造し，自ら直営店のみで販売するものであるとき。

・　A 家具店が，「B メーカー応接 5 点セット　メーカー希望小売価格 12 万円の品　産直価格 7 万 8000 円」と表示しているが，実際には，当該商品は A 家具店のみで販売されており，当該希望小売価格は，A 家具店が B メーカーに依頼して設定させた価格であるとき。

④　製造業者等が当該商品を取り扱う小売業者の一部に対してのみ呈示した価格を，希望小売価格として比較対照価格に用いること。

（事例）

・　A 服飾雑貨品店が，「B メーカー製財布　メーカー希望小売価格 6000 円の品　3800 円」と表示しているが，実際には，当該希望小売価格は，

5　有利誤認表示　　141

Bメーカーが商談の際にA服飾雑貨品店を含む当該商品を取り扱う小売業者の一部にのみ呈示した価格であるとき。

⑤　販売する商品と同一ではない商品（中古品等を販売する場合において，新品など当該商品の中古品等ではない商品を含む）の希望小売価格を比較対照価格に用いること。

（事例）

・　A電器店が，「○○社製パソコン　メーカー希望小売価格 27 万円の品 18 万円」と表示しているが，実際には，当該希望小売価格は，販売する商品に比べて記憶容量が大きいなど同一ではない商品のメーカー希望小売価格であるとき。

⑥　参考小売価格等が設定されていない場合に，任意の価格を参考小売価格等として比較対照価格に用いること，および製造業者等が当該商品を取り扱う小売業者の一部に対してのみ呈示した価格を，参考小売価格等として比較対照価格に用いること。

（事例）

・　A眼鏡店が，「78% OFF　メーカーセット参考小売価格　3 万 3000 円の品　レンズ付き 7000 円」と表示しているが，実際には，当該商品と同一のレンズとフレーム一式の商品について，メーカーは参考小売価格を設定していないとき。

・　A眼鏡店が，「ブランドフレーム　参考小売価格 3 万 4000 円→ 5000 円 85% OFF」と表示しているが，実際には，メーカーとの商談の際に，A眼鏡店を含む当該商品を取り扱う小売店の一部の問合せに対して，メーカーから呈示された価格を，参考小売価格として比較対照価格に用いたものであるとき。

CASE 2-39　㈱サンドラッグに対する措置命令
（令和 2 年 6 月 24 日）

㈱サンドラッグは，同社が運営する 117 店舗において供給する医薬品，食品等 13 商品（以下これらを併せて「本件商品」という）を一般消費者に

142　第 2 章　不当な表示

販売するに当たり，例えば，本件商品のうち，「アース渦巻香ジャンボ50巻缶入」と称する商品について，例えば，令和元年7月30日に配布された日刊新聞紙に折り込んだ対象店舗に係るチラシにおいて，「アース　渦巻香　ジャンボ　大型50巻」，「★1190円の品」，「498円　（税込）537円」および「★印はメーカー希望小売価格（税抜）の略です。」と表示するなど，実際の販売価格に当該価格を上回る「★」との記号を付した「メーカー希望小売価格」と称する価額を併記することにより，あたかも，当該商品にはメーカー希望小売価格が設定されており，実際の販売価格が当該メーカー希望小売価格に比して安いかのように表示していた。実際には，本件商品についてメーカー希望小売価格は設定されていなかった。

(カ) **競争事業者の販売価格を比較対照価格とする二重価格表示**(第4, 4)

a 　基本的考え方（第4, 4(1)）

競争事業者の販売価格を比較対照価格とする二重価格表示は，いわゆる市価を比較対照価格とする場合と，特定の競争事業者の販売価格を比較対照価格とする場合の2類型が存在するが，いずれについても，このような二重価格表示をみた一般消費者は，通常，同一の商品について代替的に購入し得る事業者の最近時の販売価格との比較が行われていると認識するものと考えられるため，そのようにはいえない価格を比較対照価格に用いると，不当表示に該当するおそれがある（第4, 4(1)）。

ここで「同一の商品について代替的に購入し得る事業者」とは，自己の顧客である一般消費者が日常的に行う消費活動の範囲内に所在する事業者のことをいう。別の言い方をすれば，自己が販売している地域内において競争関係にある事業者のことであり，その範囲の広狭は，事業者の規模・事業形態（例えば，インターネットの通信販売であれば，競争関係にある事業者は全国に広がり得る），対象となる商品の種類，当該地域の交通事情等により差があり，一律の基準を確定することは困難であるが，少なくとも自己が通常競争関係にあると認識している事業者は含まれることになろう。

5　有利誤認表示

b 市価について

前記で述べた考え方に加え，特に市価を比較対照価格とする二重価格表示について，価格表示ガイドラインは，「当該事業者が販売している地域内において競争関係にある事業者の相当数の者が実際に販売している価格を正確に調査することなく表示する場合には，不当表示に該当するおそれがある。」としている。

このうち，「当該事業者が販売している地域内において競争関係にある事業者」とは，前記 a で述べた「同一の商品について代替的に購入し得る事業者」と内容において差はない。また，「相当数」については，競争関係にある事業者を可能な限り広範に包含する必要があり，その際，比較的価格が高い事業者に偏って選別するような方法は認められない。このような事業者の最近時における実際の販売価格を正確に調査して算出したものでなければ，市価として比較対照価格に用いることはできないのである。

このように，市価は，希望小売価格や事業者の過去の販売価格と比較して客観性が損なわれやすく，これを比較対照価格とした表示は，不当表示となるリスクが高いため，正確な調査を行い客観性が担保されるよう，十分な配慮が必要である。

c 特定の競争事業者の販売価格について

特定の競争事業者の販売価格を比較対照価格とする二重価格表示について，価格表示ガイドラインは，「競争事業者の最近時の販売価格を正確に調査するとともに，特定の競争事業者の販売価格と比較する場合には，当該競争事業者の名称を明示する必要がある。」としている。

d 「最近時の販売価格」について

(a) 考え方

市価であれ特定の競争事業者のものであれ，競争事業者の販売価格を比較対照価格に用いた二重価格表示を行う場合には，前記 b で述べたように「最近時の販売価格」を比較対照価格に用いなければならない。

ここでいう，「最近時の販売価格」とは，表示をする時点における競争事業者の最新の販売価格であって，当該事業者の通常の価格変化の状況に

照らし，以下のようなものでなければならないと考えられる。

① 店頭表示のように表示が実際のセールと同時に行われ，当該表示が一定
　期間継続するものについては，表示が行われるすべての時点で，競争事業者
　において実際に販売されていると考えられる価格
② チラシ広告等のように実際のセールよりも前に表示が行われるものについ
　ては，表示後の実際のセール期間中に，競争事業者において実際に販売され
　ていると考えられる価格

　①②のいずれにおいても，「実際に販売されていると考えられる価格」
とあるが，これは，競争事業者の価格を比較対照価格に用いようとする事
業者が単に主観的にそのように推定しているだけでは不十分である。この
ような表示は，競争事業者の最新の販売価格を調査しただけではなく，当
該事業者における価格変化の状況を把握した上で行われる必要があり，そ
の把握が不十分な場合，以下の(b)と(c)で述べるように不当表示に該当する
おそれがある。

　(b)　店頭表示の場合

　店頭表示のようにセール期間において一定期間継続する表示について
は，競争事業者の最新の販売価格と通常の価格変化の状況を調査し，客観
的にみて当該価格が変化しない（通常の価格変化の状況からみて，その最新
の販売価格が使われ続けている）と想定できる期間の範囲内に限って，当該
価格を比較対照価格に用いた二重価格表示が可能である。

　例えば，競争事業者はどんなに短くとも販売当初の1週間において価
格を変えないと客観的に想定できるときは，当該期間内において競争事業
者の販売価格を比較対照価格とした二重価格表示を行うことが可能である
（もちろん，想定に反して競争事業者が価格を変えたときは，その時点で速やか
に表示を改めなくてはならない）。

　他方，競争事業者の最新価格の調査はしたものの，通常それがどれくら
いの期間使用されるのかを把握せず，または，把握していたにもかかわら
ずそれを無視して，競争事業者において既に当該価格が使われていないと
考えられる期間にわたって表示を続けた場合に，実際に競争事業者におい

5　有利誤認表示　　145

て当該価格で販売されていないときは，当該表示は不当表示に該当するおそれがある。

(c) チラシ広告等の場合

チラシ広告等のようにセールに先行して行われる表示についても，店頭表示の場合と同様に，競争事業者の最新の販売価格と通常の価格変化の状況を調査し，客観的にみて，チラシ作成時点で調査した最新の価格が，後に行われるセール期間中においても競争事業者において使われ続けていると想定できるのであれば，当該価格を用いた二重価格表示は可能である。

他方，客観的にみて実際のセールの時点ではもはや使われていないと考えられる価格を比較対照価格に用いた二重価格表示を，セールに先立ってチラシにおいて行った場合に，実際に競争事業者において当該価格で販売されていないときは，当該表示は不当表示に該当するおそれがある。

なお，(b)および本項(c)の場合において，競争事業者の価格変化の状況を把握する際には，比較される競争事業者の反応も考慮に入れる必要がある。例えば，特定の競争事業者の販売価格を当該競争事業者の名称とともに比較対照価格に用いた場合，当該競争事業者が対抗的に価格を引き下げる可能性は十分に考えられる。この結果，競争事業者が通常よりも短い期間で価格を変更するのであれば，変更前の価格を比較対照価格に用いた二重価格表示は，店頭表示ではごく短期間しか行い得ず，チラシ広告においてはそもそも実施が難しくなる場合もあると考えられる。

e 不当表示に該当するおそれのある表示（第4，4(2)）

価格表示ガイドラインでは，競争事業者の販売価格を比較対照価格に用いる次のような二重価格表示は，不当表示に該当するおそれがあるとしている。

① 最近時の市価よりも高い価格を市価として比較対照価格に用いること。

（事例）

・ A人形店が，「陶製人形　市価9000円のものを3500円」と表示しているが，実際には，当該商品と同一の商品について，A人形店が販売して

146　第2章　不当な表示

いる地域内における他の人形店では，最近時において 3000 円から 4000
円で販売されているとき。

② 最近時の競争事業者の販売価格よりも高い価格を当該競争事業者
の販売価格として比較対照価格に用いること。

（事例）

・ A 時計店が，「○○製時計　B 時計店横浜店 10 万 8000 円の品　8 万円」
と表示しているが，実際には，当該商品と同一の商品について，B 時計
店横浜店では最近時において 7 万円で販売されているとき。

③ 商圏が異なり一般消費者が購入する機会のない店舗の販売価格を
比較対照価格に用いること。

（事例）

・ A スーパー福岡店が，「紳士用皮革ベルト　B スーパーで 1 万 2000 円
の品　7800 円」と表示しているが，実際には，当該比較対照価格は事実
上福岡地域の一般消費者が購入する機会のない B スーパーの長崎店の販
売価格であるとき。

④ 販売する商品と同一ではない商品（中古品等を販売する場合におい
て，新品など当該商品の中古品等ではない商品を含む）について，競
争事業者が販売している価格を比較対照価格に用いること。

（事例）

・ A 電器店が，「衛星放送内蔵テレビ（25 インチ）　B 電器店の販売価格
18 万 5000 円の品　14 万 8000 円」と表示しているが，実際には，当該
比較対照価格は当該商品の性能を一層向上させた後継機種の販売価格で
あるとき。

㋖ 他の顧客向けの販売価格を比較対照価格とする二重価格表示（第 4，
5）

a 基本的考え方（第 4，5(1)）

顧客によって販売価格に差がある場合に，一般消費者は，それぞれの販
売価格が適用される顧客の条件の内容とその販売価格の差を比較した上で
商品選択を行うこととなることから，他の顧客向けの販売価格を比較対照

5　有利誤認表示　　147

価格とする二重価格表示は，それぞれの販売価格が適用される顧客の条件の内容等について，実際と異なる表示を行ったり，あいまいな表示を行うときには不当表示に該当するおそれがある。

b 不当表示に該当するおそれのある表示（第4，5(2)）

価格表示ガイドラインでは，他の顧客向けの販売価格を比較対照価格とする次のような二重価格表示は，不当表示に該当するおそれがあるとしている。

① 会員制の販売方法において非会員価格を比較対照価格に用いる場合

容易に会員になることが可能であって，その価格での購入者がほとんど存在しないと認められる販売価格を非会員価格として比較対照価格に用いること。

（事例）

・ A宝飾店が，「K18 ダイヤモンドピアス 非会員価格5万円 会員価格2万4980円」と表示しているが，実際には，購入を希望する一般消費者は誰でも容易に会員となることができ，非会員価格で販売されることはほとんどないとき。

② 需要のピーク時における販売価格を比較対照価格に用いる場合

需要のピーク時とオフ時で販売価格の差が大きく，かつ，ピーク時の期間が特定の時期に限定されている場合において，オフ時の販売価格を表示する際に，ピーク時の販売価格を，「当店標準価格」等当該事業者における平均的な販売価格であるとの印象を与える名称を付して比較対照価格に用いること。

（事例）

・ Aリゾートホテルが，「宿泊料金（ツイン1泊2日食事なし）標準料金1人当たり4万円のところ○月○日～○日に限り2万円」と表示しているが，実際には，当該比較対照価格は宿泊客が多い特定の期間において限定的に適用されている価格であるとき。

148 第2章 不当な表示

> **COLUMN** 海外市価を比較対照価格とする二重価格表示
>
> 「市価」を比較対照価格とする二重価格表示については，価格表示ガイドラインで考え方が示されている。これによると，「商圏が異なり一般消費者が購入する機会のない店舗の販売価格を比較対照価格に用いること。」を不当表示に該当するおそれのある表示としており（第4，4(2)ウ），海外市価を比較対照価格とする二重価格表示は不当表示となるおそれがある。

(ク) 割引率または割引額の表示（第5）

a 基本的考え方（第5，1）

(a) 割引率等の表示（第5，1(1)）

割引率や割引額を用いた表示は，一般的な二重価格表示のように比較対照価格と販売価格を併せて表示するものではなく，実際の販売価格の算出の基礎となる価格（比較対照価格）とそこからの割引の率や額の表示を行うものである。

「算出の基礎となる価格」には，二重価格表示と同様に，過去の販売価格や希望小売価格等が用いられることがあるが，このような割引率等の表示をみた一般消費者は，当該表示に基づき実際の販売価格を算出することになるので，結局のところ，割引率等の表示は，一般的な二重価格表示と同様の効果を持つ表示であると考えられる。

このため，割引率等の表示については，基本的に二重価格表示と同じ考え方で判断すべきであり，算出の基礎となる価格や割引率または割引額の内容等について実際と異なる表示を行ったり，あいまいな表示を行う場合には，一般消費者に販売価格が安いとの誤認を与え，不当表示に該当するおそれがある（第5，1(1)）。

なお，例えば，希望小売価格を比較対照価格として過去の販売価格を表示し（二重価格表示），さらに，その過去の販売価格からの割引率を表示するといった形で，一般的な二重価格表示と割引率等の表示を組み合わせた価格表示も存在するが，このような表示については，二重価格表示と割引率等の表示に該当する部分について，それぞれ景品表示法上の問題の有無を判断していくことになる。

(b)　一括的な割引率または割引額の表示（第5，1(2)）

　割引率または割引額の表示で特に問題となるものとして，「店内全品〇％OFF」や「冷凍食品全品〇〇円引き」といったように，事業者の扱う全商品や特定の商品群を一括しての割引率等の表示がある（これに対し，一般的な二重価格表示は，価格がはっきりと表示されることから，個別の商品ごとに行われることが多い）。

　価格表示ガイドラインは，このような一括的な割引率等の表示については，算出の基礎となる価格に正しい根拠のある価格を用い，それがどのようなものであるか明示することに加え，「適用される商品の範囲及び適用されるための条件について明示することにより，一般消費者が誤認しないようにする必要がある。」としている。実際に割引の対象となる商品の範囲と異なって，より多くの商品が割引されるかのように表示することや，割引が適用されるための条件があるにもかかわらず，それを記載せず，無条件で割引が行われるかのように表示する場合には，当該表示は，不当表示に該当するおそれがある。

　なお，「今ついている価格から〇％OFF」や「値札価格からレジにて〇〇円引き」といったように，一括的な割引率等の表示に際して，算出の基礎となる価格として商品本体や，商品の陳列棚に付された価格を用いる場合がある。このような表示について，価格表示ガイドラインは，現にそれまで販売されていた商品について，それまで適用されてきた販売価格から支払時に割引が行われるものであれば，(c)に後記する一定の例外を除いて，タイムサービスにおける二重価格表示（前記(エ)参照）と同様に，通常は不当表示に該当するおそれはないとしている。

(c)　表示価格からの割引表示で不当表示に該当するおそれのあるもの
　　（第5，2）

　価格表示ガイドラインでは，表示価格からの割引表示で，不当表示に該当するおそれのあるものとして，以下の2つの場合を掲げている。

①　適用対象の限定が明示されていない場合（第5，2 ア）

　　　前記(b)のとおり，一括的な割引率等の表示において「適用対象と

なる商品が一部のものに限定されているにもかかわらず，その旨を明示しないで，小売業者の取り扱う全商品又は特定の商品群を対象とした一括的な割引率又は割引額を強調した表示を行うこと。」は不当表示に該当するおそれがある。

（事例）

・　A家具店が，適用される商品の範囲を明示しないで，「家具5割引セール」と強調して表示しているが，実際には，一部の商品のみが5割引の対象となっているにすぎないとき。

②　表示価格の引上げを行った場合等（第5，2イ）

　　「表示価格からの割引率若しくは割引額又はポイント還元率（以下「割引率等」という）を用いた表示を行う場合に，(i)表示価格をいったん引き上げた上で割引率等を用いた表示を行うこと，又は(ii)セール実施の決定後に販売が開始された商品を対象として割引率等を用いた表示を行うこと。」は不当表示に該当するおそれがある。

　　このうち(i)については，一般消費者に割安感は与えつつ，実質的な販売価格の低下を避けるために，セールの間際にいったん価格を引き上げるというものであり，算出の基礎となる表示価格はみせかけのものと評価され得るのである。

　　また，(ii)は，過去の販売価格を比較対照価格とする際にセール実施の決定後に販売が開始された商品について二重価格表示を行う場合の考え方（前記イ(イ)）と同じである。すなわち，割引セールの実施が決定され，その後，セールの直前に販売が開始される商品については，セールでの販売価格（割引後の価格）がどのようになるかは分かっているのであり，割引率等は維持しつつ，実質的な販売価格が下がらないように販売開始時の価格（算出の基礎となる表示価格）をあえて高めに設定し得る。このため，このような場合の算出の基礎となる表示価格はみせかけのものであるおそれがあり，不当表示に該当するおそれがある。これはセールの期間中に販売を開始した商品についても同様である。

5　有利誤認表示　　151

（事例）

・　A衣料品店が，「春物スーツ　表示価格から3割引」と表示しているが，実際には，適用対象となる商品の表示価格がセール直前に引き上げられているとき。

・　Aスーパーが，「ワイン全品　土曜日，日曜日2日間に限り店頭価格から3割引」と表示しているが，実際には，適用対象となる商品のうち，一部の商品がセール実施の決定後に販売が開始された商品であるとき。

・　A電器店が，「エアコン全品　ポイント還元5％アップ」と表示しているが，実際には，適用対象となる商品の表示価格がセール直前に引き上げられているとき。

b　不当表示に該当するおそれのある表示（第4，2ウ，エ）

　価格表示ガイドラインでは，割引率等の表示について，前記a(c)に加え，次のような場合は，不当表示に該当するおそれがあるとしている。

　①　最大割引率または最大還元率が適用されるのは一部のものに限定されているにもかかわらず，取り扱う全商品または特定の商品群について，個々の商品ごとに割引率等を表示せずに，一定の幅の割引率等で，かつ，最大割引率または最大還元率を強調した表示を行うことにより，あたかも多くの商品について最大割引率または最大還元率が適用されるかのような表示を行うこと。

（事例）

・　A電器店が，個々の商品ごとに割引率を表示せずに「☆マークがついている商品は，5〜20％値引きします」と表示し，かつ，「5％」を著しく小さく記載し，「20％」を大きく強調して表示することにより，あたかも多くの商品について「20％」の割引が適用されるかのように表示しているが，実際には，20％の割引の対象となるのは一部の商品に限定されているとき。

・　A電器店が，個々の商品ごとにポイント還元率を表示せずに「全商品10％，15％，20％ポイント還元」と還元率が大きくなるにつれて文字を大きく表示し，かつ，「20％」を強調して表示することにより，あたか

152　　第2章　不当な表示

も多くの商品について「20％」のポイント還元が適用されるかのように表示しているが，実際には，20％のポイント還元の対象となるのは一部の商品に限定されているとき。

②　任意に設定した価格を算出の基礎として，割引率または割引額の表示を行うこと。

（事例）

・　Aゴルフ用品製造販売業者が，「チタンクラブ　8万円の品　3割引　5万6000円」と表示しているが，実際には，算出の基礎となる価格が任意に設定された価格であるとき。

㋖　販売価格の安さを強調するその他の表示（第6）

a　基本的考え方（第6，1）

ⓐ　安さの理由・程度を説明する用語を用いた表示

小売業者が自らの販売価格の安さを強調するために，販売価格の安さの理由・程度を説明する用語（例えば，安さの理由を説明する「倒産品処分」，「工場渡し価格」等の用語，安さの程度を説明する「大幅値下げ」，「他店より安い」等の用語）を用いた表示を行う場合について，販売価格が安いという印象を与えるすべての表示が景品表示法上問題となるものではないが，販売価格が通常時等の価格と比較してほとんど差がなかったり，適用対象となる商品が一部に限定されているにもかかわらず，表示された商品の全体について大幅に値引きされているような表示を行うなど，実際と異なって安さを強調するものである場合には，不当表示に該当するおそれがある（第6，1第2段落）。

このため，安さの理由・程度を説明する用語等を用いて，販売価格の安さを強調する表示を行う場合には，適用対象となる商品の範囲と条件を明示するとともに，安さの理由や安さの程度について具体的に明示する必要がある。

ⓑ　競争事業者の店舗の販売価格よりも自店の販売価格を安くする等の広告表示

競争事業者の店舗の販売価格よりも自店の販売価格を安くする等の広告

5　有利誤認表示　　153

表示については，適用対象となる商品について，一般消費者が容易に判断できないような限定条件を設けたり，価格を安くする旨の表示と比較して著しく小さな文字で限定条件を表示するなど，限定条件を明示せず，価格の有利性を殊更強調する表示を行うことは，不当表示に該当するおそれがある（第6, 1第3段落）。

近年，一部の家電量販店においては，競争関係にある特定の他店の名称を挙げて，対象となる商品の範囲等を示さず，また，安くする商品に限定条件があるのに，その条件を明示せず，「当店はＡさんよりお安くします！」という表示が行われることがあり，その取扱いが問題となることがある。

このような表示が景品表示法上問題となるかどうかは，当然のことながら，景品表示法の規定（「著しく有利であると一般消費者に誤認される」かどうか）に直接照らして個別事案ごとに判断される（第1, 3）が，その際には，これらの表示により一般消費者が抱くであろう認識についての評価が必要である。

すなわち，当該表示の内容・方法，両店舗における値引販売の状況，両店舗間の競争状況等によっては，当該表示をみた一般消費者が，①「全商品が必ずＡ量販店よりも安く購入できる。」という確定的な認識を抱くのではなく，②「高額商品や売れ筋商品についてはＡ量販店よりも安い店頭価格が表示されているだろう。また，店頭表示価格が安くなっていない場合には，店員との相対の交渉によって値引きを受ける余地があるだろう。」という程度の期待をするにとどまる場合も存在すると考えられる。

そして，一般消費者の認識がせいぜい②の程度にとどまるような場合において，実際に一般消費者が②のような期待をするに沿う実態が存在すれば，当該表示は「著しく有利であると一般消費者に誤認される」ものではなく，景品表示法上の問題とはならないと考えられる。

CASE 2-40 ㈱ヤマダ電機対㈱コジマの件

(東京高判平成 16 年 10 月 19 日（平成 16 年（ネ）第 3324 号）)

家電量販店である㈱コジマが行った「当店はヤマダさんよりお安くし（て）ます」等の表示が不当表示等に当たるとして，競争事業者である㈱ヤマダ電機が損害賠償等を求める民事訴訟を起こしたが，不当表示等には該当しないとして，㈱ヤマダ電機の主張が退けられた事案が存在する。

判決では，本件表示が適用対象とする商品の範囲の明示はないものの，「全商品」「全品」という記載が明確になされているわけではないこと，比較の対象となる㈱ヤマダ電機の価格が店頭表示価格または値引き後価格のいずれであるかについても特定されていないこと，および，表示が掲示されている場所は店舗の外壁等であって個々の商品に付されているものではないことから，本件表示は概括的・包括的内容のものであり，本件表示に接した消費者は，一般的に，これを価格の安さで知られる㈱ヤマダ電機よりもさらに安く商品を売ろうとする㈱コジマの企業姿勢の表明として認識するにとどまるとした。

また，少なくない消費者は，本文(b)中の②のような期待を抱くと考えられるものの，本文(b)中の①のような確定的な認識を抱く者の数は，以下のような理由から，それほど多くなく，①のような認識は一般消費者の認識とはいえないとした。

・ 今日の家電量販店の取り扱い品目は数千点以上に及び，各事業者は頻繁にその店頭表示価格を変更している。このような事実に照らすと，取り扱い品目のすべてについて競合他店における同一商品の店頭表示価格を日々調査するのは不可能であり，そのことは一般消費者にとってそれほど理解困難なことではない。

・ ある特定の商品に関する㈱ヤマダ電機の値引き後価格を㈱コジマが調査することはできず，また，顧客が㈱ヤマダ電機の値引き後価格を告げて㈱コジマの店員と値引き交渉する際も，顧客の申告だけでは真実そのような値引き後価格が提示されたことを確認するのは容易ではないから，その価格が極端に安い場合などは，㈱コジマの店員が顧客の言を信用せず，値引きに応じないこともあり得る。このようなことは値引き交渉において一般的にしばしば起こり得ることであるから，一般消費者にとって予想でき

5 有利誤認表示 155

ることである。

・ ㈱ヤマダ電機がその販売価格の安さで著名であることについては当事者間で争いがなく，そうすると，㈱ヤマダ電機よりもさらに安い価格で販売することは，多くの企業にとっては原価割れの危険を含むものであり，そのような価格引下げにはおのずと限度があることもそれほど理解困難なことではない。したがって，商品によっては，あるいは㈱ヤマダ電機の価格によっては，㈱コジマがこれよりも安くしない（できない）場合があることも，一般消費者にとって十分予想できることである。

・ 激烈な価格競争を繰り広げている近時の家電量販店の業界においては，㈱ヤマダ電機および㈱コジマの双方が相手方の価格の推移をみながら１日数回にわたる値下げを日常的に行っていることが認められるように，ある時点における価格を特定してこれを比較することがそもそも困難になっているということができる。

・ このような状況の下では，一般消費者にとって，ある時点における両方の店舗の価格を正確に比較することはそもそも不可能となっている。例えば，㈱コジマの店頭表示価格が㈱ヤマダ電機の店頭表示価格よりも安いと思って購入した場合にも，その時点では既に㈱ヤマダ電機の店頭表示価格がさらに引き下げられているかもしれないし，㈱ヤマダ電機の店舗に再度足を運べばさらに値引きを受けられた可能性もある。したがって，本件各表示に接した消費者は，一般的に㈱コジマの店舗の方が常に結果的に有利になるとまで認識するとは限らない。

そして，判決は，㈱コジマによる㈱ヤマダ電機の価格の調査状況（毎日１回ないし数回㈱ヤマダ電機の主力商品の店頭表示価格を確認する価格調査を行い，その結果，㈱ヤマダの店頭表示価格の方が安くなっていることが判明した商品については直ちに対抗した値下げを行う）および㈱コジマの店頭顧客対応の状況（㈱ヤマダ電機の価格として来店客が申告するものに特段の疑いがなければ，即座にこれと同額またはそれ以下までの値引きに応じるという基本的な姿勢で対応し，この方針が㈱コジマの全従業員に徹底されている）に鑑みると，一般消費者が本文(b)中の②のような期待をするに沿う実態があるとして，景品表示法上の問題はないとした。

b　不当表示に該当するおそれのある表示（第6，2）

　価格表示ガイドラインでは，販売価格の安さを強調する次のような価格表示は，不当表示に該当するおそれがあるとしている。

①　通常時等の価格と比較して特に安くなっている商品がなかったり，一部に限定されているにもかかわらず，安さの理由を説明する用語を用いて，表示された商品の全体について販売価格が特に安くなっていることを強調する表示を行うこと。

（事例）

・　A寝具店が，「製造業者倒産品処分」と強調して表示しているが，実際には，表示された商品は製造業者が倒産したことによる処分品ではなく，当該小売店が継続的に取引のある製造業者から仕入れたものであり，表示された商品の販売価格は従来と変わっていないとき。

・　A人形店が，「ひな人形商品全品工場渡し価格により御奉仕」と強調して表示しているが，実際には，工場渡し価格により販売される商品は表示された商品のうち一部の商品に限定されているとき。

②　通常時等の価格と比較して特に安くなっている商品がなかったり，一部に限定されているにもかかわらず，安さの程度を説明する用語を用いて，表示された商品の全体について販売価格が特に安くなっていることを強調する表示を行うこと。

（事例）

・　Aスポーツ用品店が，「他店よりも販売価格を安くします」と強調して表示しているが，実際には，表示された商品について，他店よりも安い価格で販売を行わないとき。

・　A衣料品店が，「冬物衣料全品大幅値下げ断行！」と強調して表示しているが，実際には，「当店通常価格」よりも特に安くなっている商品は表示された商品のうちの一部の商品に限定されているとき。

・　A電器店が，「他店チラシ掲載売価より更に10％以上安くします」と強調して表示しているが，実際には，他店のチラシ価格と価格比較できる商品は表示された商品のうちの一部の商品に限定されているとき，また

は他店のチラシ価格よりも価格が安く設定されていない商品があるとき。

ウ　その他の価格に係る有利誤認表示（消費税関係）

　消費税の円滑かつ適正な転嫁の確保のための消費税の転嫁を阻害する行為の是正等に関する特別措置法（平成 25 年法律第 41 号）（以下「消費税転嫁対策特別措置法」という）では，同法第 10 条第 3 項の規定により，自己の供給する商品または役務の税込価格を表示する場合において，消費税の円滑かつ適正な転嫁のため必要があるときは，税込価格に併せて，消費税を含まない価格（以下「税抜価格」という）または消費税の額を表示する旨が定められていた。そして，同法第 11 条では，同法第 10 条第 3 項の規定に従って税込価格と税抜価格を併記する場合，その表示方法によっては，一般消費者に対し，当該表示価格が税込価格でないにもかかわらず税込価格であるとの誤認を与え，景品表示法第 5 条第 2 号（有利誤認）に該当する可能性があるとしている。一方で，税込価格が明瞭に表示されている場合には，価格について一般消費者に誤認を与えることとはならないため，景品表示法第 5 条の適用が除外される旨が確認的に規定されていた。

　消費者庁は，平成 25 年 9 月，「総額表示義務に関する消費税法の特例に係る不当景品類及び不当表示防止法の適用除外についての考え方」を公表し，この中で以下のように税込価格が明瞭に表示されているか否かの考え方を示している。

　なお，消費税転嫁対策特別措置法は，令和 3 年 3 月 31 日（「所得税法等の一部を改正する法律」（平成 27 年法律第 9 号）の施行により，失効期限が平成 29 年 3 月 31 日から平成 30 年 9 月 30 日に延長され，「社会保障の安定財源の確保等を図る税制の抜本的な改革を行うための消費税法の一部を改正する等の法律等の一部を改正する法律」（平成 28 年法律第 85 号）の施行により，失効期限が平成 33（令和 3）年 3 月 31 日に再延長）をもって失効した時限立法であるが，同法の失効後であっても，税込価格と税抜価格を併記する場合における景品表示法の考え方に変更を及ぼすものではない。

　税込価格に併せて税抜価格を表示する場合に，表示媒体における表示全

158　第 2 章　不当な表示

体からみて，税込価格が一般消費者にとってみやすく，かつ，税抜価格が税込価格であると一般消費者に誤解されることがないように表示されていれば，税込価格が明瞭に表示されているといえる。この判断に当たっては，基本的に以下の(ア)～(ウ)の要素が総合的に勘案される。このほか，例えば，一般消費者が手にとってみるような表示物なのか，鉄道の駅構内のポスター，限られた時間のテレビコマーシャル等，一般消費者が離れた場所から目にしたり，短時間しか目にすることができないような表示物なのかなど，表示媒体ごとの特徴も，税込価格が明瞭に表示されているか否かの判断に当たって勘案される場合がある。また，主に走行中の車の中にいる者を対象とした看板等の場合，表示価格が税込価格でないことを歩行者が明瞭に認識できるだけでは不十分であり，走行中の車の中からでも明瞭に認識できるような表示とする必要がある[注]。

（注）　消費税総額表示制度の導入後に，ガソリンスタンドにおいてガソリンの販売価格をサインポールまたは看板に表示するに当たり，税抜価格を記載したことが景品表示法に違反するおそれがあるとして警告が行われた事例がある（平成 17 年 12 月 27 日公正取引委員会警告）。

(ア)　税込価格表示の文字の大きさ

税込価格表示の大きさが著しく小さいため，一般消費者が税込価格を見落としてしまう可能性があるか否か。

(イ)　文字間余白，行間余白

余白の大きさ，一定幅当たりの文字数等から，税込価格が一般消費者にとってみづらくないか。

(ウ)　背景の色との対照性

例えば，明るい水色，オレンジ色，黄色の背景に，白色の文字で税込価格を表示するといったように分かりにくい色の組合せになっていないかどうか。

背景の色と税込価格の表示の文字の色とは，対照的な色の組合せとすることが望ましい。また，背景の色と税込価格の表示の文字の色との対照性が必ずしも十分ではない場合には，税込価格の表示に下線を引くなどによっ

て，税込価格が一般消費者にとって見やすく，かつ，税抜価格が税込価格であると一般消費者に誤解されることがないように表示する必要がある。

　また，消費者庁は，平成25年9月，「消費税の転嫁を阻害する表示に関する考え方」を公表し，この中で以下のように消費税率の引上げに伴う表示に関する景品表示法の考え方を示している。

　消費税に関連して，販売価格または料金の額（以下「販売価格等」という），当該販売価格等が適用される商品または役務の範囲，当該販売価格等が適用される顧客の条件等について事実に反する表示を行うことは，一般消費者に当該事業者の販売価格等が実際のものまたは当該事業者との同種もしくは類似の商品もしくは役務を供給している他の事業者に係るものよりも著しく有利であるとの誤認を生じさせ，景品表示法第5条第2号が禁止する不当表示（有利誤認）に該当するおそれがある。

　例えば，次のような表示は，景品表示法上問題となるおそれがある。

① 消費税率引上げ前の相当期間にわたって販売されていた価格とはいえない価格にもかかわらず，当該価格で消費税率引上げ以降も販売しているかのような「価格据え置き」等の表示

② 消費税率の引上げに際して，商品の内容量を減らしているなど，当該商品の販売価格に影響する要素が同一ではないにもかかわらず，その旨を明確に示さずに行う「価格据え置き」等の表示

③ 実際には，その小売事業者が過去の販売価格等より消費税率の引上げ幅または消費税率と一致する率の値引きをしていないにもかかわらず，これらの率を値引きしているかのような「8％値引き」，「10％値引き」等の表示

④ 二重価格表示（自己の販売価格に当該販売価格よりも高い他の価格（以下「比較対照価格」という）を併記して表示することをいう）を行う場合に，税抜きの販売価格等の比較対照価格として，税込みのメーカー希望小売価格等を用いる表示

⑤ 消費税率の引上げに際して，事業者の販売価格等について，実際には消費税率の引上げ分相当額を超えて値上げしたにもかかわら

ず，消費税率の引上げ分相当額しか値上げしていないかのような表示

⑥　非課税の商品または役務は，土地，有価証券などごく限られているのに，それ以外の商品または役務について，消費税が課税されていないかのような表示

⑦　免税事業者でないにもかかわらず，免税事業者であるかのような表示，または免税事業者と取引していないにもかかわらず，免税事業者と取引しているかのような表示

また，令和元年 10 月からの消費税率の引上げに際しては，食品等一部の商品に軽減税率制度が導入され，テイクアウトおよび出前には軽減税率が適用されることとなる一方で，店内飲食には標準税率が適用されることとなった。これに伴い，店内飲食の方が税込価格が高いにも関わらず，テイクアウト等の場合であることを明瞭に表示せず，その税込価格のみを表示している場合には，一般消費者に店内飲食の価格が実際の価格よりも安いとの誤認を与えてしまい，景品表示法第 5 条第 2 号が禁止する不当表示（有利誤認）に該当するおそれがあることに注意が必要である（消費者庁ウェブサイト「消費税の軽減税率制度の実施に伴う価格表示について」）。

CASE 2-41　　㈲菊池商事および㈱プレイズに対する措置命令
　　　　　　　　（令和 3 年 12 月 16 日）

㈲菊池商事は，レギュラーガソリン，ハイオクガソリンおよび軽油（以下「本件 3 商品」という）を一般消費者に販売するに当たり，例えば，令和 3 年 5 月 31 日に「セルフプレミアム」と称するガソリンスタンドの看板において，「レギュラー 129」，「ハイオク 139」および「軽油 109」と価格を表示するなど，あたかも，本件 3 商品の価格が消費税を含めた価格（以下「税込価格」という）であるかのように表示していたが，実際には，税込価格ではなかった。

㈱プレイズは，本件 3 商品を一般消費者に販売するに当たり，例えば，令和 3 年 10 月 10 日に「糸島セルフサービスステーション」と称するガソリンスタンドの看板において，「ハイオク 148」，「レギュラー 138」および「軽油 117」と価格を表示することにより，あたかも，本件 3 商品の価格が税込

5　有利誤認表示　　161

価格であるかのように表示していたが，実際には，税込価格ではなかった。

(3) その他の取引条件に係る有利誤認表示

ア 数量に関する有利誤認表示

- 普通の者には3人前の分量しかないフルーツポンチの缶詰に「5人前」と表示したもの。
- 特別の表示がなければ一定の数量を単位として取引されることが社会通念上常識化している商品について，一定の数量に満たない単位で取引するのにその旨を表示していないもの。
- 「マッサージ50分○○円」と表示しているにもかかわらず，実際には40分しか行わないもの。

> **COLUMN** 増量表示
>
> 「お買い得！20％増量」のように，その内容量を増量した旨を示す様々な表示（以下「増量表示」という）が行われている。
>
> 増量表示を行う事業者は，増量の内容や「期間限定」，「数量限定」等の内容について，事実に基づき適切な観点から，当該表示の意味や根拠が一般消費者に容易に認識されるように留意する必要がある。
>
> 例えば，従来品の販売が終了した後，その後従来品と同一の内容量の商品を販売する予定がないのに，「今だけ10％増量中」という表示をしたり，増量表示された商品の販売期間が長期間にわたっており増量された商品の内容が恒常化していると評価できる場合には，一般消費者に対し，実際の取引条件よりも著しく有利であると誤認されるおそれがある。
>
> なお，増量表示がどの程度の期間なされたら不当表示となるおそれがあるかについては，当該商品の性質，商品の販売実態等を踏まえ，社会通念に従って判断することとなる。

イ 支払条件（手数料）に関するもの

- 外貨定期預金について，「預け入れ金額1000万円　1年間の受取利

162　第2章　不当な表示

息合計額○○円」と表示していたが，実際には，預入時と払戻期にそれぞれ為替手数料が徴収されるため，為替相場に変動がない場合に，預金者が実際に受け取ることができる実質的な利息相当額は，表示された金額を下回る額にすぎなかったもの（シティバンク，エヌ・エイおよび㈱新生銀行に対する警告（平成16年5月28日））。

ウ 景品類に関するもの

・ 「高級貝パールネックレスが当たる特売セール」と表示していたが，実際に提供する景品は市価400円程度の人造真珠ネックレスであったもの。

・ 「通常16万円の香港旅行について，往復航空運賃を当社負担により9万8800円の会費でお客様を招待する謝恩セール実施中」と表示していたが，実際には団体割引を利用することにより会費だけで費用を賄っていたもの。

・ 「高級組ふとん，マットレス等の寝具セット購入者全員を4泊5日の北海道観光旅行にご招待」と表示していたが，実際には通常の小売価格に旅行費用を上積みした価格で販売していたもの。

実際に提供される景品類の数が表示された当選者数に比して過小であった事例として，グリー㈱に対する措置命令（平成29年7月19日）がある。

CASE 2-42 グリー㈱に対する措置命令
（平成29年7月19日）

グリー㈱は，自社が供給するオンラインゲームにおけるアイテムの使用許諾を一般消費者に提供するに当たり，フィーチャーフォン向け自社ウェブサイト上において，当該ウェブサイトで実施した「超豪華プレゼント！年末年始キャンペーン」と称する，一般消費者が所定のオンラインゲームにおいてアイテムの使用許諾を得るために「GREEコイン」と称する仮想通貨を1,000枚使用するごとに抽せん券を1枚付与し，当該抽せん券を用いた応募者の中から抽せんにより景品類の提供の相手方を定める景品類の提供企画につい

---

5 有利誤認表示　　163

て，例えば，「スマートグラス MOVERIO　当選本数 100 本」,「Digital Sound Projector（ホームシアター）　当選本数 100 本」と記載するなど，あたかも，当該懸賞企画においてはそれぞれの景品類についてフィーチャーフォン向け自社ウェブサイト上に記載された当選本数と同数の景品類が提供されるかのような表示をしていたが，実際には，当該懸賞企画においては，フィーチャーフォン向け自社ウェブサイト上に記載された当選本数を下回る数の景品類の提供を行っていた。

エ　その他の取引条件に関するもの

- 家電製品について，「5 年間の品質保証」や「無料修理」と表示しているにもかかわらず，実際には一部の部品についてのみしか品質保証や無料修理を行っていなかったもの。
- 着物の展示会を行うに際し，
  - (ⅰ) クイズに応募した者のうち数多くの正解者の中から抽選により大賞に入賞した 20 名のみが着物地の提供を受けることができるかのように，
  - (ⅱ) 展示会に展示されている振袖，訪問着等の着物地の中からいずれか 1 点を好みにより選ぶことができるかのように，
  - (ⅲ) 特別に安く設定された仕立代を負担するだけで着物の提供を受けることができるかのように，

  表示していたが，実際には，
  - (ⅰ) クイズに応募したほとんどすべての者を大賞に入賞した者とし，
  - (ⅱ) 大賞に入賞した者は，帯を購入することなしには，展示会に展示された着物地を自由に選択できず，
  - (ⅲ) 着物の仕立代は，大賞に入賞した者に対して特別に安く設定されたものではなく，着物地の原価の大部分が含まれており，かつ，着物地の提供を受ける者に高額な帯を購入するよう勧めていたもの（㈱京都キモノファッションセンターに対する排除命令（平成 14 年（排）第 25 号（平成 14 年 10 月 8 日）））。

・　住宅のガラスの出張取替えサービスを行う場合において，「3000 円
　〜，お近くの営業所から伺います」と表示しているにもかかわらず，
　実際にはガラス取替えの基本料金のみが 3000 円であり，別途出張料
　2000 円とガラス代金が請求される取引条件とされているもの。

COLUMN　期間限定表示

　期間を限定した上で，通常よりも安い価格，割引キャンペーン，ポイント付与キャ
ンペーンなどを訴求する表示（いわゆる「期間限定表示」）を行っているにも関わ
らず，実際には，期間経過後も当該キャンペーンが継続して行われていた場合，不
当表示の問題が生じ得る。

　例えば，「令和 2 年 1 月 1 日から令和 2 年 3 月 31 日まで　今だけお得！　1 万
円割引」というような期間限定表示を見た一般消費者は，その期間のみ商品・役務
の価格が 1 万円割引になると認識するが，実際には，当該期間経過後も同様の割引
が行われていた場合，当該表示は有利誤認表示として問題となる。以下，期間限定
表示について措置命令を行った主な事例を紹介する。

ア　弁護士法人アディーレ法律事務所に対する措置命令（平成 28 年 2 月 16 日）

　弁護士法人アディーレ法律事務所は，債務整理・過払い金返還請求に係る役務
を一般消費者に提供するに当たり，自社ウェブサイトにおいて，例えば，「返金
保証キャンペーン」，「2014　11 ／ 4 ㊇→ 11 ／ 30 ㊐」等と表示することにより，
あたかも，表示された期間内（約 1 か月の期間限定）において本件役務の提供を
申し込んだ場合に限り，過払い金返還請求の着手金が無料または値引きとなるか
のように表示していたが，実際には表示された期間後も当該キャンペーンを実施
していた。

イ　フィリップ・モリス・ジャパン㈲に対する措置命令（令和元年 6 月 21 日）

　フィリップ・モリス・ジャパン㈲は，例えば，「iQOS キット（バージョン 2.4）」
と称する商品を一般消費者に販売するに当たり，店頭表示物において，例えば，「今
ならアプリ・Web で会員登録すれば 4,600 円 OFF」，「会員登録キャンペーン期間：
2015 ／ 10 ／ 31 まで」等と表示することにより，あたかも，当該期間内または
期限までに，本件商品の購入に伴い会員登録を行った場合に限り，当該値引きが
適用されるかのように表示していたが，実際には，平成 27 年（2015 年）9 月 1
日から平成 29 年（2017 年）9 月 30 日までのほとんどすべての期間において，

5　有利誤認表示

本件商品について当該値引きが適用されるものであった。

ウ ㈱バンザンに対する措置命令（令和 5 年 1 月 12 日）

　㈱バンザンは，「メガスタ高校生」と称するオンライン個別学習指導に係る役務，「メガスタ医学部」と称するオンライン個別学習指導に係る役務，「メガスタ中学生」と称するオンライン個別学習指導に係る役務，「メガスタ私立」と称するオンライン個別学習指導に係る役務，「メガスタ小学生」と称するオンライン個別学習指導に係る役務（以下これらを併せて「本件 5 役務」という）を一般消費者に提供するに当たり，例えば，本件 5 役務について，自社ウェブサイトにおいて，令和 4 年 4 月 12 日および同月 30 日，「オンラインプロ教師メガスタ 『返金保証』と『成績保証』」，「ご不安なく始めていただくために，2 つの保証制度をご用意しています。」，「返金保証」，「4 ／ 30 まで」等と表示するなど，あたかも，表示された期限までに申し込んだ場合または入会前の学習面談を受けた場合に限り，入会金および 4 回分の授業料が返金される「返金保証」と称する制度（以下「返金保証制度」という）を利用できるかのように表示等をしていたが，実際には，表示された期限後に申し込んだ場合であっても，返金保証制度を利用できるものであった。

6 商品等の内容，取引条件以外の事項に係る不当表示（指定告示）

(1) 第 5 条第 3 号

ア 趣旨

　景品表示法には，同法自体に要件が定められている不当表示（優良誤認表示，有利誤認表示）のほかに，内閣総理大臣が指定する不当表示がある。これが，第 5 条第 3 号による指定告示である（指定は，告示によることから，「指定告示」と呼ばれる）。同号は「前 2 号に掲げるもの（※優良誤認表示，有利誤認表示）のほか，商品又は役務の取引に関する事項について一般消費者に誤認されるおそれがある表示であつて，不当に顧客を誘引し，一般消費者による自主的かつ合理的な選択を阻害するおそれがあると認めて内閣総理大臣が指定するもの」と規定している。

166　第 2 章　不当な表示

優良誤認表示，有利誤認表示に該当するような表示は，実際のもの等と異なり著しく優良・有利であると一般消費者を誤認させるものであり，直ちに規制されるべきであることから，法律により禁止されている。しかし，複雑な経済社会においては，これらだけでは，消費者の適正な商品選択を妨げる表示に十分に対応できない場合があると考えられたことから，第5条第3号において，景品表示法の運用機関である消費者庁の主任の大臣たる内閣総理大臣に不当表示を指定する権限が付与されたものである。

イ　指定の要件

　第5条第3号により，不当表示を指定するに当たっては，次の要件を満たす必要がある。

　なお，これらの要件は，指定に当たっての要件であり，一度指定された告示を個別の事案に適用するに当たっての要件ではない。

㈎　「商品又は役務の取引に関する事項」

　優良誤認表示は，「商品又は役務の品質，規格その他の内容」についての表示を，有利誤認表示は，「商品又は役務の価格その他の取引条件」についての表示を規制している。これに対し，第5条第3号の対象となる表示は，「商品又は役務の取引に関する事項」についての表示である。

　「取引に関する事項」であるので，商品や役務の「内容」も「取引条件」も含み，これら以外のものも「取引に関する事項」である限り，規制対象となる。他方，表示者が供給する商品または役務の取引に関係のないもの，例えば，従業員募集のためのお知らせは，対象とはならない。

㈏　「一般消費者に誤認されるおそれがある」

　優良誤認表示は，商品または役務の内容について，実際のもの等よりも「一般消費者に対し，……著しく優良であると示」し，誤認を与える表示を，また有利誤認表示は，商品または役務の取引条件について，実際のもの等よりも「……著しく有利であると一般消費者に誤認される」表示を規制している。例えば，リンゴ果汁の入っていない清涼飲料水について，「リンゴ果汁100％」と表示すれば，これをみた一般消費者は，商品の内容につ

いて，著しく優良であると認識することになる。このような表示は，優良誤認として規制することが可能である。しかし，リンゴ果汁が入っていない清涼飲料水について，容器に単にリンゴの絵が描いてあったり，リンゴをイメージさせる色が使われていたりしているだけでは，その清涼飲料水にリンゴ果汁が含まれていると認識する消費者もいるであろうし，たかだかリンゴの味や風味がするだけの商品であろうと認識する消費者もいるかもしれない。このような場合に優良誤認表示といえるかどうかを判断することは容易ではないが，他方で，果汁が含まれているかいないかということが，消費者の商品選択上重要な要素であるならば，この点についてあいまいな表示を放任するのではなく，リンゴ果汁が入っていないのであれば，その旨を明示しなければ，一般消費者が，清涼飲料水における果汁使用の有無について誤認するおそれがあるとして規制することができるようにすることは，消費者が誤認するような不当表示を排除するという景品表示法の趣旨に沿うものである。このような一般消費者に誤認されるおそれのある表示も効果的に規制できるようにするため，第5条第3号は，「誤認される」ではなく，「一般消費者に誤認されるおそれがある」表示を対象としている。

　また，「一般消費者に誤認されるおそれのある」表示が不当表示とされることから，告示の規定の仕方として，ある情報がないと一般消費者に誤認されるおそれがある表示となるというように指定すれば，間接的に，ある情報の表示の義務付けをすることと同様の効果が生じることとなる。例えば，一般消費者に対する金銭の貸付条件について，利息，手数料，その他の費用をそれぞれ書き分け，融資金に対する割合を日歩や月利で記載したとしても，正確に計算をすれば，どれだけの融資費用の負担となるかを知ることは可能であるが，計算方法は複雑になり，さらに，事業者ごとに記載の方法がまちまちであれば，その間の条件の優劣の比較は困難となるばかりでなく，誤認が生じるおそれもある。このような場合に，実際に利用可能な融資資金または未払金の額に期間数を乗じて得た額を合計した額に対する融資費用の割合を年を単位に表したものを実質年率とし，これを

明瞭に記載することなく，他の算出方式による表示のみを行うことを不当表示として規制することにより，事業者は，実質的に実質年率の表示を義務付けられることとなり，消費者は，ローンの選択を行う際，実質年率の表示部分を比較することによって，商品選択の共通の基礎となる情報を得ることができるようになる。

さらに，第5条第3号では，同条第1号，第2号に設けられている「著しく優良」，「著しく有利」の要件はない。したがって，優良性・有利性が著しくない場合や，優良性・有利性の判断と直ちに結びつかない場合も，取引に関する事項について誤認されるおそれがある表示であれば，規制することができる。例えば，ギターについてみると，かつては，日本製のものが少なかったせいもあり，外国製のものが重宝されたが，現在では，日本製の品質が外国製に比べて劣るということはないだろう。しかし，消費者によっては，外国製を好む場合もあり，この場合，日本製のギターであるにもかかわらず，外国製と思わせるような表示をみて購入した消費者は，ギターとしての品質等が著しく優良だと誤認して購入したとは必ずしもいえないかもしれない。しかしながら，消費者は，外国製か日本製かによって商品を選択することがあり，その適正な商品選択を確保するためには，優良性の有無にかかわらず，誤認されるおそれのある表示を規制することが適切であると考えられる。第5条第3号は，このような場合にも対応できるのである。

(ウ) 「不当に顧客を誘引し，一般消費者による自主的かつ合理的な選択を阻害するおそれがある」

第5条第3号においても，優良誤認表示，有利誤認表示と同様に「不当に顧客を誘引し，一般消費者による自主的かつ合理的な選択を阻害するおそれがある」ことが要件となっている。一般消費者に誤認されるおそれのあるとされる表示によって，消費者の適正な商品選択を歪めること自体，不当な誘引というべきである。「不当に」の要件は，このことを確認的に明らかにしたものである。したがって，この要件は，第5条第3号告示の指定（以下，「第5条第3号指定告示」という）に関して実質的な限定を

付すような要件ではない。

ウ　指定手続

　内閣総理大臣は，第5条第3号の規定による指定をしようとするときは，公聴会を開き，関係事業者および一般の意見を求めるとともに，消費者委員会の意見を聴かなければならないこととされている（景表第6条第1項）。公聴会を開催して意見を徴することについては，消費者庁長官に権限が委任されている（景表施行令第14条）。また，第5条第3号による不当表示の指定は，官報告示によって行うこととされている（景表第6条第2項）。これらの手続は，第5条第3号指定告示を変更・廃止する際にも必要である。

　また，第5条第3号の告示の指定に当たっては，具体的にどのように運用するかを明らかにした運用基準も併せて策定するのが通例となってきた。運用基準は，景品表示法の執行機関たる消費者庁および都道府県知事の運用の基準を定めるものであるが，事業者にとっては，運用基準において，違反となる場合，違反とならない場合が明らかにされていることから，実質的にはガイドラインの機能も担うものである。

　運用基準の策定に当たって，公聴会の開催は義務付けられていないが，告示の解釈基準を示すものであることから，告示と併せて運用基準についても原案を開示して意見を徴することが通例になってきた。

エ　現行の指定告示

　現在，第5条第3号指定告示としては，次の7つのものがある。

①　無果汁の清涼飲料水等についての表示（昭和48年公取委告示第4号）（無果汁告示）

②　商品の原産国に関する不当な表示（昭和48年公取委告示第34号）（原産国告示）

③　消費者信用の融資費用に関する不当な表示（昭和55年公取委告示第13号）（融資費用告示）

④　不動産のおとり広告に関する表示（昭和55年公取委告示第14号）（不

第2章　不当な表示

動産おとり広告告示）

⑤　おとり広告に関する表示（平成5年公取委告示第17号）（おとり広告告示）

⑥　有料老人ホームに関する不当な表示（平成16年公取委告示第3号）（有料老人ホーム告示）

⑦　一般消費者が事業者の表示であることを判別することが困難である表示（令和5年内閣府告示第19号）（ステルスマーケティング告示）

以下，これらの指定告示について，その概要を紹介する。

(2)　無果汁の清涼飲料水等についての表示

無果汁の清涼飲料水等について，一般消費者に誤認されるおそれのある表示を指定したものである。運用基準として，「『無果汁の清涼飲料水等についての表示』に関する運用基準について」（昭和48年事務局長通達第6号）（無果汁告示運用基準）がある。

ア　対象商品

対象となる商品は，無果汁清涼飲料水等と呼ばれる原材料に果汁や果肉が使用されていない容器または包装入りの清涼飲料水等（清涼飲料水，乳飲料，はっ酵乳，乳酸菌飲料，粉末飲料，アイスクリーム類，氷菓）および僅少果汁清涼飲料水等と呼ばれる原材料に僅少な量の果汁等が使用されている容器または包装入りの清涼飲料水等である。

イ　無果汁清涼飲料水等についての不当表示

無果汁清涼飲料水等についての，次の表示であって，その清涼飲料水等の原材料に果汁等が使用されていない旨が明瞭に記載されていないものが不当表示となる（無果汁告示第1項）。

①　容器または包装に記載されている果実の名称を用いた商品名等の表示

②　容器または包装に掲載されている果実の絵，写真または図案の表示

6　商品等の内容，取引条件以外の事項に係る不当表示（指定告示）　　171

③　当該清涼飲料水等またはその容器もしくは包装が，果汁，果皮または果肉と同一または類似の色，かおりまたは味に着色，着香または味付けがされている場合のその表示

したがって，無果汁清涼飲料水等の容器にリンゴの絵を表示した場合には，「無果汁」など原材料に果汁等が使用されていないことを明瞭に記載しないと不当表示となる。

また，「無果汁」等の記載は，商標や商品名の表示（2箇所以上ある場合には，そのうちで最も目立つもの）と同一視野に入る場所に，背景の色と対照的な色で，かつ，14ポイントの活字以上の大きさの文字でみやすいように記載される必要がある（無果汁告示運用基準6(1)）。さらに，上記①〜③の表示が内容物，容器等と外箱等との両方に記載されている場合には，「無果汁」等の記載は，その両方に必要である（無果汁告示運用基準6(2)）。

ウ　僅少果汁清涼飲料水等についての不当表示

僅少果汁清涼飲料水等についての上記イ①〜③の表示であって，その清涼飲料水等の原材料に果汁等が使用されていない旨や使用されている果汁等の割合が明瞭に記載されていないものが不当表示となる（無果汁告示第2項）。

この告示でいう「僅少な量」とは，果実飲料の日本農林規格に定める果実ごとの糖用屈折計示度の基準等に対する割合が5％未満の量とされ，水を加えて飲用に供する清涼飲料水等にあっては，標準の希釈倍数等により飲用に供する状態にした場合における糖用屈折計示度の基準に対する割合で5％未満の量とされている（無果汁告示運用基準8）。

したがって，原材料として果汁が5％未満の量しか使われていないにもかかわらず，清涼飲料水等の容器に果汁の色を着けた場合には，使用されている果汁の割合を「果汁○％」と明瞭に記載しないと不当表示となる。この「果汁○％」などの記載の仕方も，無果汁清涼飲料水等の「無果汁」の記載の場合と同様である（無果汁告示運用基準6）。

エ　事例

　無果汁告示違反の事例としては，国分㈱に対する排除命令（平成 16 年（排）第 2 号（平成 16 年 2 月 27 日））がある。この概要は，次のとおり（なお，同社以外の 4 社についても，同様の行為を行ったとして，同日に排除命令が行われている。また，この 5 件は，無果汁告示制定以来初の適用事例である）。

CASE 2-43　　国分㈱に対する排除命令
　　　　　　　　　（平成 16 年（排）第 2 号（平成 16 年 2 月 27 日））

　国分㈱は，平成元年 4 月頃から平成 15 年 12 月頃までの間，原材料に果汁および果肉が使用されていない清涼飲料について，それぞれ次の表示をすることにより，原材料に果汁または果肉が使用されているかのような印象を与える表示をしているにもかかわらず，清涼飲料の原材料に果汁または果肉が使用されていない旨を容器に明瞭に記載していなかった。

①　容器に果実の名称を用いた商品名等を記載
②　果実の図案を掲載
③　内容物または容器に果実と類似の着香または着色

---

(3)　商品の原産国に関する不当な表示

　商品の原産国について，一般消費者に誤認されるおそれのある表示を指定したものである。運用基準として，「『商品の原産国に関する不当な表示』の運用基準について」（昭和 48 年事務局長通達第 12 号）（原産国告示運用基準）があるほか，運用細則として，「『商品の原産国に関する不当な表示』の原産国の定義に関する運用細則」（昭和 48 年事務局長通達第 14 号），「『商品の原産国に関する不当な表示』の衣料品の表示に関する運用細則」（昭和 48 年事務局長通達第 15 号）がある。

　なお，原産国告示は，商品の原産国に係る不当表示を対象としており，日本国内の産地についての偽装表示は，対象とならない。この場合，例えば，特定の産地の牛肉が消費者に高い評価を受けている状況で（いわゆるブランド肉），当該産地のものではない牛肉を，あたかも当該産地のブラ

6　商品等の内容，取引条件以外の事項に係る不当表示（指定告示）　　173

ンド肉であるかのように表示する場合には，第5条第1号（優良誤認表示）に基づき規制される。

ア　対象商品

　対象となる商品は，国内で生産された商品と外国で生産された商品である。工業製品であろうが食品であろうが，「商品」である限り，対象となる。

イ　国産品についての不当表示

　国産品についての次の表示であって，国産品であることを一般消費者が判別することが困難であると認められるものが不当表示とされる（原産国告示第1項）。

①　外国の国名，地名，国旗，紋章その他これらに類するものの表示

②　外国の事業者またはデザイナーの氏名，名称または商標の表示

③　文字による表示の全部または主要部分が外国の文字で示されている表示

　国産品について，例えば，B国の国名が表示されていると（上記①），一般消費者は，国産品であるにもかかわらず，B国産品であると誤認するおそれがあることから，こうした誤認のおそれのあるものを不当表示とするものである。したがって，国産品について，①〜③までのような表示がある場合には，国産品であることを一般消費者が判別できるよう，「国産」，「日本製」などと国産品である旨を事業者が明示しなければならない（原産国告示運用基準7(1)）。

　上記①について，外国の国名が記載されていても，一般消費者に原産国について誤認されるおそれのないものは，対象とはならない。例えば，日本の事業者の名称であることが明らかな場合（「○○屋」として，○○に外国の国名が入っている場合。原産国告示運用基準2)や，商品の普通名称であって，原産国が外国であることを示すものではないことが明らかな場合（「フランスパン」，「ボストンバッグ」等。原産国告示運用基準3)がこれに当たる。

　また，上記③について，外国の文字が記載されていても，一般消費者に

原産国について誤認されるおそれのないものは，対象とはならない。例えば，法令の規定により，一般消費者に対する表示として，日本語に代えて用いることができるもの（「ALL WOOL」，「STAINLESS STEEL」等。原産国告示運用基準6(2)）や，一般の商慣習により，一般消費者に対する表示として，日本語に代えて用いられているため，日本語と同様に理解されているもの（「size」，「price」等。原産国告示運用基準6(3)）などである。

ウ　外国産品についての不当表示

外国産品についての次の表示であって，その商品がその原産国で生産されたものであることを一般消費者が判別することが困難であると認められるものが不当表示となる（原産国告示第2項）。

① その商品の原産国以外の国の国名，地名，国旗，紋章その他これらに類するものの表示

② その商品の原産国以外の国の事業者またはデザイナーの氏名，名称または商標の表示

③ 文字による表示の全部または主要部分が和文で示されている表示

A国産品について，例えば，B国の国旗が表示されると（上記①），A国産品であるにもかかわらず，A国産品ではないと一般消費者に誤認されるおそれがある。また，③のような和文による表示がされると，A国産品であるにもかかわらず，一般消費者に国産品であると誤認されるおそれがある。こうした誤認のおそれのあるものを不当表示とするものである。したがって，A国産品について，①～③までのような表示がある場合には，事業者は，A国産品である旨を明示しなければならない。

エ　「原産国」

「原産国」とは，その商品の内容について実質的な変更をもたらす行為（実質的変更行為）が行われた国をいう（原産国告示備考第1項）。商品にラベルを付けたりすることや，商品を容器に詰めたり，包装したりすることは，「実質的な変更をもたらす行為」には含まれない（原産国告示運用基準10）。

6　商品等の内容，取引条件以外の事項に係る不当表示（指定告示）　　175

したがって，日本国内で，輸入品にラベルを貼るだけや，別の容器に入れ替えるだけでは，国産品にはならない。

このように原産国の認定に当たって実質的変更行為基準を採っていることは，関税法等他法令における「原産地」と同様であり，例えば，「関税法基本通達」（昭和47年蔵関第100号）において，原産地とは，「当該物品の生産が二国以上にわたる場合は，……実質的な変更をもたらし，新しい特性を与える行為を行った最後の国」（68-3-5⑵）とされている。

なお，商品の原産地が一般に国名よりも地名で知られているため，その商品の原産地を国名で表示することが適切でない場合は，その原産地が原産国とみなされて，原産国告示が適用される（原産国告示備考第2項）。

COLUMN 実質的変更行為

原産国とは，その商品の内容について実質的な変更をもたらす行為（実質的変更行為）が行われた国である。

例えば，無地のTシャツを輸入し，日本でプリントした場合の原産国について考えてみると，Tシャツ等の衣料品については，「縫製」が実質的変更行為であるから，「縫製」が行われた国を原産国として表示することになる（「『商品の原産国に関する不当な表示』の原産国の定義に関する運用細則」参照）。ただし，Tシャツにプリントされた絵柄が一般消費者にとって商品を選ぶ際の重要な要素である場合に，プリントをした国も併せて表示すること，例えば，「縫製は〇〇国，プリントは日本」のように表示することに何ら問題はない。

原産国告示は原産国を必ず表示することを義務付けているものではないため，縫製が行われた国が日本で，当該商品が日本製・国産であることが一般消費者に認識される場合には，原産国を表示していなくても問題はない。しかしながら，「縫製〇〇国，プリントは日本」の場合に，「プリントは日本」と表示するのみでは，原産国を判断することができないため，一般消費者が原産国を認識できるように表示していないことにより，原産国を誤認させる場合には景品表示法上問題となる。

オ　事例

事例としては，以下のようなものがある。

CASE 2-44	㈱ボーネルンドに対する措置命令

（平成 29 年 6 月 23 日）

㈱ボーネルンドは，教育玩具等 16 商品を一般消費者に販売するに当たり，新聞折り込みチラシにおいて，例えば，「アンビトーイ・ベビーギフトセット」と称する商品について，英国の国旗を掲載するとともに「イギリス」と掲載するなど，本件商品それぞれについて，イギリス，ドイツ，アメリカ，フランス，カナダ，オランダ，日本または韓国の国名を記載していたが，実際には，対象商品の原産国はいずれも中華人民共和国であった。

CASE 2-45	㈲藤原アイスクリーム工場に対する措置命令

（平成 24 年 9 月 28 日）

天然はちみつ等の販売業を営む㈲藤原アイスクリーム工場は，天然はちみつ 26 商品を販売するに当たり，当該商品本体に貼付されたラベルおよび封緘シールにおいて，「いわて・もりおか 藤原養蜂場」，「岩手，藤原蜂蜜のおすすめ 藤原養蜂場は日本でも最も古く，明治時代から蜜蜂の飼育に専念，改良を加えて今日に至って居り，特に三陸地方から北上山系の早池峰山麓に本拠地を置き，我が国で最も品質の高いとうたわれる純粋の『栃やあかしあやクローバーの花の蜜』を生産して参りました。」，「岩手県盛岡市若園町三の十」，「藤原養蜂場」等と国内の地名等を表示していた。

実際には，当該商品の内容物は，国内で採蜜された天然はちみつに，中華人民共和国またはハンガリーで採蜜された天然はちみつが混合されているものであり，前記の表示は，当該商品の内容物のうち，日本以外の国で採蜜された天然はちみつがそれぞれの国で採蜜されたものであることを一般消費者が判別するのが困難なものであった。

6　商品等の内容，取引条件以外の事項に係る不当表示（指定告示）　　177

> **CASE 2-46**　㈱髙島屋に対する措置命令
> 　　　　　　　（令和元年 6 月 13 日）
>
> 　㈱髙島屋は，化粧品および雑貨 147 商品（以下「本件 147 商品」という）を一般消費者に販売するに当たり，自社ウェブサイトにおいて，例えば，「ディオールスキン フォーエヴァー クッション リフィル」と称する商品については，平成 28 年 12 月 22 日から平成 31 年 2 月 14 日までの間，「原産国・生産国 フランス」と記載していたが，実際には，例えば，「ディオールスキン フォーエヴァークッション リフィル」と称する商品の原産国は大韓民国であるなど，本件 147 商品は，原産国（地）として表示された国で生産されたものではなかった。

> **CASE 2-47**　　アドルフォ・ドミンゲスジャパン㈱に対する排除命令
> 　　　　　　　（平成 21 年（排）第 26 号（平成 21 年 6 月 9 日））
>
> 　衣料品の小売業を営むアドルフォ・ドミンゲスジャパン㈱は，スペイン王国に所在する ADOLFO DOMINGUEZ S.A. から輸入した「ADOLFO DOMINGUEZ」と称するブランドの衣料品（以下「本件衣料品」という）を，自社の店舗において一般消費者に販売している。
>
> 　本件衣料品は，アドルフォ・ドミンゲスジャパン㈱が輸入した時点において，「ADOLFO DOMINGUEZ」のブランド名ならびに ADOLFO DOMINGUEZ S.A. の名称および所在地が記載されたタッグ（以下「ブランド名タッグ」という）が縫い込まれており，また，本件衣料品のうち中華人民共和国（以下「中国」という）で製造されたものにあっては「MADE IN CHINA」と，インドで製造されたものにあっては「MADE IN INDIA」と，トルコ共和国（以下「トルコ」という）で製造されたものにあっては「MADE IN TURKEY」とそれぞれ記載されたタッグ（以下「原産国タッグ」という）が縫い込まれ，または同様に記載されたシール（以下「原産国シール」という）が貼付されている。
>
> 　アドルフォ・ドミンゲスジャパン㈱は，本件衣料品を輸入した後，当該商品に「ADOLFO DOMINGUEZ」のブランド名および ADOLFO DOMINGUEZ S.A. の名称が記載された下げ札（以下「ブランド名下げ札」

178　第 2 章　不当な表示

という）を取り付ける一方，平成19年11月頃から平成21年2月頃までの間，本件衣料品を一般消費者に販売するに当たり，中国，インドまたはトルコにおいて製造された商品一部について，これらの商品に付された原産国タッグおよび原産国シールを各店舗においてはさみで切るなどして取り去り，ブランド名タッグおよびブランド名下げ札を取り付けたままにすることにより，当該商品の原産国以外の国の事業者の名称および商標の表示であって，一般消費者が当該商品の原産国を判別することが困難であるものを行っていた。

⑷　おとり広告に関する表示

　商品または役務を購入できるかのように表示しているが，実際には，第三者が所有して処分を委託されていない商品，もともと販売する意思がない商品であるなどから，消費者は表示された商品を購入できないにもかかわらず，一般消費者がこれを購入できると誤認するおそれのある表示を，不当表示として規制するものである。実際には購入できない商品等で一般消費者を誘引することから，「おとり広告」と呼ばれている。運用基準としては，「『おとり広告に関する表示』等の運用基準」（平成5年事務局長通達第6号）（おとり広告告示運用基準）がある。

　このような，実際には提供しない，あるいはできない商品の表示は，実際のものがないため，これを優良誤認表示，有利誤認表示として規制することは，困難である。しかしながら，このような表示は，表示した商品または役務に関心を持つ消費者を誘引した上で自己が実際に販売する他の商品または役務を売り付ける手段として用いられ，かかる行為が，不当に顧客を誘引し，一般消費者による自主的かつ合理的な選択を阻害する行為であることは明らかであることから，当該表示が，広告商品等（広告，ビラ等における取引の申出に係る商品または役務をいう（おとり広告告示運用基準第1，1））の入手可能性という商品選択上の大前提となる要素について一般消費者に誤認されるおそれがあることに着目して，これを不当表示として規制しようとするものである。

6　商品等の内容，取引条件以外の事項に係る不当表示（指定告示）　　179

なお，現行のおとり広告告示は，おとり広告に対する規制内容の明確化・具体化を図るとともに規制の実効性を高める観点から，昭和57年に告示された「おとり広告に関する表示」（昭和57年公取委告示第13号）を平成5年に全部変更したものである（平成5年公取委告示第17号）。

ア　対象商品・役務

　不動産に関する取引を除く，すべての商品または役務である。不動産の取引に関するおとり広告については，全くの架空物件のように不動産特有のものがあることから，別途，不動産おとり広告告示が制定されており，同告示が適用される。

イ　不当表示

　一般消費者に商品を販売し，または役務を提供することを業とする者が，自己の供給する商品または役務の取引に顧客を誘引する手段として行う，次の(ア)から(エ)の表示が不当表示となる。

　なお，おとり広告告示の運用に当たっては，通常よりも廉価で取引する旨の記載を伴う商品または役務についての表示に重点を置くとされている（おとり広告告示運用基準第1，2①）。これは，一般的には，おとり広告の実態として，通常より価格が安いことを強調する場合が多いためである。

　(ア)　取引の申出に係る商品または役務について，取引を行うための準備がなされていない場合のその商品または役務についての表示

　表示された商品または役務が実際に提供されないものであり，おとり広告の典型である。「取引を行うための準備がなされていない場合」の例としては，次のようなものが挙げられている（おとり広告告示運用基準第2，1－(1)）。

- 　通常店頭販売されている商品について，広告商品が店頭に陳列されていない場合
- 　引渡しに期間を要する商品について，広告商品についてはその店舗における通常の引渡期間よりも長期を要する場合

- 表示した販売数量の全部または一部について取引に応じることができない場合
- 表示した品揃えの全部または一部について取引に応じることができない場合
- 店舗が複数あって，その複数の店舗で販売する旨を広告しているが，店舗の一部に広告商品等を取り扱わない店舗がある場合

このように，取引を行うための準備が一応できていても，引渡しに時間がかかる場合や，表示と異なり，一部の商品だけ準備ができているというような場合も「準備がなされていない」とされることに注意が必要である。

「取引に応じることができない場合」の例としては，次のようなものがある（おとり広告告示運用基準第2，1－(2)）。これは，美術品，中古自動車等特定物を取引の対象としている場合を想定したものである。

- 広告商品等が売却済みである場合
- 広告商品等が処分を委託されていない他人の所有物である場合

(イ)　取引の申出に係る商品または役務の供給量が著しく限定されているにもかかわらず，その限定の内容が明瞭に記載されていない場合のその商品または役務についての表示

表示された商品または役務が取引可能ではあるが，供給量に著しく限定があるため，広告等をみた一般消費者からみれば，購入の可能性が小さいにもかかわらず，限定の内容が明瞭に記載されていないことにより，表示された商品または役務を確実に購入できるだろうと誤認されるおそれのある表示である。

広告商品等の供給量が「著しく限定されている」場合については，広告商品等の販売数量が予想購買数量の半数にも満たない場合をいう（おとり広告告示運用基準第2，2－(1)）。

また，限定の内容が「明瞭に記載されていない場合」については，広告で商品名等が特定された上で，実際の販売数量が明瞭に記載されている必要があり，単に販売数量が限定されているという記載だけでは，限定の内容が明瞭に記載されているとはいえない（おとり広告告示運用基準第2，2－(2)）。

6　商品等の内容，取引条件以外の事項に係る不当表示（指定告示）　　181

なお，実際の供給量が限定されている場合とは逆の問題として，商品または役務の供給量が限定されていることによって，その商品または役務が著しく優良である，または著しく有利であることを強調する表示をしているが，実際には，表示された限定量を超えて供給する場合については，優良誤認表示，有利誤認表示として不当表示となるおそれがある（おとり広告告示運用基準第2，2－(1)^(注)）。

（注）　例えば，原材料が希少であったり，製作量が少ないことからわずかな数量しか提供することができないこと，非常に安い価格であるので少数しか販売できないことを強調しているにもかかわらず，実際には多数の商品を提供しているような場合がこれに当たる。

　(ウ)　取引の申出に係る商品または役務の供給期間，供給の相手方または顧客1人当たりの供給量が限定されているにもかかわらず，その限定の内容が明瞭に記載されていない場合のその商品または役務についての表示

表示された商品または役務が取引可能ではあるものの，供給期間や供給の相手方等が限定されているものであり，期間に限定なく，誰でも購入等できると一般消費者に誤認されるおそれのある表示である。

供給期間，供給の相手方や顧客1人当たりの供給量が限定されていることについては，実際の販売日，販売時間等の販売期間，販売の相手方・顧客1人当たりの販売数量がその広告，ビラ等に明瞭に記載されていなければならず，単にこれらについて限定されているという記載だけでは，限定の内容が「明瞭に記載」されているとはされない（おとり広告告示運用基準第2，3）。

　(エ)　取引の申出に係る商品または役務について，合理的理由がないのに取引の成立を妨げる行為が行われる場合その他実際には取引する意思がない場合のその商品または役務についての表示

形式的には取引可能であるが，実際には，他の商品等に顧客を誘引するために表示したにすぎず，当該広告商品等を取引する意思がない場合であり，一般消費者には実質的に購入可能性がない。この類型の表示は，平成

182　第2章　不当な表示

5年の変更前は,「実際には意思がないものである場合」のみを規定していたが,取引する意思の有無を直接に立証することは困難な場合があることから,平成5年に,告示を変更し,取引する意思がないことが外部的に表れたと認められる行為である,取引の成立を妨げる行為が行われる場合を要件として書き出し,かかる客観的に確認できる事実を証明することにより実効的な規制ができるようにした。

広告商品等の「取引の成立を妨げる行為が行われる場合」の例としては,次のようなものがある(おとり広告告示運用基準第2,4-(1))。

このような行為が行われた場合であれば,結果として広告商品等の取引に応じることがあったとしても,おとり広告告示違反となる。

・ 広告商品を顧客に対してみせない場合や,役務については説明を拒む場合
・ 広告商品等の難点を殊更指摘する場合
・ 広告商品等の取引を事実上拒否する場合
・ 広告商品等の購入を希望する顧客に対し他の商品等を推奨する場合に,顧客が購入の意思がないと表明したにもかかわらず,重ねて推奨する場合
・ 広告商品等の取引に応じたことにより販売員等が不利益な取扱いを受けることとされている事情の下において他の商品を推奨する場合

なお,「合理的な理由」は,事業者が売り手として,広告等により商品等の取引を申し出たにもかかわらず,取引を拒むことについての合理的理由であるから,他の商品の方が利幅が大きいといった営業上の理由はこれには当たらず,未成年者に広告商品である酒類を販売しないといった限定的な場合に限られる(おとり広告告示運用基準第2,4-(2))。

COLUMN 売切れご容赦

おとり広告告示では「供給量が著しく限定されているにもかかわらず,その限定の内容が明瞭に記載されていない場合のその商品又は役務についての表示」を不当表示としている。

---

6 商品等の内容,取引条件以外の事項に係る不当表示(指定告示) 183

したがって，販売数量が著しく限定されている場合には販売数量を示す必要があり，単に「売り切れご容赦」という表示のみでは販売数量を明瞭に示しているとはいえないので，不当表示となる。

ウ　事例

取引の成立を妨げる行為があったとされたおとり広告告示違反の事例としては，九州ミシンセンター福岡店こと池永憲治に対する排除命令（平成7年（排）第3号（平成7年7月17日））が，合理的理由がないのに実際には取引する意思がない場合の表示として措置命令を行った事例としては㈱あきんどスシローに対する措置命令（令和4年6月9日）がある。

CASE 2-48　**九州ミシンセンター福岡店こと池永憲治に対する排除命令**

（平成7年（排）第3号（平成7年7月17日））

九州ミシンセンター福岡店こと池永憲治（九州ミシン福岡店）は，KM2500と称するミシンを特価8000円で販売する旨のビラを新聞に折り込み，同趣旨の新聞広告を掲載し，KM4800と称するミシンを8000円で販売する旨のテレビ広告を行っていた。

九州ミシン福岡店は，KM2500，KM4800を8000円より高い価格で仕入れており，注文に応じ，これらを販売するだけでは，全く採算に合わない状況であった。また，九州ミシン福岡店の販売員の報酬は，完全歩合制で，販売経費を販売員の負担としているところ，KM2500・KM4800については販売手数料を支給していないので，販売員には，注文に応じてこれらを販売するだけでは，収入がない上，販売経費分が持ち出しとなる状況であった。

九州ミシン福岡店は，前記広告をみて注文した一般消費者に対し，販売員が注文のミシンを配達する際には，必ずCPU7900と称するミシン等を持参して，注文のミシンに替えてこれら売買差益の大きいミシンを販売することとしており，注文のミシンの性能等を比較して説明する等により注文のミシンの購入意思を失わせるように仕向け，性能のよいCPU7900等を購入するよう勧め，これらの価格が最高26万5000円等であるので「高い」として

184　第2章　不当な表示

購入をためらう者に対しても分割払いの利用を促す等して再度これらの購入を勧め，さらに販売価格が3万円から17万円程度のミシンも推奨することにより，注文のミシンよりも著しく高価なほかのミシンを購入するよう，時間をかけて，強力に勧めていた。

前記事実から，九州ミシン福岡店は，広告されたミシンよりも著しく高価なミシンの取引に顧客を誘引する手段として，広告されたミシンについて，「合理的理由がないのに取引の成立を妨げる行為が行われる場合」の表示をしていた。

また，取引を行うための準備がなされておらず，取引に応じることができないものについての表示として措置命令が行われた事例として，ソフトバンク㈱に対する措置命令（平成29年7月27日）や㈱あきんどスシローに対する措置命令（令和4年6月9日）がある。

CASE 2-49　　ソフトバンク㈱に対する措置命令
（平成29年7月27日）

ソフトバンク㈱は，「Apple Watch（第1世代）」と称する通信端末を一般消費者に販売するに当たり，自社ウェブサイトにおいて，例えば，「いい買物の日　Apple Watch　キャンペーン」，「いい買物の日　2016年11月3日（祝·木）〜11月13日（日）　おトクドッカーン！　Apple Watch（第1世代）が！　スペシャルプライスで買えるのは今だけ！　本体価格11,111円　表示価格は税抜です。」等と記載するとともに，本件商品を取り扱う店舗および「いい買物の日　Apple Watch　キャンペーン」と称するキャンペーンの対象となる本件商品の一覧を掲載したウェブページへのハイパーリンクを記載することにより，あたかも，表示されている期間，所定の店舗において，対象商品を税抜11,111円で販売するかのように表示をしていた。

実際には，ソフトバンク㈱は，平成28年11月3日の本件キャンペーンの初日に，当該所定の店舗において，対象商品を準備しておらず，取引に応じることができないものであった。

6　商品等の内容，取引条件以外の事項に係る不当表示（指定告示）　　185

CASE 2-50 ㈱あきんどスシローに対する措置命令
　　　　　　　（令和4年6月9日）

㈱あきんどスシローについて，下記の事実が認められた。

(1) 「新物！濃厚うに包み」と称する料理

　　a　令和3年9月8日から同月20日までの期間において実施した「世界のうまいもん祭」と称するキャンペーン（以下「本件企画①」という）において，「新物！濃厚うに包み」と称する料理（以下「本件料理①」という）を一般消費者に提供するに当たり，例えば，令和3年9月14日から同月20日までの間，自社ウェブサイトにおいて，「新物！濃厚うに包み 100円（税込110円）」，「9月8日（水）〜9月20日（月・祝）まで！売切御免！」等と表示することにより，あたかも，令和3年9月8日から同月20日までの間，自社が運営する「スシロー」と称する店舗（以下「本件店舗」という）において，本件料理①を提供するかのように表示していた。

　　b　実際には，本件料理①の材料であるうにの在庫が本件企画①の実施期間の途中に足りなくなる可能性があると判断したため，令和3年9月13日に，同月14日から同月17日までの4日間は本件店舗における本件料理①の提供を停止することを決定し，本件店舗の店長等に対しその旨周知し，その後，前記決定に基づき，本件店舗のうち583店舗において，特定の期間，本件料理①を提供しなかった。

(2) 「とやま鮨し人考案　新物うに　鮨し人流3種盛り」と称する料理

　　a　令和3年9月8日から同年10月3日までの期間において実施した「匠の一皿　独創／とやま鮨し人考案　新物うに　鮨し人流3種盛り」と称するキャンペーン（以下「本件企画②」という）において，「とやま鮨し人考案　新物うに　鮨し人流3種盛り」と称する料理（以下「本件料理②」という）を一般消費者に提供するに当たり，令和3年9月8日から同月17日までの間，自社ウェブサイトにおいて，「とやま鮨し人考案　新物うに　鮨し人流3種盛り　480円（税込528円）」，「9月8日（水）〜10月3日（日）まで　売切御免！」等と表示することにより，あたかも，令和3年9月8日から同年10月3日までの間，本件店舗において，本件料理②を提供するかのように表示していた。

186　　第2章　不当な表示

b　実際には，本件料理②の材料であるうにの在庫が本件企画②の実施期間の途中に足りなくなる可能性があると判断したため，令和3年9月13日に，同月18日から同月20日までの3日間は本件店舗における本件料理②の提供を停止することを決定し，本件店舗の店長等に対しその旨周知し，その後，前記決定に基づき，本件店舗のうち540店舗において，特定の期間，本件料理②を提供しなかった。

⑶　「冬の味覚！豪華かにづくし」と称する料理

　　　a　令和3年11月26日から同年12月12日までの期間において実施した「冬の大感謝祭　冬のうまいもん」と称するキャンペーンにおいて，「冬の味覚！豪華かにづくし」と称する料理（以下「本件料理③」という）を一般消費者に提供するに当たり，例えば，令和3年11月24日から同年12月10日までの間，自社ウェブサイトにおいて，「旬 冬の味覚！豪華かにづくし780円（税込858円）1日数量限定」，「新登場の『三重尾鷲ぶりとろのレアしゃぶ』や，スシローとっておきのかにを集めた『冬の味覚！豪華かにづくし』など，冬の味覚を大満喫！今だけの旨さを是非ご賞味ください！」，「●対象期間 2021年11月26日（金）〜12月12日（日）　期間限定！売切御免！」等と表示することにより，あたかも，令和3年11月26日から同年12月12日までの間，本件店舗において，本件料理③を提供するかのように表示していた。

　　　b　実際には，本件店舗のうち583店舗において，特定の期間，本件料理③を提供するための準備をしておらず，取引に応じることができないものであった。

⑸　不動産のおとり広告に関する表示

　おとり広告のうち不動産に関する取引に係るものについて，不当表示として指定したものである。運用基準としては，「『不動産のおとり広告に関する表示』等の運用基準」（昭和55年6月9日事務局長通達第9号）（不動産おとり広告運用基準）がある。

ア　対象商品・役務

対象となる商品・役務は，不動産（土地および建物）に関する取引である。売買だけでなく賃貸も対象となる。

イ　対象となる事業者

対象となる事業者は，不動産を自ら所有して販売する事業者だけでなく，不動産を仲介する立場である不動産仲介業者も含まれる。

ウ　不当表示

自己の供給する不動産の取引に顧客を誘引する手段として行う，次の表示が不当表示となる。

① 取引の申出に係る不動産が存在しないため，実際には取引することができない不動産についての表示

② 取引の申出に係る不動産は存在するが，実際には取引の対象となり得ない不動産についての表示

③ 取引の申出に係る不動産は存在するが，実際には取引する意思がない不動産についての表示

上記①の「取引の申出に係る不動産が存在しない」の例としては，次のようなものが挙げられている（不動産おとり広告告示運用基準第1項）。物理的に不動産が存在しない場合だけでなく，一応不動産は存在するが同一性を認め難い場合も「取引の申出に係る不動産が存在しない」とされる点に注意が必要である。

・ 広告，ビラ等に表示した物件が広告，ビラ等に表示している所在地に存在しない場合

・ 広告，ビラなどに表示している物件が実際に販売しようとする不動産とその内容，形態，取引条件等において同一性を認めがたい場合

上記②の「実際には取引の対象となり得ない」の例としては，次のようなものが挙げられている（不動産おとり広告告示運用基準第2項）。

・ 表示した物件が売却済の不動産または処分を委託されていない他人

188　第2章　不当な表示

の不動産である場合

・　表示した物件に重大な瑕疵があるため，そのままでは当該物件が取引することができないものであることが明らかな場合（当該物件に瑕疵があることおよびその内容が明瞭に記載されている場合を除く）

「重大な瑕疵があるため，そのままでは当該物件が取引することができないものである」とは，例えば，建築基準法で定める道路に2メートル以上接道していないため，適法に当該敷地に建物を新築または増築することができない場合，土地の全部または一部が高圧線下にあるため建物の建築が制限される場合等がある。

上記③の「実際には取引する意思がない」の例としては，次のようなものが挙げられている（不動産おとり広告告示運用基準第3項）。

・　顧客に対し，広告，ビラ等に表示した物件に合理的な理由がないのに案内することを拒否する場合

・　表示した物件に関する難点をことさらに指摘する等して当該物件の取引に応ずることなく顧客に他の物件を勧める場合

エ　事例

取引することができない不動産および取引の対象となり得ない不動産についての表示であるとされた不動産おとり広告告示違反の事例として，㈱エイブルに対する排除命令（平成20年（排）第41号（平成20年6月18日））がある。

CASE 2-51　㈱エイブルに対する排除命令
（平成20年（排）第41号（平成20年6月18日））

㈱エイブルは，住宅の賃貸借を媒介するに当たり，同社がインターネット上に開設したウェブサイトまたは賃貸住宅情報誌等において，

①　福岡市に所在する賃貸住宅の情報を掲載することにより，あたかも，当該記載内容のとおりの物件を賃借することができるかのように表示していたが，実際には，当該物件は存在しないため，取引することができ

6　商品等の内容，取引条件以外の事項に係る不当表示（指定告示）

ないものであった。

② 東京都東久留米市に所在する賃貸住宅の情報を掲載することにより，あたかも，当該記載内容のとおりの物件を賃借することができるかのように表示していたが，実際には，当該物件は広告の表示開始以前に既に賃借されており，取引の対象となり得ないものであった。

なお，同社は，賃貸住宅について，建物の築年数および駅からの徒歩分数に関して実際のものよりも著しく優良であるかのように示す表示をしており，これについては，優良誤認表示に該当するものとされている。

⑹ 有料老人ホームに関する不当な表示

有料老人ホームに関する表示のうち，一般消費者に誤認されるおそれのあるものを不当表示として指定したものである。運用基準としては，「『有料老人ホームに関する不当な表示』の運用基準」（平成16年事務総長通達第11号）（有料老人ホーム告示運用基準）がある。

有料老人ホームとは，高齢者に対する居住空間のほか，食事の提供等の日常生活に必要な各種のサービスを一体的に提供するものである。このような有料老人ホームの取引は，取引開始に当たって，高額の費用が必要となることが多く，提供するサービスの性質上取引は長期にわたり，かつ，いったん取引が開始されると消費者側からの契約解除の申出は一般的に困難である。さらに，利用者の将来の心身の状況に応じて，提供されるサービスの内容が変化することから，契約段階で将来を見通したサービス全体の内容を把握しにくい。このため，有料老人ホームの取引においては，有料老人ホームを選択する時点において，消費者の誤認を招くおそれのない表示となっていることが極めて重要である。

このような観点から，有料老人ホームの取引に関して，一般消費者に誤認されるおそれのある表示を規制するため，有料老人ホーム告示が指定され，平成16年10月から施行された。

ア　対象事業者

　有料老人ホーム告示の対象となる有料老人ホームとは，老人福祉法上の有料老人ホーム（老人を入居させ，入浴，排せつもしくは食事の介護，食事の提供またはその他の日常生活上必要な便宜であって厚生労働省令で定めるものの供与（他に委託して供与をする場合および将来において供与をすることを約する場合を含む）をする事業を行う施設であって，老人福祉施設，認知症対応型老人共同生活援助事業を行う住居その他厚生労働省令で定める施設でないもの）をいう（有料老人ホーム告示備考第1項）。

イ　対象となる表示

　有料老人ホーム告示の対象となる表示は，①有料老人ホームにおける居住空間の基礎となる土地・建物や居室その他の設備などハード面の表示，②提供される介護サービスなどソフト面の表示，③提供される介護サービスの質そのものに関係する介護職員等についての表示，④費用についての表示，に大別される。

　例えば，有料老人ホームに関する次のような表示が不当表示となる。

㋐　自己所有でない土地・建物

・　例えば有料老人ホームの建物の外観の写真の表示において，有料老人ホームがその建物を所有していないにもかかわらず，そのことが明瞭に記載されていない場合（有料老人ホーム告示第1項，同運用基準1）

㋑　自己が設置していない施設・設備

・　入居者の利用に供される施設または設備について，①例えば，地方公共団体が運営している施設を使えるにすぎないなど，当該有料老人ホームが設置しているものではない場合，②施設等が当該有料老人ホームの敷地内・建物内に設置されていない場合，③当該施設・設備を利用するには利用ごとに費用がかかる場合において，それぞれの事実が明瞭に記載されていない場合（有料老人ホーム告示第2項，同運用基準2）

㋒　共用の施設・設備

・　入居者の特定の用途に用いられる施設または設備が，その用途専用

6　商品等の内容，取引条件以外の事項に係る不当表示（指定告示）　　191

のものとして設置・使用されていないにもかかわらず，そのことが明瞭に記載されていない場合（有料老人ホーム告示第3項，同運用基準3）

(エ) 構造・仕様の一部に異なるものがある設備

・　「南向きの部屋」，「バリアフリー構造」などの構造，仕様が有料老人ホームのすべてにおいて用いられているわけではないにもかかわらず，そのことが明瞭に記載されていない場合（有料老人ホーム告示第4項，同運用基準4）

(オ) 居室の住み替え

・　入居者が当初入居した居室から他の居室に住み替えることがある場合に，その旨が明瞭に記載されていない場合，また，住み替えに伴って占有面積の減少，当初入居した居室に関する権利の変更・消滅，追加的費用の発生（住み替えにより居室の構造・仕様が変更され，または1人当たりの占有面積が減少した場合にこれに対する費用の調整が行われないことを含む）があるにもかかわらず，その旨が明瞭に記載されていない場合（有料老人ホーム告示第5項，同運用基準5）

(カ) 「終身介護」等の表示の例外となる事項

・　「終身介護」，「最後までお世話します」，「生涯介護」等，終身にわたって入居者が居住し，または介護サービスの提供を受けられるかのような表示であって，実際には，入居者が有料老人ホームからの退去や他の施設への住み替えを求められることがあるにもかかわらず，そのことや退去・住み替えが求められる入居者の状態の具体的な内容が明瞭に記載されていない場合（有料老人ホーム告示第6項，同運用基準6）

(キ) 医療機関との協力関係の内容

・　医療機関との協力関係についての表示において，①その医療機関の名称，②協力に関する診療科目等協力の具体的内容，③入居者の費用負担（保険診療の一部負担金を除く）がある場合はその旨が明瞭に記載されていない場合（有料老人ホーム告示第7項，同運用基準7）

(ク) 介護サービスの提供元

・　入居者に提供される介護サービスが，有料老人ホームが提供するも

192　　第2章　不当な表示

のではないにもかかわらず，その旨が明瞭に記載されていない場合（有料老人ホーム告示第8項，同運用基準8）

(ケ) 介護保険給付の対象とならない介護サービスに関する費用等

・　有料老人ホームが提供する介護保険法の規定に基づく保険給付の対象とならない介護サービスについての表示であって，当該介護サービスの内容および費用が明瞭に記載されていない場合（有料老人ホーム告示第9項）

例えば以下のような場合がこれに当たる（有料老人ホーム告示運用基準9）。

① 　要介護者等（介護保険法の規定に基づく要介護認定か要支援認定を受けた有料老人ホームの入居者）の個別的な選択による個別的な介護サービスを提供する有料老人ホームにおいて，上記名称の費用の中に，その個別的な介護サービスに関する費用が含まれているにもかかわらず，その個別的な介護サービスの具体的内容，費用とその徴収方法が明瞭に記載されていない場合

② 　有料老人ホーム（介護保険法に基づく特定施設入居者生活介護事業者の指定を受けたものを除く）において，介護保険給付の対象とならない介護サービスとして，①以外の，個々の要介護者ごとに必要な介護サービスを必要に応じて適宜提供するとして，その費用を徴収する場合であって，以下の事項が明瞭に記載されていない場合

　　a 　要介護者等の数に応じた介護職員等（①の介護サービスの提供に従事する者を除く）の数（例えば，「要介護者等2人に対し，週○時間換算で介護職員1人以上」等の記載が必要）

　　b 　費用とその徴収方法

また，介護保険法の規定に基づく特定施設入居者生活介護事業者の指定を受けた有料老人ホームにおいて，指定居宅サービス等の事業の人員，設備および運営に関する基準（平成11年厚生省令第37号）の規定に基づく員数よりも介護職員等の人員配置が手厚いとして介護サービスに関する費用を徴収する場合にあっては，上記a，bに加え，当該費用が当該有料老人ホームが提供する介護サービス（上記①の介護サービスを除く）に要する

6　商品等の内容，取引条件以外の事項に係る不当表示（指定告示）　　193

費用のうち，介護保険給付および利用者負担分による収入によって賄えない額に充当するものとして合理的な積算根拠に基づいていることについても明瞭に記載する必要がある（有料老人ホーム告示運用基準9(2)ウ）。

なお，介護保険給付の対象とならない介護サービスに関し，上記表示について，以下のような場合は不当表示となる。

① 自立者と要介護者等の双方が有料老人ホームを利用できる場合において，上記名称の費用の中に，自立者に対する生活支援サービスに関する費用と，介護保険給付の対象とならない介護サービスに関する費用が含まれているにもかかわらず，これらが明瞭に分離して表示されていない場合

② 要介護者等の個別的な選択による個別的な介護サービスを提供し，かつ指定居宅サービス等の事業の人員，設備および運営に関する基準の規定に基づく員数よりも介護職員等の人員配置が手厚いとして介護サービスに関する費用を徴収する有料老人ホームにおいて，上記名称の費用の中に，これらの介護サービスに関する費用が含まれているにもかかわらず，これらが明瞭に分離して表示されていない場合

㈡ **介護職員等についての表示**

・ 介護職員等の数について，①常勤換算方法による介護職員等の数，②介護職員等が要介護者等以外の入居者に対し日常生活上必要なサービスを提供する場合において，要介護者等に介護サービスを提供する常勤換算方法による介護職員等の数，③夜間における最少の介護職員等の数が明瞭に記載されていない場合（有料老人ホーム告示第10項，同運用基準10）

介護に関する資格を有する介護職員等の数について，資格ごと，常勤・非常勤の別ごとに明瞭に記載されていない場合も不当表示に当たる（有料老人ホーム告示第11項，同運用基準11）。

㈥ **管理費等についての表示**

・ 名義のいかんを問わず，入居者から支払いを受ける費用（介護サービスに関する費用および居室の利用に関する費用を除く）について，当該

費用の内訳が明瞭に記載されていない場合（有料老人ホーム告示第12項，同運用基準12）

⑸ 「明瞭な記載」の表示基準

・　有料老人ホーム告示各項において「記載されている」とする事項については，同告示各項に掲げる表示に近接した箇所（同一の広告媒体において2箇所以上に表示されている場合は，そのうちで最も目立つものに近接した箇所）に，高齢者にも分かりやすく，目立つように記載されていなければ，明瞭に記載されていないものとされる（有料老人ホーム告示各項，同運用基準13）。

ウ　事例

有料老人ホームに関する不当表示の事例としては，次のようなものがある。

⑺　有料老人ホーム告示第1項（土地または建物についての表示）関係

・　自己が営む有料老人ホームの建物外観のイラスト図または写真を掲載していたが，当該施設の土地が，自社が保有しているものではないにもかかわらず，そのことを明瞭に記載していなかった（㈱ディア・レスト三次に対する排除命令（平成19年（排）第6号（平成19年2月8日）））。

⑻　有料老人ホーム告示第6項（居室の利用についての表示）関係

・　自己が営む有料老人ホームのパンフレットにおいて，「終の棲家として暮らせる重介護度の方へのケア」と記載した上で，「寝たきりなど要介護度が重い方もお過ごしいただくことができます。ご希望の方には，医療機関と連携しご家族様のお気持ちに寄り添いながら看取り看護にも対応しております。」と記載していたが，実際には，入居者の行動が，他の入居者または自社の従業員の生命もしくは身体に危害を及ぼしまたはその切迫したおそれがある場合であって，当該老人ホームにおける通常の介護方法または接遇方法ではこれを防止することができないときは，当該入居者との入居契約を解除することがあり，入居者の状態によっては，当該入居者が当該老人ホームにおいて終身にわたって居住し，または介護サービスの提供を受けられない場合が

6　商品等の内容，取引条件以外の事項に係る不当表示（指定告示）　　195

あるにもかかわらず，そのことを明瞭に記載していなかった（HITOWA ケアサービス㈱に対する措置命令（平成 30 年 7 月 3 日））。

(ウ)　有料老人ホーム告示第 7 項（医療機関との協力関係についての表示）関係

・　自己が営む有料老人ホームと医療機関との協力関係について，パンフレット等に「万一の際も，24 時間体制で迅速に対応し，提携・協力病院で治療を受けていただきます。」等と記載していたが，同施設と協力関係にある医療機関について，その名称および診療科目等協力の内容を明瞭に記載していなかった（㈱ハピネライフケアに対する排除命令（平成 19 年（排）第 7 号（平成 19 年 2 月 8 日）））。

(エ)　有料老人ホーム告示第 8 項（介護サービスについての表示）関係

・　自己が営む有料老人ホームの入居者に提供する介護サービスについて，パンフレットに，「看護師，介護福祉士，ホームヘルパーなど常駐。」，「万一寝たきりになられた場合も，必要なサービスを受けることができる住宅です。」等と記載していたが，同施設の入居者に対する介護サービスは，自己が当該施設とは別に経営している訪問介護事業所が提供しているところ，パンフレット記載の施設自身が当該介護サービスを提供するものでないにもかかわらず，そのことを明瞭に記載していなかった（㈱原弘産に対する排除命令（平成 19 年（排）第 5 号（平成 19 年 2 月 8 日）））。

(オ)　有料老人ホーム告示第 10 項（介護職員等についての表示）関係

・　自己が営む有料老人ホームの入居希望者に対し閲覧可能な状態にしている神奈川県のウェブサイト上に掲載されている有料老人ホーム重要事項説明書において，当該施設における夜間に勤務する最少の介護職員等の数について，あたかも，夜間における最少の介護職員等の数が 8 人であり，また，夜間における最少の看護職員の数が 2 人であるかのように表示していたが，実際には，当該施設における夜間の最少の介護職員等の数は 2 人であり，また，夜間に勤務する看護職員の数は配置していないまたは 1 人であり，有料老人ホームの介護職

196　　第 2 章　不当な表示

員等の数について，夜間における最少の介護職員等の数を正しく記載しておらず,その最少の数を明瞭に記載しているとはいえなかった㈱ライフケアサービスに対する排除命令（平成 18 年（排）第 3 号（平成 18 年 3 月 13 日)))。

(7)　消費者信用の融資費用に関する不当な表示

一般消費者に対する金銭の貸付け等に関して利息，手数料等の費用が明瞭に記載されていないものを不当表示として指定したものである。運用基準としては,「『消費者信用の融資費用に関する不当な表示』の運用基準」(昭和 55 年 6 月 9 日事務局長通達第 8 号) (融資費用告示運用基準) がある。

ア　対象事業者

消費者信用の表示を行う事業者であり，金融機関，貸金業者，割賦販売業者，ローン提携販売業者，割賦購入あつせん業者等である（融資費用告示運用基準第 1 項)。

イ　不当表示

消費者信用の融資費用に関する次の表示であって，実質年率が明瞭に記載されていないものが不当表示となる。

① 　アドオン方式による利息，手数料その他の融資費用の率の表示
② 　日歩，月利等年建て以外による利息，手数料その他の融資費用の率の表示
③ 　融資費用の額の表示
④ 　返済事例による融資費用の表示
⑤ 　融資費用の一部についての年建てによる率の表示

「消費者信用」とは，事業者が一般消費者に対し行う金銭の貸付けおよび商品の販売または役務の提供に係る代金支払の繰延べの許容により供与される信用をいう（融資費用告示備考 1)。また，「融資費用」とは，利息，手数料，信用調査費，集金費，保証料，保険料その他何らの名義をもって

6　商品等の内容，取引条件以外の事項に係る不当表示（指定告示)　　197

するを問わず，信用供与に際し，一般消費者から受ける金銭のすべてをいう。ただし，登記手数料，印紙代その他法令の規定に基づくものおよび担保物件に係る火災保険料を除く（融資費用告示備考2）。

(8) 一般消費者が事業者の表示であることを判別することが困難である表示（ステルスマーケティング告示）

事業者の表示（広告）であるにもかかわらず，事業者の表示（広告）ではないと誤認されるおそれのある表示を，不当表示として指定したものである（このように，広告であるにもかかわらず，広告であることが分からないように販促・宣伝する手法は我が国においては「ステルスマーケティング」と呼ばれる）。運用基準としては，「『一般消費者が事業者の表示であることを判別することが困難である表示』の運用基準」（令和5年3月28日消費者庁長官決定）（ステルスマーケティング告示運用基準）がある。

一般消費者は，広告であることを認識していれば，その表示内容に，ある程度の誇張・誇大が含まれることはあり得ると考え，商品選択の上でそのことを考慮に入れることができる。しかし，実際には広告であるにもかかわらず，広告ではないと誤認する場合，その表示内容に誇張・誇大が含まれるとは考えず，商品選択における自主的かつ合理的な選択が阻害されるおそれがある。このため，広告である場合には，広告であることが明瞭になっていることが重要である。

このような観点から，ステルスマーケティングを規制するため，ステルスマーケティング告示が指定され，令和5年10月1日から施行された。

なお，ステルスマーケティング告示に違反しない場合（事業者の表示であって，そのことが明瞭である場合）であっても，例えば，その表示が，優良誤認表示または有利誤認表示に該当する場合には，別途，景品表示法上問題となることはいうまでもない。

ア　総論

事業者が自己の供給する商品または役務の取引について行う表示（事業

者の表示）であって，一般消費者が事業者の表示であることを判別することが困難であると認められるものが不当表示となる。

つまり，このふたつの要件をともに満たすものがステルスマーケティング告示違反となる。したがって，事業者の表示に当たらないものや，事業者の表示であっても，事業者の表示であることを判別することが困難であると認められないものは，ステルスマーケティング告示が指定する不当表示とはならない。

なお，景品表示法は，自己の供給する商品・役務について事業者が行う不当表示を規制する法律であることから，ステルスマーケティング告示の規制対象も同様に，ステルスマーケティングに係る商品・役務を供給する事業者（広告主）であり，当該事業者から依頼を受けてステルスマーケティングに関与したインフルエンサー等は，行政処分の対象とはならない。

イ　事業者が自己の供給する商品または役務の取引について行う表示（事業者の表示）

事業者の表示は，景品表示法第2条第4項に規定する「表示」と同義であり，事業者の表示の解釈は，同項について述べたところと同じである（前記2(1)(2)参照）。

すなわち，事業者が表示内容の決定に関与したと認められる場合に，当該事業者の表示に当たる。なお，いわゆるステルスマーケティングにおいては，外形上インフルエンサーやアフィリエイター等の第三者の表示のように見えるものが問題となるところ，事業者が表示内容の決定に関与したと認められる場合とは，客観的な状況に基づき，当該第三者の自主的な意思による表示内容と認められない場合と言い換えられる（ステルスマーケティング告示運用基準第2参照）。

ステルスマーケティング告示運用基準では，次のとおり，①事業者が自ら行う表示（事業者が第三者になりすまして行う表示）と，②事業者が第三者をして行わせる表示の2種類に分けて，事業者の表示と認められる場合についての考え方を明らかにしている。

6　商品等の内容，取引条件以外の事項に係る不当表示（指定告示）　　199

(ｱ)　事業者が自ら行う表示

　事業者が自ら行う表示とは，事業者自らが，自社の商品等について表示を行う場合の表示のことである。例えば，事業者が自らの商品パッケージに表示する場合や，事業者が自らのSNSアカウントに自社の商品について表示（投稿）する場合等である。

　また，事業者が自ら行う表示には，事業者が自ら表示しているにもかかわらず第三者が表示しているかのように誤認させる表示も含まれる。例えば，事業者と一定の関係性を有し，事業者と一体と認められる従業員等が行った事業者の商品等に関する表示は，事業者の表示に当たる（ステルスマーケティング告示運用基準第2，1(1)ア）。このような表示に当たるかは，当該従業員等の事業者内における地位や立場（表示に係る商品等の販売を促進することが必要とされる地位や立場にあるか），権限（他の従業員に表示を指示できる立場にあるか），担当業務（表示に係る商品等のプロモーションを担当しているか），表示目的（表示に係る商品等の販売促進を目的としたものか）等の実態を踏まえて，事業者が表示内容の決定に関与したかを総合的に考慮して判断される（ステルスマーケティング告示運用基準第2，1(1)イ）。

　ステルスマーケティング告示運用基準では，事業者の表示に当たる例として，商品等の販売を促進することが必要とされる地位や立場にある者（例えば，当該商品等の販売や開発を担当する役員，管理職等）が，自らまたは他の者に指示をして，当該商品等の販売促進を目的とした表示（例えば，当該商品等の品質・性能の優良さについて言及する表示等）を行う場合が挙げられている。

(ｲ)　事業者が第三者をして行わせる表示

　事業者が第三者をして行わせる表示とは，事業者が第三者に依頼・指示をする等して表示を行わせる場合の表示のことである。事業者が，表示内容の決定に関与したといえる場合には，①自らもしくは他の者と共同して積極的に表示の内容を決定した場合，②他の者の表示内容に関する説明に基づきその内容を定めた場合，③他の事業者にその決定を委ねた場合が含まれることは，既に述べたとおりであるが（前記2(2)参照），第三者に依頼・

指示をして表示をさせている場合は，これらの場合に当たることが多いと考えられる（例えば，第三者に依頼をして，SNS上の投稿をさせる場合，特定の表示を行うことまで指示をしていれば，①の場合に当たるし，当該指示をせずに投稿内容を第三者に任せていたとしても，③の場合に当たる）。ただし，依頼・指示といってもその内容や程度は様々であるから，あくまでも事案ごとに，事業者が表示内容の決定に関与したといえるか（客観的な状況に基づき，第三者の自主的な意思による表示内容と認められるか）が判断される（ステルスマーケティング告示運用基準第2，2参照）。

また，明示的に依頼・指示がない場合でも，事業者と第三者との間に事業者が第三者の表示内容を決定できる程度の関係性があり，客観的な状況に基づき，第三者の表示内容について，事業者と第三者との間に第三者の自主的な意思による表示内容とは認められない関係性がある場合には，実質的には第三者に依頼・指示をして表示をさせている場合と同様に考えることができ，事業者が表示内容の決定に関与したといえるので，事業者の表示となる（ステルスマーケティング告示運用基準第2，1(2)イ参照）。

当該関係性の有無は，事業者と第三者のやり取り（メール，口頭，送付状等の内容），対価の内容，対価の提供理由，事業者と第三者の関係性の状況（過去に事業者が第三者の表示に対価を提供していた関係性がある場合に，当該関係性がどの程度続いていたか等）等の実態を踏まえて総合的に考慮して判断される（ステルスマーケティング告示運用基準第2，1(2)イ）。

ウ　一般消費者が事業者の表示であることを判別することが困難であると認められるもの

「一般消費者が事業者の表示であることを判別することが困難である」とは，一般消費者にとって事業者の表示（広告）であることが明瞭となっていない場合（すなわち，第三者の表示であると一般消費者に誤認される，または誤認されるおそれがある場合）をいう。一般消費者にとって事業者の表示であることが明瞭かどうかは，表示上の特定の文言等から受ける印象・認識ではなく，表示内容全体から一般消費者が受ける印象・認識を基準に

判断される。

㋐ 事業者の表示であることが明瞭である場合

ステルスマーケティング告示運用基準では，一般消費者にとって事業者の表示であることが明瞭であるものの例として，①「広告」,「宣伝」,「プロモーション」,「PR」など，事業者の表示であることを表すものとして広く一般的に利用されている文言が記載されている場合や，②「A社から商品の提供を受けて投稿している」といった，事業者の表示であることが分かる内容が，文章によって記載されている場合が挙げられている（ステルスマーケティング告示運用基準 第3，2⑴）。

ただし，これらの記載があれば，それだけで事業者の表示であることが明瞭であると判断されるものではなく，上記のとおり，表示内容全体から一般消費者が受ける印象・認識を基準に判断される。ステルスマーケティング告示運用基準では，例えば，一般消費者が認識しづらい文言・記載位置・大きさ・色で記載がされているなど，事業者の表示であることが不明瞭な方法で記載されている場合には，「一般消費者が当該表示であることを判別することが困難である」場合に当たるとされている（ステルスマーケティング告示運用基準 第3，1⑵）。

また，事業者の表示であることが社会通念上明らかなものについては，特段の表示がない場合であっても，事業者の表示であることが明瞭である場合に当たる。ステルスマーケティング告示運用基準では，例えば，放送におけるCMのように広告と番組が切り離されている表示や，事業者自身のウェブサイトにおける表示は，社会通念上，事業者の表示であることが明らかであるとされている。ただし，事業者自身のウェブサイトであっても，ウェブサイトを構成する特定のページにおいて当該事業者の表示ではないと一般消費者に誤認されるおそれがあるような場合（例えば，媒体上で，専門家や一般消費者等の第三者の客観的な意見として表示をしているように見えるものの，実際には，事業者が当該第三者に依頼・指示をして特定の内容の表示をさせた場合や，そもそも事業者が作成し，第三者に何らの依頼すらしていない場合）には，当該事業者の表示であることを明瞭に表示しなければ

ならない（ステルスマーケティング告示運用基準 第3, 2⑵）。

㈠ 事業者の表示であることが不明瞭である場合

事業者の表示であることが不明瞭である場合には，事業者の表示であることが記載されていない場合のほか，上記のとおり，一般消費者が認識しづらい文言・記載位置・大きさ・色で記載がされているなど，事業者の表示であることが不明瞭な方法で記載されている場合が含まれる。

また，例えば，事業者の表示であることが社会通念上明らかな表示であっても，当該表示中に，第三者の表示であると一般消費者に誤認される表示が含まれる場合，その部分について事業者の表示であることを明瞭にする必要がある。例えば，事業者のウェブサイト内において，事業者の表示と評価される専門家のコメントや，利用者の口コミ等が掲載されている場合には，当該コメントないし口コミ等が事業者の表示に当たることが明瞭にされていなければ，「一般消費者が当該表示であることを判別することが困難である」場合に当たる（ステルスマーケティング告示運用基準 第3, 2⑵）。

7 他法令による表示規制

景品表示法は，基本的にあらゆる商品または役務の取引についての不当表示を規制している。一方で，他法令においても，それぞれの法目的に応じて，表示についての規制を行っているものがある。ここでは，数ある他法令による表示規制の中で，食品表示法（平成 25 年法律第 70 号），食品衛生法（昭和 22 年法律第 233 号），日本農林規格等に関する法律（昭和 25 年法律第 175 号），健康増進法（平成 14 年法律第 103 号），不正競争防止法（平成 5 年法律第 47 号），特定商取引に関する法律（昭和 51 年法律第 57 号），医薬品，医療機器等の品質，有効性及び安全性の確保等に関する法律（昭和 35 年法律第 145 号）による表示規制の概要を簡単に紹介する。

なお，平成 25 年 7 月 1 日付けで消費者庁表示対策課内に食品表示対策室が設置され，景品表示法等の各種法令に基づき，食品表示に係る執行を一元的に行う体制が整備された。そして，食品表示制度の法執行に関する

7 他法令による表示規制　　203

事務については，食品表示対策室とともに令和6年4月から消費者庁食品表示課に移管され，食品表示制度の企画立案と法執行との連携を強化し，重大事件への迅速かつ有効な対応を可能とする体制を整備することとされた。

(1)　食品表示法

食品表示法は，食品衛生法，農林物資の規格化及び品質表示の適正化に関する法律（現在は日本農林規格等に関する法律），健康増進法の表示に関する規定を統合して，食品の表示に関する包括的かつ一元的な制度として平成25年6月28日に公布，平成27年4月1日に施行された。

食品表示法は，「食品に関する表示が食品を摂取する際の安全性の確保及び自主的かつ合理的な食品の選択の機会の確保に関し重要な役割を果たしていることに鑑み，販売の用に供する食品に関する表示について，基準の策定その他の必要な事項を定めることにより，その適正を確保し，もって一般消費者の利益の増進を図るとともに，食品衛生法，健康増進法及び日本農林規格等に関する法律による措置と相まって，国民の健康の保護及び増進並びに食品の生産及び流通の円滑化並びに消費者の需要に即した食品の生産の振興に寄与すること」を目的としている（第1条）。

内閣総理大臣は，内閣府令で，食品関連事業者等が食品の販売をする際に表示されるべき事項（表示事項）および表示事項を表示する際に食品関連事業者等が遵守すべき事項（遵守事項）を内容とする，販売の用に供する食品に関する表示の基準（食品表示基準）を定めなければならないとする（第4条第1項）とともに，食品関連事業者等は，食品表示基準に従った表示がされていない食品の販売をしてはならないとされている（第5条）。

表示事項が表示されていない食品の販売をし，または遵守事項を遵守しない食品関連事業者があるときは，内閣総理大臣，農林水産大臣，または財務大臣は，表示事項を表示し，または遵守事項を遵守すべき旨の指示をすることができ（第6条第1項および第3項），内閣総理大臣は，当該指示を受けた者が，正当な理由がなくてその指示に係る措置を採らなかったと

204　　第2章　不当な表示

きは，その指示に係る措置を採るべきことを命ずることができる（同条第5項）。この命令に違反した者に対しては，1年以下の懲役または100万円以下の罰金が科され（第20条），法人に対しては，1億円以下の罰金が科される（第22条第1項第2号）。

　また，内閣総理大臣は，食品を摂取する際の安全性に重要な影響を及ぼす事項について食品表示基準に従った表示がされていない食品の販売等をする場合において，消費者の生命または身体に対する危害の発生または拡大の防止を図るため緊急の必要があると認めるときは，食品関連事業者等に対し，食品の回収その他必要な措置や期間を定めて業務の停止等を命ずることができる（第6条第8項）。この命令に違反した者に対しては，3年以下の懲役または300万円以下の罰金が科され（第17条），法人に対しては，3億円以下の罰金が科される（第22条第1項第1号）。

　さらに，食品を摂取する際の安全性に重要な影響を及ぼす事項として内閣府令で定めるものについて，食品表示基準に従った表示がされていない食品の販売をした者は，2年以下の懲役または200万円以下の罰金が科され（第18条），食品表示基準において表示されるべきこととされている原産地（原材料の原産地を含む）について虚偽の表示がされた食品の販売をした者は，2年以下の懲役または200万円以下の罰金が科され（第19条），法人に対しては，1億円以下の罰金が科される（第22条第1項第2号）。

　なお，内閣総理大臣等は，指示・命令をしたときは，その旨を公表することとなっている（第7条）。

　この措置権限は，内閣総理大臣から消費者庁長官（第15条第1項），財務大臣から国税庁長官（同条第2項）に委任されている。農林水産大臣および国税庁長官の措置権限は，地方支分部局の長に委任されている（同条第3項）。また，農林水産大臣の権限に属する事務の一部は，都道府県知事または指定都市の長が（同条第4項），消費者庁長官に委任された権限に属する事務の一部は，都道府県知事，保健所を設置する市の市長または特別区の区長が（同条第5項），それぞれ行うこととされている。

　このほか，適格消費者団体による差止請求制度（第11条），内閣総理大

7　他法令による表示規制　　205

臣等に対する申出制度（第12条）が規定されている。

　差止請求制度は，不特定かつ多数の者に対して，食品表示基準に違反し，販売の用に供する食品の名称，アレルゲン，保存方法，消費期限，原材料，添加物，栄養成分の量もしくは熱量または原産地について著しく事実に相違する表示をする行為を現に行い，または行うおそれがあるときは，適格消費者団体が，食品関連事業者に対し，当該行為の停止または予防に必要な措置等を採ることを請求することができるものである。

　また，申出制度は，何人も，販売の用に供する食品に関する表示が適正でないため一般消費者の利益が害されていると認めるときは，その旨を内閣総理大臣等に申し出て適切な措置を採るべきことを求めることができるとするとともに，内閣総理大臣等は，申出があった場合には，必要な調査を行い，その申出の内容が事実であると認めるときは，適切な措置を採らなければならないとされている。

⑵　食品衛生法

　食品衛生法は，「食品の安全性の確保のために公衆衛生の見地から必要な規制その他の措置を講ずることにより，飲食に起因する衛生上の危害の発生を防止し，もつて国民の健康の保護を図ること」を目的としている（第1条）。同法において，食品とは全ての飲食物である（ただし，医薬品，医療機器等の品質，有効性及び安全性の確保等に関する法律に規定する医薬品，医薬部外品および再生医療等製品は，除かれる）（第4条第1項）。

　食品，添加物，器具，容器包装に関しては，公衆衛生に危害を及ぼすおそれがある虚偽・誇大な表示・広告が禁止されている（第20条）。

　公衆衛生に危害を及ぼすおそれがある虚偽・誇大表示等を行った場合には，都道府県知事（保健所を設置する市の市長および特別区の区長を含む）は，営業許可の取消し，営業禁止または営業停止をすることができる（第60条第1項）。また，内閣総理大臣または都道府県知事は，当該食品，添加物，器具もしくは容器包装を廃棄させ，またはその他当該表示等による食品衛生上の危害を除去するために必要な措置を命じることができる（第59条

第 2 項）ほか，厚生労働大臣，内閣総理大臣および都道府県知事は，食品衛生上の危害状況が明らかになるよう違反行為者の名称等を公表するよう努めることとされている（第 69 条）。また，第 20 条に違反して虚偽・誇大表示等を行った者には，刑事罰として，2 年以下の懲役または 200 万円以下の罰金が科され（第 82 条第 1 項），第 59 条第 2 項または第 60 条に基づく命令に従わない者は，3 年以下の懲役または 300 万円以下の罰金に処される（第 81 条第 1 項第 3 号）。法人の場合には，1 億円以下の罰金に処される（第 88 条第 1 号）。

措置命令の権限は，内閣総理大臣から消費者庁長官に委任されている（第 80 条第 3 項，施行令第 40 条）。

(3) 日本農林規格等に関する法律

日本農林規格等に関する法律（JAS 法）は，「農林水産分野において適正かつ合理的な規格を制定し，適正な認証及び試験等の実施を確保するとともに，飲食料品以外の農林物資の品質表示の適正化の措置を講ずることにより，農林物資の品質の改善並びに生産，販売その他の取扱いの合理化及び高度化並びに農林物資に関する取引の円滑化及び一般消費者の合理的な選択の機会の拡大を図り，もって農林水産業及びその関連産業の健全な発展と一般消費者の利益の保護に寄与すること」を目的としている（第 1 条）。具体的には，同法は，JAS 規格制度等を定めている。

JAS 規格制度は，JAS 規格による格付け検査に合格した製品に JAS マークの貼付を認め，製品の規格化，流通の促進等を図るものである。

(4) 健康増進法

健康増進法は，「国民の健康の増進の総合的な推進に関し基本的な事項を定めるとともに，国民の栄養の改善その他の国民の健康の増進を図るための措置を講じ，もって国民保健の向上を図ること」を目的としている（第 1 条）。

表示に関する制度としては，特別用途表示がある。

7　他法令による表示規制

特別用途表示とは，「販売に供する食品につき，乳児用，幼児用，妊産婦用，病者用その他内閣府令で定める特別の用途に適する旨の表示」であり，当該表示をしようとする者は，内閣総理大臣の許可を受けなければならず（第43条第1項），かつ，それぞれの用途に応じて表示しなければならない事項が定められている（同条第6項）。なお，特別用途表示の許可の権限は，消費者庁長官に委任されている（第69条第3項）。当該許可に係る食品（特別用途食品）としてその種類には，乳児用，幼児用，妊産婦用，病者用に加え，内閣府令で定めるものとして，授乳婦用，えん下困難者用，および特定の保健の用途（特定保健用食品）がある。例えば，特定保健用食品については，コレステロールの吸収を抑える，お腹の調子を整えるなどの特定の保健の用途についての表示が可能である。

表示に関する規制としては，同法第65条第1項において，何人も，食品として販売に供する物の健康保持増進効果等に関する広告その他の表示について，著しく事実に相違する表示や著しく人を誤認させるような表示をしてはならないと規定している。このため，景品表示法の規制対象が商品または役務を供給する事業者であるのに対し，健康増進法の規制対象は，必ずしも食品の販売業者，製造業者に限定されず，これらの事業者から依頼を受けて広告等を掲載する新聞，雑誌等の業務に携わる者も規制対象になり得る。

また，内閣総理大臣または都道府県知事，保健所を設置する市の市長または特別区の区長は，第65条第1項の規定に違反して表示をした者がある場合において，国民の健康の保持増進および国民に対する正確な情報の伝達に重大な影響を与えるおそれがあると認めるときとして，例えば，疾病を抱える患者が当該表示を根拠に当該商品を購入することにより適切な診療の機会を逸して当該患者の健康の保持増進が図れなくなるおそれがある場合など，その者に対し，当該表示に関し必要な措置を採るべき旨の勧告をすることができる（第66条第1項）。さらに，正当な理由がなくて勧告に従わない者に対しては，内閣総理大臣または都道府県知事，保健所を設置する市の市長もしくは特別区の区長は，勧告に係る措置を採るべきこ

とを命ずることができる（同条第2項）。そして，この命令に違反した者は，6か月以下の懲役または100万円以下の罰金に処せられる（第71条）。これらの勧告，命令の権限については，内閣総理大臣から消費者庁長官に委任されている（第69条第3項）。健康増進法に基づく勧告を行った事例として，「本品は食酢の主成分である酢酸を含んでおり，血圧が高めの方に適した食品です。」を許可表示としている特定保健用食品について，対象商品に血圧を下げる効果があると表示することについて消費者庁長官から許可を受けているかのように示し，また，薬物治療によることなく，対象商品を摂取するだけで高血圧を改善する効果を得られるかのように示す表示をしていたが，実際にはそのような許可を受けているものではなく，また，そのような効果が得られるとは認められないものであった，ライオン㈱に対する勧告（平成28年3月1日）がある。

(5) 不正競争防止法

不正競争防止法は，「事業者間の公正な競争及びこれに関する国際約束の的確な実施を確保するため，不正競争の防止及び不正競争に係る損害賠償に関する措置等を講じ，もって国民経済の健全な発展に寄与すること」を目的としている（第1条）。

同法は，「不正競争」を第2条第1項で列挙している。例えば，表示に係るものとしては，「商品若しくは役務若しくはその広告若しくは取引に用いる書類若しくは通信にその商品の原産地，品質，内容，製造方法，用途若しくは数量若しくはその役務の質，内容，用途若しくは数量について誤認させるような表示をし，又はその表示をした商品を譲渡し，引き渡し，譲渡若しくは引渡しのために展示し，輸出し，輸入し，若しくは電気通信回線を通じて提供し，若しくはその表示をして役務を提供する行為」がある（第2条第1項第20号。以下「誤認惹起行為」という）。

景品表示法違反行為に対しては，行政機関である消費者庁長官や都道府県知事が措置を採る。これに対し，不正競争防止法は，行政処分はないが，事業者間の公正な競争秩序の維持という公益とともに，事業者の営業上の

7　他法令による表示規制　　209

利益という私益の保護を目的としており，営業上の利益を侵害された（または侵害されるおそれのある）事業者からの差止請求（第3条），損害賠償請求（第4条）等の民事措置を基本としていて，消費者には原告適格はない。もっとも，公益の侵害の程度が著しく，当事者間の民事措置的請求にのみ委ねることが妥当でない行為類型については，刑事罰の対象としている。「不正の目的をもって」誤認惹起行為を行った者（第21条第3項第1号，第2条第1項第20号），および，商品もしくは役務もしくはその広告もしくは取引に用いる書類もしくは通信にその商品の原産地，品質，内容，製造方法，用途もしくは数量またはその役務の質，内容，用途もしくは数量について誤認させるような虚偽表示を行った者（第21条第3項第5号。なお，同項第1号と異なり，「不正の目的」は求められない故意犯であり，処罰対象も虚偽の表示行為のみである）は，5年以下の懲役もしくは500万円以下の罰金に処され，またはこれを併科され，法人は，3億円以下の罰金に処される（第22条第1項第3号）。

(6) 特定商取引に関する法律

　特定商取引に関する法律（特定商取引法）は，「特定商取引（訪問販売，通信販売及び電話勧誘販売に係る取引，連鎖販売取引，特定継続的役務提供に係る取引，業務提供誘引販売取引並びに訪問購入に係る取引）を公正にし，及び購入者等が受けることのある損害の防止を図ることにより，購入者等の利益を保護し，あわせて商品等の流通及び役務の提供を適正かつ円滑にし，もつて国民経済の健全な発展に寄与すること」を目的としている（第1条）。

　特定商取引法における表示規制として，取引について広告をする場合の表示義務（第11条等）と誇大広告等の禁止（第12条等）がある。表示義務は通信販売，連鎖販売取引，業務提供誘引販売取引の3類型を対象とし，誇大広告等の禁止は前記3類型に特定継続的役務提供を加えた4類型を対象としている。規制対象となる広告は媒体を問わず，新聞，雑誌，テレビ，ラジオ，チラシ，ダイレクトメール，ホームページ，電子メール等で上記類型について広告を行う場合に規制対象となる。

表示義務は販売業者等から取引の相手方に対して，取引を行うかどうかを判断するために必要な情報を提供させるものである。通信販売は隔地者間取引であり，販売条件等についての情報が広告のみを通じて提供されることが大半であるため，広告中に一定の事項について明確な表示を行わせることでトラブルの発生を防止することを目的としている。連鎖販売取引および業務提供誘引販売取引については，広告から直接契約締結に至ることは少ないと考えられるものの，広告には取引に対して興味を抱かせる効果があるため，この段階で過大に興味を抱かせること等を防止することを目的としている。

　誇大広告等の禁止については，景品表示法第7条第2項の不実証広告規制と同様の措置が採られており，商品の種類や性能，役務の効果等の法定事項について，「著しく事実に相違する表示をし，又は実際のものよりも著しく優良であり，若しくは有利であると人を誤認させるような表示」をすることを禁止している。具体的に何が「著しく」に該当するかの判断は，個々の広告について判断されるべきであるが，例えば「一般消費者が広告に書いてあることと事実との相違を知っていれば，当該契約に誘い込まれることはない」等の場合は，該当すると考えられる。

　販売業者等がこれらの規制に違反し，主務大臣が取引の公正や購入者等の利益が（著しく）害されるおそれがあると認める場合，当該販売業者等に対し，必要な措置を採るべきことの指示（第14条第1項等）や2年以内の業務停止命令（第15条第1項等）および役員等に対する業務禁止命令（第15条の2第1項等）を行うことができる（条文は通信販売に関するものを例示した）。

　連鎖販売取引および業務提供誘引販売取引における表示義務に違反した場合または誇大広告等の禁止に違反した場合，100万円以下の罰金に処される（第72条第1項第1号・第6号，第74条第1項第3号）。主務大臣の指示に違反した場合，6か月以下の懲役または100万円以下の罰金，またはこれの併科に処され（第71条第2号），主務大臣の業務停止命令に違反した場合，3年以下の懲役または300万円以下の罰金，またはこれの併科に

処され（第70条第3号），法人の場合は3億円以下の罰金に処される（第74条第1項第1号）。

同法の執行については，経済産業省から消費者庁に移管され，主務大臣である内閣総理大臣の処分権限は，消費者庁長官に委任された（第67条第3項）。消費者庁長官の権限は，経済産業局長にも委任されている（第69条第3項，施行令第43条第2項）。また，取引の区域に応じて，都道府県知事も行政処分等を行うことができる（第68条，施行令第42条）。

(7)　医薬品，医療機器等の品質，有効性及び安全性の確保等に関する法律

医薬品，医療機器等の品質，有効性及び安全性の確保等に関する法律（薬機法）は，「医薬品，医薬部外品，化粧品，医療機器及び再生医療等製品（以下「医薬品等」という。）の品質，有効性及び安全性の確保並びにこれらの使用による保健衛生上の危害の発生及び拡大の防止のために必要な規制を行うとともに，……医療上特にその必要性が高い医薬品，医療機器及び再生医療等製品の研究開発の促進のために必要な措置を講ずることにより，保健衛生の向上を図ること」を目的としている（第1条）。

表示に関しては，医薬品等の名称，製造方法，効能，効果または性能に関する虚偽・誇大な記事を広告等することを禁止している（第66条第1項）。また，医薬品等の効能，効果や性能について，医師その他の者がこれを保証したものと誤解されるおそれがある記事を広告等することも禁止している（同条第2項）。

これらの規定に違反した者は，2年以下の懲役もしくは200万円以下の罰金またはこれが併科される（第85条第4号）。

なお，第66条第1項の規定に違反する行為をした者に課徴金（売上額の4.5%）を課す課徴金制度の導入等を内容とする薬機法の一部を改正する法律（令和元年法律第63号）が令和元年12月4日に公布され，令和3年8月1日から施行されている。

参考文献

今村成和ほか編『注解経済法（下巻）』（青林書院，1985）

植木邦之『判・審決例からみた不当表示法（別冊 NBL No.36）』（商事法務研究会，1996）

川井克倭＝地頭所五男『Q & A 景品表示法〔改訂版第 2 版〕』（青林書院，2007）

公正取引委員会事務局編『誇大広告と懸賞販売の規制——不当景品類及び不当表示防止法の解説』（ダイヤモンド社，1962）

消費者庁取引対策課＝経済産業省商務・サービスグループ消費経済企画室編『令和 3 年版　特定商取引に関する法律の解説』（商事法務，2024）

食品表示研究会編『〈加除式〉食品表示マニュアル』（中央法規出版，2024 追録）

南部利之編著『改正景品表示法と運用指針』（商事法務，2004）

原一弘「『不当な価格表示についての景品表示法上の考え方』について（上）（下）」公正取引 599 号 4 頁，601 号 59 頁（2000）

吉田文剛編『景品表示法の実務』（ダイヤモンド社，1970）

消費者庁ウェブサイト・特定商取引法ガイド「特定商取引法とは」（https://www.no-trouble.caa.go.jp/what/ ）

消費者庁ウェブサイト「食品として販売に供する物に関して行う健康保持増進効果等に関する虚偽誇大広告等の禁止及び広告等適正化のための監視指導等に関する指針（ガイドライン）」（令和 2 年 4 月 1 日一部改定）（消表対第 431 号）（https://www.caa.go.jp/policies/policy/representation/extravagant_advertisement/pdf/extravagant_advertisement_200331_0003.pdf）

消費者庁ウェブサイト「健康食品に関する景品表示法及び健康増進法上の留意事項について（令和 4 年 12 月 5 日一部改定）」（https://www.caa.go.jp/policies/policy/representation/extravagant_advertisement/assets/representation_cms214_221205_01.pdf）

消費者庁ウェブサイト「食品表示法等（法令及び一元化情報）」（https://www.caa.go.jp/policies/policy/food_labeling/food_labeling_act）

経済産業省知的財産政策室ウェブサイト「逐条解説不正競争防止法——令和 6 年 4 月 1 日施行版」（https://www.meti.go.jp/policy/economy/chizai/chiteki/pdf/Chikujo.pdf）

経済産業省知的財産政策室ウェブサイト「不正競争防止法テキスト」（https://www.meti.go.jp/policy/economy/chizai/chiteki/pdf/unfaircompetition_textbook.pdf）

経済産業省知的財産政策室ウェブサイト「偽装表示の防止と不正競争防止法——事業者間の公正な競争を確保するために」（https://www.meti.go.jp/policy/economy/chizai/chiteki/pdf/panfrethontai.pdf）

公正取引委員会ウェブサイト「No.1 表示に関する実態調査報告書」（https://www.
jftc.go.jp/houdou/pressrelease/cyosa/cyosa-hyoji/h20/08061302_files/08061302-01-
hontai.pdf）

第3章　過大な景品類提供

1　はじめに

　景品表示法は，景品類について，消費者庁の主任大臣たる内閣総理大臣の指定によってその定義を定めることとし（景表第2条第3項），また，内閣総理大臣が不当な顧客の誘引を防止するため必要と認めるときに，景品類の価額の最高額・総額，種類・提供の方法などの景品類の提供に関する事項の制限・提供の禁止を行うことができる旨を定めている（景表第4条）。

　景品類の提供は，不当表示と異なって，その手法自体が否定されるべきものではない。したがって，その額が過大であるなど一定の限度を超える場合にのみ規制することとされている。

　内閣総理大臣は，第4条の規定による景品類の提供に関する制限，禁止等をしようとするときは，公聴会を開き，関係事業者および一般の意見を求めるとともに，消費者委員会の意見を聴かなければならないこととされている（景表第6条第1項）。公聴会を開催して意見を徴することについては，消費者庁長官に権限が委任されている（景表第38条第1項，景表施行令第14条）。また，第4条による景品類の制限，禁止等は，官報告示によって行うこととされている（景表第6条第2項）。これらの手続は，第4条の規定による制限，禁止等を変更・廃止する際にも必要である（同条第1項）。

　過大な景品類の提供等の行為を規制するものとして，現在，景品表示法に基づいて以下のとおりの告示が制定されている。

●景品表示法に基づく告示

［景品類の定義の指定］

1　はじめに　　215

・ 不当景品類及び不当表示防止法第 2 条の規定により景品類及び表示を指定する件（昭和 37 年公取委告示第 3 号）（定義告示）

［景品類の提供に関する制限・禁止］

（業種横断的なもの）

・ 懸賞による景品類の提供に関する事項の制限（昭和 52 年公取委告示第 3 号）（懸賞制限告示）

・ 一般消費者に対する景品類の提供に関する事項の制限（昭和 52 年公取委告示第 5 号）（総付制限告示）

（特定の業種に関するもの）

・ 新聞業における景品類の提供に関する事項の制限（平成 10 年公取委告示第 5 号）（新聞業告示）

・ 雑誌業における景品類の提供に関する事項の制限（平成 4 年公取委告示第 3 号）（雑誌業告示）

・ 不動産業における一般消費者に対する景品類の提供に関する事項の制限（平成 9 年公取委告示第 37 号）（不動産業告示）

・ 医療用医薬品業，医療機器業及び衛生検査所業における景品類の提供に関する事項の制限（平成 9 年公取委告示第 54 号）（医療関係告示）

　本章においては，過大な景品類提供等の行為の規制について，まず，景品類の定義について述べた後，業種横断的な規制である懸賞制限告示および総付制限告示について説明し，最後にその他の業種別告示について触れることとしたい。

2　景品類とは

⑴　定義告示第 1 項

　景品表示法は，第 2 条第 3 項において，景品類の定義について「顧客を誘引するための手段として，その方法が直接的であるか間接的であるかを問わず，くじの方法によるかどうかを問わず，事業者が自己の供給する商品又は役務の取引……に付随して相手方に提供する物品，金銭その他の

経済上の利益」とし，定義告示第1項で具体的に以下のように定めている。

1　不当景品類及び不当表示防止法（以下「法」という。）第2条第3項に規定する景品類とは，顧客を誘引するための手段として，方法のいかんを問わず，事業者が自己の供給する商品又は役務の取引に附随して相手方に提供する物品，金銭その他の経済上の利益であつて，次に掲げるものをいう。ただし，正常な商慣習に照らして値引又はアフターサービスと認められる経済上の利益及び正常な商慣習に照らして当該取引に係る商品又は役務に附属すると認められる経済上の利益は，含まない。
一　物品及び土地，建物その他の工作物
二　金銭，金券，預金証書，当せん金附証票及び公社債，株券，商品券その他の有価証券
三　きよう応（映画，演劇，スポーツ，旅行その他の催物等への招待又は優待を含む。）
四　便益，労務その他の役務

---

(2)　景品類等の指定の告示の運用基準

公正取引委員会は，定義告示第1項で定められた景品類の定義をさらに明確化するため，「景品類等の指定の告示の運用基準について」（昭和52年事務局長通達第7号）（定義告示運用基準）を公表しており，景品表示法の移管に伴い，消費者庁においても同運用基準に示された考え方により法運用が行われている。

定義告示運用基準は，ある行為が景品類の提供に該当するための要件を，①「顧客を誘引するための手段として」，②「事業者」，③「自己の供給する商品又は役務の取引」，④「取引に附随して」，⑤「物品，金銭その他の経済上の利益」の5項目に分類して，それぞれについて考え方を詳しく示している。

また，経済上の利益の提供であっても景品類の提供に該当しないもの，つまり，⑥「正常な商慣習に照らして値引と認められる経済上の利益」，⑦「正常な商慣習に照らしてアフターサービスと認められる経済上の利益」，⑧「正常な商慣習に照らして当該取引に係る商品又は役務に附属す

ると認められる経済上の利益」のそれぞれについての考え方も示している。

ア 「顧客を誘引するための手段として」（定義告示運用基準1）

　提供者の主観的意図やその企画の名目とは関係なく，客観的に顧客誘引のための手段になっているかどうかによって判断する（定義告示運用基準1(1)。以下，この(2)においては，項目番号のみを記載する)。したがって，例えば，事業者が顧客に対する謝恩や社会的儀礼として提供を行った場合であっても，客観的に顧客誘引の効果を発生させているのであれば，この要件を満たすこととなる。

　このほか，事業者が循環型社会の構築に貢献すると称して，商品の容器を持参した者に対して懸賞により金品を提供した場合も，客観的には顧客誘引の効果があると認められ得るであろうし，また，事業者が市場調査のためのアンケート用紙の回収促進のために謝礼等を提供した場合であっても，①その商品を買わなければアンケートに適切に答えられない，②販売業者が自己の店舗の入店者のみにアンケート用紙を配布している等の事情が認められるときは，顧客誘引のための手段になっていると認められる。そのため，実際には取引に付随して経済的利益の提供が行われる場合には，客観的に顧客誘引の手段となっていると認められることがほとんどであろう。

　なお，「顧客を誘引する」とは，新たな顧客の誘引に限らず，取引の継続や取引量の増大を誘引することも含まれるので（1(2)），例えば，会員制の仕組みで販売している事業者が既存の会員に対して提供する場合もこの要件を満たすこととなる。

イ 「事業者」（定義告示運用基準2）

　不当表示に関して述べたところと同じである（前記第2章2(1)ウ）。
なお，事業者団体が構成事業者の供給する商品または役務の取引に附随して過大な景品類の提供を企画し，実施させた場合には，その景品類提供を行った構成事業者に対して景品表示法が適用されることは当然であるが，当該景品類の提供が独占禁止法第19条で禁止される不当な利益による顧

客誘引（一般指定第9項）に該当すると認められる場合には，その事業者団体に対しては独占禁止法第8条第5号（事業者団体が事業者に対して不公正な取引方法をさせる行為を禁止した規定）が適用される（ただし，平成21年法改正により，排除命令（当時）を独占禁止法に基づく排除措置命令とみなす旨を規定する第6条第2項が景品表示法自体から削られたことから，構成事業者に過大な景品提供を行わせた事業者団体に当然に独占禁止法第8条が適用されるわけではなく，まず，構成事業者の景品提供が，その市場に対する公正競争阻害性を個別に評価した上で独占禁止法第19条（一般指定第9項）に違反するかどうかが判断され，独占禁止法第19条違反が認定された場合において，事業者団体の行為として独占禁止法第8条第5号に違反するかどうかが個別に判断される）。

ウ 「自己の供給する商品又は役務の取引」（定義告示運用基準3）

「自己の供給する商品又は役務の取引」には，事業者が製造し，または販売する商品についての，最終需要者に至るまでのすべての流通段階における取引が含まれる（3(1)）。例えば，商品を小売業者が一般消費者に販売する際の取引は，当該小売業者はもちろんのこと，当該商品のメーカーにとっても，「自己の供給する商品又は役務の取引」に該当する。また，フランチャイズチェーンの加盟店が供給する商品または役務の取引も，フランチャイズチェーンの本部にとって「自己の」供給する商品または役務の取引に該当する。

ここでいう「取引」には，販売のほか，賃貸，交換，融資などが含まれ（3(2)），また，銀行と預金者との関係，クレジット会社とカードを利用する消費者との関係等も，「取引」に含まれる（3(3)）。

これに対し，事業者とその事業者に雇用される労働者との関係等のように，自己（事業者）が商品または役務の供給を一方的に受ける側に立つものは，「自己の供給する……取引」には含まれない。また，事業者が一般消費者から物品等を買い取る取引（売買）については，事業者が，物品等の供給を受ける側に立つものといえるが，いわゆる買取りサービス（前記

2 景品類とは　　219

第2章2(1)エのコラム参照）のように，当該取引が，当該物品等を査定する等して当該物品等を金銭と引き換えるという「役務」を提供していると認められる場合には，自己が役務を供給する側であるともいえ，「自己の供給する……役務の取引」に含まれる（3(4)）。

他方，最終製品の取引は，製造工程を経た結果で原材料と最終製品が別種の商品と認められるようになった場合は，原材料の供給者からみて，通常「自己の供給する商品の取引」に当たらない。しかしながら，最終製品にその原材料が用いられていることが最終製品の需要者に明らかである場合は，最終製品の取引は，原材料の供給者にとっても，「自己の供給する商品の取引」に当たることとなる（3(5)）。

例えば，コーラ飲料の原液を供給する者が，その原液を使用して製造されるびん詰めコーラ飲料の購入者に対して景品類を提供する場合[注1]は，このような点が明らかであるので，「自己の供給する商品又は役務の取引」に当たる。

また，例えば，コーヒー豆・紅茶等の卸売業者が自己の直営または関連会社の経営する喫茶店の入店者に対して景品類を提供する場合[注2]のように，あるサービスの提供に際して特定の供給者の供給する商品が用いられていることが当該サービスの需要者に明らかである場合も，当該商品の供給者にとって，当該サービスの提供が「自己の供給する商品又は役務の取引」になると考えられる。

（注1）　このような事例として，日本ペプシコーラ㈱および北海道飲料㈱に対する排除命令（昭和46年（排）第36号（昭和46年7月29日））などがある。

（注2）　このような事例として，札幌上島コーヒー㈱に対する排除命令（昭和48年（排）第11号（昭和48年5月16日））などがある。

エ　「取引に附随して」（定義告示運用基準4）

景品類の提供は「取引に附随して」行われるもののみが景品表示法の規制対象になり得る。取引付随性の有無については，当該取引や提供の形態等をみて個別具体的に判断される必要があるが，基本的には以下のように

220　　第3章　過大な景品類提供

考えられる。

㋐ 取引付随性が存在する場合（取引を条件とする提供）

商品の購入者に対して他の物品を提供するなど，取引を条件として他の経済上の利益を提供する場合は，取引と経済上の利益の提供が直結しているので，最も強い形で取引付随性があるといえる（4(1)）。

㋑ 取引付随性が存在する場合（取引を条件としない提供）

景品表示法第1条は，「商品及び役務の取引に関連する不当な景品類……による顧客の誘引を防止する」ことを同法の目的として規定しており，このことからすれば，「取引に付随」するとは，「取引を条件とする」よりも広く，「取引に関連する」と同様の意味に解される。したがって，取引を条件としなくとも，経済上の利益の提供が，顧客の購入の意思決定に直接結びつく可能性のある形で行われるものについては，取引付随性があるといえる。

具体的には，例えば，取引の勧誘に際して，相手方に，金品，招待券等を供与するような場合は，結果としてその勧誘に応じて取引を行う者が存在するか否かにかかわらず取引付随性がある（4(3)）。また，経済上の利益の提供が，例えば，以下のa～dの場合のように取引の相手方を主たる対象として行われるときは，たとえ取引を条件としない提供方法を併用していても，取引付随性がある（4(2)）。

a　商品の容器包装に経済上の利益を提供する企画の内容を告知している場合（4(2)ア）

例えば，商品の容器包装にクイズを出題する等応募の内容を記載している場合がある。

b　商品または役務を購入することにより，経済上の利益の提供を受けることが可能または容易になる場合（4(2)イ）

例えば，新聞紙上で出題したクイズの解答者に対して提供するが，商品を購入しなければ解答やそのヒントが分からないものである場合や，商品のラベルの模様を模写して送付した者に提供する場合がある。

2　景品類とは　　221

c 小売業者またはサービス業者が，自己の店舗への入店者に対し経済
上の利益を提供する場合（4(2)ウ）

「入店者に対し提供する」については，小売業者等が，入店者に対して，
その場で提供する場合はもちろん，例えば，応募用紙や応募箱を自己の店
舗に置く場合や，新聞紙上で出題したクイズの解答者に提供するが，来店
することで解答が判明・容易になるような場合，企画の告知を店頭にて行
う場合，当選者に対する賞品の引渡しを店頭において実施するような場合
も「入店者に対し提供する」に含まれる。また，「店舗」については，営
業を行っている建造物内だけでなく，駐車場などその敷地や公道に接した
軒先であっても，「店舗」に該当する場合がある。

また，メーカーなど他の事業者が行う経済上の利益の提供の企画であっ
ても，小売業者等が当該メーカーなどに対して協賛，後援等の特定の協力
関係にあって，共同して経済上の利益を提供していると認められる場合や，
当該メーカーなどに経済上の利益を提供させていると認められる場合があ
る。

d 次のような自己と特定の関連がある小売業者またはサービス業者の
店舗への入店者に対し提供する場合（4(2)エ）

dは，以下の(a)～(c)に該当するような小売業者等の入店者に提供する場
合である（これらの場合における「入店者に対し提供する」や「店舗」につい
ては，前記cと同様である）。

(a) 自己が資本の過半を拠出している小売業者またはサービス業者
（4(2)エ①）

例えば，メーカーが自己の子会社の経営する販売店の入店者に提供する
ような場合がある。

(b) 自己とフランチャイズ契約を締結しているフランチャイジー（4
(2)エ②）

(c) その小売業者またはサービス業者の店舗への入店者の大部分が，
自己の供給する商品または役務の取引の相手方であると認められる
場合（4(2)エ③）

例えば，ガソリンの元売業者が系列ガソリンスタンドの来店者に提供するような場合がある。

> **COLUMN** メーカー・卸売業者が小売店の入場者に提供する場合の取引付随性
>
> 　メーカー・卸売業者が自己の供給する商品を販売している小売業者の店舗への入場者に対して経済上の利益を提供する場合においては，本文dの(a)・(c)に述べたとおり，その小売業者の資本の過半が当該メーカー等の拠出によるものであったり，店舗への入店者の大部分が，当該メーカー等の供給する商品の取引の相手方であると認められる場合には，取引付随性があると認められる。
>
> 　他方，小売業者が当該メーカー等と資本関係がなく，かつ，小売業者の店舗が，当該メーカー等の供給する商品以外の商品も幅広く取り扱っている百貨店やスーパーマーケットなどである場合において，例えば，応募用紙や応募箱が店舗に置かれているだけであれば，当該メーカー等の商品を購入する意思決定に結びつく可能性が高まるとは考えられないので，取引付随性はない。
>
> 　なお，メーカー等の取引付随性の議論とは別に，このような経済上の利益を提供する企画が小売業者との共同企画であると認められる場合は，小売業者に取引付随性が発生することに注意する必要がある（本文c参照）。

㋒　インターネット上の懸賞企画の取扱い

　インターネットのウェブサイトは，誰にでもアクセスができるという特性から，懸賞企画の告知・応募手段とされることが増えている。

　このようなインターネット上の懸賞企画が後記3の懸賞制限告示による規制の対象となるか否かについては，サイト間を自由に容易に移動できる等の，インターネットならではの要素を考慮に入れて判断する必要があることから，公正取引委員会は，考え方の明確化を図るため，「インターネット上で行われる懸賞企画の取扱いについて」（平成13年4月26日）を公表した。景品表示法が消費者庁に移管された後も，同様の考え方に従って同法の解釈・運用が行われている。

　その要点は，以下のとおりである。

a　インターネット上の懸賞について

　消費者はウェブサイト内のサイト間を自由に移動することが可能かつ一般的であることから，商取引サイトの閲覧と店舗への来店は同一視されず，ウェブサイト上で実施される懸賞企画は，懸賞の告知や応募の受付を行う懸賞サイトが商品の販売を行う商取引サイト上にあったり，商取引サイトから懸賞サイトへリンクが張られていて，商取引サイトをみなければ懸賞サイトをみることができないなど，懸賞に応募する者が商取引サイトをみることを前提としているサイト構造のウェブサイト上で実施されるものであっても，その経済上の利益の提供に取引付随性はないものと取り扱われる。

　ただし，商取引サイトにおいて商品または役務を購入しなければ懸賞企画に応募できない場合や，商品または役務を購入することにより，ウェブサイト上の懸賞企画に応募することが可能になったり，容易になる場合（商品を購入しなければ懸賞に応募するためのクイズの正解またはそのヒントが分からない場合や商品を購入することで当選確率が高まるような場合等）には，取引付随性が認められる。

COLUMN　インターネット上の懸賞企画の留意点

　小売店がインターネット上のウェブサイトで応募を受け付ける形で実施する懸賞企画については，通常の場合，取引に付随する経済上の利益の提供には当たらないので，オープン懸賞として，すなわち提供する景品類の価額の上限・総額双方について制限を受けることなく実施することができる（「インターネット上で行われる懸賞企画の取扱いについて」（平成13年4月26日））。ただし，小売店が懸賞を実施しようとする場合に，インターネット上のウェブサイトによる応募の受付とともに，自社の店舗内に応募箱を設置すると，応募者を店舗に誘引し，「取引に附随」することとなるため，懸賞制限告示の範囲内で景品を提供する必要がある。インターネット上のウェブサイトによる応募の受付とともに，自社の店舗内に専用応募ハガキを設置する場合等にも，同じく懸賞制限告示の範囲内で行う必要があるので，注意を要する。

224　第3章　過大な景品類提供

b　インターネットサービスプロバイダー等による懸賞について

インターネットサービスプロバイダー，電話会社等一般消費者がインターネットに接続するために必要な接続サービスを提供する事業者がインターネット上で行う懸賞企画は，インターネット上のウェブサイトには当該ウェブサイトを開設しているプロバイダー等と契約している者以外の者でもアクセスすることができるという特徴に鑑み，懸賞企画へ応募できる者を自己が提供する接続サービスの利用者に限定しない限り取引付随性がないものと取り扱われる。

(エ)　取引付随性がない場合

a　正常な商慣習に照らして取引本来の内容をなす場合（4(4)）

景品は，取引本来の内容とは別に提供されるものであるから，正常な商慣習に照らして取引の本来の内容をなすと認められる経済上の利益の提供については，取引付随性はない。

したがって，例えば，宝くじの賞金やパチンコの景品は，「賞金」，「景品」といった名称で呼ばれていても，それらの「賞金」，「景品」を獲得することは「宝くじを買う」，「パチンコをする」という取引の本来の内容であるため，取引付随性がなく，景品類には該当しない。また，喫茶店のコーヒーに添えられる砂糖・クリーム等も，ブラックコーヒーにこれらを併せたものが，一般的な喫茶店のメニューである「コーヒー」なのであるから，「コーヒーを飲む」という取引本来の内容をなすものであり，取引付随性はない。

b　セット販売等の場合（4(5)）

(a)　原則（取引付随性なし）

ある取引において2つ以上の商品または役務が提供される場合であっても，次のような組み合わせ（セット）である場合は，一方（景品）がもう片方（取引本来の内容）の取引に付随して提供されるものであるとの認識を購入者が抱くことはないため，原則として取引付随性はない。

①　商品または役務を2つ以上組み合わせて販売していることが明らかな場合（4(5)ア）

商品または役務を2つ以上組み合わせたものが一体として取引の内容

2　景品類とは　　225

となっている場合は，いずれが取引本来の内容で，いずれが景品であるか購入する者に判別できないため，取引付随性は認められない。例えば，「ハンバーガーとドリンクをセットで〇〇円」，「ゴルフのクラブ，バッグ等の用品一式で〇〇円」，美容院の「カット（シャンプー，ブロー付き）〇〇円」，「しょう油とサラダ油の詰め合わせ」等がこれに該当する。

② 商品または役務を2つ以上組み合わせて販売することが商慣習となっている場合（4⑸イ）

商品または役務を組み合わせて販売することが明らかにされていなくても，それが商慣習となっている場合は，取引付随性は認められない。例えば，乗用車販売の際にスペアタイヤを併せて販売することがこれに該当する。

③ 商品または役務が2つ以上組み合わされたことにより独自の機能，効用を持つ1つの商品または役務になっている場合（4⑸ウ）

2つの商品または役務が組み合わされたことにより，別の特徴を持つ1つの商品または役務になっている場合は，購入者がどちらか一方を景品として提供されたとは認識しないことから，取引付随性は認められない。例えば，玩菓，旅行用の化粧品セット，パック旅行のような商品または役務がこれに該当する。

(b) 例外（取引付随性あり）

商品または役務を2つ以上組み合わせて提供する場合であっても，以下のような場合には，取引付随性が認められる（4⑸但書）。

・ 懸賞により提供するとき

　(例)ハンバーガーを購入した者にくじを引かせ，当たりが出た者にドリンクを併せて提供する場合。

・ 提供方法から，取引の相手方に景品類であると認識されるような仕方で提供するとき

　(例)「〇〇プレゼント」，「××を買えば〇〇が付いてくる」，「〇〇無料」と表示して提供する場合。

　　　ただし，「〇〇プレゼント」といった特定の文言のみにとらわれるので

はなく，提供の方法・形態を総合的にみて，取引の相手方に景品類である
と認識されるか否かを判断する必要がある。

C　その他の場合

　取引付随性を有する懸賞については，3のとおり，懸賞制限告示により
景品類の最高額と総額が制限されている。一方，商品や事業者の注目度を
高めるために，広告において，懸賞により一般消費者に対し経済上の利益
の提供を申し出ることがある。こうした行為は，取引付随性が生じないよ
うな方法で行われる場合には，一般的に「オープン懸賞」といわれる。オー
プン懸賞については昭和46年から，独占禁止法に基づく公正取引委員会
の指定（「広告においてくじの方法等による経済上の利益の提供を申し出る場合
の不公正な取引方法」（昭和46年公取委告示34号））により規制が行われて
きたが，平成18年4月27日，規制が撤廃された。このオープン懸賞の
応募者に対して経済上の利益を提供することについては，たまたま応募者
の中に当該事業者の供給する商品または役務の購入者が含まれていても，
そのことをもって取引付随性があることにはならない（4(6)）。また，自
己の供給する商品または役務の購入者を紹介してくれた人に対して謝礼を
提供することについては，紹介者がその商品・サービスを購入していたと
しても，そのことをもって取引付随性があることにはならない。しかし，
紹介者を当該商品または役務の購入者に限定する場合には，当然，取引付
随性がある（4(7)）。

COLUMN　当選者に対する商品の引渡しを店頭において実施する場合の取引附随性

　小売店が，SNS上で実施する飲料の応募企画において，当選者に飲料の引換券の
提供を行い，当該当選者が小売店の店頭において飲料の引渡しを受ける場合など，
経済上の利益の提供が，顧客の購入の意思決定に直接結びつく可能性のある形で行
われるものについては，取引付随性が認められる。

　このような飲料の引換券の提供方法については，たとえ取引を条件としない提供
方法を併用していても，小売店と当選者（一般消費者）との個々の取引に付随して
経済上の利益の提供が行われたと認められ，小売店が行う景品提供企画に対し，総

2　景品類とは　　227

付景品の規制が適用される。

　なお，飲料の引換券ではなく，小売店で使用できる割引券を提供する場合は，取引通念上妥当と認められる基準に従っていれば，正常な商慣習に照らして値引と認められる経済上の利益に該当し，景品類には該当せず，景品表示法の適用対象とならない。

オ　「物品，金銭その他の経済上の利益」（定義告示運用基準5）

㋐　「経済上の利益」に該当する場合

　景品類に該当し得る「経済上の利益」について定義告示第1項各号において，①物品，土地，建物その他の工作物，②金銭，金券，預金証書，当選金付証票（宝くじ），公社債，株券，商品券その他の有価証券，③供応，④便益，労務その他の役務が列挙されているが，これらは，通常，経済的対価を支払って取得するものをすべて含む趣旨である。

　経済的対価を支払うか否かは，提供を受ける者の立場から判断される。すなわち，提供を受ける者の側からみて，通常，経済的対価を支払って取得すると認められるものは，この「経済上の利益」に含まれる。これは，提供を行う側の事業者が，そのための特段の出費を要しないで提供できる物品等であったり，市販されていない物品等であっても同様である。また，商品または役務を通常の価格よりも安く購入できる利益も，「経済上の利益」に含まれる（5(1)，(2)）。

㋑　「経済上の利益」に該当しない場合

　提供を受ける者の側からみて，通常，経済的対価を支払って取得すると認められないものは，「経済上の利益」に含まれない。したがって，例えば，表彰状，表彰盾，表彰バッジ，トロフィー等のように相手方の名誉を表するものは，通常の場合，「経済上の利益」に該当しない（5(1)但書）。

　また，取引の相手方に提供する経済上の利益であっても，例えば，企業がその商品の購入者の中から応募したモニターに対して，その仕事に相応する報酬を支払う場合など，仕事の報酬等と認められる金品の提供は，景品類の提供に当たらない（5(3)）。しかしながら，その報酬がその仕事に相

応しない過大な金品である場合には，景品類の提供に当たる可能性がある。

　なお，「仕事の報酬」について，「仕事」に当たるか否かは当該役務の内容等を踏まえて個別具体的に判断されることとなるが，いわゆる e スポーツ（エレクトロニック・スポーツの略称であり，コンピューターゲーム，ビデオゲームを使用した対戦をスポーツ競技として捉える際の名称[注]）大会において主催者が参加者へ賞金を提供する場合や，資格試験の合格者が作成する合格体験記を事業者が金銭を支払って買い取る場合は，景品表示法における景品類の制限の趣旨の潜脱と認められるような事実関係が別途存在しない限り，原則として，仕事の報酬等と認められる金品の提供に該当し，景品類の提供に当たらないものと考えられる（5⑶）。

（注）　一般社団法人 e スポーツ連合（https://jesu.or.jp/contents/about_esports/）

カ　景品類に該当しない経済上の利益

㈠　はじめに

　定義告示第 1 項但書は，上記ア〜オの各要件を形式的に満たしたとしても景品類に該当しない経済上の利益として，正常な商慣習に照らして①値引と認められるもの，②アフターサービスと認められるもの，③当該取引に係る商品または役務に付属すると認められるもの，の 3 つの類型を掲げている。

　同但書は，これらの類型の経済上の利益が，商品または役務の価格，品質，内容等に極めて密接に関係しており，その性質上取引の本来の内容をなすべきものであることから，景品類に該当しないことを確認的に規定しているものである。すなわち，事業者がこれらの経済上の利益の提供を行ったとしても，消費者は，商品または役務自体の価格，品質等に含まれるものとして，商品等の選択に当たっての判断を行うことから，かかる利益の提供によって，その自主的かつ合理的選択が阻害されることとはならないと考えられるので，景品表示法の目的に照らして規制対象外とされている。

　しかしながら，値引，アフターサービスや付属物・付属サービスには様々な態様のものがあり，その内容，提供の方法，取引実態，当該業界におけ

2　景品類とは　　229

る取引慣行などからみて，規制されるべき景品類と実質的に異ならないものがある可能性もある。したがって，定義告示第1項但書は，どのようなものが景品類となるかについて，「正常な商慣習に照らして」判断する必要があるとしている。

「正常な商慣習に照らして」判断するとは，当該業界に現に一般化し，常態化している商慣習に照らして判断するということではなく，当該商品の特徴，その経済上の利益の内容，提供の方法等を勘案した場合に，一般消費者による自主的かつ合理的な選択の確保という点からみて容認し得るものか否かという観点から判断するということである[注]。

これは具体的には，値引であれば当該取引の内容，その経済上の利益の内容や提供方法等を，アフターサービスであれば当該商品または役務の特徴，アフターサービスの内容，必要性，当該取引の約定等を，付属物・付属サービスであれば当該商品または役務の特徴，その経済上の利益の内容等を勘案することになり，また，公正競争規約（後記第5章参照）が設定されている業界については，当該公正競争規約の定めるところを斟酌することになる。

公正競争規約は，景品類に関する事項について，「不当な顧客の誘引を防止し，一般消費者による自主的かつ合理的な選択及び事業者間の公正な競争を確保するために適切なものであること。」等に適合するとして，内閣総理大臣（景表施行令第14条により消費者庁長官に権限が委任されている）および公正取引委員会が認定したものであるからである（景表第36条）。

(注) この点について，栄光時計㈱による審決取消請求事件（東京高判昭和56年4月2日（昭和52年（行ケ）第195号））においては，以下のように判示されている。同判決における「公正な競争秩序維持の観点」は，当時の景品表示法の目的を踏まえたものであり，現行法の下では，「一般消費者による自主的かつ合理的な選択の確保」に置き換えて理解することができると考えられる。

「……告示第3号第1項但書は，値引が『景品類』に含まれない旨を確認的に規定するとともに，当該経済上の利益が『景品類』に含まれないものとされる値引にあたるか否かは，正常な商慣習に照らしてこれを判断すべきものとする趣旨を規定したものと解される。そして右の判断は，当該経済上の利益の内容，提供の条件，方法，当該業界に

おける慣行等を勘案し，公正な競争秩序維持の観点から，右利益が当該業界において取引の本来の内容をなす値引であると認められるか否かについてすべきものであり，したがって，右判断にあたつては，過去に同様の態様の前例が当該業界ないし当該事業者において行われたことがあるか否かの観点のみから判断すべきでないことは原告主張のとおりである一方，原告主張のように当該経済上の利益の取引高に占める金額的割合のみを問題とすべきものでもないというべきである。」

(イ) 「正常な商慣習に照らして値引と認められる経済上の利益」（定義告示運用基準6）

　a　値引と認められる場合（6(3)）

　事業者が結果として自己の供給する商品または役務の価格を下げるならば，それは原則として値引と認められるという考え方から，以下のような行為は，取引通念上妥当と認められる基準に従って行われるものであれば，景品類に該当しない。

　　①　取引の相手方に対し，支払うべき対価を減額すること（複数回の取引を条件として対価を減額する場合を含む）（6(3)ア）

　これは，対価の減額というまさに値引と認められる行為である。例えば，「×個以上買う方には，○○円引き」，「背広を買う方には，その場でコート○○％引き」，「×××円お買上げごとに，次回の買物で○○円の割引」，「×回御利用していただいたら，次回○○円割引」といったものが該当する。この際，対価の減額が，自己の取引に用いられる割引券を交付し，それを使用させる方法で行われるものであっても，原則として値引と認められることに変わりはない。

　　②　取引の相手方に対し，支払った代金について割戻し（キャッシュバック）をすること（複数回の取引を条件として割り戻す場合を含む）（6(3)イ）

　これは，キャッシュバックという事後的に対価を減額する行為であり，事業者が結果として価格を下げていることから，値引と認められるものである。例えば，「レシート合計金額の○％割戻し」，「商品シール○枚ためて送付すれば○○円キャッシュバック」といったものが該当する。

2　景品類とは　　231

③　ある商品または役務の購入者に対し，同じ対価で，それと同一の商品または役務を付加して提供すること（実質的に同一の商品または役務を付加して提供する場合および複数回の取引を条件として付加して提供する場合を含む）（6(3)ウ）

これは，事業者が実質的に同一の商品または役務を付加することにより，増量値引を行っていると認められるものである。例えば，「CD3枚買ったらもう1枚進呈」，「背広1着買ったらスペアズボン無料」，「コーヒー5回飲んだらコーヒー1杯無料券をサービス」，「クリーニングスタンプ○○個でワイシャツ1枚分をサービス」，「当社便○○マイル搭乗の方に××行航空券進呈」といったものがこれに該当する。

この際，付加される商品または役務がどのようなものであれば実質的に同一とみられるかについては，消費者の立場からみて増量値引と認識するものであるかどうかという観点から，取引の態様に応じて判断される。したがって，上記の例でいえば，CD3枚を買った者に付加されるもう1枚のCDは当然別のタイトルのもので差し支えないが，他方，例えば「コーヒー○回飲んだらジュース1杯無料券をサービス」，「ハンバーガーを買ったらフライドポテト無料」等の場合は，実質的に同一の商品の付加には当たらないことが多いと考えられる。

また，同一商品または役務の付加については「同じ対価で」行われることとされているが，例えば，「1個100円の○○を3個買ったら，プラス10円でもう1個」というものが景品類に該当することはない。このような場合については①に述べた対価の減額が行われているとみられるからである。

b　景品規制以外の問題

aで述べた「値引と認められる」行為については，消費者が「値引」という言葉から直ちに認識する，いわゆる狭義の値引（第1回目の取引から対価の減額という形で行われるもの）のほか，複数回の取引を条件として行われる対価の減額（いわゆるポイントサービス等）や，同一商品または役務の付加（いわゆる増量値引）等も含まれている。このうち狭義の値引を除

くものについては，このような経済上の利益の提供が広い意味で値引と同様の経済効果をもたらすことから，景品規制の対象としないということを示しているものであり，このことをもって景品規制以外においても値引と同視されるということではない。例えば，実際には10％分のポイント付与や増量がされるにすぎないにもかかわらず，これらを「10％値引」と表示する場合には，表示規制の観点からは，不当表示に該当するおそれがある（一般消費者に実際のものよりも著しく有利であると誤認されると認められることが前提である）。

　また，同一商品または役務の付加が景品類に該当せず，景品規制の対象とならない場合であっても，別途，不当表示や不当廉売として問題となる場合があることに注意する必要がある。このことは「ある商品の購入者に対し同一の商品を付加して提供する場合の不当な表示及び不当廉売について（通知）」（昭和63年公取指第83号公取委事務局取引部長通知）においても指摘されている。

　すなわち，同一商品または役務の付加を行う際に，以下のような表示が行われた場合は，不当表示（有利誤認表示）となる。

①　ある商品を複数まとめて販売する場合において，販売する数量を従来よりも減らしたにもかかわらず，従来の販売価格を付し，減らした部分を無料で提供する旨の表示をすること（例えば，通常の販売価格4個1000円のA商品を，3個と1個に分け，「A商品3個1000円でお買い上げの方にA商品もう1個プレゼント」と表示する場合）。

②　販売する商品を通常の販売価格より高く設定して，「同一の商品」を無料で提供する旨の表示をすること（例えば，通常の販売価格1000円のA商品を「1500円のA商品1個お買い上げの方にA商品もう1個プレゼント」と表示する場合）。

③　販売する商品の品質を低下させたり，販売する商品の量，大きさを減らしたにもかかわらず，以前と同じ価格を設定して「同一の商品」を無料で提供する旨の表示をすること（例えば，通常1kg入り1000円で販売しているA商品の容量を500gに減らし，「1000円のA商品（500g）

2　景品類とは　　233

1個お買い上げの方にA商品もう1個プレゼント」と表示する場合）。

また，同一商品または役務の付加を行うことによって，独占禁止法の不公正な取引方法の一類型である不当廉売の要件に当てはまる場合，つまり，正当な理由がないのにその供給に要する費用を著しく下回る対価で継続して供給し，その他不当に低い対価で供給し，他の事業者の事業活動を困難にするおそれがあるときには，独占禁止法上問題となる。これは，対価の減額やキャッシュバックの場合も同様である。

c　値引に該当しない場合（6(4)）

前記aに述べたとおり，対価の減額，キャッシュバックや同一の商品または役務の付加は，原則として「値引」と認められ，景品類に該当しないが，次のような場合は，正常な商慣習に照らして「値引と認められる経済上の利益」とはいえない（景品類に該当する）（6(4)ア，イ）。

(a)　対価の減額・キャッシュバックの場合であっても，

①　懸賞による場合

②　減額・キャッシュバックした金銭の使途を制限する場合（例：旅行費用に充当させる場合）

③　同一の企画において景品類の提供とを併せて行う場合（取引の相手方に金銭と招待旅行の両方を提供する場合と，これらのうちいずれかを選択させる場合の両方が景品類の提供に当たる）

(b)　同一の商品または役務を付加する場合であっても，

①　懸賞による場合

②　同一の企画において景品類の提供を併せて行う場合（A商品の購入者に対し，A商品とB商品の両方を提供する場合と，これらのうちいずれかを選択させてこれを付加して提供する場合の両方が景品類の提供に当たる）

(ウ)　「正常な商慣習に照らしてアフターサービスと認められる経済上の利益」（定義告示運用基準7）

アフターサービスには多様な形態があり，また，取引が完了した後に行われるものであるから，一見景品類と紛らわしいが，正常な商慣習からみ

て適当な範囲で行われるものは，買い手が期待する取引の本来の内容をなすものであり，景品類に該当しない。例えば機械・器具の一定期間の点検・修理サービスや，パソコンなど取扱いの難しい機器の使用のサポートなどである。不良品の交換等はアフターサービスというより，むしろ，瑕疵のない商品を供給するという取引の内容そのものであると評価できる場合が多いかもしれないが，これについても，当然のことながら景品類には該当しない。

アフターサービスが景品類に当たるか否かについては，当該商品または役務の特徴，そのアフターサービスの内容，必要性，当該取引の約定の内容等を勘案し，一般消費者による自主的かつ合理的な選択の確保の観点から判断することになる（7⑴）。この際，公正競争規約が設定されている業種については，当該公正競争規約の定めるところを参酌することとされている（7⑵）。

㈢ 「正常な商慣習に照らして当該取引に係る商品又は役務に附属すると認められる経済上の利益」（定義告示運用基準8）

商品または役務を購入した際に，正常な商慣習として当然にそれに付属してくるものは，商品または役務の一部たる付属物・付属サービスと評価できるものであり，景品類に該当しない。例えば，弁当についてくる割り箸や紙ナプキンなどである。また，商品の内容物の保護や品質の保全に必要な限度内の容器包装も付属物であり，景品類に該当しない（8⑶）。

付属物・付属サービスが景品類に当たるか否かについては，当該商品または役務の特徴，その付属物・付属サービスの内容，必要性，当該取引の約定の内容等を勘案し，一般消費者による自主的かつ合理的な選択の確保の観点から判断することになる（8⑴）。この際，当該付属物・付属サービスが，独立して販売されているような事情があっても，そのことのみで付属物・付属サービスではないとはいえない。また，公正競争規約が設定されている業種については，当該公正競争規約の定めるところを参酌することとされている（8⑵）。

2 景品類とは

COLUMN 景品提供の主体と相手方

　定義告示運用基準で規定されていないものとして，景品提供の主体と提供の相手方の問題がある。

　これは，景品表示法第2条第3項において，景品類の提供方法が「直接的であるか間接的であるかを問わず」とされている一方，景品類が「相手方に提供する」ものとされていることとの関係で，①形式的には商品または役務の供給者ではない第三者が取引の相手方に経済上の利益を提供する場合や，②商品または役務の供給者が形式的には取引の相手方ではない第三者に経済上の利益を提供する場合に，これらが景品類の提供に該当するのか，また，該当する場合は誰が景品表示法の規制を受けるのかという問題である。①の場合，景品提供の主体が問題となり，②の場合，景品提供の相手方が問題となっているが，これらについては以下のように考えられる。

(1)　景品提供の主体の問題

　景品提供企画において，経済上の利益を供与している者が誰であれ，いかなる商品の取引に付随し，いかなる商品の顧客誘引手段となっているかを考えれば，景品提供の主体（規制の対象者）が誰であるかを判定するのは困難ではない。

　例えば，メーカーが小売業者を通じて販売している商品について，①メーカーが出荷段階において商品の包装箱に景品類を封入しておく場合や，②メーカーが小売業者にスピードくじを渡しておき，当該商品の購入者に対し小売業者の店舗で抽選して，当選者に小売業者の供給するその他の商品を景品類として提供する場合はどうか。①については，小売業者がメーカーの企画に全く参画せず，単に仕入れた包装箱の状態でそのまま販売している場合には，小売業者は，景品提供の主体であるとはいえないが，②については，メーカーだけでなく，小売業者の取引にも付随して提供する経済上の利益となり，景品類に該当して，両者が景品提供の主体として規制対象になる可能性があるであろう。

　上記①と②で結論が異なるのは，景品を提供する行為について小売業者の関与の度合いが異なるからである。景品提供の主体を考えるに当たっては，いかなる商品の取引に付随し，いかなる商品の顧客誘引手段となっているかということに加え，その企画の立案（主商品の選定，景品類の種類，額，実施期間，実施地域，売上予定の算定，その企画の宣伝方法など）を行ったのは誰か，経費の負担者は誰かといった事情を総合的にみて判断する必要がある。

(2) 景品提供の相手方の問題

　取引の相手方ではない第三者に対して経済上の利益を提供することにより，取引の相手方にいかなる形であれ経済上の利益がもたらされると客観的に認められるならば，当該取引の相手方に対し景品類を間接的に提供したとみてよい。

　例えば，学校の生徒たち（取引の相手方）がある商品を買って，商品についているシールを集めて応募すると，学校（第三者）にピアノが提供されるような場合である。この場合，生徒たちは学校のピアノを使えるという経済上の利益を受ける事になる。第三者に提供された経済上の利益（ピアノという物）と，生徒が受ける経済上の利益（ピアノが使えるという便益）との形態が異なっていても，それは景品類を間接的に提供したと認める妨げにはならない。他方，例えば，自己の供給する商品または役務の購入者を紹介してくれた者に対して提供する謝礼は，通常，第三者（紹介者）に利益がもたらされたとしても，取引の相手方（商品の購入者）に利益がもたらされるような関係にはなく，例外的に取引の相手方に経済上の利益がもたらされるという状況が客観的に認められない限り，景品類に該当しない。

⑶　景品類の価額

　景品類の価額については，「景品類の価額の算定基準について」（昭和53年事務局長通達第9号）において算定の際の考え方が示されている。その内容は以下のとおりである。

①　景品類と同じものが市販されている場合は，景品類の提供を受ける者が，それを通常購入するときの価格による（1⑴）。つまり，市販されている商品等を景品類として提供する場合は，基本的に市価（消費税相当額を加えた額）が景品類の価額となる。事業者が景品に使う物品を仕入れた際の原価ではないし，メーカーが自社製品を提供する場合も，製造原価や出荷原価ではない。

　　なお，株券等のように価格が変動するものを提供する場合は，当該景品が提供される時点における価格により算定することとなる。

　　また，保険証書や宝くじを提供する場合は，一定の保険金支払事由が発生したときに支払われる保険金額や，宝くじが当選した場合の賞

2　景品類とは　　237

金の額で算定するのではなく，保険料の額や宝くじを購入するときの額により算定することとなる。

② 景品類と同じものが市販されていない場合は，景品類を提供する者がそれを入手した価格，類似品の市価等を勘案して，景品類の提供を受ける者が，それを通常購入することとしたときの価格を算定し，その価格による（1(2)）。市販されていない商品等の場合でも，仕入価格や類似品の市価等を勘案して，仮にその商品等が市販されていた場合に想定される市価を算定し，その価格が景品類の価額となる。

3 懸賞制限告示

懸賞制限告示では，「懸賞」の方法を用いて，取引の相手方（一般消費者に限られず，事業者も含む）に景品類を提供することについて，提供できる景品類の最高額や総額を制限している。この最高額や総額の制限については，一般の懸賞の場合と共同懸賞の場合とでそれぞれ異なる内容が定められている。また，特定の方法（いわゆる「カード合わせ」の方法）を用いた懸賞については景品類の提供を全面的に禁止している。

以下，懸賞制限告示の内容について説明する。懸賞制限告示については，その解釈の明確化に資する目的から，「『懸賞による景品類の提供に関する事項の制限』の運用基準」（平成24年消費者庁長官通達第1号）（懸賞運用基準）が制定されている。

(1) 懸賞とは（懸賞制限告示第1項）

懸賞制限告示第1項において「懸賞」とは，下記の方法によって，景品類の提供の相手方または提供する景品類の価額を定めることであるとされている。

- ・ くじその他偶然性を利用して定める方法
- ・ 特定の行為の優劣または正誤によって定める方法

この2種類の方法については，懸賞運用基準1，2において，以下のとお

り例示されている。

ア　くじその他偶然性を利用して定める方法（懸賞運用基準1）

① 抽せん券を用いる方法

② レシート，商品の容器包装等を抽せん券として用いる方法

③ 商品のうち，一部のものにのみ景品類を添付し，購入の際には相手方がいずれに添付されているかを判別できないようにしておく方法

④ すべての商品に景品類を添付するが，その価額に差等があり，購入の際には相手方がその価額を判別できないようにしておく方法

⑤ いわゆる宝探し，じゃんけん等による方法

これらは，誰に景品類を与えるか，与える景品類のうちどのようなものを与えるかを「偶然」によって決定する場合を，くじの方法によるもの以外にも広く懸賞として扱うものである。「偶然」とは，応募者からみて不確定・不明確であるということであり，景品類の提供者が既に知っていることでも，応募者からみれば不確定・不明確であるような場合であれば，「偶然」に該当する。また，④においては，景品類に価額差がある場合が問題となっているが，添付されているものに価額差とは必ずしもいえない価値の差が存在する場合(注)も，同様に懸賞に該当する。

なお，景品類の付いている商品の購入希望者が多数存在するために，抽選で購入できる者を決定する場合で，抽選に外れた者が景品類の付いていない商品を購入する必要がないようなものは，懸賞には該当しない。また，くじの方法を用いて，誰に景品類を与えるか，与える景品類のうちどのようなものを与えるかを決定する場合でも，顧客がくじの結果（自己が景品類の提供を受けることができるか，できる場合，どの景品類がもらえるか）を取引の前に知ることができ，くじの結果によって取引するか否かを自由に決めることができるようなものは，懸賞には該当しない（ただし，これらについては，4で後述する総付制限告示の規制対象になることがある）。

（注）　例えば，すべての商品に1点，3点，5点といった点数券を添付し，合計得点が10点に達した場合に特定の景品類を提供する場合，景品類は一種類しかない以上，

価額差があるとはいえないが，それぞれの点数券には価値の差がある。

イ　特定の行為の優劣または正誤によって定める方法（懸賞運用基準 2）

①　応募の際一般には明らかでない事項（例えば，その年の 10 大ニュース）について予想を募集し，その回答の優劣または正誤によって定める方法

②　キャッチフレーズ，写真，商品の改良の工夫等を募集し，その優劣によって定める方法

③　パズル，クイズ等の解答を募集し，その正誤によって定める方法

④　ボウリング，魚釣り，○○コンテストその他の競技，演技または遊技等の優劣によって定める方法（ただし，セールスコンテスト，陳列コンテスト等相手方事業者の取引高その他取引の状況に関する優劣によって定める方法は含まれない）

これらは，アの「くじその他偶然性を利用して定める方法」と異なり，誰に景品類を与えるか，与える景品類のうちどのようなものを与えるかを，偶然性以外の要素も加味して決定する場合である。ただし，④のかっこ書のような場合は，販売促進のための技術向上を競うものであるので，懸賞に該当しないとされている。

なお，来店や申込みの先着順によって定める方法については，懸賞に該当しないが，4 で後述する総付制限告示の規制対象になることがある（懸賞運用基準 3）。しかしながら，購入者の一部に先着順で景品類を提供する場合において，購入者が自己の購入の順位をあらかじめ知ることができないようなものについては，購入者にとっては「偶然性を利用して定める方法」となるのであり，懸賞に該当することになる。

(2)　最高額の制限（懸賞制限告示第 2 項）

懸賞により提供する景品類の最高額については，懸賞に係る取引の価額の 20 倍の金額（この金額が 10 万円を超える場合にあっては，10 万円）を超えてはならないものとされている。

240　第 3 章　過大な景品類提供

ア　取引の価額について（懸賞運用基準5(1)）

　最高額の制限に違反しているか否かを判断する際にまず問題となるのは，景品類の価額と取引の価額の認定方法である。前者については基本的に2(3)で述べたとおりであるが，後者については，下記①～④のとおり，「『一般消費者に対する景品類の提供に関する事項の制限』の運用基準について」（昭和52年事務局長通達第6号）（総付運用基準）の考え方（総付運用基準1(1)～(4)）を準用することとされている（4(2)参照）。取引の価額は，消費税相当額を含む。

①　購入者を対象とし，購入額に応じて景品類を提供する場合は，当該購入額を「取引の価額」とする。

②　購入者を対象とするが購入額の多少を問わないで景品類を提供する場合の「取引の価額」は，原則として，100円とする。ただし，当該景品類提供の対象商品または役務のうちの最低のものが明らかに100円を下回っていると認められるときは，当該最低のものを「取引の価額」とし，当該景品類提供の対象商品または役務について通常行われる取引のうちの最低のものが100円を超えると認められるときは，当該最低のものを「取引の価額」とすることができる。

③　購入を条件とせずに，店舗への入店者に対して景品類を提供する場合の「取引の価額」は，原則として，100円とする。ただし，当該店舗において通常行われる取引のうち最低のものが100円を超えると認められるときは，当該最低のものを「取引の価額」とすることができる。この場合において，特定の種類の商品または役務についてダイレクトメールを送り，それに応じて来店した顧客に対して景品類を提供する等の方法によるため，景品類提供の対象商品をその特定の種類の商品または役務に限定していると認められるときはその商品または役務の価額を「取引の価額」として取り扱う。もっとも，例えば，家具類の展示即売会を行うに当たってダイレクトメールを送り，来店者に景品類を提供する場合，一般の売場と展示会場を区別するなどの配慮をしない限り，店舗への入店者一般を対象に景品類を提供している

3　懸賞制限告示　　241

ものとして取り扱われる。

④　上記①～③（景品類の限度額の算定に係る「取引の価額」）は，景品類の提供者が小売業者またはサービス業者である場合は対象商品または役務の実際の取引価格を，製造業者または卸売業者である場合は景品類提供の実施地域における対象商品または役務の通常の取引価格を基準として考える。

COLUMN　取引の価額の考え方

総付運用基準は，必ずしも景品規制が問題となり得るすべての取引を網羅するものではなく，取引の価額についても，個別の事案ごとに当該取引の内容等を踏まえて検討されるものである。このような例として，例えば次のようなものがある。

①　継続的な取引が行われる場合の取引の価額

取引価額は，個別の事案ごとに検討することになるが，取引の実態や契約内容から一定の期間継続的に取引を続けることが前提とされると認められるときには，例外的に，取引価格を一定期間の取引価額の合計額で考えることができる場合がある。もっとも，契約上特に契約期間の制約等がなく，取引の実態としてもごく短期間で解約する一般消費者が存在するような場合には，一定期間の利用料の合計額を取引価額とすることは適切でない。

例えば，クレジットカードの入会者に対し，抽選の方法により景品を提供する場合，入会者は，一定期間内の解約にペナルティーが科されているなど特段の事情のない限り，通常，1年程度は契約を継続するものと考えられるので，そのような場合においては，①入会金，②初年度の年会費，③1年間における利用額の合計のうち通常考えられる最低のもの，を合算した金額が取引価額であると考えられている。

②　「購入額」以外の取引の価額

総付運用基準は，商品または役務の対価である「購入額」を取引価額とする考え方を示しているが，例えば，上記のクレジットカード取引において利用額が取引価額に含まれているように，取引価額が，商品または役務の対価とは一致しない場合もある。このような例として，普通預金に係る取引価額は，預金残高を基準に考えられている。また，買取りサービス（前記第2章2(1)エのコラム参照）の取引価額は，買取額を基準に考えられている（消費者庁ウェブサイト「景品に関するQ&A」Q7参照）。

イ　同一の取引に附随して二以上の懸賞による景品類の提供が行われる場合の景品類の価額（懸賞運用基準 5 ⑵）

　景品類の価額については，同一の取引に附随して二以上の懸賞による景品類の提供が行われる場合，次のように考えることとされている。

①　同一の事業者が行う場合は，別々の企画によるときであっても，これらを合算した額の景品類を提供したことになる（5 ⑵ア）。したがって，例えば，本店が全国的な懸賞販売の企画を実施しているときに，支店が同一の商品について別個の懸賞販売の企画を自己の管内において実施したような場合は，両方の景品類の合算額が最高額の制限内でなければならない。

②　他の事業者と共同して行う場合は，別々の企画によるときであっても，それぞれ，共同した事業者がこれらの額を合算した額の景品類を提供したことになる（5 ⑵イ）。したがって，例えば，メーカーが懸賞販売を実施しているときに，そのメーカーと卸売業者が相談してさらに別個の懸賞販売の企画を実施したような場合は，メーカーと卸売業者のそれぞれが両方の景品類の合算額の景品類を提供したことになるので，メーカーと卸売業者のそれぞれにとって，この合算額が最高額の制限内でなければならない。

③　他の事業者と共同しないで，その懸賞の当選者に対してさらに懸賞によって景品類を追加した場合は，追加した事業者がこれらを合算した額の景品類を提供したことになる（5 ⑵ウ）。したがって，例えば，メーカーが商品の購入者に懸賞による景品類（最高額の制限内）を提供しているときに，小売業者が独自にその懸賞の当選者に別途の懸賞による景品類を追加して提供する場合は，小売業者にとって景品類の合算額が最高額の制限を超えないようにしなければならない。

ウ　懸賞により提供する景品類の限度について（懸賞運用基準 6）

　これは，懸賞に係る一の取引について，同一の企画で数回の景品類獲得の機会を与える場合，例えば，1 枚の抽選券により抽選を行って景品類を

3　懸賞制限告示　　243

提供し，同一の抽選券によりさらに抽選を行って景品類を提供する場合（いわゆるダブル抽選等）の最高額の制限をどのように考えるかという問題である。

このような場合には，その取引について定められている制限額を超えて景品類を提供してはならない，すなわち，複数回の景品類の合算額が最高額の制限を超えてはならないこととされている。したがって，複数回の景品類の合計額が最高額の制限を超える場合には，複数の当選ができない（抽選に当選した者がそれ以降の抽選に参加できない）仕組みを作り，その旨をあらかじめ明示することが必要である。

(3) 総額の制限（懸賞制限告示第3項）

懸賞により提供する景品類については，(2)で述べた最高額の制限と同時に，その総額について，当該懸賞に係る取引の予定総額の100分の2を超えてはならない。

ここでいう「懸賞に係る取引の予定総額」とは，懸賞販売実施期間中における対象商品の売上予定総額のことである（懸賞運用基準7）。懸賞販売をしようとする事業者は，事前に客観的にみて合理的な売上予定総額を設定して，景品類の総額がその2％の範囲内に収まるように企画を立てる必要がある。景品類を多く提供したいために，根拠のない過大な売上予定総額を設定し，それに基づいて景品類を提供してはならないが，他方，客観的にみて合理的な売上予定総額に基づいているのであれば，何らかの理由で実際の売上総額が予定を下回り，結果的に景品類の総額が2％を超過したとしても懸賞制限告示上問題となるものではない。

(4) 共同懸賞の制限（懸賞制限告示第4項）

ア　概要

多数の事業者が共同して実施する共同懸賞については，懸賞による景品類の提供の制限の特例として，以下のとおり，一般の場合よりも制限が緩くなっている。

244　第3章　過大な景品類提供

- 最高額の制限：30万円（取引価額にかかわらず）
- 総額の制限：懸賞に係る取引の予定総額の100分の3

このような特例が適用されるのは，次の3つの類型に該当する共同懸賞である。ただし，いずれについても他の事業者の参加を不当に制限する場合には，共同懸賞に該当せず，一般の懸賞の制限を受けることになる。

① 一定の地域における小売業者またはサービス業者の相当多数が共同して行う場合

例えば，「○○市観光祭り」，「○○市雪祭り」等の際に市の商工会議所や商店街連合会が主催するような，全市上げての規模と性質を有する大売出しの場合である。

② 一の商店街に属する小売業者またはサービス業者の相当多数が共同して行う場合。ただし，中元，年末等の時期において，年3回を限度とし，かつ，年間通算して70日の期間内で行う場合に限る。

例えば，通常みかける「○○駅前商店街中元大売出し」といったものである。

③ 一定の地域において一定の種類の事業を行う事業者の相当多数が共同して行う場合

例えば，一定の地域において営業する同業者（例えば寿司店）が共同して行う「○○市寿司祭り」といったものである。

イ 「一定の地域」（懸賞運用基準8）

アの①，③の共同懸賞における「一定の地域」とは，基本的には，その店舗や営業施設の所在する市区町村の区域（あるいは，これを含むより広い地域）をいう。しかし，合併によって誕生した新しい市町村における旧市町村の区域など，市区町村の区域よりも狭い地域であっても，その業種やその地域の実情を勘案した結果，「一定の地域」として認められる場合がある。

例えば，1つの市の区域の中にいくつかの温泉地があり，それぞれ相当離れて別途の名称が付いており，それぞれの温泉地ごとに旅館・ホテルの

団体を作っているような場合であって，それぞれの温泉地における事業活動が相互に影響を及ぼさないようなときは，1つの温泉地に所在する旅館・ホテルの大多数が参加すれば，この共同懸賞に該当する可能性がある。

また，メーカーや卸売業者が行うアの③の共同懸賞の場合は，その懸賞販売の実施地域が「一定の地域」となる。例えば，茨城県の納豆のメーカーが東京都において共同懸賞を実施する場合は，茨城県でなく東京都が「一定の地域」である。したがって，茨城県のメーカーの相当多数がこの企画に参加している場合でも，それらの者が東京都において販売されている納豆のメーカーの相当多数であるといえない場合は，この共同懸賞には当たらない。

ウ　商店街の共同懸賞（懸賞運用基準9）

アの②の商店街の共同懸賞については「一定の地域」の要件は不要である。

懸賞運用基準9で，商店街振興組合法（昭和37年法律第141号）の規定に基づき設立された商店街振興組合が主催して行う懸賞は，この共同懸賞に該当するとしているが，これは例示規定であるので，商店街振興組合が主催しない場合であっても，アの②の商店街の共同懸賞に当たる場合はある。商店街振興組合法第6条は，商店街振興組合の区域について，小売業者またはサービス業者の30人以上が近接していることを1つの要件としているので，例えば，30人以上の小売業者またはサービス業者が近接して商店街を形成している場合には，この商店街における共同の懸賞販売が，この共同懸賞に該当する可能性がある。

エ　「相当多数」（懸賞運用基準10）

共同懸賞が「相当多数」の共同により行われることは，アの①～③の共同懸賞のいずれについても必要である。懸賞運用基準10は，共同懸賞の参加者がその地域における「小売業者又はサービス業者」または「一定の種類の事業を行う事業者」の過半数であり，かつ，通常共同懸賞に参加す

る者の大部分である場合は,「相当多数」に当たるものとしている。

このうち,後者の要件は,商店街についていえば,通常共同懸賞に参加しない事業者,例えば不動産業者,新聞販売店などを別にして,一般の小売業者またはサービス業者の大部分が参加すれば「相当多数」になるということである。

オ 「一定の種類の事業」（懸賞運用基準11）

アの③の同業者の共同懸賞における「一定の種類の事業」については,日本標準産業分類の細分類として掲げられている種類の事業は,原則として,「一定の種類の事業」に当たるものとして取り扱うが,これによりがたい場合は,当該業種と関連業種の関係を勘案して判断することとなる。

カ 共同懸賞への参加の不当な制限（懸賞運用基準12）

共同懸賞も事業者の一種の共同行為であるので,共同懸賞の実施に際して,ある事業者を不当に排除したり,ある事業者を不当に差別的に取り扱い,その事業者の事業活動を困難にさせるような場合は,独占禁止法上の不公正な取引方法に該当するおそれがある（一般指定第5項）。また,共同懸賞については,地域の消費者が買いまわる範囲で全体として行われている懸賞であるため,多少高額の景品類が提供されても消費者の選択への悪影響が及びにくい面があり,このことも一般の懸賞よりも緩やかな規制となっていることの背景にあると考えられる。そうであるならば,一部の事業者が不当に排除されている場合には,かかる緩やかな規制を適用する根拠が認められないことも考えられる。

そこで懸賞制限告示においても,他の事業者の参加を不当に排除する場合には,共同懸賞とは認められないとされており,懸賞運用基準12において,具体的に,次のような場合は,共同懸賞として懸賞販売を行うことができないとされている。

① 共同懸賞への参加資格を売上高等によって限定し,または特定の事業者団体の加入者,特定の事業者の取引先等に限定する場合

3 懸賞制限告示　　247

例えば，資本金や売上高について高い基準を設けて小規模な企業が参加できないようにする場合，商店街に店舗があっても，そこの商店会に加盟していない事業者に参加を認めない場合，特定のメーカー系列やフランチャイズ加盟店のみに参加資格を限定するといった場合である。

②　懸賞の実施に要する経費の負担，宣伝の方法，抽選券の配分等について一部の者に対し不利な取扱いをし，実際上共同懸賞に参加できないようにする場合

キ　その他（違反があった場合）

共同懸賞の要件を充足していないのに，提供される景品類の価額を30万円にしたり，共同懸賞に当たる場合でも，提供される景品類の価額が30万円を超えている場合に，当該懸賞を事業者団体が主催して傘下事業者に実施させているときは，傘下事業者が懸賞制限告示上問題となるとともに，事業者団体の行為は，独占禁止法第8条第5号（事業者団体が事業者に対して不公正な取引方法をさせる行為を禁止した規定）違反となることがあり得る（前記2(2)イ）。

⑸　全面禁止される懸賞方法（懸賞制限告示第5項）

懸賞制限告示第5項は，「二以上の種類の文字，絵，符号等を表示した符票のうち，異なる種類の符票の特定の組合せを提示させる方法」（いわゆる「カード合わせ」の方法）の懸賞については，景品類の価額の大小を問わず全面禁止している。これは，例えば，菓子などの包装箱の中に子どもに人気のあるアニメの様々なキャラクターのうちの1種類のカードが入っており，それらのカードを全種類集めて店舗へ持っていくと景品類と引き換えることができるというものである。このような方法の懸賞は，「途中まではすぐに集まるが，次第に集まりにくくなる」点において消費者に錯覚を生じさせ得る仕組みとなっており，その方法自体に欺瞞性が強く，また，子ども向けの商品に用いられることが多く，子どもの射幸心をあおる

度合いが著しく強いことから，全面禁止とされているものである。

　平成 23 年半ば頃以降，携帯電話端末やパソコン端末などを通じてインターネット上で提供されるゲーム（以下「オンラインゲーム」という）において，有料ガチャ（ここでいう「ガチャ」とは，オンラインゲームの中で，偶然性を利用して，利用者に対してアイテムやカード等（以下「アイテム等」という）を供給する仕組みのことを指す）によって絵柄の付いたアイテム等を販売し，異なる絵柄の特定の組合せを揃えた利用者に対し，特別のアイテム等を提供するというイベント（一般に「コンプガチャ」と呼ばれる）が盛んに行われるようになった。

　このようなコンプガチャは，懸賞運用基準 4(1)において，「携帯電話端末やパソコン端末などを通じてインターネット上で提供されるゲームの中で，ゲームの利用者に対し，ゲーム上で使用することができるアイテム等を，偶然性を利用して提供するアイテム等の種類が決まる方法によって有料で提供する場合であって，特定の二以上の異なる種類のアイテム等を揃えた利用者に対し，例えばゲーム上で敵と戦うキャラクターや，プレーヤーの分身となるキャラクター（いわゆる「アバター」と呼ばれるもの）が仮想空間上で住む部屋を飾るためのアイテムなど，ゲーム上で使用することができるアイテム等その他の経済上の利益を提供するとき。」として，「カード合わせの方法」に該当し，全面的に禁止されることが明らかにされている。

　なお，以下のような方法の懸賞は，カード等を組み合わせるものではあるが，全面禁止されるカード合わせには該当しない（懸賞運用基準 4(2)）。

①　異なる種類の符票の特定の組合せの提示を求めるが，取引の相手方が商品を購入する際の選択によりその組合せを完成できる場合
　　この場合は，カード合わせ以外の懸賞にも当たらないが，4 で後述する総付制限告示その他の告示の規制を受けることがある。

②　1 点券，2 点券，5 点券というように，異なる点数の表示されている符票を与え，合計が一定の点数に達すると，点数に応じて景品類を提供する場合
　　この場合は，カード合わせには当たらないが，購入の際に，何点の

3　懸賞制限告示　　249

券が入っているかが分からないようになっている場合は，懸賞の方法に当たる。これが分かるようになっている場合は，総付制限告示その他の告示の規制を受けることがある。

③ 符票の種類は二以上であるが，異種類の符票の組合せではなく，同種類の符票を一定個数提示すれば景品類を提供する場合

この場合は，カード合わせには当たらないが，購入の際にいずれの種類の符票が入っているかが分からないようになっている場合は，懸賞の方法に当たる。これが分かるようになっている場合は，総付制限告示その他の告示の規制を受けることがある。

COLUMN コンプガチャに関する景品表示法上の考え方

コンプガチャが景品表示法において全面的に禁止される「カード合わせの方法」を用いた懸賞による景品類の提供に該当するか否かにつき，消費者庁は，平成24年5月18日，「オンラインゲームの『コンプガチャ』と景品表示法の景品規制について」（以下「本考え方」という）を公表した。本考え方では，(1)有料ガチャにより取得するアイテム等の景品類該当性，(2)コンプガチャで提供されるアイテム等の景品類該当性，(3)「カード合わせ」該当性に関する景品表示法上の考え方が示された。

(1)有料ガチャにより取得するアイテム等の景品類該当性については，有料ガチャによって一般消費者が得ている経済上の利益は，一般消費者と事業者間の取引の対象そのものであり，事業者が有料ガチャとは別の取引を誘引するために，当該取引に付随させて，一般消費者に提供しているものではないため，景品類には該当しないことが本考え方において示された。従前から，取引の本来の内容をなすと認められる経済上の利益の提供については取引付随性がないとされているところ，この考え方がインターネット上の取引の分野にも同様に当てはまることを明らかにしたものである。

また，(2)コンプガチャで提供されるアイテム等の景品類該当性については，①顧客誘引性，②取引付随性，③経済上の利益，④景品類指定告示第1項各号該当性に関する考え方が示された。

① 景品類に該当するためには，それが顧客を誘引するための手段であることが要件である（顧客誘引性）。コンプガチャで提供されるアイテム等の取得を目

指させ，有料ガチャという取引に顧客を誘引する場合は，顧客誘引性が認められる。なお，特定の組合せおよびその効果をプログラムに仕込んでおくものの，そのことを事業者が事前に明示することなく，利用者にゲームを行わせ，特定の組合せを揃えた利用者に対してアイテム等を提供する場合には，特定の組合せを揃えることを目指した消費行動がなされないため，特段の事情がない限り顧客誘引性は認められない。ただし，この場合であっても，例えば事業者が他のサイトの掲示板等に特定の組合せおよびその効果を自ら書き込んで（または第三者に依頼して書き込ませて）利用者に周知させた場合など，事案によっては，顧客誘引性が認められる場合がある。

② 景品類に該当するためには，取引に付随して提供されることが要件である（取引付随性）。本考え方では，コンプガチャによって提供されるアイテム等は，有料ガチャで得られた異なる種類の複数のアイテム等を揃えることを条件として提供されるものであり，これは有料ガチャによってアイテム等を購入することを条件としてアイテム等を提供するものであるから，有料ガチャの取引に付随して提供されるものに該当することが示された。インターネット上の取引の分野において，取引付随性の考え方につき，従来の取引と別異に取り扱う理由はないため，取引を条件とする場合に限らず，取引を条件としない場合でも，経済上の利益の提供と取引との間に関連性がある場合（例えば，アイテム等を購入することにより，経済上の利益の提供を受けることが可能または容易になる場合など）には，取引付随性が認められ得ると考えられる。

③ 景品類に該当するためには，それが「物品，金銭その他の経済上の利益」であることが要件である（景表第2条第3項および定義告示第1項）。「経済上の利益」に該当するか否かは，「通常，経済的対価を支払って取得すると認められるもの」といえるか否かで判断される。本考え方では，コンプガチャで提供されるアイテム等は，その獲得に相当の費用をかけるといった消費者の実態からみて，提供を受ける者の側からみて，金銭を支払ってでも手に入れるだけの意味があるものとなっていると認められるため，経済上の利益に該当することが示された。

④ 定義告示第1項は，「経済上の利益」の具体的な内容を同項各号で定めている。そこで，オンラインゲーム上で提供されるアイテム等が，同項各号のいずれに該当するかが問題となる。本考え方では，コンプガチャで提供されるアイテム

等には，オンラインゲーム上で敵と戦うキャラクターや，プレーヤーの分身と
なるキャラクター（いわゆる「アバター」と呼ばれるもの）が仮想空間上で住
む部屋を飾るためのアイテム等の様々なものがあり，それによって消費者がオ
ンラインゲーム上で戦うとか仮想空間上の部屋を飾るといった何らかの便益等
の提供を受けることができるものであることから，同項第4号に定める「便益，
役務その他の労務」に該当することを明らかにしている。「役務」とは，本来
極めて広い観念で，「情報の供給」や「娯楽の提供」なども含むものであり，
オンラインゲームの利用者は，インターネット上のサーバー等を通じて事業者
が提供するプログラムやデータ等の情報の供給を受けることで，アイテム等を
自己の端末の画面上に表示させたりゲームをプレイしたりするのであるから，
事業者から「役務」の提供を受けているということができる。

　最後に，(3)「コンプガチャ」が「カード合わせ」に該当するか否かにつき，本考
え方は，オンラインゲームの中で有料ガチャを通じて特定の数種類のアイテム等を
揃えることができた消費者に対してアイテム等を提供することが「カード合わせ」
に該当することを明らかにしている。また，本考え方は，懸賞制限告示第5項にお
ける「符票」の意義について，「文字，絵，符号等によってあるものを他のものと
区別する何らかの印を指すもの」とし，端末の画面上に表されるそれぞれのアイテ
ム等を示す図柄はそのアイテム等を他の種類のアイテム等と区別する印であり，こ
うした端末の画面上に表されるアイテム等を示す図柄も「符票」に該当することを
示した。「符票」は必ずしも紙片に限られるものではなく，特定の組合せの目印と
なるデジタルデータとしてのアイテム等も符票に該当することを明らかにしたもの
である。

　以上のとおり，本考え方では，「コンプガチャ」に関する景品表示法上の考え方
を整理し，これに基づき，懸賞運用基準4(1)においても，「コンプガチャ」が「カー
ド合わせ」に該当することが明らかにされた。

　なお，消費者庁は，平成25年1月9日，「インターネット上の取引と『カード
合わせ』に関するQ＆A」を公表し，オンラインゲームにおける「カード合わせ」
に関する考え方をQ＆A形式で示している。

4 総付制限告示

(1) 規制対象（総付制限告示第1項）

　総付制限告示は，事業者が一般消費者に対して懸賞によらないで提供する景品類（いわゆる総付景品）の提供について規制している。

　「懸賞によらないで提供する」とは，懸賞制限告示第1項に規定される「くじその他偶然性を利用して定める方法」や「特定の行為の優劣又は正誤によつて定める方法」以外の方法により提供するということである。例えば，①商品の購入者に対し購入額に応じて，あるいは購入額の多少を問わないで，もれなく提供する，②店舗への入店者に対して商品の購入を条件とせず，もれなく提供する，③購入や入店の先着順によって提供する，などである。

(2) 規制内容（総付制限告示第1項）

　総付制限告示は，一般消費者に提供する総付景品について，「景品類の提供に係る取引の価額の10分の2の金額（当該金額が200円未満の場合にあつては，200円）の範囲内であつて，正常な商慣習に照らして適当と認められる限度」を超えるものについて，その提供を禁止している（平成19年3月7日から，従前の10分の1の金額から緩和されている）。

　総付制限告示の規制内容を明確化する観点から，「『一般消費者に対する景品類の提供に関する事項の制限』の運用基準について」（昭和52年事務局長通達第6号）（総付運用基準）が定められているが，上記「取引の価額」の考え方については，懸賞制限告示の場合と同様である（総付運用基準1(1)～(4)。3(2)ア参照）。また，同一の取引について二以上の景品類提供が行われる場合の考え方についても，懸賞制限告示の場合と基本的に同様である（総付運用基準1(5)。3(2)イ参照）。

4　総付制限告示　　253

⑶ 適用除外される場合（総付制限告示第2項）

ア　概要

次の①〜④に掲げる経済上の利益については，その内容からみて景品類に該当しないものも含んでいるが，総付制限告示第2項は，これらが仮に景品類に該当する場合であっても，総付景品としての規制を適用しないとしている。

① 商品の販売もしくは使用のためまたは役務の提供のため必要な物品またはサービスであって，正常な商慣習に照らして適当と認められるもの

② 見本その他宣伝用の物品またはサービスであって，正常な商慣習に照らして適当と認められるもの

③ 自己の供給する商品または役務の取引において用いられる割引券その他割引を約する証票であって，正常な商慣習に照らして適当と認められるもの

④ 開店披露，創業記念等の行事に際して提供する物品またはサービスであって，正常な商慣習に照らして適当と認められるもの

上記はいずれも「正常な商慣習に照らして適当と認められる」という要件が付されているが，この要件が満たされるかどうかは，結局，提供される物品またはサービスの内容，提供方法，関連業種における取引実態等を勘案した上で，一般消費者による自主的かつ合理的な選択の確保の観点から判断されることとなる。

この際，ある業界において特定の内容・方法の経済上の利益の提供が広く行われているからといって，直ちに「正常な商慣習に照らして適当と認められる」訳ではなく，仮にそのような経済上の利益の提供が一般消費者による自主的かつ合理的な選択を歪めているのであれば，「正常な商慣習」とは認められないことは，景品類の定義について述べたところと同様である。

なお，総付制限告示と総付運用基準の範囲内で公正競争規約が設定された場合には，上記「正常な商慣習」の解釈などの総付制限告示の運用に当

254　第3章　過大な景品類提供

たって，その定めるところを参酌することとなる（総付運用基準 5）。

イ　商品の販売・使用等のため必要な物品またはサービス（総付制限告示第 2 項第 1 号）（総付運用基準 2）

　商品の販売・使用のためやサービスの提供のために必要な物品，例えば，ショッピングバッグ，眼鏡のレンズ拭き，講習の教材，スイミングスクールで用いる水着等の物品で適当な限度内のものは，原則として総付景品としての規制を受けない。

　また，商品の販売・使用のためやサービスの提供のために必要なサービス，例えば，都心のデパートにおける駐車の便宜，重量家具の配送，エアコンの取り付け，交通の不便な場所にある旅館の送迎等のサービスで適当な限度内のものも，原則として規制対象とならない。

　このような物品またはサービスが商品の販売・使用等のため必要なものとして総付景品の規制の適用除外となるかどうかについては，当該物品またはサービスの特徴，その必要性の程度，当該物品またはサービスが通常別に対価を支払って購入されるものであるか否か，関連業種におけるその物品またはサービスの提供の実態等を勘案し，一般消費者による自主的かつ合理的な選択の確保の観点から判断することとなる。

ウ　見本その他宣伝用の物品またはサービス（総付制限告示第 2 項第 2 号）（総付運用基準 3）

　自己の供給する商品・役務について，その内容，特徴，風味，品質等を試食，試用等によって知らせ，購買を促すために提供する物品またはサービス，例えば，食品や日用品の小型の見本・試供品，食品売場の試食品，化粧品売場におけるメイクアップサービス，スポーツスクールの 1 日無料体験等で，適当な限度のものは，原則として総付景品としての規制を受けない（総付運用基準 3(2)）。これについては，見本・試供用として特別に製作されたものに限らず，商品またはサービスそのものを提供することもできるが，その場合には，最小取引単位のものであって，試食，試用等の

4　総付制限告示　255

ためのものである旨が明確に表示されている必要がある。また，事業者名
を広告するために提供する物品またはサービス，例えば，社名入りのカレン
ダーやメモ帳等で，適当な限度のものも，原則として規制対象とならな
い（総付運用基準3(3)）。

　上記は，他の事業者の依頼を受けてその事業者が供給する見本その他宣
伝用の物品またはサービスを配布する場合も同様である（総付運用基準3
(4)）。

　これらの物品またはサービスが見本等として総付景品の規制の適用除外
となるかどうかについては，見本等の内容，その提供の方法，その必要性
の限度，関連業種における見本等の提供の実態等を勘案し，一般消費者に
よる自主的かつ合理的な選択の確保の観点から判断することとなる（総付
運用基準3(1)）。

　例えば，提供される物品の内容が耐久消費財であるような場合は，見本
等と認められないであろうし，提供の方法が，一定額以上の購入者にのみ
提供する場合や，購入額によって提供する物品に差を付けるような場合等
は，見本等と認められないであろう。

　また，たとえ物品に見本や試供品という表示があったとしても，見本等
に名を借りて比較的大きな経済的価値のあるものを提供し，その経済的価
値により取引を誘引するような場合は，当該物品は見本等と認められない。

エ　自己との取引において用いられる割引券等（総付制限告示第2項第3号）（総付運用基準4）

　自己の供給する商品または役務の取引において用いられる割引券その他
割引を約する証票については，それが自己との取引に用いられ，取引通念
上妥当と認められる基準に従っているものである場合は，「正常な商慣習
に照らして値引と認められる経済上の利益」となり，そもそも景品類に該
当しない（定義告示運用基準6(3)ア。2(2)カ(イ)a参照）。

　他方，自己だけでなく他の事業者との取引にも共通して用いることがで
きる割引券等（自他共通割引券）については，景品類に該当し得る場合も

256　第3章　過大な景品類提供

あるものと考えられるが、仮に該当する場合であっても、自己との取引について値引と同様の効果がもたらされる可能性があることから、それが正常な商慣習に照らして適当と認められるのであれば、総付景品の規制の適用除外とされている。

しかしながら、「割引券」等の名称の証票であっても、それが特定の商品または役務と引き換えることにしか用いることのできないものである場合には、総付景品の規制の対象となる。また、自他共通割引券については、それが自己との取引と他の事業者との取引に同額の割引を約するもの（「1000円割引券」等の場合）であれば問題なく提供できるが、もっぱら他の事業者との取引において用いられるような場合、例えば、他の事業者との取引に用いた方が割引額が大きいものであったり、「20％割引券」といった同率の割引を約するようなものであるような場合は、総付制限告示の規制対象となる。

なお、これらの割引券等が総付景品の規制の適用除外となるかどうかについては、その提供方法、割引の程度や方法、関連業種における割引の実態等を勘案し、一般消費者による自主的かつ合理的な選択を阻害することがないかどうかという観点から判断することとなる。

COLUMN マイレージサービス

　航空会社によるいわゆるマイレージサービスは、自社の提供する航空運賃サービス等の利用実績（蓄積マイル）に応じて、自社の航空券を無料で提供するのであれば、値引きと認められる経済上の利益に当たる（定義告示運用基準6(3)参照）ので、景品規制の対象にはならない。

　ただし、当該マイルを使って、例えば、他社の提供するサービスなど、当該航空会社の提供する航空運送サービス等と実質的に同一といえない商品やサービスを提供するような場合は、景品規制の対象になり得る。しかしながら、提供される経済上の利益の内容が、総付制限告示第2項各号に該当するものである場合（例えば、A航空会社を利用してマイルをためると、A航空会社とB会社で共通して使用できる同額の割引証と交換できる場合）は、同告示第1項の適用が除外される。

4　総付制限告示　　257

オ　開店披露等の行事に際して提供する物品またはサービス（総付制限告示第2項第4号）

開店披露，創業記念等の行事に際して提供する物品またはサービス，例えば，新規開店の披露として入店者に対してもれなく提供する粗品，創業100年を記念するために商品購入者にもれなく提供する記念品などの物品などについては，正常な商慣習に照らして適当と認められるものであれば，総付景品の規制の適用除外となるとされている。

5　業種別告示

これまで述べてきた懸賞制限告示および総付制限告示は，幅広い業種に横断的に適用されるものであるが，このような一般的な景品規制に加えて，下記のとおり，特定の業種に適用される告示（業種別告示）において，特別な規定（一般的な景品規制より制限的な内容や，一般的な景品規制が対象としていない事項に関する規定）が設けられている。

(1)　新聞業告示

新聞業告示の内容は以下のとおりである。

ア　懸賞景品に関する制限（第1項）

提供する景品類は，次に掲げる範囲内で，新聞業における正常な商慣習に照らして適当と認められる範囲内でなければならない。

①　一般の懸賞の場合（第1項第1号）

　　最高額：取引価額の10倍または5万円のいずれか低い金額

　　総額：取引予定総額の1000分の7

②　共同懸賞の場合（第1項第2号）

　　懸賞制限告示における共同懸賞の制限と同じ（3(4)ア参照）。

イ　総付景品に関する制限（第1項第3号）

提供する景品類は，次に掲げる範囲内でなければならない。

①　取引価額の100分の8または6か月分の購読料金の100分の8の
いずれか低い金額

②　新聞に付随して提供する印刷物であって，新聞に類似するものまた
は新聞業における正常な商慣習に照らして適当と認められるもの

③　その対象を新聞購読者に限定しないで行う催し物等への招待または
優待であって，新聞業における正常な商慣習に照らして適当と認めら
れるもの

ウ　その他（第2項）

新聞の発行を業とする者が，その新聞の編集に関連してアンケート，ク
イズ等の回答，将来の予想等の募集を行い，その対象を自己の発行する新
聞を購読するものに限定しないで懸賞により景品類を提供する場合には，
前記アとイの規定にかかわらず，当該景品類の価額の最高額は，3万円を
超えない額とすることができる。

(2)　雑誌業告示

雑誌業告示の内容は以下のとおりである。

なお，編集に関連し，かつ，雑誌と一体として利用する教材その他これ
に類似する物品であって，雑誌の発行をする事業における正常な商慣習に
照らして適当と認められる範囲の景品類の提供は許されている（第1項第
3号）。

ア　懸賞景品に関する制限（第1項第1号）

懸賞制限告示の制限と同じ。

イ　総付景品に関する制限（第1項第2号）

総付制限告示の制限と同じ。

5　業種別告示　　259

ウ　その他（第 2 項）

　雑誌に募集の内容を掲載して，その雑誌の編集に関連するアンケート，パズル等の回答，将来の予想，学力テスト，感想文，写真等の募集を行い，懸賞により景品類を提供する場合には，前項の規定にかかわらず，当該景品類の価額の最高額は，3 万円を超えない額とすることができる。

(3)　不動産業告示

　不動産業告示の内容は以下のとおりである。

ア　懸賞景品に関する制限（第 1 号）

　懸賞制限告示の制限と同じ。

イ　総付景品に関する制限（第 2 号）

　取引価額の 10 分の 1 または 100 万円のいずれか低い金額の範囲。本告示は，不動産業者が一般消費者に対して景品類を提供する場合に適用されるものであり，事業者に対して懸賞により景品類を提供する場合については，懸賞制限告示が適用される。

(4)　医療関係告示

　医療関係告示は，医療用医薬品・医療機器のメーカー・販売業者および衛生検査所業者が，医療機関等に対して，医療用医薬品，医療機器や衛生検査の取引を不当に誘引する手段として，医療用医薬品・医療機器の使用や衛生検査の利用のために必要な物品またはサービスその他正常な商慣習に照らして適当と認められる範囲を超えて，景品類の提供を行うことを禁止している。

参考文献

　相場照美編『わかりやすい景品規制』（国際商業出版，1982）

　片桐一幸「景品規制に関する告示等の改正について」公正取引 546 号 40 頁（1996）

川井克倭＝地頭所五男『Q & A 景品表示法〔改訂版第 2 版〕』（青林書院，2007）

公正取引委員会事務局編『誇大広告と懸賞販売の規制——不当景品類及び不当表示防止法の解説』（ダイヤモンド社，1962）

向田直範「景品表示法実務講座第 2 回〜第 7 回」公正取引 611 号 38 頁，613 号 44頁（2001），615 号 34 頁，617 号 50 頁，619 号 46 頁，621 号 40 頁（2002）

山田昭雄ほか『やさしい景表法講座』（国際商業出版，1987）

吉田文剛編『景品表示法の実務』（ダイヤモンド社，1970）

服部成己編著『事例でたどる景品表示の基礎知識』（宣伝会議，1985）

消費者庁ウェブサイト「インターネット上の取引と『カード合わせ』に関する Q & A」（https://www.caa.go.jp/policies/policy/representation/fair_labeling/faq/card/）

＊　景品規制については，規制内容，考え方について変遷があるので，各参考文献に記載された内容のすべてが現在の規制の内容・考え方に合致しているわけではない。

| 第 4 章 | 事業者が講ずべき景品類の提供及び表示の管理上の措置 |

1　はじめに

　景品表示法は，事業者が自己の供給する商品または役務の取引について，景品類の提供または表示により不当に顧客を誘引し，一般消費者による自主的かつ合理的な選択を阻害することのないよう，必要な体制の整備その他の必要な措置を講じることを義務付けている（景表第 22 条第 1 項）。そして，消費者庁の主任大臣たる内閣総理大臣は，第 22 条第 1 項の規定に基づき事業者が講ずべき措置に関して，その適切かつ有効な実施を図るために必要な指針を定めるものとされている（同条第 2 項）。

　内閣総理大臣は，指針を定めようとするときは，あらかじめ，事業者の事業を所管する大臣および公正取引委員会に協議するとともに，消費者委員会の意見を聴かなければならないとされている（同条第 3 項）。また，内閣総理大臣は，指針を定めたときは，遅滞なく，これを公表するものとされている（同条第 4 項）。これらの手続は，指針の内容を実質的に変更する際にも必要である（同条第 5 項）。

　なお，第 22 条第 2 項から第 4 項（これらの規定を同条第 5 項において準用する場合を含む）に規定する指針に係る権限は，内閣総理大臣から消費者庁長官に委任されていない（景表第 38 条第 1 項，景表施行令第 14 条）。これは，事業者が講ずべき措置についての指針の策定・公表は，関係行政機関と調整が必要であり，かつ政府として事業者に講じさせる措置の内容に関わるという性質のものであり重要性が高いからである。

　これらの規定に基づき，内閣総理大臣は，「事業者が講ずべき景品類の

提供及び表示の管理上の措置についての指針」（平成26年内閣府告示第276号）を定め，平成26年11月14日に公表した。

また，景品表示法は，事業者が景品類の提供および表示（以下，本章において「表示等」という）の管理上の措置を講じていなかった場合などに，当該事業者に対して行政指導を行うことができる規定を定めている（景表第23条，第24条）。

本章では，まず景品表示法第22条関係を解説し，その後，「事業者が講ずべき景品類の提供及び表示の管理上の措置についての指針」，行政指導について述べることとしたい。

2　第22条の意義

第22条（制定当時は第26条）は，平成25年秋以降に発覚した食品表示等問題（いわゆるメニュー表示問題）を契機として平成26年6月の景品表示法改正により新設された規定である。同条は，これらの問題の原因・背景として，事業者のコンプライアンス意識の欠如，景品表示法の趣旨・内容の周知の不徹底，事業者内部の連絡不足など表示に関する管理責任体制の不備があったことに鑑み，事業者に表示等の管理上の措置を講じることが義務付けられたものである。

過去に措置命令の対象となった事案の多くは，第22条の違反を伴っており，景品表示法第4条・第5条の違反を未然に防止する上で，同条の義務を遵守することは重要である。

3　事業者が講ずべき表示等の管理上の措置（景表第22条）

(1)　事業者が講ずべき表示等の管理上の措置（景表第22条第1項）

景品表示法は，第22条第1項において，「事業者は，自己の供給する商品又は役務の取引について，景品類の提供又は表示により不当に顧客を

誘引し，一般消費者による自主的かつ合理的な選択を阻害することのない
よう，景品類の価額の最高額，総額その他の景品類の提供に関する事項及
び商品又は役務の品質，規格その他の内容に係る表示に関する事項を適正
に管理するために必要な体制の整備その他の必要な措置を講じなければな
らない。」と規定している。そのため，自己の供給する商品または役務に
関して景品類の提供や表示を行う事業者であれば，「必要な措置」を講じ
ることが義務付けられている。

ア　必要な措置とは

　景品表示法第 22 条第 1 項に規定する「必要な措置」とは，事業者が景
品表示法を遵守するために必要な措置を包括的に表現したものであり，「景
品類の価額の最高額，総額その他の景品類の提供に関する事項及び商品又
は役務の品質，規格その他の内容に係る表示に関する事項を適正に管理す
るために必要な体制の整備」は事業者が講ずべき「必要な措置」の一例で
ある。「必要な措置」とは，例えば，景品類の提供について，それが違法
とならないかどうかを判断する上で必要な事項を確認することや，商品ま
たは役務の提供について実際のものまたは事実に相違して当該事業者と同
種もしくは類似の商品もしくは役務を供給している他の事業者に係るもの
よりも著しく優良または有利であると示す表示等に当たらないかどうかを
確認することのほか，確認した事項を適正に管理するための措置を講じる
ことである（事業者が講ずべき景品類の提供及び表示の管理上の措置につい
ての指針（後述）第 3，1）。

イ　必要な措置を講じることが求められる対象とは

　第 22 条第 1 項では，必要な措置を講じることが求められる対象を「景
品類の価額の最高額，総額その他の景品類の提供に関する事項及び商品又
は役務の品質，規格その他の内容に係る表示に関する事項」として，表示
に関して第 5 条第 1 号（優良誤認表示）の規定と同じ文言が使用されている。
　しかし，必要な措置を講じることが求められる対象は，有利誤認表示や

3　事業者が講ずべき表示等の管理上の措置（景表第 22 条）　　265

指定告示事項も含まれる。

なぜなら，本規定の趣旨は，景品類の提供または表示により不当に顧客を誘引し，一般消費者による自主的かつ合理的な選択を阻害することを防止することであり，表示による不当な顧客誘引は優良誤認表示のみならず，有利誤認表示や指定告示事項といった景品表示法で規制される事項全般で生じ得るからである。

なお，必要な措置を講じることが求められる「表示」の範囲には，事業者が表示内容の決定に関与している限り，他の事業者等の第三者（アフィリエイターやインフルエンサー等を含む）をして行わせる表示も含まれる。

(2) 適切かつ有効な実施を図るために必要な指針（景表第22条第2項）

景品表示法は，第22条第2項において，「内閣総理大臣は，前項の規定に基づき事業者が講ずべき措置に関して，その適切かつ有効な実施を図るために必要な指針……を定めるものとする。」と規定している。

景品表示法の対象となる事業者は多種多様で事業の規模や業態等が様々であり，具体的に講ずべき措置も様々となることから，景品表示法においては一般的な義務を定めるにとどめ実際に講ずべき措置について事業者の予見可能性を確保するために，指針を定めることとされたものである。

(3) 事業所管大臣との協議等（景表第22条第3項）

景品表示法は，第22条第3項において，「内閣総理大臣は，指針を定めようとするときは，あらかじめ，事業者の事業を所管する大臣及び公正取引委員会に協議するとともに，消費者委員会の意見を聴かなければならない。」と規定している。

このように，消費者委員会からの意見聴取のほか，事業者の事業を所管する大臣（以下，本章において「事業所管大臣」という）および公正取引委員会との協議規定が設けられた趣旨は，実効性ある指針とするためには各事業の特性を踏まえた内容とすることが肝要であるため，所管事業に関す

る知見を有する事業所管大臣と協議することで指針の実効性が向上すると期待されたものであり，公正取引委員会については，実際に景品表示法の執行を行う立場にあって，かつ，これまで景品表示法を運用してきた経験を有していることから，同委員会も指針の策定に関与すべきとの考えによるものである。

4 事業者が講ずべき景品類の提供及び表示の管理上の措置についての指針

(1) 事業者が講ずべき景品類の提供及び表示の管理上の措置についての指針の構成

　事業者が講ずべき景品類の提供及び表示の管理上の措置についての指針（以下，「管理措置指針」という）は，事業者が，その規模，業態，取り扱う商品または役務の内容，取引の態様等に応じて柔軟に措置を講じることができるように，画一的に措置の内容を定めるのでなく，事業者が講ずべき措置に関して基本的な考え方等を示した本文と，事業者等へのヒアリング等により収集された，不当な表示や不当な景品類提供を防止するために現に講じられている様々な措置を具体的事例として示した別添から成る2部構成となっている。

　管理措置指針の別添に記載した事例は，事業者の理解を助けることを目的に参考として示したものであり，当該事例と同じ措置ではなくても，不当表示等（景表第4条の規定に基づく告示に違反する景品類の提供および同第5条に違反する表示をいう。以下，本章において同じ）を未然に防止するための必要な措置として適切なものであれば，景品表示法第22条第1項の規定に基づく措置を講じていると判断されることとなる（管理措置指針第2,3）。

⑵ 事業者が講ずべき表示等の管理上の措置に関する基本的な考え方

ア 必要な措置が求められる事業者（管理措置指針第2，1）

景品表示法第22条第1項は，それぞれの事業者内部において不当表示等を未然に防止するために必要な措置を講じることを求めている。この点，管理措置指針では，措置を講じることが求められる事業者について「景品類の提供若しくは自己の供給する商品又は役務についての一般消費者向けの表示……をする事業者」とされている。つまり，措置を講じることが求められる事業者は，景品表示法上の違反主体となり得る事業者である（前記第2章2⑵，第3章コラム「景品提供の主体と相手方」）。

イ 事業者が講ずべき措置の規模や業態等による相違（管理措置指針第2，2）

㋐ 事業者が講ずべき措置の規模や業態等による相違の趣旨

管理措置指針においては，事業者が講ずべき措置の規模や業態等による相違について「各事業者は，その規模や業態，取り扱う商品又は役務の内容，取引の態様等に応じて，不当表示等を未然に防止するために必要な措置を講じることとなる。したがって，各事業者によって，必要な措置の内容は異なることとなる」とされている。この記載は，事業者の規模や業態，取り扱う商品または役務の内容，取引の態様等が様々であり，不当表示等を未然に防止するための実効性のある措置の内容が事業者ごとに異なること，事業者が講ずべき措置は主として事業者内部に関する事項であって，できる限り事業者の自主性を尊重することが望ましいと考えられることによるものである。

㋑ 事業者が講ずべき措置の規模による相違の留意点

管理措置指針においては，小規模企業者やその他の中小企業者と大企業との措置の相違について「小規模企業者やその他の中小企業者においては，その規模や業態等に応じて，不当表示等を未然に防止するために十分な措

置を講じていれば，必ずしも大企業と同等の措置が求められる訳ではない。」とされている。この記載は，小規模企業者やその他の中小企業者であることをもって事業者が講ずべき措置の内容が減免されるというものでなく，規模，業態等の考慮事項を勘案し，小規模企業者やその他の中小企業者においては，大企業と同等の措置でなくても，不当表示等を未然に防止する措置となり得ることを明確化したものである。小規模企業者やその他の中小企業者であっても，不当表示等を未然に防止するために実効性のある措置を講じる必要があることは大企業と同じである。

なお，管理措置指針における「小規模企業者」，「中小企業者」および「大企業」の各用語は，それぞれ規模の大小の方向性を示しているものにすぎず，事業者がそのいずれに分類されるかによって，講ずべき措置の内容が厳密に異なるものではない。事業者においては，自社の規模，業態，取り扱う商品または役務の内容，取引の態様等に応じて，必要かつ適切な範囲で措置を講じることとなる。

㋡　事業者が講ずべき措置の業態による相違の留意点

管理措置指針においては，同じ商品を取り扱う事業者であっても，店舗で販売する事業者であるか，通信販売を行う事業者であるかなどの業態の相違により，講ずべき措置の内容は異なるものとされる。例えば，表示等に関する事項を適正に管理する表示等管理担当者については，複数の店舗で販売する事業者が，店舗ごとに表示等を策定している場合であれば，店舗ごとに設置することが想定されるが，通信販売を行う事業者であれば，ウェブサイト等の表示作成部門等に設置することが想定される。

㋢　事業者の従前からの取組との関係

平成26年6月の景品表示法改正により，事業者に必要な措置を講じることが義務付けられたところ，管理措置指針においては，従来から景品表示法を遵守するために様々な取組を行っている事業者との関係について「従来から景品表示法や景品表示法第36条第1項の規定に基づく協定又は規約（以下「公正競争規約」という。）を遵守するために必要な措置を講じている事業者にとっては，本指針によって，新たに，特段の措置を講じ

ることが求められるものではない。」とされている。

　そもそも，景品表示法は，昭和37年に制定され，その当時から不当表
示等を規制していた。さらに，事業者は，景品表示法第7条第2項の規
定により表示の裏付けとなる合理的な根拠を示す資料の提出を求められる
ことがあった。このため，事業者は，従来から景品表示法を遵守するに当
たって，景品表示法の考え方に則して，表示等の根拠を確認し，確認した
資料を保管するなどの対応を採る必要があった。このように，景品表示法
や公正競争規約を遵守するために既に必要な措置を講じている事業者がい
ることから，本記載によって，これらの事業者による取組と管理措置指針
との関係について考え方が示されたものである。

⑶　事業者が講ずべき表示等の管理上の措置の内容（管理措置指針第4）

ア　概要

　管理措置指針では，事業者が講ずべき表示等の管理上の措置について「表
示等の管理上の措置として，事業者は，その規模……や業態，取り扱う商
品又は役務の内容，取引の態様等に応じ，必要かつ適切な範囲で，次に示
す事項に沿うような具体的な措置を講ずる必要がある。」とし，以下の7
つの事項を挙げている。
　①　景品表示法の考え方の周知・啓発
　②　法令遵守の方針等の明確化
　③　表示等に関する情報の確認
　④　表示等に関する情報の共有
　⑤　表示等を管理するための担当者等を定めること
　⑥　表示等の根拠となる情報を事後的に確認するために必要な措置を採
　　　ること
　⑦　不当な表示等が明らかになった場合における迅速かつ適切な対応
　上記の事項は，通常，事業者が景品表示法を遵守するために講じるべき
ものを明確にしたものであり，すべての事項に沿うような措置を事業者が

270　　第4章　事業者が講ずべき景品類の提供及び表示の管理上の措置

講じることによって不当表示等を未然防止できるものと期待される。ただし，形式的に措置を講じるだけでなく，不当表示等を未然に防止するために実効性を有していることが必要である。

イ　7つの事項

㋐　景品表示法の考え方の周知・啓発（管理措置指針第4，1）

a　概要

本事項は，事業者が，不当表示等の防止のため，景品表示法の考え方について，表示等に関係している役員および従業員（以下「関係従業員等」という）や，表示等の作成を他の事業者に委ねる場合には当該他の事業者に対し，その職務または業務に応じた周知・啓発を行うことを内容とするものである。

なお，関係従業員等には，表示等の内容を決定するまたは管理する役員および従業員のほか，決定された表示内容に基づき一般消費者に対する表示（商品説明，セールストーク等）を行うことが想定される者を含む。

関係従業員等への周知・啓発は，当該関係従業員等の職務や表示等への関与の程度に応じて，不当表示等の防止の観点から，必要な内容・程度となっていることが求められる。例えば，表示等の決定に関与する者に対しては，当該表示等が景品表示法上問題となり得るか否かを判断できる程度の知識を周知・啓発する必要がある場合があると考えられる。他方，マニュアル等に沿って一般消費者に商品の説明のみを行う従業員に対しては，販売マニュアル等を通じて景品表示法の考え方に則した適切な商品説明の方法等を周知することで足りると考えられる。

b　措置の具体的事例

措置の具体的事例としては，次に掲げる事例などが挙げられている（別添1頁，1）。

- 　関係従業員等が景品表示法に関する都道府県，事業者団体，消費者団体等が主催する社外講習会等に参加すること。
- 　景品表示法に関する勉強会を定期的に開催すること。

4　事業者が講ずべき景品類の提供及び表示の管理上の措置についての指針

・　アフィリエイト広告を行い，自社の表示の作成をアフィリエイター等に委ねる場合（以下単に「アフィリエイト広告を行う場合」という），自らまたはASP等を通じて，アフィリエイター等に対しても景品表示法の考え方の周知・啓発を行うこと。

　なお，事業者が加入している公正取引協議会が運用する公正競争規約を関係従業員等に対して周知・啓発していれば，通常，関係従業員等に対して景品表示法の考え方を周知・啓発していることになると考えられる。しかし，例えば，加入している公正取引協議会が運用する公正競争規約が表示規約のみである場合において，景品類を提供することがあるときは，公正競争規約の周知・啓発に加えて，景品類の提供に関する景品表示法の考え方を周知・啓発する必要がある。

(イ)　法令遵守の方針等の明確化（管理措置指針第4，2）

a　概要

　本事項は，事業者が，不当表示等の防止のため，自社において（当該事業者が表示等の作成を他の事業者に委ねる場合には，当該他の事業者に対して）景品表示法を含む法令遵守の方針や法令遵守のために採るべき手順等を明確化することを内容とするものである。

　他方，本事項は，必ずしも不当表示等を防止する目的に特化した法令遵守の方針等を，一般的な法令遵守の方針等とは別に明確化することまでを求めるものではない。

　また，小規模企業者やその他の中小企業者においては，その規模等に応じて，社内規程等を明文化しなくても法令遵守の方針等を個々の従業員（従業員を雇用していない代表者一人の事業者にあっては当該代表者）が認識することで足りることもある。

　さらに，従業員数が比較的少ない小規模企業者やその他の中小企業者であれば，全従業員に対して法令遵守の方針等を口頭で説明するなどの方法により個々の従業員に対して法令遵守の方針等を認識させることができる場合もあると考えられる。他方，大企業は従業員数が多く，その組織も大規模かつ複雑であることが多いと考えられるため，口頭での説明によって

すべての従業員に対して法令遵守等の方針を認識させることは一般的に困難であると考えられる。そのような大企業においては，例えば，社内メールや社内の共有の掲示板等を活用するなどして，すべての従業員に法令遵守の方針等を認識させる方法も考えられる。

いずれにせよ，不当表示等を未然に防止する観点から，各事業者に適した方法により法令遵守の方針等の明確化を行うことが重要である。

b　措置の具体的事例

措置の具体的事例としては，次に掲げる事例などが挙げられている（別添2頁，2）。

・　法令遵守の方針等を社内規程，行動規範等として定めること。

・　社内規程において，不当表示等が発生した場合に係る連絡体制，具体的な回収等の方法，関係行政機関への報告の手順等を規定すること。

・　アフィリエイト広告を行う場合には，あらかじめ，アフィリエイター等との間で，法令遵守の方針等を明確にしておくことや，契約において当該方針に違反した場合の措置（債務不履行を理由とする成果報酬の支払いの停止や契約解除等）を定める場合にはその旨を明確にしておくこと。

なお，例えば，事業者が法令遵守の方針等の明確化を行うに当たり，事業者団体等が提示する法令遵守の方針のひな形を利用する場合，当該ひな形が，不当表示等の防止のために適当な内容を定めるものであり，かつ，自社の規模や業態，取り扱う商品または役務の内容等に照らして自社の方針とすることが適当と認められるものであれば，当該ひな形を自社の方針として社内に周知することで，法令遵守の方針等を明確化しているといえる。

㈡　表示等に関する情報の確認（管理措置指針第4，3）

a　概要

本事項は，第2条第3項に規定する「景品類」（前記第3章2(1)）および同条第4項で規定する「表示」（前記第2章2(1)）に関して確認を求めるものである。

4　事業者が講ずべき景品類の提供及び表示の管理上の措置についての指針　　273

具体的には，事業者が，①景品類を提供しようとする場合，違法となら
ない景品類の価額の最高額・総額・種類・提供の方法等を，②一般消費者
に対して表示を行う場合，とりわけ，商品または役務の長所や要点を一般
消費者に訴求するために，その内容等について積極的に表示を行う場合に
は，当該表示の根拠となる情報を，確認することを内容とするものである。

　b　確認の方法

　この「確認」がなされたといえるかどうかは，表示等の内容，その検証
の容易性，当該事業者が払った注意の内容・方法等によって個別具体的に
判断されることとなる。例えば，小売業者が商品の内容等について積極的
に表示を行う場合には，直接の仕入れ先に対する確認や，商品自体の表示
の確認など，事業者が当然把握し得る範囲の情報を表示の内容等に応じて
適切に確認することが通常求められ，すべての場合について，商品の流通
過程を遡って調査を行うことや商品の鑑定・検査等を行うことまでを求め
られるものではない。

　また，事業者の業態等に応じて，例えば，飲食業のように，提供する料
理を企画する段階，その材料を調達する段階，加工（製造）する段階およ
び実際に提供する段階に至るまでの複数の段階における情報の確認を組み
合わせて実施することが必要となる場合がある。アフィリエイト広告を行
うような業態では，当該広告を利用する事業者がアフィリエイター等の作
成する表示内容を確認することが必要となる場合がある。インフルエン
サー等の第三者により広告を行う場合も同様である。

　なお，一般的に表示は継続して行われることが多い点を踏まえると，表
示を行う際に一度根拠を確認すれば足りるというものではない。例えば，
表示を行う際に確認した根拠資料が，その後技術の向上により誤っている
ことが判明した場合には，新たな根拠資料に基づき表示等を行う必要があ
る。

　c　措置の具体的事例

　措置の具体的事例としては，次に掲げる事例などが挙げられている（別
添2頁，3）。

・　生産・製造・加工が仕様書・企画書と整合しているかどうか確認すること。

・　企画・設計・調達・生産・製造・加工の各段階における確認事項を集約し，表示の根拠を確認して，最終的な表示を検証すること。

・　アフィリエイト広告を行う場合，すべてのアフィリエイターの表示内容を事前に確認することが困難であるとしても，例えば，表示後可能な限り早い段階ですべての当該表示内容を確認することや，成果報酬の支払額または支払頻度が高いアフィリエイター等の表示内容を重点的に確認することや，ASP等の他の事業者に表示内容の確認を委託すること。

　㊗　表示等に関する情報の共有（管理措置指針第4，4）

　a　概要

本事項は，事業者が，その規模等に応じ，前記㊦のとおり確認した情報を，当該表示等に関係する各組織部門（表示等の作成を他の事業者に委ねる場合には，当該他の事業者）において不当表示等を防止する上で必要に応じて共有し確認できるようにすることを内容とするものである。

不当表示等は，企画・調達・生産・製造・加工を行う部門と実際に表示等を行う営業・広報部門等との間における情報共有が希薄であることや，複数の者による確認が行われていないこと等により発生する場合がある。表示等に関する情報の共有を行うに当たっては，このような原因や背景を十分に踏まえた対応を行うことが重要である。例えば，本部で材料の仕入れ，加工等を行い，本部から配送された食材を提供する外食チェーンが，原材料や加工の内容等の情報をメニュー表等に記載している場合，本部の仕入れ，加工等の担当者と各店舗で勤務している表示に関係する従業員等との間で当該情報を共有する必要がある。

なお，個人事業主等の小規模企業者やその他の中小企業者においては，その規模等に応じて，代表者が表示等を管理している場合には，代表者が表示等に関する情報を把握していることで足りる。

b　措置の具体的事例

措置の具体的事例としては，次に掲げる事例などが挙げられている（別添4頁，4)。

・　表示等に影響を与え得る商品または役務の内容の変更を行う場合，担当部門が速やかに表示等担当部門に当該情報を伝達すること。

・　社内イントラネットや共有電子ファイル等を利用して，関係従業員等が表示等の根拠となる情報を閲覧できるようにしておくこと。

・　アフィリエイト広告を行う場合，表示内容の方針や表示の根拠となる情報等を，自らまたはASP等を通じて，アフィリエイター等と事前に共有することや，アフィリエイター等から表示内容の方針について相談を受け付ける体制を構築すること。

㋔　表示等を管理するための担当者等を定めること（管理措置指針第4，5)

a　概要

本事項は，事業者が，表示等に関する事項を適正に管理するため，表示等を管理する担当者または担当部門（以下「表示等管理担当者」という）をあらかじめ定めることを内容とするものである。

表示等管理担当者の果たすべき役割は，表示等に関する事項を適正に管理することである。その具体的な職務としては，表示の根拠となる情報を自ら確認する，表示作成者が表示を適切に作成しているかを監督することなどが挙げられる。

b　表示等管理担当者の指定

表示等管理担当者は，必ずしも専任の担当者または担当部門である必要はなく，例えば，一般的な法令遵守等の担当者または担当部門がその業務の一環として表示等の管理を行うことが可能な場合には，それらの担当者または担当部門を表示等管理担当者に指定することで足りる。

ただし，表示等管理担当者の実効性を担保するため，管理措置指針では，表示等管理担当者を定めるに際しては，以下の事項を満たすことを求めている。

① 表示等管理担当者が自社の表示等に関して監視・監督権限を有していること。

② 表示等の作成を他の事業者に委ねる場合は，表示等管理担当者が当該他の事業者が作成する表示等に関して指示・確認権限を有していること。

③ 表示等管理担当者が複数存在する場合，それぞれの権限または所掌が明確であること。

④ 表示等管理担当者となる者が，例えば，景品表示法の研修を受けるなど，景品表示法に関する一定の知識の習得に努めていること。

⑤ 表示等管理担当者を社内等（表示等の作成を他の事業者に委ねる場合は当該他の事業者も含む）において周知する方法が確立していること。

①の表示等管理担当者が有する監視・監督権限としては，例えば，当該表示等が景品表示法上問題となるおそれがあるか否かを判断する権限，当該判断をするために必要な情報を確認するなど社内調査を行う権限，景品表示法上問題となり得ると判断した際に当該表示等の是正を求める権限，社内の表示等の管理体制を監査する権限等が挙げられる。また，②のとおり，表示等の作成を第三者に委ねる場合には，事業者内部において，当該第三者に対して必要な指示・確認を行う権限を有している必要がある。

③が定められたのは，例えば，特定の表示物について，複数の表示等管理担当者が自己の担当でないと思い込み，結局，社内の表示等管理担当者が誰も確認しないといった状況を生じないようにするためである。

④の景品表示法に関する一定の知識の習得に努める方法としては，例えば，事業者団体，都道府県，消費者団体等が主催する景品表示法の研修会に参加する，自主的な勉強会に参加する，景品表示法に関する書籍や消費者庁のウェブサイトに掲載されている景品表示法に関する各種情報により自主的に知識の習得に努めるといった方法がある。

⑤の表示等管理担当者の周知は，最低限，当該表示等に関係する役員および従業員に対して行う必要がある。他方，支社ごとに表示が行われ，表示等管理担当者が支社ごとに定められている場合には，ある支社の表示等

管理担当者が誰であるかを，別の支社の従業員に対して周知しなくとも，直ちに問題となるものではない。

c　措置の具体的事例

措置の具体的事例としては，次に掲げる事例などが挙げられている（別添5頁，5）。

・　代表者自身が表示等を管理している場合に，その代表者を表示等管理担当者と定め，代表者が表示等の内容を確認すること。

・　商品カテゴリごとに異なる部門が表示等を策定している場合，各部門の長を表示等管理担当者と定め，部門長が表示等の内容を確認すること。

・　アフィリエイト広告を行う場合であっても，事業者は，自社の広告として，当該アフィリエイター等に対して指示・確認権限を有することを，契約等において確認すること。

・　アフィリエイト広告を行う場合に，事業者が定めた表示等管理担当者について，事業者の社内だけでなく，アフィリエイター等に対しても周知すること。

(カ)　表示等の根拠となる情報を事後的に確認するために必要な措置を採ること（管理措置指針第4，6）

a　概要

本事項は，事業者が，前記(ウ)のとおり確認した表示等に関する情報を，表示等の対象となる商品または役務が一般消費者に供給され得ると合理的に考えられる期間，事後的に確認するために，資料の保管等の必要な措置を採ることを内容とするものである。なお，事業者は，表示等の作成を他の事業者に委ねる場合であっても同様の措置を採る必要がある。

本事項は，事業者が第7条第2項の規定に基づく表示の裏付けとなる合理的な根拠となる資料の提出に備えることのみを目的としているのでなく，例えば，一般消費者からの問合せへの対応等に備えることも，その目的としているものであるため，表示の根拠に加え，それらの資料を基として作成した表示物自体についても保管しておく必要があることは言うまで

278　　第4章　事業者が講ずべき景品類の提供及び表示の管理上の措置

もない。

　b　措置の具体的事例

　措置の具体的事例としては，次に掲げる事例などが挙げられている（別添6頁，6）。

- ・　製造業者等に問い合わせれば足りる事項について，製造業者等に問合せができる体制を構築しておくこと。
- ・　表示等の根拠となる情報を記録し，保存しておくこと。
- ・　アフィリエイト広告による表示等のように，一旦削除されると，回復させることが困難であるような表示等については，事業者が表示等の保存も含め，根拠となる情報を事後的に確認できるようにするための資料の保管等を行うこと。

　　⒜　表示等の根拠となる情報についての資料の例（管理措置指針別添の6（注2））

　管理措置指針別添の具体的事例では，表示等の根拠となる情報についての資料として以下のようなものが例示されている。

- ・　原材料，原産地，品質，成分等に関する表示であれば，企画書，仕様書，契約書等の取引上の書類，原材料調達時の伝票，生産者の証明書，製造工程表，原材料配合表，帳簿，商品そのもの等
- ・　効果，性能に関する表示であれば，検査データや専門機関による鑑定結果等
- ・　価格に関する表示であれば，必要とされる期間の売上伝票，帳簿類，製造業者による希望小売価格・参考小売価格の記載のあるカタログ等
- ・　景品類の提供であれば，景品類の購入伝票，提供期間中の当該商品または役務に関する売上伝票等
- ・　その他，商談記録，会議議事録，決裁文書，試算結果，統計資料等
- ・　アフィリエイト広告を行う場合には，アフィリエイター等とのやり取り（メール，チャット等）の内容，事業者内部における表示内容の確認および決定の過程を示す資料，アフィリエイター等が作成する広告の表示内容に係るソースコード等

4　事業者が講ずべき景品類の提供及び表示の管理上の措置についての指針

上記の資料は，表示等の根拠となる資料を例示したものであり，これらに限らず，前記(ウ)の表示等に関する情報の確認に用いた資料を保管することが重要である。

また，資料の保管方法は，紙媒体による方法に限られるものでなく，電子媒体による方法であっても，その保管方法が適切であれば，問題とならない。

(b)　合理的と考えられる資料の保存期間の例(管理措置指針別添の6(注3))

管理措置指針別添の具体的事例では，合理的と考えられる資料の保存期間が以下のとおり例示されている。

・　即時に消費される場合または消費期限が定められている場合には販売を開始した日から3か月の期間

・　賞味期限，保証期間，流通期間，耐用年数等に応じて定められた期間

・　他法令に基づく保存期間が定められている場合（法人税法，所得税法，米穀等の取引等に係る情報の記録及び産地情報の伝達に関する法律（米トレサ法）等）の当該期間

・　アフィリエイト広告を行う場合においては，当該アフィリエイト広告に掲載されているアフィリエイトリンクから事業者の供給する当該アフィリエイト広告の対象となっている商品または役務を購入することができなくなるまでの期間に加え，当該商品または役務の特徴，性質に応じた合理的な期間

(キ)　不当な表示等が明らかになった場合における迅速かつ適切な対応（管理措置指針第4，7）

a　概要

本事項は，事業者が，特定の商品または役務に景品表示法違反またはそのおそれがある事案が発生した場合，その事案に対処するため，①当該事案に係る事実関係を迅速かつ正確に確認すること，②前記①における事実確認に即して，不当表示等による一般消費者の誤認排除を迅速かつ適正に行うこと，③再発防止に向けた措置を講じることを内容とするものである。

なお，不当表示等による一般消費者の誤認の排除に当たっては，不当表示等を単に是正するだけでは，既に不当に誘引された一般消費者の誤認がなくなったことにはならずに，当該商品または役務に不当表示等があった事実を一般消費者に認知させるなどの措置が求められる場合がある。不当な景品類の提供であっても，不当に顧客を誘引し，一般消費者の自主的かつ合理的な選択を阻害するものであることから，過大な景品類を提供した旨を周知することが必要である。

　b　措置の具体的事例

　措置の具体的事例としては，次に掲げる事例などが挙げられている（別添7頁，7）。

（事実関係を迅速かつ正確に確認する例）

・　表示等管理担当者，事業者の代表者または専門の委員会等が，表示物・景品類および表示等の根拠となった情報を確認し，関係従業員等から事実関係を聴取するなどして事実関係を確認すること。

・　事案に係る情報を入手した者から法務部門・コンプライアンス部門に速やかに連絡する体制を整備すること。

（不当表示等による一般消費者の誤認排除を迅速かつ適正に行う例）

・　一般消費者に対する誤認を取り除くために必要がある場合には，速やかに一般消費者に対する周知（例えば，新聞，自社ウェブサイト，店頭での貼り紙）および回収を行うこと。

・　当該事案に係る事実関係を関係行政機関へ速やかに報告すること。

・　アフィリエイト広告において，不当表示等が明らかになった場合，事業者は，自ら，ASPまたはアフィリエイター等を通じて，迅速に不当表示等を削除・修正できる体制を構築すること。

（再発防止に向けた措置の例）

・　関係従業員等に対して必要な教育・研修等を改めて行うこと。

　なお，不当表示等が明らかになった場合における事実関係の報告については，消費者庁のほか，都道府県の景品表示法担当部局，公正取引委員会の地方事務所等でも受け付けている。

4　事業者が講ずべき景品類の提供及び表示の管理上の措置についての指針　　281

㈦　前記㋐〜㋕以外の措置（管理措置指針別添9頁，8）

　管理措置指針では，前記㋐〜㋕以外の措置の具体的事例として，アフィリエイト広告を行う場合に事業者の表示であることを明示すること等が挙げられており，当該明示に関する望ましい文言・望ましい表示位置が例示されている。

　なお，ステルスマーケティング告示が制定されたことにより，事業者は，当該告示上，アフィリエイト広告を行う場合には，一般消費者にとって，事業者の表示であることが明瞭となるよう留意する必要があるところ，事業者の表示であることを明瞭にするに当たっては，ステルスマーケティング告示運用基準のほか管理措置指針において例示されている望ましい文言・望ましい表示位置の内容も参考となるものである。

⑷　景品表示法第8条第1項但書と管理措置指針との関係

　事業者が課徴金対象行為をした場合であっても，当該事業者が，「課徴金対象行為をした期間を通じて」，自らが行った表示が第8条第1項第1号または第2号に該当することを「知らず，かつ，知らないことにつき相当の注意を怠つた者でないと認められるとき」は，消費者庁長官は，課徴金の納付を命ずることができない（景表第8条第1項但書）。そして，「知らないことにつき相当の注意を怠つた者でないと認められる」か否かは，当該事業者が課徴金対象行為に係る表示をする際に，当該表示の根拠となる情報を確認するなど，正常な商慣習に照らし必要とされる注意をしていたか否かにより，個別事案ごとに判断されることとなる（後記第6章4⑵ウ㈠参照）。

　当該判断に当たっては，当該事業者の業態や規模，課徴金対象行為に係る商品または役務の内容，課徴金対象行為に係る表示内容および課徴金対象行為の態様等を勘案することとなるが，当該事業者が，必要かつ適切な範囲で，管理措置指針に沿うような具体的な措置を講じていた場合には，「相当の注意を怠つた者でない」と認められると考えられる。

[図表 4-1] 管理措置指針第 4 の 3 から 6 までの具体的な措置を講じた体制の概念図（「●●和牛のステーキ」と表示するレストランの場合）

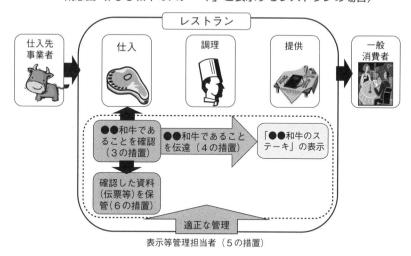

＊ 消費者庁ウェブサイト「改正景品表示法に係る指針等の説明会資料 2」18 頁（https://www.caa.go.jp/policies/policy/representation/premiums/pdf/siryo_2.pdf）を基に作成。

5 行政指導（景表第 23 条，第 24 条）

(1) 指導および助言（景表第 23 条）

　消費者庁長官は，第 22 条第 1 項の規定に基づき事業者が講ずべき措置に関して，その適切かつ有効な実施を図るため必要があると認めるときは，当該事業者に対し，その措置について必要な指導および助言をすることができる（景表第 23 条，第 38 条第 1 項，景表施行令第 14 条）。

　指導および助言は，事業者が講ずべき措置について，景品表示法違反の未然防止や速やかな是正を図る観点から，柔軟に対応できるよう規定されたものである。すなわち，指導および助言は，事業者が講ずべき措置に関して適切かつ有効な実施を確保するために必要があると認めるときにでき

るとされており，違反行為が実際に発生していなくても行うことができる。

⑵ 勧告および公表（景表第 24 条）

消費者庁長官は，事業者が正当な理由がなくて第 22 条第 1 項の規定に基づき事業者が講ずべき措置を講じていないと認めるときは，当該事業者に対し，景品類の提供または表示の管理上必要な措置を講ずべき旨の勧告をすることができる（景表第 24 条第 1 項，第 38 条第 1 項，景表施行令第 14 条）。また，当該事業者がその勧告に従わないときは，その旨を公表することができる（景表第 24 条第 2 項，第 38 条第 1 項，景表施行令第 14 条）。

第 24 条第 1 項に規定する「正当な理由」は，専ら一般消費者の利益の保護の見地から判断されるものであって，単に一般消費者の利益の保護とは直接関係しない事業経営上または取引上の観点だけからみて合理性または必要性があるにすぎない場合などは，正当な理由があるとはいえない。

正当な理由がある場合とは，例えば，事業者が表示等の管理上の措置として表示等の根拠となる資料等を保管していたが，災害等の不可抗力によってそれらが失われた場合などである（管理措置指針第 3，2）。

なお，事業者が講ずべき措置について，違反に対する措置を勧告・公表にとどめている趣旨は，事業者が講ずべき措置は主として事業者内部に関する事項であって，できる限り事業者の自主性を尊重することが望ましいことから，違反に対しても，刑罰によって担保された行政処分ではなく行政指導（勧告）にとどめ，公表も勧告に従わない場合に限定することが適切であると考えられたためである。

⑶ 指導および助言と勧告の関係

指導および助言と勧告の差異は以下のとおりである。

① 指導および助言は，事業者が講ずべき措置に関して，その適切かつ有効な実施を図るため必要があると認めるときにできると規定しており，違反行為が実際に発生していなくても行使できるのに対し，勧告は，内閣総理大臣が，事業者が講ずべき措置を講じていない，かつ，

[図表4-2] 行政指導の流れ

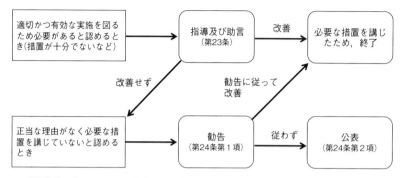

* 前掲消費者庁ウェブサイト「改正景品表示法に係る指針等の説明会資料2」21頁を基に作成。

そのことに正当な理由がないと認めるときにのみ行使できるなど，要件が異なっている。

② 各規定が定める効果部分に着目した場合，指導および助言は，それを行ったことが公表されることは予定されていない。これに対し，勧告は，それに従わなかった場合にその旨を公表することが予定されており，指導および助言よりも事業者に社会的評価の低下という不利益を与える点で差異が存在している。

このように，指導および助言と勧告は，適用場面や効果の面で区別されていることから，両者を併存させて規定されたものである。

運用としても，事業者が講ずべき措置を講じていない事業者に対し，通常は，まず指導および助言を行い，自主的な改善を促すことになるが，指導および助言によっても自主的な改善が図られないときまたは違反の程度が著しいときなどには，勧告を行うことになると考えられる。

参考文献

真渕博「改正景品表示法の概要について――平成26年6月改正」公正取引770号2頁（2014）

真渕博「平成26年6月に改正された景品表示法の概要」NBL1043号26頁（2015）

消費者庁ウェブサイト「改正景品表示法に係る指針等の説明会資料2」（https://warp.ndl.go.jp/info:ndljp/pid/11010180/www.caa.go.jp/representation/keihyo/pdf/siryo_2.pdf），「よくある質問コーナー（景品表示法関係）」（https://www.caa.go.jp/policies/policy/representation/fair_labeling/faq/）「表示に関するQ&A」

第5章 公正競争規約

1 公正競争規約制度の概要

(1) 公正競争規約とは

　公正競争規約[注]とは，景品表示法第 36 条の規定に基づき，事業者または事業者団体が内閣総理大臣および公正取引委員会の認定を受けて設定する商品または役務の表示方法に関するルール（表示規約）や景品類の提供の制限に関するルール（景品規約）である。内閣総理大臣の認定権限は，景品表示法第 38 条第 1 項，景表施行令第 14 条により，消費者庁長官に委任されている。

　（注）「公正競争規約」という呼称は，平成 21 年改正前の景品表示法の条文上，略称として用いられていたが，同改正の過程で削られた。しかし，景品表示法の制定とともに制度が導入された昭和 37 年以来，長年の運用を通じて社会に定着しており，制度の名称としても，また，個別の公正競争規約の名称としても引き続き使われていくものと考えられる。本書においても，「公正競争規約」の呼称を用いる。

(2) 公正競争規約の役割

　不当表示等は，品質，価格による競争に比べ，小さなコストで売上の増加をもたらすため，競争事業者に同様の行為が広がりやすく，さらに，周辺の事業者が同じことを行えば相殺により集客効果が薄れるため，競争事業者相互間でその内容が次第にエスカレートし，際限なく広がっていくおそれがある。

　公正競争規約制度は，このような性質を有する不当表示等を効果的に規

1　公正競争規約制度の概要　　287

制するため，事業者または事業者団体が自主的かつ積極的に守るべきルールを定め，それを自分も守れば他の事業者も守るという信頼を確立することにより，事業者間で不当な広告表示等がエスカレートしていくことのないようにするための制度として，景品表示法で，自主規制設定の法的な根拠を設けている。そして，その自主規制の内容が不当な顧客の誘引を防止し，一般消費者による自主的かつ合理的な選択および事業者間の公正な競争を確保するために適切なものであることを担保すべく，一般消費者の適正な選択確保と事業者間の公正な競争の確保の双方の観点を踏まえた要件を設定し，その要件に適合しているかどうかを公正取引委員会および消費者庁長官の認定に係らしめているものである。

　また，公正競争規約は，それに参加する意思を持った事業者間またはそのような事業者が構成する事業者団体が定めるルールであるから，法定された要件を満たす限り，法律や告示で線引きをすることが困難な表示基準なども，対象となる商品や役務の内容に即して設定することや，法令上義務付けられていない事項についての表示を公正競争規約参加者間の約束事としてお互いに義務付け合うことも可能である。事業者または事業者団体がこのようなルールを策定し，かつ，厳正に遵守することによって，一般消費者による自主的かつ合理的な選択により資する表示等が広がっていくとともに，そのようなルールに基づいた表示およびルールを遵守している事業者に対する信頼感も増すという意味で，公正競争規約参加事業者にとっての意義もある。

(3)　公正競争規約がこれに参加していない事業者に及ぼす効果

　公正競争規約は事業者または事業者団体が定めた自主的なルールであることから，直接的には，その公正競争規約に参加する事業者を拘束するものであり，参加事業者は，公正競争規約の運用団体または公正競争規約に参加する他の事業者との関係において，そのルールを遵守する義務を負い，公正競争規約に違反した場合には，公正競争規約に基づいて定められた手続により，公正競争規約の運用団体から措置を採られることになる[注]。

一方，公正競争規約に参加していない事業者が公正競争規約に従わない表示等を行っていたとしても，公正競争規約違反として措置を採られるものではなく，当該表示が，景品表示法または同法に基づく告示に定められた不当表示等に該当する場合に，同法違反として消費者庁によって措置が採られることとなる。

しかし，例えば，表示については，表示規約で定められたルールに従った表示が表示規約参加事業者を始めとして表示規約の対象商品・役務の供給者によって広く行われることにより，一般消費者が，その表示をみれば表示規約で定められた意義を有すると認識することが一般的な状況になっていれば，それと異なる実態にある商品・役務について同様の表示を行う場合には一般消費者に優良誤認・有利誤認が生じ得ることとなろう。このように，公正競争規約に定められたルールが一般化することで，一般消費者の表示に対する認識を左右することを通じて，公正競争規約に参加していない事業者が異なる表示を行った場合にも景品表示法の規定の適用に公正競争規約の内容が反映されることが生じ得る。

公正競争規約参加事業者の義務，公正競争規約に違反する行為と景品表示法との関連，公正競争規約の認定と正常な商慣習の位置付け等に関する判決として以下のものがある。

（注）　公正競争規約違反行為が景品表示法にも違反する場合には，消費者庁長官が同法に基づく措置等を採ることがある。

CASE 5-1　ジャパンヘルス㈱による審決取消請求事件
（東京高判昭和 57 年 11 月 19 日（昭和 55 年（行ケ）第354 号））

「本件規約は同規約所定の『事業者』であつてこれに加入したものに対してのみ一定の義務を課するものであるから，仮に同規約に参加する資格を有しない関連事業者が本件規約に違反する行為，特に，同原告が主張するように『健康食品』の表示をしたとしても，それが本件規約に違反することになるものでないことはもちろん，被告が本件規約を認定したとの一事によつて本件規約の表示基準が直ちに当該業界の正常な商慣習となるものではないか

ら，少なくとも右行為が本件規約に違反するというだけの理由ではその行為が当然同法第4条に違反するものとして同法第6条第1項の排除命令の対象となるということはできない。」

(4) 独占禁止法との関係

公正競争規約は，不当な顧客の誘引を防止し，一般消費者による自主的かつ合理的な選択および事業者間の公正な競争を確保するためのものであり，一般的には，競争政策の観点からも有意義なものである。他方で，競争手段そのものである販売促進活動については，競争関係にある事業者間あるいは競争関係にある事業者が構成する事業者団体による相互規制のルールでもあることから，規制の内容が本来の趣旨を達成するのに必要な範囲を超えて過度に制限的なものとなるなどの場合には，独占禁止法上の問題（同法第8条第4号［事業者団体による構成事業者の機能または活動に対する不当な制限の禁止］違反等）が生じるおそれがある。景品表示法第36条第2項各号が規定する要件（不当な顧客の誘引を防止し，一般消費者による自主的かつ合理的な選択および事業者間の公正な競争を確保するために適切なものであること等）は，このような観点を踏まえて，一般消費者の適正な選択の確保と事業者間の公正な競争の確保の双方に資することを，消費者利益の擁護・増進を任務とする消費者庁の長である消費者庁長官と，競争政策の専門機関であり，独占禁止法の執行機関である公正取引委員会の双方の認定を要するとすることによって，独占禁止法上・競争政策上問題となるおそれのあるような内容の公正競争規約が設定されることがないようにしている。また，公正取引委員会が，競争政策上の観点も踏まえて認定した公正競争規約および公正競争規約に基づく行為については，仮に，後日の経済環境等の変化によって，独占禁止法に違反する事態が生じたとしても，当該公正競争規約が廃止されたり，景品表示法第36条第3項に基づき，当該公正競争規約が同条第2項各号に適合するものでなくなったとして認定が取り消されたりしない限り，独占禁止法第7条第1項および第2項，第8条の2第1項および第3項，第20条第1項，第70条

の4第1項ならびに第74条の規定（違反行為に対する排除措置，緊急停止命令，告発）は適用されないこととし（景表第36条第5項），公正競争規約についての法的安定性の確保を図っている。もちろん，独占禁止法の規定が適用されないのは，公正競争規約に基づく行為であり，公正競争規約を運用する団体が公正競争規約とは関係のない価格カルテル等を行った場合には，独占禁止法違反として措置を採られることはいうまでもない。

　なお，表示や景品提供に関する業界のルールについて，業界における任意の自主規制として実施する場合があるが，この場合には，独占禁止法の枠内で行う必要がある。一般消費者の商品選択を容易にするため表示・広告すべき情報に係る自主的な基準を設定することについては独占禁止法上の問題を特段生じないものが多いが，一方，活動の内容，態様によっては，多様な営業の種類，内容，方法等を一般消費者に提供する競争を阻害するとして独占禁止法上の問題が生じるおそれもある（独禁第8条等）ので十分に注意が必要である（「事業者団体の活動に関する独占禁止法上の指針」（平成7年10月30日）「第二，8営業の種類，内容，方法等に関する行為」参照）。

2　公正競争規約の内容

　公正競争規約の内容は，景品類または表示に関する事項（景表第36条第1項）とされているが，公正競争規約に規定する具体的な項目や体裁についての定めはない。

　既存の公正競争規約についてみると，「○○の表示に関する公正競争規約」という名称の表示規約と「○○業における景品類の提供の制限に関する公正競争規約」という名称の景品規約があり（○○は商品や役務の名称），これらはいずれも，条項号を用いた法律の条文のような体裁となっている。また，表示規約，景品規約の双方を一の業界が設定する場合であっても，一部を除き，それぞれ別個の公正競争規約として設定されている。

　公正競争規約の主な内容は，表示規約については，特定の商品や役務の取引における表示の基準，景品規約については，特定の業種における景品

類の提供の制限に関する事項であり，いずれの公正競争規約とも，これに加えて，公正競争規約の運用団体（「○○公正取引協議会」との名称を持つものが多いため，以下「公正取引協議会等」という）の設置，公正取引協議会等の事業内容，公正取引協議会等の構成事業者が公正競争規約に違反した場合に行われる調査の手続，違反者に対する措置の内容等，公正競争規約を実施するために必要な諸々の事項が具体的に規定されている。さらに，公正競争規約の実施に関する事項について規則を定めることができる旨を規定し，この規定を根拠として，公正競争規約に基づく具体的な表示の方法等についてのより詳細な内容を公正競争規約施行規則として設定するのが一般的である^(注)。

公正競争規約は，特定の業界の自主ルールであるため，そこに規定される内容は，それぞれの業界における商品や役務の特徴に応じて様々であるが，それぞれの公正競争規約等の一般的な内容を表示規約，景品規約ごとにみると次のとおりである。

（注）　すべての公正競争規約と公正競争規約施行規則は，一般社団法人全国公正取引協議会連合会のウェブサイト（https://www.jfftc.org/）で閲覧可能である。

(1)　表示規約

表示規約で一般的に規定されている項目は，目的，定義，必要表示事項，特定表示事項，不当表示の禁止，公正マーク，公正取引協議会等の設置等，公正取引協議会等の事業，違反に関する調査・措置・決定，施行規則の設定等であり，これらの内容は次のとおりである。

ア　目的

表示規約の目的については，各公正競争規約とも，景品表示法に定められた公正競争規約の趣旨に沿った規定（不当な顧客の誘引を防止し，一般消費者による自主的かつ合理的な選択および事業者間の公正な競争を確保する）を置いている。

イ　定義

　表示規約の定義として一般的に規定されているのは，①公正競争規約の対象となる商品や役務，②公正競争規約の適用を受ける事業者，③公正競争規約の対象となる表示の範囲に関する事項である。

　公正競争規約の対象となる商品や役務については，当該商品や役務の定義が法令で規定されている場合には，当該法令に沿って規定され，また，法令で規定されていない場合には，公正競争規約において独自に商品や役務に関する規格基準を設けるなどして規定されている。

　例えば，マーガリン類の表示に関する公正競争規約（昭和63年1月25日認定（全部変更））では，食品表示基準（平成27年内閣府令第10号）に沿って，次のように規定されている。

> ・　マーガリン類の表示に関する公正競争規約
>
> （定義）
>
> 第2条　この規約で「マーガリン類」とは，マーガリン及びファットスプレッドであって，それぞれ次に掲げる基準に適合するものをいう。
>
> （1）　マーガリン
>
> 　　食用油脂（乳脂肪を含まないもの又は乳脂肪を主原料としないものに限る。以下同じ。）に水等を加えて乳化した後，急冷練り合わせをし，又は急冷練り合わせをしないでつくられた可そ性のもの又は流動状のものであって，油脂含有率（食用油脂の製品に占める重量の割合をいう。以下同じ。）が80％以上のものをいう。
>
> （2）　ファットスプレッド　（略）
>
> 2・3　（略）

　このほか，例えば，飲用乳の表示に関する公正競争規約（昭和54年12月17日認定（全部変更））では「乳及び乳製品の成分規格等に関する命令」（昭和26年厚生省令第52号），ビールの表示に関する公正競争規約（昭和54年12月17日認定）では「酒税法」（昭和28年法律第6号），自動車業における表示に関する公正競争規約（平成12年6月23日認定（全部変更））では「道路運送車両法」（昭和26年法律第185号），不動産の表示に関する公正競争規約（平成17年11月9日認定（全部変更））では「都市計画法」（昭和43年

法律第 100 号）と「宅地建物取引業法」（昭和 27 年法律第 176 号）に沿って，商品や役務の定義が規定されている。

　一方，公正競争規約の適用対象となる商品や役務について，法令上の定義の定めがなく，公正競争規約において独自の規定を設けているものとしては，辛子めんたいこ食品の表示に関する公正競争規約（昭和 63 年 11 月 1 日認定），チョコレート類の表示に関する公正競争規約（昭和 46 年 3 月 12 日認定）等がある。

　公正競争規約の適用を受ける事業者については，当該公正競争規約の対象である表示を行う者が，製造段階，小売段階，輸入販売段階等のどの流通段階に属するのかに応じて具体的に定義するとともに，公正競争規約は，これに参加する者がその適用を受ける自主ルールであることから，最近では，その旨を明確にするため，事業者の定義に「……する者であって，この規約に参加するものをいう。」との文言を付け加えているものがある。当該文言は，確認的なものであって，その有無によって員外者に対する公正競争規約の適用についての取扱いが，前記 1(3)に記したところと変わるわけではない。

　例えば，鶏卵の表示に関する公正競争規約（平成 21 年 3 月 26 日認定）では，次のように規定されている。

・　鶏卵の表示に関する公正競争規約
（定義）
第 2 条　1 ～ 3 （略）
4　この規約において「事業者」とは，鶏卵を生産し又は受け入れて自己の商標，
　氏名若しくは名称を表示して販売する事業を行う者であって，この規約に個
　別に参加するものをいう。
5　（略）

　公正競争規約の対象となる表示の範囲については，「不当景品類及び不当表示防止法第 2 条の規定により景品類及び表示を指定する件」（昭和 37 年公取委告示第 3 号）に沿って規定されている。

ウ　必要表示事項

　必要表示事項は，一般消費者が商品や役務を選択する際の目安となる最低限の事項について，公正競争規約に参加する事業者に表示を義務付けるものである。

　食品の公正競争規約では，必要表示事項として，食品表示基準等の法令で表示が義務付けられている名称，原材料名，内容量，賞味期限，保存方法等を一括表示（一括して１つの枠内に表示）するという内容の規定が置かれている。

　例えば，飲用乳の表示に関する公正競争規約では，次のように規定されている。

・　飲用乳の表示に関する公正競争規約

（必要な表示事項）

第３条　事業者は，飲用乳の容器包装（食品衛生法第４条第５項に規定する容器包装をいう。以下同じ。）に，次に掲げる事項を，それぞれ飲用乳の表示に関する公正競争規約施行規則（以下「施行規則」という。）に定めるところにより，見やすい場所に邦文で明瞭に表示しなければならない。

⑴　種類別名称

⑵　常温保存可能品にあっては，その旨

⑶　商品名

⑷　主要成分

⑸　原材料名

⑹　原料原産地名

⑺　殺菌温度及び時間

⑻　内容量

⑼　消費期限又は賞味期限

⑽　保存方法

⑾　開封後の取扱い

⑿　乳処理場又は製造所の所在地及び乳処理業者又は製造者の氏名又は名称

２・３　（略）

・　同施行規則

2　公正競争規約の内容　　**295**

（必要な表示事項）
第2条　規約第3条第1項の規定により表示すべき事項は，容器包装の見や
　　すい場所に，表示した文字が鮮明に識別できるよう邦文をもって，表示する。
　　ただし，商品名については邦文以外の文字で表示することができる。
2　（略）

　公正競争規約に特定の商品や役務に関する包括的な表示ルールとしての
機能（公正競争規約の一覧性）を期待して，当該公正競争規約に関連する
法令に沿った規定を置くことによって，これらの法令で定められている表
示事項を網羅的に規定するものがある。

　他方，このように法令で定められているものではないものの，一般消費
者が商品や役務を選択する上で必要不可欠な事項の表示を，特定の商品や
役務に関する公正競争規約で義務付けることにより，一般消費者が安心し
て商品や役務を選択できるようにすることは，公正競争規約に求められる
重要な役割の1つである。

　例えば，生めん類の表示に関する公正競争規約（昭和51年10月20日認
定）では，法令で定められた表示事項に加えて，生めん類の包装容器の表
面に表示すべき事項を次のように規定している。

・　生めん類の表示に関する公正競争規約
（必要な表示事項）
第3条　事業者は，生めん類の包装又は容器に，次に掲げる事項を施行規則
　　で定めるところにより，見やすい場所に邦文で明瞭に表示しなければならな
　　い。
　(1)　（略）
　(2)　表面に表示すべき事項
　　ア　品名
　　イ　なま，ゆで，むし，油揚げ又は半なまの別
　　ウ　「要冷蔵」との文言
2・3　（略）

　一方，食品以外の公正競争規約についてみると，例えば，眼鏡類の表示

に関する公正競争規約（昭和61年3月31日認定）では，眼鏡用レンズの容器等に，材質，コーティングの種類等の表示を義務付けるなど，公正競争規約の対象商品や役務の特徴に応じて，規定の内容は様々である。

　例えば，不動産の表示に関する公正競争規約では，一般消費者が通常予期することができない事項等であって不動産広告に表示すべきものを次のように規定している。

・　不動産の表示に関する公正競争規約

（特定事項の明示義務）

第13条　事業者は，一般消費者が通常予期することができない物件の地勢，形質，立地，環境等に関する事項又は取引の相手方に著しく不利な取引条件であって，規則で定める事項については，賃貸住宅を除き，それぞれその定めるところにより，見やすい場所に，見やすい大きさ，見やすい色彩の文字により，分かりやすい表現で明瞭に表示しなければならない。

・　同施行規則

（特定事項の明示義務）

第7条　規約第13条（特定事項の明示義務）に規定する規則で定める「特定事項」は，次の各号に掲げる事項とし，それぞれ当該各号に定めるところにより表示する。

　(1)〜(5)　（略）

　(6)　都市計画法第7条に規定する市街化調整区域に所在する土地については，「市街化調整区域。宅地の造成及び建物の建築はできません。」と明示すること（新聞折込チラシ等及びパンフレット等の場合には16ポイント以上の大きさの文字を用いること。）。

　　　ただし，同法第29条に規定する開発許可を受けているもの，同法第33条の要件に適合し，第34条第1項第11号又は第12号に該当するもの，並びに，同法施行令（昭和44年政令第158号）第36条第1項第1号及び第2号の要件に適合し，第3号ロ又はハに該当するものを除く。また，これらのいずれかに該当する場合には，住宅等を建築するための条件を明示すること。

（以下略）

2　公正競争規約の内容　　297

エ　特定表示事項

　特定表示事項は，公正競争規約に参加する事業者が任意に表示する特定の事項や用語の使用基準である。不動産の表示に関する公正競争規約において，徒歩による所要時間を80mにつき1分間として算出するとされていることや，食品の公正競争規約において，「濃厚」，「生」，「手造り」，「特選」等，それぞれの商品に応じて，その特徴を示す様々な用語の使用基準が規定されていることなどがこれに当たる。

　例えば，自動車業における表示に関する公正競争規約では，「首位」等最上級を意味する用語の表示に関する事項を次のように規定している。

> ・　自動車業における表示に関する公正競争規約
> （特定用語の表示基準）
> 第4条　事業者は，新車の表示に関し，次の各号に掲げる用語について表示する場合は，それぞれ当該各号の定める基準に従い，施行規則で定めるところによるものとする。
> 　(1)　最上級を意味する用語
> 　　　「首位」，「第1位」，「トップ」，「最高」，「最長」，「BIGGEST」その他の最上級を意味する用語を表示する場合は，その裏付けとなる客観的数値等又は根拠を付記すること。
> （以下略）

　このように公正競争規約で特定の事項や用語の使用基準を独自に定めているもののほか，食品の公正競争規約における特定表示事項の中には，「高○○」，「○○豊富」，「○○含む」，「○○強化」，「○○ゼロ」，「低○○」，「減○○」等の栄養成分に関する表示について適用される食品表示法（平成25年法律第70号）に基づく食品表示基準のように，法令で規定されている特定の用語の使用基準に沿った規定が置かれているものもある。また，例えば，鶏卵の表示に関する公正競争規約では食品表示基準に基準が設けられていない栄養成分（ヨウ素，DHA等）についても，公正競争規約独自の表示基準を設けている。

オ　不当表示の禁止

　不当表示の禁止は，公正競争規約に参加している事業者が商品や役務に関する表示を行う際に，表示してはならない事項に関する規定である。

　不当表示の禁止として規定されているものは，①前掲の定義，必要表示事項，特定表示事項に反する表示，②一般消費者に優良誤認，有利誤認されるおそれのある表示，③不当な原産国表示，おとり広告表示等景品表示法第5条第3号による指定告示に該当する不当表示，④他の事業者の商品や役務を中傷・誹謗する表示等である。

　例えば，発酵乳・乳酸菌飲料の表示に関する公正競争規約（昭和52年12月22日認定）では，次のように規定されている。

> ・　発酵乳・乳酸菌飲料の表示に関する公正競争規約
> （不当表示等の禁止）
> 第6条　事業者は，発酵乳・乳酸菌飲料の取引に関し，次の各号に掲げる表示をしてはならない。
> (1)　発酵乳・乳酸菌飲料の定義に合致しない内容の製品について，それぞれ発酵乳・乳酸菌飲料であるかのように誤認されるおそれがある表示
> (2)　成分又は原材料について，実際のものより優良であると誤認されるおそれがある表示
> (3)　発酵乳・乳酸菌飲料が，病気の予防等について，効能又は効果があるかのように誤認されるおそれがある表示
> (4)　客観的な根拠に基づかないで，特選，高級等の文言を用いることにより，当該製品が特に優良であるかのように誤認されるおそれがある表示
> (5)　原産国について誤認されるおそれがある表示
> (6)　内容物の保護又は品質保全に必要な限度を超えて，過大な容器包装を用いること
> (7)　他の事業者の発酵乳・乳酸菌飲料を中傷し，又は誹謗するような表示
> (8)　表示事項について著しく事実に相違する表示又は著しく誤認させるような表示
> (9)　保健機能食品以外の発酵乳・乳酸菌飲料にあって，保健機能食品と紛らわしい名称，栄養成分の機能又は特定の保健の目的が期待できる旨の表示

2　公正競争規約の内容　　**299**

⑽　その他，発酵乳・乳酸菌飲料の内容又は取引条件について一般消費者に誤認されるおそれがある表示

　また，チョコレート，観光土産品等，包装された状態からその内容量が容易に判別できないような商品については，過大な包装を禁止する規定を置き，これを受けて，包装基準や内容物の充填率の基準を設けているが，こうした規定も不当表示の禁止の一類型である。

　例えば，ナチュラルチーズ，プロセスチーズ及びチーズフードの表示に関する公正競争規約（昭和46年3月31日認定）では，次のように規定されている。

・　ナチュラルチーズ，プロセスチーズ及びチーズフードの表示に関する公正競争規約
（不当表示の禁止）
第5条　事業者は，ナチュラルチーズ，プロセスチーズ又はチーズフードの取引に関し，次の各号に掲げる表示をしてはならない。
　⑴～⑸（略）
　⑹　内容物の保護又は品質保全に必要な限度を超えて過大な容器包装を用いる表示
（以下略）
・　同施行規則
（不当表示の禁止）
第15条　（略）
2　規約第5条第6号に規定する内容物の保護又は品質保全に必要な限度を超えて過大な容器包装を用いる表示とは，外から内容物が確認できない場合であって，当該内容物の容積（製品を垂直に立てたとき，下部に堆積した内容物（内容物が個々に包装されている場合は，当該包装材料を含む。）の容積をいう。）が，当該容器包装の内容積の3分の2未満のものをいう。ただし，内容物の保護又は品質保全のため，ガスを充てんする等やむを得ない場合は，この限りでない。
3　前項ただし書の規定による，内容物の保護又は品質保全のため，ガスを充てんする等やむを得ない場合にあっては，内容量を，日本産業規格Z8305

（1962）に規定する 8 ポイントの活字以上の大きさの統一のとれた活字（表示可能面積がおおむね 150 平方センチメートル以下のものにあっては，日本産業規格 Z8305（1962）に規定する 5.5 ポイントから 7.5 ポイントまでの大きさの活字とすることができる。）で，規約第 3 条第 1 項に規定する必要な表示事項とは別に，製品の見やすいところに表示すること。

カ　公正マーク等

　公正競争規約の中には，規約に従って表示がなされていることを示すものとして公正マークを規定するものがある。また，これに類似するマークとして，当該マークが貼付された商品の製造者や販売者，当該マークを店頭などに掲示している事業者が公正競争規約に参加していることを示す会員証がある。

　公正マーク等を表示するための方法・手続としては，

① 　事業者が自主的に判断して，商品の表示が公正競争規約等で定める要件に合致しているものにマークを表示する

② 　公正取引協議会等が開催する審査会に事業者が商品を出品し，当該審査会において，公正競争規約で定める要件に適合するものとして合格した商品について，当該協議会等がマークの表示を承認する

③ 　事業者が公正取引協議会等に対し，商品の表示の見本にその内容物を添えて審査を申請し，当該表示と内容物の品質のいずれもが，公正競争規約で定める要件に適合するものとして合格した商品について，当該協議会等がマークの表示を承認する

などがみられる。

　例えば，飲用乳の表示に関する公正競争規約施行規則では，次のように規定されている。

・　飲用乳の表示に関する公正競争規約施行規則
（公正マークの表示）
第 37 条　規約第 8 条第 3 号に規定する公正マークの表示に関して次の事項を行う。

2　公正競争規約の内容　　301

(1)　公正取引協議会は，規約に従い適正な表示をしていると認められる構成
　　事業者に対し，その製造に係る飲用乳の容器に公正マークを表示させるも
　　のとする。

(2)　公正取引協議会は，公正マークが付された飲用乳について，規約等に違
　　反して措置を採った場合は，当該種類の飲用乳に公正マークを表示させて
　　はならない。

(3)　公正マークの標準図版は，次のとおりとし，短径５ミリメートル以上
　　のものとする。

公正

(4)　公正マークは，ガラス瓶その他反復して使用する容器に表示してはなら
　　ない。

　他業種の公正マークの図案については，「よくわかる景品表示法と公正
競争規約」（消費者庁）に掲載されている。

キ　公正取引協議会等の設置

　公正競争規約の運用機関として公正取引協議会を設置する旨や公正競争
規約の運用機関が公正取引協議会以外の既存の事業者団体である場合に
は，当該事業者団体を公正競争規約の運用機関として指定する旨が規定さ
れている。

ク　公正取引協議会等の事業

　公正取引協議会等の事業については，公正競争規約の内容の周知徹底，
公正競争規約についての相談や指導，公正競争規約の遵守状況の調査，公
正競争規約の規定に違反する疑いがある事実の調査，公正競争規約の規定
に違反する事業者に対する措置，一般消費者等からの苦情処理等が規定さ
れている。

ケ　違反に関する調査・措置・決定

　違反に関する調査・措置・決定については，公正取引協議会等が公正競争規約に違反する疑いのある事実に接した場合に行うことができる調査の内容，調査の結果，違反を認定した場合に採ることができる警告，違約金，除名等の措置の内容，措置に対する異議申立ての方法や手続等が規定されている。

　例えば，募集型企画旅行の表示に関する公正競争規約（平成4年5月26日認定）では，次のように規定されている。

・　募集型企画旅行の表示に関する公正競争規約

（違反に対する調査）

第16条　協議会は，第5条から第14条までの規定に違反する事実があると思料するときは，その事実について必要な調査をすることができる。

2　協議会は，前項の調査をするため，関係者又は参考人から資料の提出，報告又は意見を求めることができる。

3　事業者は，前項の規定による協議会の調査に協力しなければならない。

4　協議会は，第1項又は第2項の調査に協力しない事業者に対し，当該調査に協力すべき旨を文書をもって警告し，これに従わない場合は，5万円以下の違約金を課すことができる。

（違反に対する措置）

第17条　協議会は，第5条から第14条までの規定に違反する行為があると認められるときは，当該違反行為を行った事業者に対し，当該行為を直ちに停止すべき旨，当該行為と同種又は類似の行為を再び行ってはならない旨，その他必要な措置を文書をもって警告することができる。

2　協議会は，前項の規定による警告を受けた事業者が，これに従っていないと認められたときは，当該事業者に対し，50万円以下の違約金を課し，若しくは除名処分にし，又は消費者庁長官に必要な措置を講ずるよう求めることができる。

3　協議会は，前条第4項又は前2項の規定により警告し，又は違約金を課し，若しくは除名処分をしたときは，その旨を遅滞なく文書をもって消費者庁長官に報告するものとする。

2　公正競争規約の内容　　303

（違反に対する決定）

第18条　協議会は，第16条第4項又は前条第2項の規定による措置（警告を除く。）を採ろうとする場合には，採るべき措置の案（以下「決定案」という。）を作成し，これを当該事業者に送付するものとする。

2　前項の事業者は，決定案の送付を受けた日から7日以内に協議会に対して文書による異議の申立てをすることができる。

3　協議会は，前項の異議の申立てがあった場合は，当該事業者に追加の主張及び立証の機会を与え，これらの資料に基づいて更に審理を行い，それに基づいて措置の決定を行うものとする。

4　協議会は，第2項に規定する期間内に異議の申立てがなかった場合は，速やかに決定案の内容と同趣旨の事項を実施するものとする。

コ　施行規則の設定

公正競争規約の中で，公正競争規約の施行に関する細則として，公正競争規約の実施に関する事項，例えば，必要表示事項に基づく具体的な表示の方法等を公正競争規約施行規則として定めることが多く，同施行規則は公正競争規約において，公正取引委員会および消費者庁長官の承認を得て，別途定めることができるとして規定されることが一般的である。

(2)　景品規約

景品規約で一般的に規定されている項目は，目的，定義，景品類の提供の制限，公正取引協議会等の設置，公正取引協議会等の事業，違反に関する調査・措置・決定，施行規則の設定等である。

ア　目的

景品規約の目的についても，表示規約と同じく各公正競争規約とも，景品表示法の目的に沿った規定を置いている。

イ　定義

景品規約の定義として一般的に規定されているのは，①公正競争規約の

対象となる商品や役務，②公正競争規約に参加する事業者，③公正競争規約の対象となる景品類の範囲に関する事項であり，③については，「不当景品類及び不当表示防止法第2条の規定により景品類及び表示を指定する件」（昭和37年公取委告示第3号）に沿って規定されている。

ウ　景品類の提供の制限

景品類の提供の制限として規定されている事項としては，①懸賞により提供する景品類の制限，②懸賞によらないで提供する景品類の制限，③取引先事業者に対する景品類の提供の制限がある。

ほとんどの景品規約において，①と③については，「『懸賞による景品類の提供に関する事項の制限』（懸賞制限告示）の範囲」と，②については「『一般消費者に対する景品類の提供に関する事項の制限』（総付制限告示）の範囲」というように景品表示法に基づく告示に沿った規定となっている。

また，見本や試供品を提供する場合には，見本や試供品である旨を表示して提供するというルールを設け，このような見本や試供品の提供が総付制限告示の制限を受けない形で行うことを確保している公正競争規約もある。

例えば，チューインガム業における景品類の提供の制限に関する公正競争規約（昭和46年1月20日認定）では，次のように規定されている。

・　チューインガム業における景品類の提供の制限に関する公正競争規約

（景品類提供の制限）

第3条　事業者は，一般消費者に対し，次に掲げる範囲を超えて景品類を提供してはならない。

(1)　懸賞により提供する景品類にあっては，「懸賞による景品類の提供に関する事項の制限」（昭和52年公正取引委員会告示第3号）の範囲

(2)　懸賞によらないで提供する景品類にあっては，「一般消費者に対する景品類の提供に関する事項の制限」（昭和52年公正取引委員会告示第5号）の範囲

2　見本又は試食品を提供する場合は，その旨を表示して提供するものとする。

2　公正競争規約の内容　　305

3 事業者は，チューインガムの販売を業とする者に対し，懸賞により景品類を提供する場合は，「懸賞による景品類の提供に関する事項の制限」（昭和52 年公正取引委員会告示第 3 号）の範囲を超えて景品類を提供をしてはならない。

なお，景品提供について，一般ルール（懸賞制限告示および総付制限告示によるもの）（第 3 章 3，4 参照）とは異なる規定を有している公正競争規約としては，医療用医薬品製造販売業，医療用医薬品卸売業，衛生検査所業，医療機器業，新聞業，出版物小売業，雑誌業，不動産業の公正競争規約がある。

3　公正競争規約の設定

(1)　公正競争規約を設定できる者

公正競争規約を設定できる者は，事業者または事業者団体である（景表第 36 条第 1 項）。公正競争規約を設定する当事者としては，①対象商品の取引について同一の取引段階にある事業者（同業者）による場合，②既存の事業者団体による場合，③事業者団体と事業者による場合（例えば，協同組合と大手事業者が締結する場合），④複数の事業者団体による場合（例えば，2 つ以上の関連する事業者団体がある場合），⑤メーカー，卸売業者，小売業者といった取引段階の異なる者による場合がある。実際には，効率的な意思決定の観点から，②の場合を除けば，公正競争規約設立のための団体を結成して，業界内外の意見の集約，意思決定を行うことが多い。

いずれにしても，公正競争規約制度は，対象商品または役務について一般消費者による自主的かつ合理的な選択および事業者間の公正な競争を確保するための，公正競争規約参加者による自主規制ルールに対して公的な認定を行うものであるから，当該対象商品または役務についての表示内容の決定に関わり，あるいは，景品提供による販促活動を規律し得る者によって設定されることが求められる。

⑵ 公正競争規約設定の対象となる業種

　公正競争規約は，事業者または事業者団体が表示や景品類に関する事項について，公正取引委員会および消費者庁長官の認定を受けて設定することができると規定されていることから，基本的にはどのような業種においても締結することができるものの，実際には，一般消費者を対象とした商品や役務について締結しているものがほとんどである。また，「商品又は役務」の範囲については，例えば，食品全体を包括して公正競争規約を設定しなければならないというものではなく，また，事業者が供給しているすべての商品や役務を対象として公正競争規約を設定しなければならないというものでもなく，個々の分類ごとに締結することができる。

　したがって，どのような商品や役務について公正競争規約を設定するかについては，事業者や事業者団体が自主的に判断すべきことではあるが，公正競争規約の意義や公正競争規約設定後の効率的な運用などを考慮して，関連業界との調整等を図り，類似商品も対象にし得るのであれば，それらも含めて検討し，一般消費者に対する適正な情報提供を可能にする公正競争規約とすることが望まれる。

⑶ 公正競争規約の認定

ア　認定要件

　公正競争規約は，事業者や事業者団体が公正取引委員会および消費者庁長官の「認定」を受けて設定するものである（景表第36条第1項）。したがって，公正競争規約を設定しようとする者は，公正競争規約案を作成して，公正取引委員会および消費者庁長官に認定申請をしなければならない（後述ウのとおり，申請書の提出を双方の機関に対して行わなければならないわけではない）。認定された公正競争規約を変更する場合も同様である。「認定」とは，公の権威をもって，行政庁がある事実の存否または法律の要件を確認することであり，公正競争規約の認定に当たっては，景品表示法第36条第2項に定められている次の4つの要件をすべて充足している必要がある。

(ア) 不当な顧客の誘引を防止し，一般消費者による自主的かつ合理的な選択および事業者間の公正な競争を確保するために適切なものであること（第2項第1号）

公正競争規約の趣旨から当然の要件である。例えば，「純粋」という表示をかなり純度の低いものにまで用いることを定めたり，公正競争規約の内容が品質や価格の競争を妨げるおそれがある場合，さらには，公正競争規約に参加しない事業者が多すぎて事実上実効が上がらず，その業界におけるルールとして機能することが期待できない場合には，この要件は充足されない。

(イ) 一般消費者および関連事業者の利益を不当に害するおそれがないこと（第2項第2号）

公正競争規約は，景品表示法に基づくものであり，景品表示法の目的が一般消費者の利益の確保にあるところから，「一般消費者の利益を不当に害するおそれがない」という要件は当然の規定である。「一般消費者の利益を不当に害するおそれ」とは，例えば，一般消費者が商品等を購入する際に当然留意する事項（商品選択上重要な事項）を表示しないようにするもの，品質や価格に関する競争を妨げるおそれのあるものである。

また，「関連事業者の利益を不当に害するおそれ」とは，例えば，メーカー間の公正競争規約で販売業者に実質的に表示義務を負わすこととなるようなものである。

(ウ) 不当に差別的でないこと（第2項第3号）

大手事業者と中小事業者が公正競争規約に参加する場合，例えば，大手事業者にだけ有利であって，中小事業者にとっては不利になるような規定を設ける場合，特定の業態の事業者が行う表示等のみを規制するような規定を設ける場合には，この要件は充足されない。

(エ) 公正競争規約に参加し，または公正競争規約から脱退することを不当に制限しないこと（第2項第4号）

自主規制において，強制加入や脱退拒否を定めることは，その趣旨に反する。公正競争規約は，できる限り多くの事業者が参加することが望まし

いが，そのために，非合理的な強制力を用いることは適当でなく，その内容を訴えることにより，自発的な参加を促すべきことは当然である。

なお，加入脱退を全く自由にしなければならないというものでなく，あくまで「不当」な参加・脱退制限が禁止されるものであり，合理性のある参加・脱退の制限，例えば，加入に当たって，一定の合理的な会員資格を設け，それに合致しないものの加入を制限する，公正取引協議会等の規則に基づく義務を履行しないとき，公正取引協議会等の目的に反する行為をしたとき等に除名するなどは可能である。

イ　公正競争規約案の申請前の手続

公正競争規約の設定に当たっては，消費者の意見を聴く場（以下「表示連絡会等」という）が設けられ，公正競争規約案のおおむねの骨子が示され，当該公正競争規約を作ろうとしている業界のほか，消費者団体，学識経験者等を交えた意見交換が行われることが一般的である。表示の問題は，ある意味では，業界や事業者と一般消費者との間のコミュニケーションの問題であり，不当表示はこのコミュニケーションが十分に機能していないことから起こるものであることから，表示連絡会等では，公正競争規約案により規定された表示内容が一般消費者に間違いなく通じるために適切なものとなっているか，また，一般消費者が商品を選択する上でどのような事項の表示が必要かといったことについて意見交換が行われている。表示連絡会等は，景品表示法上その開催が義務付けられているものではないが，公正競争規約の形で一定の表示の方法を定める場合には，常に開催されている。

表示連絡会等は，通常，公正競争規約を設定しようとしている事業者団体等の主催で開催されている。

ウ　公正競争規約案の申請と認定

申請者は，表示連絡会等での意見等を参考にして公正競争規約案を作成し，景表施行規則第22条で定めている手続・様式に基づいて，公正取引

3　公正競争規約の設定　　309

[図表 5-1] 公正競争規約設定までの主な流れ

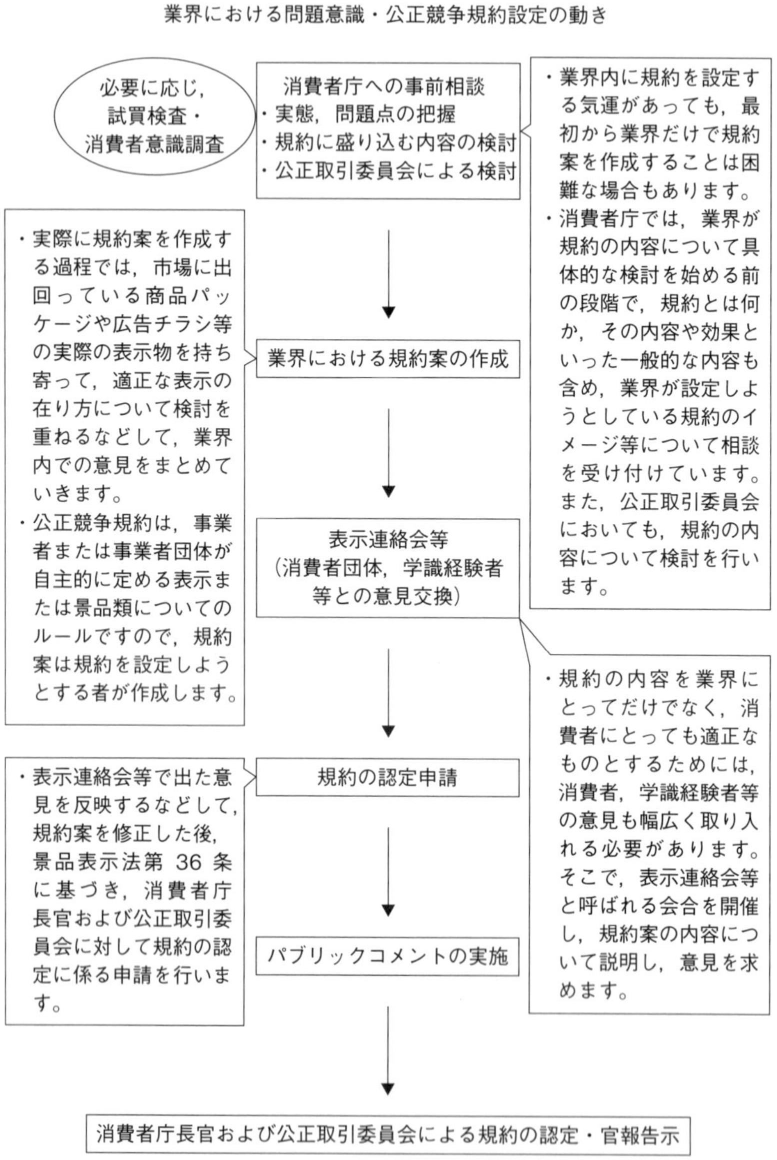

業界における問題意識・公正競争規約設定の動き

必要に応じ，
試買検査・
消費者意識調査

消費者庁への事前相談
・実態，問題点の把握
・規約に盛り込む内容の検討
・公正取引委員会による検討

・業界内に規約を設定する気運があっても，最初から業界だけで規約案を作成することは困難な場合もあります。
・消費者庁では，業界が規約の内容について具体的な検討を始める前の段階で，規約とは何か，その内容や効果といった一般的な内容も含め，業界が設定しようとしている規約のイメージ等について相談を受け付けています。また，公正取引委員会においても，規約の内容について検討を行います。

・実際に規約案を作成する過程では，市場に出回っている商品パッケージや広告チラシ等の実際の表示物を持ち寄って，適正な表示の在り方について検討を重ねるなどして，業界内での意見をまとめていきます。
・公正競争規約は，事業者または事業者団体が自主的に定める表示または景品類についてのルールですので，規約案は規約を設定しようとする者が作成します。

業界における規約案の作成

表示連絡会等
（消費者団体，学識経験者等との意見交換）

・表示連絡会等で出た意見を反映するなどして，規約案を修正した後，景品表示法第 36 条に基づき，消費者庁長官および公正取引委員会に対して規約の認定に係る申請を行います。

規約の認定申請

・規約の内容を業界にとってだけでなく，消費者にとっても適正なものとするためには，消費者，学識経験者等の意見も幅広く取り入れる必要があります。そこで，表示連絡会等と呼ばれる会合を開催し，規約案の内容について説明し，意見を求めます。

パブリックコメントの実施

消費者庁長官および公正取引委員会による規約の認定・官報告示

※ 消費者庁「よくわかる景品表示法と公正競争規約」13 頁を基に作成。

委員会または消費者庁長官のいずれかに，申請書正副各1通と公正競争規約案の写し2通を提出することによって申請する。申請書等を受領した機関は，もう一方の機関に，申請書・公正競争規約案の写し各1通を送付することとなる。

公正競争規約は，景品表示法第5条第3号指定告示等と異なり，景品表示法上，その設定の認定に当たって，公聴会の開催や消費者委員会からの意見聴取は義務付けられていない。しかし，公正競争規約の内容は，認定されれば業界における表示等の在り方に大きな影響を及ぼすこととなるので，一般消費者や関連業界の意見を十分に聴取することが重要である。

公正取引委員会および消費者庁長官は，申請された公正競争規約案について必要に応じパブリックコメント（意見公募手続）を行い広く一般からの意見を考慮し，あるいは表示連絡会等で寄せられた意見等を勘案して，公正競争規約案が前記の認定要件に適合しているか否かを判断し，適合していると認める場合は，同公正競争規約案の設定・変更を認定する。

(4) 認定の告示

公正取引委員会および消費者庁長官は，公正競争規約を認定した場合，当該公正競争規約を告示という手続により公表する（景表第36条第4項）。この告示は，官報に掲載することにより行う（景表施行規則第23条第1項）。

(5) 認定の取消し

公正取引委員会および消費者庁長官は，認定した公正競争規約が認定の要件を欠くにいたった場合には，その認定を取り消さなければならない（景表第36条第3項）。このような事態は，業界の実態や取引形態の変化等によって発生することが多いものと思われる。公正取引委員会および消費者庁長官のいずれかが取り消した場合は，公正競争規約は，その効果（景表第36条第5項）を失うこととなる。

認定の取消しは，行政手続法上，許認可等を取り消す不利益処分に該当することから（行政手続法第13条第1項第1号イ），認定の取消しをしよう

3 公正競争規約の設定　311

とする場合には，聴聞を行い，公正競争規約の設定者などに，意見を述べ，証拠を提出する機会を与える。聴聞の手続は，消費者庁が属する内閣府において採用されている手続（内閣府聴聞手続規則（平成6年総理府令第53号））に準じて行われることとなろう。その結果，認定を取り消すこととした場合には，その旨を告示によって公表する（景表施行規則第23条第2項）。

(6) 不服の申立て

公正取引委員会および消費者庁長官が行った公正競争規約の認定や取消しの処分について，これに不服のある者は，行政不服審査法に基づく異議申立てまたは行政事件訴訟法に基づく取消訴訟によって不服の申立てをすることができる（公正取引委員会における審判手続により処理する旨の規定（景表第12条第6項）は，平成21年改正により削られた）。

これまでに認定された公正競争規約に対し，不服の申立てが行われたのは，2件（内田MFC研究所に対する審決（昭和43年（判）第1号（昭和45年2月17日））および主婦連合会ほか1名に対する審決（昭和46年（判）第5号（昭和48年3月14日）））であり，公正取引委員会は，いずれも審判手続を経て，審決により当該申立てを却下した。後者の審決に対しては，不服申立人である主婦連合会等から審決取消訴訟が提起されたが，東京高判昭和49年7月19日（昭和48年（行ケ）第34号），最判昭和53年3月14日（昭和49年（行ツ）第99号）ともに，主婦連合会等の主張はしりぞけられ，不服申立ての資格を有さないとされた。

(7) 公正競争規約の自主的な見直し

公正競争規約が，一般消費者の適正な商品選択を実現するための有効な仕組みとして機能するためには，常に表示等の適正化に資するルールとなっていることが重要である。特に表示規約については，一般消費者の嗜好の変化に伴い，当該嗜好に訴求する強調表示の態様が変化し，新たな表示の問題が生じることによって，公正競争規約における表示の基準を改正する必要が生じることがある。また，特定の不当表示事件を契機にして，

表示の適正化を図り，表示に対する一般消費者の不信感を払拭するために
ルールを見直す必要が生じたり，その方策として新たな規制の必要性が生
じたりする場合もある。このため，公正競争規約の運用団体において，経
済環境や取引実態，一般消費者を取り巻く消費生活事情の変化等に即した
不断の見直しを行うことが求められる。公正競争規約の変更も公正取引委
員会および消費者庁長官の認定を必要とし（景表第36条第1項），その手
続は新規設定の場合と同様である（ただし，関係法令の改正の単純な反映等
の軽微な変更の場合には，表示連絡会等は開催されない）。

4　公正競争規約の運用（公正取引協議会等と公取協連合会の役割）

　新たに公正競争規約が設定される場合には，通常，公正競争規約の運用
を行う機関として公正取引協議会等が設立されている。食料品一般，食肉，
身の回り品，家庭用品，医薬品・化粧品等，出版物等，自動車等，不動産
など，既存のほとんどの公正競争規約は，公正取引協議会等によって運用
されている（酒類の公正競争規約については，酒税の保全及び酒類業組合等に
関する法律（昭和28年法律第7号）に基づいて設立された酒類業者の組合等が
運用している）。

　これらの公正取引協議会等は，公正競争規約の内容を会員事業者に対し
て周知することにより，公正競争規約に沿った適切な表示や景品提供の
ルールを会員事業者に普及させるとともに，公正競争規約に反する表示や
景品提供が行われた場合には，公正競争規約に基づいてそれを是正させ，
必要な場合には制裁として違約金を課すなどの活動によって，業界内の公
正競争規約の遵守確保に努めている。

　このほか，公正取引協議会等の中には，一般消費者に対して景品提供の
ルールや適切な表示ルールへの理解を広げるため，公正競争規約の内容を
平易に解説したパンフレット等を作成し，それを用いた一般消費者向けの
説明会を全国各地で開催したり，市場で販売されている商品をサンプルと

して買い上げ，表示が適切に行われているかどうかを事後的にチェックするための会合（試買検査会）を全国各地で開催する際に，一般消費者から意見を聴取して適正表示に反映させたり，さらに，傘下の会員の表示に関する一般消費者からの相談や苦情の処理を行うものもある。

このように，公正取引協議会等は，公正競争規約の遵守のための活動にとどまらず，公正競争規約の対象であるそれぞれの商品や役務に対する一般消費者の信頼を高めるための活動を行っている。

また，公正競争規約の運用機関である公正取引協議会等の連合体として，一般社団法人全国公正取引協議会連合会（公取協連合会）が設立されている。

公取協連合会は，景品表示法と公正競争規約の運用を円滑かつ効果的に推進することにより，公正な取引の促進を図り，もって国民生活の向上に寄与することを目的に設立された一般社団法人である。

なお，管理措置指針において，表示等に関する事項を適正に管理するための表示等管理担当者を置くことを求めるとともに，当該担当者が景品表示法に関する一定の知識の習得に努めるべきことが定められたこと等を背景に，令和3年度から公取協連合会において，景品表示法務検定試験が実施されている。

公取協連合会が行う主な活動は以下のとおりである。

① 公正競争規約を新たに設定しようとしている事業者団体等からの相談に対応することなどによる公正競争規約の作成支援

② 景品表示法，公正競争規約に関する事業者や一般消費者からの質問，相談，照会，苦情等を受け付け，また，関係する公正取引協議会等，消費者庁，公正取引委員会との連携を図って対応するなどの相談窓口の設置

③ 景品表示法，景表施行規則，告示・同運用基準等の法令だけでは理解しにくい法の解釈，通達，業界に対する要望などを収録した景品表示法関係法令集の発刊

④ 景品表示法と公正競争規約のあらましを紹介した広報資料の作成・配布やウェブサイトを利用した景品表示法，公正競争規約の周知・普及

⑤　毎年全国で行う景品表示法セミナーの開催

⑥　公正競争規約・公正取引に関する調査研究

⑦　景品表示法務検定試験の運営

参考文献

川井克倭＝地頭所五男『Q & A 景品表示法〔改訂版第 2 版〕』（青林書院，2007）

消費者庁ウェブサイト「よくわかる景品表示法と公正競争規約」（https://www.caa. go.jp/policies/policy/representation/fair_labeling/assets/representation_cms217_ 230220_01.pdf）

（一社）全国公正取引協議会連合会ウェブサイト（https://www.jfftc.org/）

第6章 不当表示等に対する措置と手続

1 概観

　景品表示法は，もともとは，頻発し，かつ，波及性・昂進性のある不当表示等に対し，効果的に行政上の措置を講じることができるようにするために制定された法律であり（前記第1章2(1)），行政的規律が中心に置かれていた。

　その後，消費者被害が急速に拡大する不当表示について，行政機関による執行を補完し，その抑止力を高めるとともに，消費者利益を高めるため，景品表示法に違反する不当表示のうち一定のものについて，適格消費者団体による差止請求を認める法改正（消費者契約法等の一部を改正する法律（平成20年法律第29号）第3条）が行われ，平成21年4月1日に施行された（消費者契約法等の一部を改正する法律附則第1条）。

　また，排除命令を独占禁止法に基づく排除措置命令とみなす旨の規定（平成21年改正前景表第6条第2項）が削られたことから，不当表示等が行われた場合において，当該行為について措置命令が行われたことによっては独占禁止法に基づく無過失損害賠償請求訴訟を行うことはできなくなった。

2 行政機関による執行（総論）

(1) 概説

　景品表示法違反行為に対する行政処分に関する手続は，大別すると，

2　行政機関による執行（総論）　317

① 規制当局が，違反事件調査のきっかけとなる情報（端緒と呼ばれている）を取得すること

② 調査

③ 措置

④ 不服申立て

からなる。

平成 21 年改正前の景品表示法は，同法違反行為を独占禁止法第 19 条に違反する不公正な取引方法に当たるとみなして，独占禁止法違反行為に対する手続規定を適用していた（平成 21 年改正前景表第 6 条第 2 項，第 3 項）。平成 21 年改正により景品表示法が公正取引委員会から消費者庁に移管されたことを受け，このような独占禁止法の手続規定を適用する仕組みは廃され，平成 21 年改正後の景品表示法では，②の調査のための権限・手続について，一般的な行政調査権と同様の手続規定が設けられている（景表第 25 条第 1 項）。

この点，調査主体については，景表施行令によって，第 25 条第 1 項に基づく調査のための権限は内閣総理大臣から消費者庁長官に（景表第 38 条第 1 項，景表施行令第 14 条），さらに，消費者庁長官から公正取引委員会に委任された（景表第 38 条第 2 項，景表施行令第 15 条）。また，行政の監視指導体制の強化を目的とした平成 26 年 6 月改正により，緊急かつ重点的に不当表示等に対処する必要がある場合などには，消費者庁長官から事業所管大臣等に対しても調査権限を委任することができることとなった（景表第 38 条第 3 項，景表施行令第 17 条）（前記第 1 章 2(5)カ）。景表施行令において，権限を委任した消費者庁長官も自ら権限を行使することができる旨規定しているので，調査については，消費者庁と委任を受けた公正取引委員会あるいは事業所管大臣等が，それぞれに，または共同して行うことができる。

なお，各都道府県においても景品表示法が運用されており，都道府県知事に調査権限（景表第 25 条第 1 項）のほか措置命令権限（景表第 7 条第 1 項）および合理的根拠提出要求権限（景表第 7 条第 2 項）が付与された（景表第

38 条 11 項，景表施行令第 23 条第 1 項本文）。

(2)　消費者庁・公正取引委員会・事業所管大臣等による執行

ア　端緒

　一般的には，関連事業者・団体や一般消費者からの情報提供，職権探知などがある（平成 26 年 6 月改正前には都道府県知事からの措置請求（同改正前の景表第 8 条）も端緒の 1 つとして挙げられていたが，同改正により都道府県知事も措置命令を行うことができるようになり，措置請求は廃止された）。情報提供は，消費者庁，都道府県の景品表示法主管課のほか，公正取引委員会地方事務所・支所取引課，沖縄総合事務局総務部公正取引課でも受け付けている。

イ　調査

　景品表示法第 4 条，第 5 条違反被疑事件の調査は，試買，実地調査などにより表示物（商品の包装，広告等）を収集し，相手方事業者から必要な報告や物件の提出を求め，事情を聴取することなどによって行われる。効能・効果に係る不当表示事案など，違反被疑事実の内容が専門的である場合には，その分野における専門家の意見を聴取したり，また，専門機関に依頼して分析・鑑定等を行うこともある。

　これらの具体的な調査のための調査権限として，消費者庁長官は，違反被疑事件調査のための法律の規定に基づく調査権限（報告命令，提出命令，立入検査，質問調査）を有している（景表第 25 条第 1 項）。これらの権限中，報告命令および提出命令は，消費者庁長官により，立入検査および質問調査は，消費者庁長官が消費者庁の職員をして行わせる。消費者庁職員が立入検査をする場合には，身分証明書を携帯し，関係者に提示する（景表第 25 条第 2 項，景表施行規則第 21 条）。また，これらの調査権限は，公正取引委員会に委任されており，公正取引委員会およびその職員は，消費者庁長官および消費者庁職員と同様にこれらの権限を行使することができる（景表第 38 条第 2 項，景表施行令第 15 条）。さらに，これらの調査権限は，

緊急かつ重点的に不当表示等に対処する必要がある場合など景表施行令で
定める事情がある場合（景表施行令第16条）には，事業所管大臣等に対し
ても委任することができる（景表第38条第3項，景表施行令第17条）。公
正取引委員会に対する調査権限の委任は恒常的なものであるのに対して，
事業所管大臣等に対する調査権限の委任は政令で定める一定の事情がある
場合に限られるという点で相違がある。

　なお，消費者庁長官から調査権限を委任された公正取引委員会や事業所
管大臣等がその職員をして立入検査を行わせる際に職員に携帯させる身分
証明書は，権限を委任された各々の行政機関が発行するものである（景表
施行規則第21条）。

　また，消費者庁長官は，景品表示法第7条第2項に基づく表示につい
ての合理的な根拠を示す資料の提出を求める権限を有している。この権限
は消費者庁長官に留保されており，公正取引委員会や事業所管大臣等が行
使することはできない（景表施行令第14条，第15条，景表第38条第3項）。

　景品表示法第25条第1項の規定に基づく調査は，相手方が従わない場
合に，罰則によって間接的に履行を担保するもの（間接強制権限）である。
報告命令，提出命令の違反または立入検査妨害等に対しては，1年以下の
懲役または300万円以下の罰金に処される（景表第47条）。

　なお，これらの調査権限は，犯罪捜査のために認められているものでは
ない（景表第25条第3項）。

　これらの調査に関し，相手方の協力が得られる場合には，法律に基づく
調査権限を行使しないで進められる（任意調査）。これは消費者庁長官が
公正取引委員会や事業所管大臣等に調査権限を委任した場合も変わるもの
ではない。

ウ　措置

㋐　措置命令および課徴金納付命令

　内閣総理大臣は，景品表示法第4条の規定による制限もしくは禁止に
違反する行為，第5条の規定に違反する行為があるときは，その行為を行っ

ている事業者に対し，その行為の差止め，その行為が再び行われることを防止するために必要な事項，それらの実施に関連する公示その他必要な事項を命ずることができる（措置命令）（景表第7条第1項柱書前段）。

また，事業者が，景品表示法第5条の規定に違反する行為（同条第3号に該当する表示に係るものを除く。以下「課徴金対象行為」という）をしたときは，内閣総理大臣は，当該事業者に対し，対象商品・役務の売上額の3％の課徴金を国庫に納付することを命じなければならない（令和5年改正景品表示法によって，過去10年以内に，課徴金納付命令を受けたことがある事業者については，4.5％に加算されることとなった）。ただし，当該事業者が課徴金対象行為をした期間を通じて課徴金対象行為に係る表示が優良誤認表示・有利誤認表示のいずれかに該当することを知らず，かつ，知らないことにつき相当の注意を怠った者でないと認められるとき，または課徴金額が150万円未満であるときは，その納付を命ずることができない（景表第8条第1項柱書）。

措置命令および課徴金納付命令の具体的な内容については，後述する。

(イ)　確約認定

内閣総理大臣は，事業者が，景品表示法第4条の規定による制限もしくは禁止または第5条の規定に違反する疑いのある行為について，是正措置計画または影響是正措置計画を作成し，その認定を申請した場合において（景表第27条第1項，第31条第1項），当該計画が，当該行為およびその影響（影響是正措置計画においては，当該行為の影響）を是正するために十分な内容であり，かつ，確実に実施されると見込まれると認めるときは，是正措置計画等を認定する（確約認定）（景表第27条第3項，第31条第3項）。

確約認定がされた場合，当該認定に係る疑いの理由となった行為について，措置命令および課徴金納付命令が行われないこととなる（景表第28条，第32条）。事業者の自主的な取組によって，迅速に問題を解決するための措置として，令和5年改正景品表示法によって導入された制度である。

是正措置計画等の認定に関する手続（以下「確約手続」という）の具体的

2　行政機関による執行（総論）　　321

な内容については，後述する。

　㋑　**上記以外の措置**

　消費者庁は，措置命令をする必要性までは認められない場合であっても，景品表示法に違反するおそれのある行為を行った事業者に対し，当該事業者が是正措置を採るよう指導を行っている。これは，行政手続法上の行政指導であり，行政手続法第4章の適用を受ける。なお，この指導は，その根拠となる規定が法律に置かれているものではないことから，行政手続法第36条の2第1項（行政指導の中止等の求め）および第36条の3第1項（処分等の求め）の適用は受けない。

⑶　都道府県知事による執行

　景品表示法違反事件は，広告など，事業者の日常的事業活動から発生し，また，違反行為が行われる範囲も全国にわたるものから限られた地域にとどまるものまで多様である。消費者の視点からは，不当表示などの違反行為がごく限られた範囲で行われていたとしても，全国で行われていたとしても，それによる被害に違いはない。また，不当表示などの違反行為には波及性があり，迅速な排除が求められるが，地域的に発生する違反行為にまで隈なく目を光らせるのは難しい。このため，景品表示法違反事件に対する調査および措置は，地域に密着した行政を行っている都道府県知事も担うことで，消費者庁と都道府県知事の処理によって，景品表示法の運用がきめ細かく，効率的に行われている。

　都道府県知事の景品表示法に関する事務は，自治事務であり，各都道府県知事は，自らの判断と権限によって景品表示法を運用する。

　具体的には，平成26年6月改正前は，都道府県知事は，景品表示法に違反する行為があると認めるときは，その行為を行った事業者に対し，指示を行うことができ（平成26年6月改正前の景表第7条），当該事業者が指示に従わない場合などには，消費者庁長官に対し，措置請求ができるのみであった（平成26年6月改正前の景表第8条）。しかし，同改正により，都道府県知事は調査権限（景表第25条第1項）のほか措置命令権限（景表第

7条第1項）および合理的根拠提出要求権限（景表第7条第2項）が付与された（景表第38条第11項，景表施行令第23条第1項本文）。ただし，平成26年6月改正法施行時（平成26年12月1日）においては，都道府県知事は，事業者が景品表示法第22条第1項に規定する事業者が講ずべき景品類の提供および表示の管理上の措置を講じていないときに勧告（景表第24条第1項）を行う権限を有していない（景表第38条第11項，景表施行令第23条第1項本文）ので，調査権限（景表第25条第1項）については景品表示法第7条第1項の規定による命令を行うため必要があると認める場合におけるものに限られている（景表施行令第23条第1項）。このように都道府県知事が消費者庁長官と同様の権限を有することになると，その権限行使をどのように分担するかが問題となる。この点，景表施行令上，付与された権限について「不当な景品類の提供又は表示がされた場所又は地域を含む都道府県の区域を管轄する都道府県知事が行うこととする」（景表施行令第23条第1項本文）とされているので，広域的に表示がされた事案についても権限を行使することができるが，主に都道府県知事は，違反行為がその都道府県内のみにとどまるものである場合に事件処理を行い，複数の都道府県にまたがって違反行為が行われている場合には，消費者庁が処理することが想定されている。もっとも，複数の都道府県が連携して調査を行い，同時に措置を採ることにより，実質上，広域的な執行を行う事例もある。

　また，条例による事務処理の特例を規定した地方自治法第252条の17の2第1項を根拠として，国から都道府県知事に移譲された権限を，条例で市町村に移譲する例がある^(注)。

　このほか，消費者庁と同様，都道府県においても，措置命令に至らない場合等には，指導などが行われる。

　（注）平成30年4月1日の時点において，大阪府，鳥取県および新潟県において，それぞれ市町村に権限を移譲した例がある。

2　行政機関による執行（総論）　**323**

[図表6-1] 景品表示法違反の事件処理手続（令和6年10月1日以降）

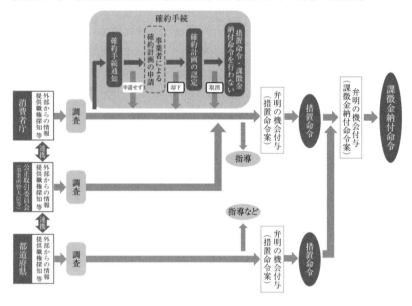

3 行政機関（消費者庁）による執行（措置命令）

(1) 概観

　内閣総理大臣は、景品表示法第4条の規定による制限もしくは禁止に違反する行為、第5条の規定に違反する行為があるときは、その行為を行っている事業者に対し、その行為の差止め、その行為が再び行われることを防止するために必要な事項、これらの実施に関連する公示その他必要な事項を命ずることができる（措置命令）（景表第7条第1項柱書前段）。措置命令を行う権限は、内閣総理大臣から消費者庁長官に委任されており（景表第38条第1項、景表施行令第14条）、措置命令は、消費者庁長官名で行われる。措置命令は、違反行為が既になくなっている場合（既往の違反行為）についても行うことができる（景表第7条第1項柱書後段）。除斥期間は規定されておらず、必要性が認められる限り、時期に関係なく命令すること

ができ，また，消費者の誤認を排除するなどの必要があるにもかかわらず，違反行為者の企業再編などにより措置を採ることができなくなることがないようにするため，措置命令は，違反行為者以外に，①法人である違反行為者について，当該法人が合併により消滅した場合には当該合併に係る存続法人または新設法人，②法人である違反行為者について，当該法人から分割により当該違反行為に係る事業の全部または一部を承継した法人，③違反行為者から当該違反行為に係る事業の全部または一部を譲り受けた事業者に対して行うことができる（景表第7条第1項柱書後段，第2号〜第4号）。

なお，前記2(2)イのように，違反被疑事件についての調査権限は公正取引委員会（緊急かつ重点的に不当表示等に対処する必要がある場合などには，事業所管大臣等に対しても）に委任されているが，措置命令を行うことの権限は消費者庁長官に留保されており（景表第38条第1項，第3項，景表施行令第14条，第15条），公正取引委員会や事業所管大臣等が措置命令を行うことはできない。

措置命令の送達は，令和5年改正景品表示法により，課徴金納付命令と同様に命令書の謄本を送達する方法により行われることとされた（景表第7条第3項）。当該送達については，民事訴訟法の各規定が準用されるほか（景表第43条），一定の要件の下で公示送達を行うこともできる（景表第44条）。

(2) 事前手続（弁明の機会の付与）

行政庁が不利益処分を行う場合，処分の公正の確保と処分に至る行政手続の透明性の向上を図り，その処分の名あて人となる者の権利保護を図る観点から，公正・透明な手続を法的に保障しつつ，処分の原因となる事実について，その名あて人となるべき者に対して防御権を行使する機会を付与することが必要である。このため，行政手続法は，行政庁が不利益処分をしようとする場合には，その名あて人となるべき者について，聴聞か弁明の機会の付与の手続をとらなければならないとしている（行政手続法第13条第1項）。消費者庁長官が措置命令を行おうとする場合には，弁明の

機会の付与の手続がとられる。

　弁明の手続は，行政手続法の規定に基づいて行われる。具体的には，①予定される措置命令の内容（措置命令の根拠となる事実，法令の適用を含む），②弁明書，証拠を提出することができる旨，③弁明書，証拠の提出先，提出期限を記載した文書をもって，相手方事業者に通知することとなる。

　相手方事業者は，行政手続法に基づき，提出期限内に弁明書と証拠書類等を提出することができる（行政手続法第29条）。弁明は書面ですることとされているのは，①弁明内容を明確にする，②迅速な防御手続を確保する，③事務処理の上で合理的である等のためである。提出する弁明書には記名押印し，証拠を提出する場合には，証明すべき事項を明らかにすることが必要である。消費者庁長官が特に必要があると認める場合には，口頭による弁明も認められよう（行政手続法第29条第1項）。

　弁明の機会の付与の通知をしたにもかかわらず，相手方事業者から提出期限までに弁明書等の提出がない場合は，弁明の機会を与え終えたこととなると解される。

　消費者庁長官は，弁明書の提出があった場合には，自らまたは公正取引委員会もしくは事業所管大臣等が調査した事実と，相手方事業者の弁明の内容等を勘案して，措置命令を行うかどうか，行う場合にはその内容を決定する。相手方事業者から弁明書の提出がなかった場合や予定される措置命令の内容に異議がない旨の書面が提出された場合には，通常，弁明の機会の付与の際に通知した予定される措置命令と同内容の措置命令が行われる。

(3)　措置命令の内容

　措置命令は，措置命令の名あて人に対し，①行為の差止め，②違法行為が再び行われることを防止するために必要な事項，③これらの実施に関する公示，④その他必要な事項を命じるものである（景表第7条第1項柱書前段）。これまで，違法行為の不作為，一般消費者の誤認排除のための新聞広告等による公示，再発防止策の策定，今後の広告の提出等が命じられ

てきた。

　公示については，不当表示による一般消費者の誤認排除のために行われるものであることから，不当表示行為の終了後であっても命じることができることは当然である。また，措置命令に先立って，該当商品等の購入者に対して返品・返金に応じただけでは，直ちに誤認を排除するに足る措置が採られていることにはならないので，公示の命令を当然に免れるわけではない[注]。

　このほか，表示と実際の商品または役務の内容を合わせるように改善措置を講じることを命じた事例もある（例えば，平成 15 年（排）第 2 号ないし第 4 号　中部地区における有料老人ホームを営む事業者 3 名に対する排除命令（平成 15 年 4 月 16 日））。

CASE 6-1　　**石川ライフクリエート㈱に対する排除命令**
（平成 15 年（排）第 2 号（平成 15 年 4 月 16 日））

「石川ライフクリエート㈱は，前項記載の表示に係る『シニアユートピア金沢』と称する有料老人ホームの提供するサービスの内容又は同老人ホームの施設の内容についての各表示内容と実際の同老人ホームの提供するサービスの内容又は同老人ホームの施設の内容とが適合するように改善措置を講じるとともに，同老人ホームの入居者に当該改善措置の内容を通知しなければならない。この改善措置の方法については，あらかじめ，当委員会の承認を受けなければならない。」

（注）　㈱ QVC ジャパンに対する排除命令（平成 21 年（排）第 6 号（平成 21 年 1 月 14 日））は，インターネット上の広告において大型スプーンおよび大型フォークの詰め合わせ商品等の材質について，実際のものよりも著しく優良であると示す表示を行っていた事案について，同社が，当該商品の販売を中止し，その後，表示と実際が異なる事実および商品代金を返還する旨を当該商品を購入した者に告知した事実を認定した上で，当該表示が事実に反し，実際のものよりも著しく優良であると示すものであった旨を公示することを命じた。

3　行政機関（消費者庁）による執行（措置命令）　　327

(4) 措置命令に対する不服申立て

消費者庁への移管に伴い審判手続に関する規定は削られ，措置命令に対する不服申立ては，一般の行政処分と同様に処理され，行政不服審査法に基づく消費者庁長官への審査請求または行政事件訴訟法第3条第2項に基づく処分取消訴訟による。

(5) 措置命令違反に対する制裁

措置命令に従わない者には，2年以下の懲役または300万円以下の罰金が科され，情状により，懲役と罰金が併科されることもある（景表第46条）。この罰則に加え，措置命令に従わない事業者（法人，自然人または法人でない団体）にも3億円以下の罰金が科される（両罰規定。景表第49条第1項第1号・第2項）。この罰則の適用に当たっては，措置命令が確定しているかは問われない。さらに，措置命令違反の計画を知り，その防止に必要な措置を講ぜず，またはその違反行為を知り，その是正に必要な措置を講じなかった当該法人（当該法人で事業者団体に該当するものを除く）の代表者に対しても，300万円以下の罰金が科される（三罰規定。景表第50条）。

確定した排除命令違反に対して罰則が適用された例として，㈱三愛土地告発事件（東京高判昭和46年1月29日（昭和45年（の）第1号））がある（被告会社に罰金20万円，被告人に懲役1年執行猶予3年，罰金10万円）。

4 行政機関（消費者庁）による執行（課徴金納付命令）

(1) 課徴金納付命令の趣旨

課徴金納付命令は，独占禁止法，金融商品取引法等における課徴金制度と同様，違反行為を防止するという行政目的を達成するための行政上の措置であり，違反行為をした事業者に経済的不利益を課すことにより，事業者が不当表示を行う動機を失わせ，不当表示規制の抑止力を高めることによって不当表示を防止することを目的とするものである。他方で，景品表

示法の課徴金制度は，他法律の課徴金制度とは異なり，消費者の被害回復の促進の観点も含まれている。

　景品表示法第 8 条第 1 項の規定によれば，消費者庁長官（課徴金納付命令を行うのは，景品表示法上，内閣総理大臣と規定されているが，景品表示法第 38 条第 1 項により，消費者庁長官に課徴金納付命令を行う権限が委任されている。以下，本書では，課徴金納付命令を行う主体を消費者庁長官として記述する）は，違反行為をした事業者に対して，同項但書（または第 11 条第 3 項）に該当する場合を除き，「課徴金を国庫に納付することを命じなければならない。」と規定されている。これは，消費者庁長官に対して課徴金の賦課を義務付けるものであり，景品表示法第 5 条第 1 号および第 2 号の規定に違反する行為がある限り，課徴金納付命令を発するか否かについて，消費者庁長官に裁量の余地はない。

　なお，既に述べているとおり，景品表示法への課徴金制度導入を内容とする「不当景品類及び不当表示防止法の一部を改正する法律」は，平成 28 年 4 月 1 日に施行された。平成 27 年 12 月 11 日には，「不当景品類及び不当表示防止法の一部を改正する法律の施行に伴う関係政令の整備に関する政令」（本整備政令）の成案を公表し（本整備政令により，政令が，「不当景品類及び不当表示防止法第十二条の規定による権限の委任等に関する政令」から「不当景品類及び不当表示防止法施行令」に改められた），平成 28 年 1 月 29 日には「不当景品類及び不当表示防止法施行規則」（内閣府令）および「不当景品類及び不当表示防止法第 8 条（課徴金納付命令の基本的要件）に関する考え方」（以下「課徴金ガイドライン」という）を公表するに至っている。

(2)　課徴金納付命令の要件

　課徴金納付命令の基本的要件である「課徴金対象行為」，「課徴金額の算定方法」，「『相当の注意を怠つた者でないと認められる』か否か」，「規模基準」，「課徴金納付命令に関する不実証広告規制」に関しては，課徴金ガイドラインにおいて考え方が示されている。

ア　課徴金対象行為

課徴金納付命令の対象となる行為は，いわゆる優良誤認表示および有利誤認表示（景表第5条第1号および第2号）を行うことである（景表第8条第1項。以下優良誤認表示および有利誤認表示を総称する場合は「優良・有利誤認表示」という）。一方，いわゆる指定告示に係る表示（景表第5条第3号）を行うことは，課徴金対象行為ではない。

したがって，例えば，事業者が，公正競争規約（景表第36条第1項）に沿った表示など，優良・有利誤認表示に該当しない表示をした場合には，課徴金対象行為は成立せず，課徴金の納付を命ずることはない（課徴金ガイドライン第3）。

イ　課徴金額の算定方法

㈠　総論

課徴金額は，原則として，課徴金対象期間における課徴金対象行為に係る商品または役務の政令で定める方法により算定した「売上額」に3％を乗じて算定される（景表第8条第1項）。

また，令和5年改正景品表示法により，課徴金制度の抑止力を強化するため，課徴金対象行為を繰り返した事業者については，課徴金額が加算されることとなった。具体的には，事業者が，次の①～③までの行為が行われた日のうち最も早い日から遡り10年以内に，課徴金納付命令（当該課徴金納付命令が確定している場合に限る）を受けたことがあり，かつ，当該課徴金納付命令の日（課徴金納付命令の効力発生日）以後において課徴金対象行為をしていた場合，課徴金額は，上記の「売上額」に4.5％を乗じて算定されることとなる（景表第8条第5項・第6項）。

① 景品表示法第25条第1項の規定による報告徴収等
② 景品表示法第8条第3項の規定による資料提出要求
③ 景品表示法第15条第1項の規定による通知

「当該課徴金納付命令の日以後において課徴金対象行為をしていた」場合が対象であるので，「当該課徴金納付命令の日」の前に取りやめられた

課徴金対象行為について,「当該課徴金納付命令の日」以後に課徴金納付命令を受けた場合は,割増し算定率の対象外となる。過去の課徴金納付命令に係る課徴金対象行為との類似性等は,割増し算定率を適用するに当たっての要件とされていないので,例えば,過去に優良誤認表示(景表第5条第1号)について課徴金納付命令を受けており,その後に,有利誤認表示(同条第2号)をしていた場合も,割増し算定率の対象となる。

なお,この改正には経過措置が設けられており,改正規定が適用されて割増し算定率が適用されるのは,⑦課徴金対象行為が,改正景品表示法の施行日(令和6年10月1日)前から開始され,施行日以後も継続されている場合,または,④課徴金対象行為が,施行日以後に開始されている場合である。ただし,⑦の場合の課徴金額については,上記の「売上額」のうち施行日以後の課徴金対象行為に対応する部分のみ,4.5%を乗じて算定されることとなる(改正法附則第2条)。

上記の「売上額」は,原則として,課徴金対象期間において引き渡した(提供した),課徴金対象行為に係る商品(役務)の対価の額を合計する方法(引渡基準)によって算定される(景表施行令第1条)。

(イ) **課徴金対象期間**

a 景品表示法第8条第2項の規定

課徴金対象期間は,次の(i)または(ii)の期間であるとされつつ,当該期間が3年を超えるときは,当該期間の末日から遡って3年間であるとされている(景表第8条第2項)(参考事例として,アシスト㈱に対する課徴金納付命令(令和5年1月24日),㈱ファイテックに対する課徴金納付命令(令和5年1月27日)等)。

4　行政機関(消費者庁)による執行(課徴金納付命令)　331

[図表 6-2] 課徴金対象期間の概念図

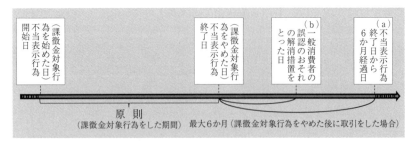

＊　消費者庁ウェブサイト「景品表示法に導入される課徴金制度に関する説明会資料2　景品表示法への課徴金制度導入について」23 頁（https://www.caa.go.jp/policies/policy/representation/fair_labeling/pdf/fair_labeling_181225_0002.pdf）を基に作成。

(i)　原則：課徴金対象行為をした期間

(ii)　当該課徴金対象行為をやめた日から①6か月を経過する日，または，②一般消費者による自主的かつ合理的な選択を阻害するおそれを解消するための措置を採った日のいずれか早い日までの間に，当該課徴金対象行為に係る商品または役務の取引をしたとき：課徴金対象行為をした期間に，当該課徴金対象行為をやめてから最後に当該取引をした日までの期間を加えた期間

　b　「課徴金対象行為をした期間」

　　(a)　「課徴金対象行為をした期間」とは，事業者が課徴金対象行為（優良・有利誤認表示をする行為）を始めた日からやめた日までの期間である（課徴金ガイドライン第4の1(2)）。

　　　なお，一般消費者の誤認のおそれの解消措置を採らない限り，課徴金対象行為をやめた日に該当しない，というものではない。当該措置は，前記aのとおり「課徴金対象期間」に影響を及ぼすが，「課徴金対象行為をした期間」に影響を及ぼすものではない。

　　(b)　課徴金対象行為を「やめた日」に該当する日としては，例えば，事業者が，特定の商品について優良誤認表示を内容とするウェブサイトを公開し続けた場合の当該公開行為終了日が挙げられる（課徴金ガイドライン第4の1(2)）。

また，上記ウェブサイトの事案において，当該事業者が，公開行為を終了していない場合であっても，課徴金対象行為に係る商品の内容を変更することにより，表示内容と一致させたと認められる場合には，当該変更日が課徴金対象行為を「やめた日」に該当する（課徴金ガイドライン第4の1(2)）。

c 「課徴金対象行為をやめてから最後に当該取引をした日までの期間」

景品表示法第8条第2項は，課徴金額の算定に当たり，課徴金対象行為に係る表示により生じた「不当に顧客を誘引し，一般消費者による自主的かつ合理的な選択を阻害するおそれ」が存続する期間を，課徴金対象行為をやめた後（一般消費者の誤認のおそれの解消措置を採らない限り）最長6か月とみなし，当該期間のうち「最後に当該取引をした日までの期間」も，課徴金対象期間に含めることとしている。

上記「最後に当該取引をした日までの期間」とは，当該課徴金対象行為を「やめた日」から①6か月を経過する日または②一般消費者の誤認のおそれの解消措置を採った日のいずれか早い日までの間に，最後に課徴金対象行為に係る商品または役務の取引をした日までの期間である。例えば，事業者が課徴金対象行為をやめた日から一般消費者の誤認のおそれの解消措置を採らないまま9か月間課徴金対象行為に係る商品または役務の取引を継続したとしても，課徴金対象行為をやめた日から6か月を経過する日が課徴金対象期間の終期となる（9か月を経過した日が終期となるのではない）（課徴金ガイドライン第4の1(3)）。

d 一般消費者の誤認のおそれの解消措置

(a) 景表施行規則第8条の規定

一般消費者の誤認のおそれの解消措置とは，事業者が，課徴金対象行為に係る表示が景品表示法第8条第1項第1号または第2号に該当する表示であることを，時事に関する事項を掲載する日刊新聞紙に掲載する方法その他の不当に顧客を誘引し，一般消費者による自主的かつ合理的な選択を阻害するおそれを解消する相当な方法により一般消費者に周知する措置をいう（景表施行規則第8条）。

4 行政機関（消費者庁）による執行（課徴金納付命令） 333

課徴金対象行為に係る表示方法，表示内容や行為態様等は個別事案により多様であるため，当該課徴金対象行為に係る表示から生じる「不当に顧客を誘引し，一般消費者による自主的かつ合理的な選択を阻害するおそれ」を解消するため相当と認められる方法は個別事案によって異なるが，少なくとも，「一般消費者に周知する措置」である必要がある点に留意する必要がある（課徴金ガイドライン第4の1(4)）。

(b)　一般消費者の誤認のおそれの解消措置に該当するか否か（景表施行規則第8条関係）

一般消費者の誤認のおそれの解消措置に該当するか否かは，個別事案ごとに，措置命令で命じる周知措置と同程度のものであるか否かといった観点から検討されることとなる。

この点に関し，消費者庁長官が措置命令において周知を命ずる場合，その周知方法について同長官の承認をあらかじめ得ることも命じられている。

(c)　課徴金ガイドライン記載の想定例について

事業者が，課徴金対象行為をやめた日より後に課徴金対象行為に係る商品または役務の取引をしていない場合は，「課徴金対象期間」は「課徴金対象行為をした期間」と同一期間となる（課徴金ガイドライン第4の1(5)の想定例①および②はこの場合に関するものである）。

他方，事業者が課徴金対象行為をやめた日より後に課徴金対象行為に係る商品または役務の取引をした場合は，課徴金対象行為をやめた日から6か月を経過する日または一般消費者の誤認のおそれの解消措置を採った日のいずれか早い日までの間において，いつまで取引をしていたかによって課徴金対象期間が異なることとなる（課徴金ガイドライン第4の1(5)の想定例③から⑤まではこの場合に関するものである）。

課徴金ガイドラインは，第4の1(5)の想定例において，必要に応じて，それぞれの場合に応じた説明を行っているので，以下，それらを図示しながら引用して紹介する。

なお，各想定例における「課徴金対象行為をした期間」は，各事業者が

334　第6章　不当表示等に対する措置と手続

課徴金対象行為を毎日行っていない場合（例えば，週に1回行っていた場合，月に1回行っていた場合）であっても，異なるものではない。

> **想定例①**
>
> 　商品aを製造する事業者Aが，小売業者を通じて一般消費者に対して供給する商品aの取引に際して，商品aについて優良誤認表示を内容とする包装をし，その包装がされた商品aを，令和元年4月1日から同年9月30日までの間，毎日小売業者に対し販売して引き渡した場合，事業者Aの課徴金対象行為をした期間は，令和元年4月1日から同年9月30日までとなる（小売業者の一般消費者に対する販売行為は，事業者Aの行為ではない。なお，当該小売業者が事業者Aとともに当該優良誤認表示の内容の決定に関与していた場合は，当該小売業者が一般消費者に対して商品aを販売して引き渡す行為について，別途課徴金対象行為の該当性が問題となる）。
>
> 　事業者Aは，課徴金対象行為をやめた日の翌日である令和元年10月1日以降は商品aの取引をしていないため，課徴金対象期間は，令和元年4月1日から同年9月30日までとなる。

[図表6-3]　想定例①

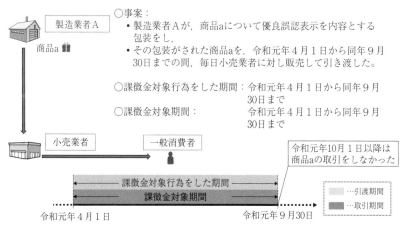

＊　前掲消費者庁ウェブサイト「景品表示法に導入される課徴金制度に関する説明会資料2」24頁を基に作成。

想定例②

　事業者Bが，自ら直接一般消費者に対して販売する商品bの取引に際して，商品bについて有利誤認表示を内容とするチラシを，自ら令和元年10月1日から令和2年3月31日までの間配布した場合，事業者Bの課徴金対象行為をした期間は，令和元年10月1日から令和2年3月31日までとなる。

　事業者Bが，令和2年4月1日以降は商品bの取引をしなかった場合，課徴金対象期間は令和元年10月1日から令和2年3月31日までとなる。

[図表6-4]　想定例②

○事案：事業者Bが，商品bの取引に際して，
　　　・商品bについて有利誤認表示を内容とするチラシを，
　　　・自ら令和元年10月1日から令和2年3月31日までの間配布した
　　　　（令和2年4月1日以降は商品bの取引をしなかった）。

○課徴金対象行為をした期間：令和元年10月1日から令和2年3月31日まで

○課徴金対象期間　　　　　：令和元年10月1日から令和2年3月31日まで

令和元年10月1日　　　　　　　　令和2年3月31日

＊　前掲消費者庁ウェブサイト「景品表示法に導入される課徴金制度に関する説明会資料2」25頁を基に作成。

CASE 6-2　アワ・パーム・カンパニー・リミテッドに対する課徴金納付命令
　　　　　　　（令和3年3月29日）

1　課徴金対象行為（概要）

　アワ・パーム・カンパニー・リミテッド（以下「アワ・パーム」という）は，「THE KING OF FIGHTERS '98 ULTIMATE MATCH Online」と称するオンラインゲーム（以下「本件ゲーム」という）内において，平成28年12月31日から平成29年1月4日までの間に実施した，本件ゲーム内で使用

する「クーラ」と称するキャラクターを提供する「クーラ限定ガチャ」と称する役務（以下「本件役務」という）を一般消費者に提供するに当たり，あたかも，本件役務を1回ごとに取引する場合にあっては，本件役務の取引1回当たりの「クーラ」と称するキャラクターの出現確率が3%であるかのように，また，本件役務を10回分一括して取引する場合にあっては，「万能破片」と称するアイテムの出現に割り当てられる1回を除く9回における本件役務の取引1回当たりの「クーラ」と称するキャラクターの出現確率が3%であるかのように表示していたが，実際には，本件役務を1回ごとに取引する場合の本件役務の取引1回当たりの「クーラ」と称するキャラクターの出現確率は，0.333%であり，また，本件役務を10回分一括して取引する場合の「万能破片」と称するアイテムの出現に割り当てられる1回を除く9回における本件役務の取引1回当たりの「クーラ」と称するキャラクターの出現確率は，9回のうち8回については0.333%であった。

2　課徴金対象行為に係る役務

　本件役務

3　課徴金対象行為をした期間

　平成28年12月31日から平成29年1月4日までの間

4　課徴金対象期間

　アワ・パームは，本件役務について，前記1の課徴金対象行為をやめた後そのやめた日から6月を経過する平成29年7月4日までの間において取引をしていないことから，課徴金対象期間は，平成28年12月31日から平成29年1月4日までの間である。

　課徴金対象期間が課徴金対象行為をした期間と一致する事案である。

想定例③

　事業者Cが，自ら直接一般消費者に対して販売する商品cの取引に際して，商品cについて優良誤認表示を内容とするポスターを令和2年4月1日から同年9月30日までの間自己の店舗内および店頭に掲示した場合，事業者Cの課徴金対象行為をした期間は，令和2年4月1日から同年9月30日までとなる。

　事業者Cが，令和2年10月1日以降，一般消費者の誤認のおそれの解消措置を採らないまま，商品cの取引を継続し，最後に取引をした日が令和2年12月31日であった場合，課徴金対象期間は令和2年4月1日から同年12月31日までとなる。

[図表6-5]　想定例③

○事案：事業者Cが，商品cの取引に際して，
  - 商品cについて優良誤認表示を内容とするポスターを，
  - 令和2年4月1日から同年9月30日までの間自己の店舗内および店頭に掲示した（令和2年10月1日以降，一般消費者の誤認のおそれの解消措置を採らないまま，商品cの取引を継続し，最後に取引をした日が令和2年12月31日であった）。

○課徴金対象行為をした期間：令和2年4月1日から同年9月30日まで
○課徴金対象期間　　　　　：令和2年4月1日から同年12月31日まで

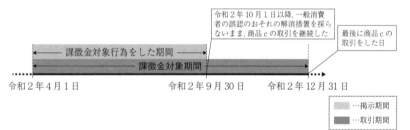

＊　前掲消費者庁ウェブサイト「景品表示法に導入される課徴金制度に関する説明会資料2」26頁を基に作成。

CASE 6-3 ㈱レッドスパイスに対する課徴金納付命令
（令和 4 年 6 月 21 日）

1 課徴金対象行為（概要）

　㈱レッドスパイスは，「SARARITO ウイルスブロッカー」と称する商品（以下「本件商品」という）を一般消費者に販売するに当たり，あたかも，本件商品を身に着ければ，身の回りの空間におけるウイルスや菌が除去または除菌される効果を得られるかのように示す表示をしていた。

　消費者庁が，同社に対し，期間を定めて，当該表示の裏付けとなる合理的な根拠を示す資料の提出を求めたところ，同社は，期間内に表示に係る裏付けとする資料を提出したが，当該資料は，当該表示の裏付けとなる合理的な根拠を示すものであるとは認められないものであった。

2 課徴金対象行為に係る商品

　本件商品

3 課徴金対象行為をした期間

　令和 2 年 5 月 1 日から令和 3 年 1 月 8 日までの間

4 課徴金対象期間

　本件商品について，㈱レッドスパイスが前記 1 の課徴金対象行為をやめた後そのやめた日から 6 月を経過する令和 3 年 7 月 8 日までの間に最後に取引をした日は，令和 3 年 4 月 8 日であったことから，前記 1 の課徴金対象行為に係る課徴金対象期間は，令和 2 年 5 月 1 日から令和 3 年 4 月 8 日までの間である。

4　行政機関（消費者庁）による執行（課徴金納付命令）　　339

> 想定例④
> 　事業者Dが，自ら直接一般消費者に対して販売する商品dの取引に際して，商品dについて優良誤認表示を内容とするテレビコマーシャルを令和2年10月1日から同月31日までの間テレビ放送局に放送させた場合，事業者Dの課徴金対象行為をした期間は，令和2年10月1日から同月31日までとなる。
> 　事業者Dが，令和2年11月1日以降，一般消費者の誤認のおそれの解消措置を採らないまま，商品dの取引を継続し，令和3年4月30日に取引をした上で，最後に取引をした日が令和3年8月31日であった場合，課徴金対象期間は，令和2年10月1日から令和3年4月30日（課徴金対象行為をやめてから6か月経過日までの最後の取引日）までとなる。

[図表6-6]　想定例④

○事案：事業者Dが，商品dの取引に際して，
　　・商品dについて優良誤認表示を内容とするテレビコマーシャルを
　　・令和2年10月1日から同月31日までの間テレビ放送局に放送させた
　　　（令和2年11月1日以降，一般消費者の誤認のおそれの解消措置を採らないまま，商品dの取引を継続し，令和3年4月30日に取引をした上で，最後に取引をした日が令和3年8月31日であった）。

○課徴金対象行為をした期間：令和2年10月1日から同月31日まで
○課徴金対象期間　　　　　：令和2年10月1日から令和3年4月30日まで（※）
　　　　　　　　　　　　　　（※課徴金対象行為をやめてから6か月経過日までの最後の取引日）

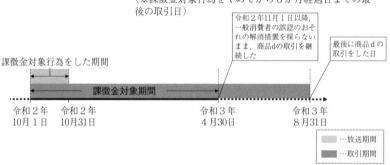

＊　前掲消費者庁ウェブサイト「景品表示法に導入される課徴金制度に関する説明会資料2」27頁を基に作成。

CASE 6-4	㈱アクガレージに対する課徴金納付命令

（令和 5 年 3 月 30 日）

1　課徴金対象行為（概要）

　㈱アクガレージは，「モテアンジュ」と称する食品（以下「本件商品」という）を一般消費者に販売するに当たり，あたかも，本件商品を摂取することで豊胸効果が得られるかのように示す表示をしていた。

　消費者庁が，同社に対し，期間を定めて，当該表示の裏付けとなる合理的な根拠を示す資料の提出を求めたところ，同社は，期間内に表示に係る裏付けとする資料を提出しなかった。

2　課徴金対象行為に係る商品

　本件商品

3　課徴金対象行為をした期間

　令和 2 年 10 月 23 日

4　課徴金対象期間

　本件商品について，㈱アクガレージが前記 1 の課徴金対象行為をやめた後そのやめた日から 6 月を経過する令和 3 年 4 月 23 日までの間に最後に取引をした日は，令和 3 年 4 月 23 日であったことから，前記 1 の課徴金対象行為に係る課徴金対象期間は，令和 2 年 10 月 23 日から令和 3 年 4 月 23 日までの間である。

想定例⑤

　事業者Eが，自ら直接一般消費者に対して販売する商品eの取引に際して，商品eについて有利誤認表示を内容とするウェブサイトを令和2年11月1日から令和3年4月30日までの間公開した場合，事業者Eの課徴金対象行為をした期間は，令和2年11月1日から令和3年4月30日までとなる。

　事業者Eが令和3年5月1日以降も商品eの取引を継続し（同年7月31日にも取引をしていた），最後に取引をした日が令和5年9月30日であったが，令和3年7月31日に一般消費者の誤認のおそれの解消措置を採っていた場合，課徴金対象期間は，令和2年11月1日から令和3年7月31日までとなる。

[図表6-7]　想定例⑤

○事案：事業者Eが，商品eの取引に際して，
　　　・商品eについて有利誤認表示を内容とするウェブサイトを
　　　・令和2年11月1日から令和3年4月30日までの間公開した
　　　　（令和3年5月1日以降も商品eの取引を継続し〔同年7月31日にも
　　　　取引をしていた〕，最後に取引をした日が令和5年9月30日であった。ただし，
　　　　令和3年7月31日に一般消費者の誤認のおそれの解消措置を採っていた）。
○課徴金対象行為をした期間：令和2年11月1日から令和3年4月30日まで
○課徴金対象期間　　　　　：令和2年11月1日から令和3年7月31日まで

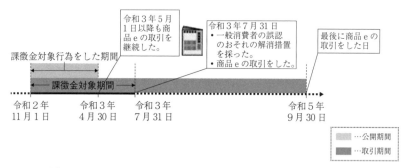

＊　前掲消費者庁ウェブサイト「景品表示法に導入される課徴金制度に関する説明会資料2」28頁を基に作成。

CASE 6-5	㈱ CLO2 Lab に対する課徴金納付命令

（令和 5 年 1 月 20 日）

1 課徴金対象行為（概要）

　㈱ CLO2 Lab は，「オキサイダー　置き型　90g」，「オキサイダー　置き型　180g」および「オキサイダー　置き型　320g」と称する商品（以下これらを併せて「本件商品」という）を一般消費者に販売するに当たり，あたかも，本件商品を使用すれば，本件商品から発生する二酸化塩素の作用により，玄関や寝室等において，室内空間に浮遊する菌またはウイルスが除菌または除去される効果等が得られるかのように示す表示をしていた。

　消費者庁が，同社に対し，期間を定めて，当該表示の裏付けとなる合理的な根拠を示す資料の提出を求めたところ，同社は，期間内に表示に係る裏付けとする資料を提出したが，当該資料は，当該表示の裏付けとなる合理的な根拠を示すものであるとは認められないものであった。

2 課徴金対象行為に係る商品

　本件商品

3 課徴金対象行為をした期間

　令和 2 年 7 月 1 日から令和 3 年 12 月 20 日までの間

4 課徴金対象期間

　本件商品について，前記 1 の課徴金対象行為をやめた後そのやめた日から 6 月を経過する日前の令和 4 年 2 月 15 日に，前記 1 の課徴金対象行為に係る表示が不当に顧客を誘引し，一般消費者による自主的かつ合理的な選択を阻害するおそれを解消するための措置として不当景品類及び不当表示防止法施行規則（平成 28 年内閣府令第 6 号）第 8 条に規定する措置をとっていると認められるところ，㈱ CLO2 Lab が前記 1 の課徴金対象行為をやめた日から当該措置をとった日までの間に最後に取引をした日は，令和 4 年 2 月 15 日であることから，前記 1 の課徴金対象行為に係る課徴金対象期間は，令和 2 年 7 月 1 日から令和 4 年 2 月 15 日までの間である。

㋒ 「課徴金対象行為に係る商品又は役務」

a 概要

課徴金対象行為は優良・有利誤認表示をする行為であるから,「課徴金対象行為に係る商品又は役務」は,優良・有利誤認表示をする行為の対象となった商品または役務である。その「課徴金対象行為に係る商品又は役務」は,課徴金対象行為に係る表示内容や当該行為態様等に応じて個別事案ごとに異なるものであるから,すべての場合を想定して論じることはできないが,以下では,課徴金ガイドライン第4の2における考え方の例について想定例を図示しながら説明する。

b 考え方の例の(1)

全国(または特定地域)において供給する商品または役務であっても,具体的な表示の内容や実際に優良・有利誤認表示をした地域といった事情から,一部の地域や店舗において供給した当該商品または役務が「課徴金対象行為に係る商品又は役務」となることがある。

想定例①

事業者Aが,自ら全国において運営する複数の店舗においてうなぎ加工食品aを一般消費者に販売しているところ,令和元年4月1日から同年11月30日までの間,北海道内で配布した「北海道版」と明記したチラシにおいて,当該うなぎ加工食品について「国産うなぎ」等と記載することにより,あたかも,当該うなぎ加工食品に国産うなぎを使用しているかのように示す表示をしていたものの,実際には,同期間を通じ,外国産のうなぎを使用していた事案

事業者Aの課徴金対象行為に係る商品は,事業者Aが北海道内の店舗において販売する当該うなぎ加工食品となる。

第6章 不当表示等に対する措置と手続

[図表 6-8] (1)想定例①

事案：○事業者Aが，
(ⅰ) 自ら全国において運営する複数の店舗においてうなぎ加工食品aを一般消費者に販売しているところ，
(ⅱ) ・北海道内で配布した「北海道版」と明記したチラシにおいて，当該うなぎ加工食品について
・「国産うなぎ」等と記載することにより，
・あたかも，当該うなぎ加工食品に国産うなぎを使用しているかのように示す表示をしていた。
○実際には，外国産のうなぎを使用していた。

＊　前掲消費者庁ウェブサイト「景品表示法に導入される課徴金制度に関する説明会資料2」29頁を基に作成。

想定例②

事業者Bが，自ら東京都内で運営する10店舗において振り袖bを一般消費者に販売しているところ，令和元年9月1日から同年11月30日までの間，東京都内で配布したチラシにおいて，当該振り袖について「○○店，××店，△△店限定セール実施！通常価格50万円がセール価格20万円！」（○○店，××店，△△店は東京都内にある店舗）等と記載することにより，あたかも，実売価格が「通常価格」と記載した価格に比して安いかのように表示をしていたものの，実際には，「通常価格」と記載した価格は，事業者Bが任意に設定した架空の価格であって，○○店，××店，△△店において販売された実績のないものであった事案

事業者Bの課徴金対象行為に係る商品は，事業者Bが東京都内の○○店，××店，△△店において販売する当該振り袖となる。

[図表 6-9] (1)想定例②

事案：○事業者Bが，
(ⅰ) 自ら東京都内で運営する10店舗において振袖bを一般消費者に販売しているところ，
(ⅱ)・東京都内で配布したチラシにおいて，当該振袖について
・「○○店，××店，△△店限定セール実施！通常価格50万円がセール価格20万円！」（○○店，××店，△△店は東京都内にある店舗）等と記載することにより，
・あたかも，実売価格が「通常価格」と記載した価格に比して安いかのように表示をしていた。
○実際には，「通常価格」と記載した価格は，事業者Bが任意に設定した架空の価格であって，○○店，××店，△△店において販売された実績のないものであった。

＊　前掲消費者庁ウェブサイト「景品表示法に導入される課徴金制度に関する説明会資料2」30頁を基に作成。

c　考え方の例の(2)

　事業者が，自己の供給する商品または役務を構成する一部分の内容や取引条件について問題となる表示をした場合において，(当該商品または役務の一部分が別の商品または役務として独立の選択〔取引〕対象となるか否かにかかわらず) その問題となる表示が，商品または役務の一部分ではなく商品または役務そのものの選択に影響を与えるときには，(当該商品または役務の一部分でなく) 当該商品または役務が「課徴金対象行為に係る商品又は役務」となる。

CASE 6-6 フィリップ・モリス・ジャパン(同)に対する課徴金納付命令
（令和 2 年 6 月 24 日）

1　課徴金対象行為（概要）

　フィリップ・モリス・ジャパン(同)は，「IQOS キット（バージョン 2.4plus）」と称する商品（以下「本件商品」という）を一般消費者に供給するに当たり，あたかも，表示された期間内または期限までに，会員登録を行った上で専用クーポンを使用して本件商品を購入した場合または本件商品を購入後に会員登録を行った場合に限り，表示された値引きが適用されるかのように表示していた。

　実際には，平成 29 年 6 月 6 日から平成 30 年 3 月 21 日までの期間において，本件商品について表示された値引きが適用されるものであった。

2　課徴金対象行為に係る商品

　別表記載の本件商品である。

　前記 1 の課徴金対象行為から，具体的に著しく有利と誤認される役務は，本件商品のうちコンビニ 3 社において提供された本件商品である（販売された本件商品のすべてが課徴金対象行為に係る商品となるわけではない）。

別表

> 　本件商品のうち，平成 29 年 6 月 6 日から同年 9 月 20 日までの間，同月 21 日から同年 12 月 21 日までの間または同月 22 日から平成 30 年 3 月 21 日までの間に，コンビニ 3 社において，会員登録を行った上で専用クーポンを使用して当該商品を購入することにより，値引きが適用されたものまたは当該商品を購入した後に会員登録を行うことにより，値引きが適用されたもの

4　行政機関（消費者庁）による執行（課徴金納付命令）　　347

想定例①

　事業者Cが，自ら運営するレストラン1店舗においてコース料理cを一般消費者に提供するに当たり，令和2年1月10日から同年12月28日までの間，当該料理について，「松阪牛ステーキを堪能できるコース料理」等との記載があるウェブサイトを公開することにより，あたかも，当該コース料理中のステーキに松阪牛を使用しているかのように表示をしていたものの，実際には，同期間を通じ，松阪牛ではない国産の牛肉を使用していた事案
　当該ウェブサイトでの表示は，一般消費者による当該コース料理の選択に影響を与えることとなるから，事業者Cの課徴金対象行為に係る役務（料理）は，「松阪牛ステーキを堪能できるコース料理」と示して提供した当該コース料理となる。

[図表6-10]　(2)想定例①

事案：○事業者Cが，
　　(i) 自ら運営するレストラン1店舗においてコース料理cを一般消費者に提供するに当たり，
　　(ii) 当該料理について，
　　・「松阪牛ステーキを堪能できるコース料理」等との記載があるウェブサイトを公開することにより，
　　・あたかも，当該コース料理中のステーキに松阪牛を使用しているかのように表示をしていた。
　○実際には，同期間を通じ，松阪牛ではない国産の牛肉を使用していた。

課徴金対象行為に係る商品または役務：
「松阪牛ステーキを堪能できるコース料理」と示して提供した当該コース料理
（当該ウェブサイトでの表示は，一般消費者による当該コース料理の選択に影響を与えることとなる）

＊　前掲消費者庁ウェブサイト「景品表示法に導入される課徴金制度に関する説明会資料2」31頁を基に作成。

想定例②

　事業者Dが，自ら運営する旅館1軒において宿泊役務dを一般消費者に提供するに当たり，令和4年4月1日から令和5年3月31日までの間，当該宿泊役務について，「一番人気！肉食系集合！！松阪牛ステーキ宿泊プラン」等との記載があるウェブサイトを公開することにより，あたかも，当該宿泊役務の利用者に提供する料理に松阪牛を使用しているかのように示す表示をしていたものの，実際には，同期間を通じ，松阪牛ではない国産の牛肉を使用していた事案

　当該ウェブサイトでの表示は，一般消費者による当該宿泊役務の選択に影響を与えることとなるから，事業者Dの課徴金対象行為に係る役務は，「松阪牛ステーキ」と示して提供した料理を含む当該宿泊役務となる。

[図表6-11]　(2)想定例②

事案：○事業者Dが，
　　　(i) 自ら運営する旅館1軒において宿泊役務dを一般消費者に提供するに当たり，
　　　(ii) 当該宿泊役務について，
　　　　・「一番人気！肉食系集合！！松阪牛ステーキ宿泊プラン」等との記載があるウェブサイトを公開することにより，
　　　　・あたかも，当該宿泊役務の利用者に提供する料理に松阪牛を使用しているかのように示す表示をしていた。
　　　○実際には，同期間を通じ，松阪牛ではない国産の牛肉を使用していた。

課徴金対象行為に係る商品または役務：
「松阪牛ステーキ」と示して提供した料理を含む当該宿泊役務
(当該ウェブサイトでの表示は，一般消費者による当該宿泊役務の選択に影響を与えることとなる)

＊　前掲消費者庁ウェブサイト「景品表示法に導入される課徴金制度に関する説明会資料2」32頁を基に作成。

d 考え方の例の(3)

「課徴金対象行為に係る商品又は役務」は，具体的に「著しく優良」であると示された（または「著しく有利」であると一般消費者に誤認される）商品または役務に限られる。

想定例①

　事業者Eが，自ら運営するレストラン1店舗において料理eを一般消費者に提供するに当たり，令和元年7月1日から令和2年12月31日までの間，同店舗内に設置したメニューにおいて，当該料理について，「松阪牛すき焼き」等と記載することにより，あたかも，記載された料理に松阪牛を使用しているかのように表示をしていたものの，実際には，令和元年7月14日から令和2年12月31日までの間，松阪牛ではない国産の牛肉を使用していた事案

　事業者Eの課徴金対象行為に係る役務（料理）は，事業者Eが松阪牛を使用していないにもかかわらず松阪牛すき焼きと示して提供した当該すき焼き料理となる（事業者Eが令和元年7月1日から同月13日までの間に実際に松阪牛を使用して提供したすきやき料理は課徴金対象行為に係る役務（料理）とならない）。

350　第6章　不当表示等に対する措置と手続

[図表 6-12] (3)想定例①

事案：○事業者Eが，
　　(ⅰ) 自ら運営するレストラン1店舗において料理eを一般消費者に提供するに当たり，
　　(ⅱ) 令和元年7月1日から令和2年12月31日までの間，当該料理について，
　　　・同店舗内に設置したメニューにおいて「松阪牛すき焼き」等と記載することにより，
　　　・あたかも，記載された料理に松阪牛を使用しているかのように表示をしていた。
　　○実際には，令和元年7月14日から令和2年12月31日までの間，
　　　松阪牛ではない国産の牛肉を使用していた。

課徴金対象行為に係る役務（料理）：
　松阪牛を使用していないにもかかわらず
　松阪牛すき焼きと示して提供した当該すき焼き料理
（令和元年7月1日から同月13日までの間に実際に松阪牛を使用して提供したすきやき料理は，対象外）

＊　前掲消費者庁ウェブサイト「景品表示法に導入される課徴金制度に関する説明会資料2」33頁を基に作成。

想定例②

　事業者Fが，自ら全国において運営する複数の店舗においてスーツを一般消費者に販売するに当たり，令和元年3月1日から同年6月30日までの間，テレビコマーシャルにおいて，当該スーツについて，「スーツ全品半額」等との文字を使用した映像，「スーツ全品半額」等との音声をテレビ放送局に放送させることにより，あたかも，事業者Fが全店舗において販売するスーツのすべてが表示価格の半額で販売されているかのように表示をしていたものの，実際には，表示価格2万円未満のスーツは半額対象外であった事案
　事業者Fの課徴金対象行為に係る商品は，事業者Fが全店舗において販売するスーツ商品のうち，半額対象外であるにもかかわらず半額と示した表示価格2万円未満のスーツとなる（実際に半額対象であった表示価格2万円以上のスーツは課徴金対象行為に係る商品とならない）。

[図表6-13]　(3)想定例②

事案：○事業者Fが，
　　　（ⅰ）自ら全国において運営する複数の店舗においてスーツを一般消費者に販売するに当たり，
　　　（ⅱ）テレビコマーシャルにおいて，当該スーツについて，
　　　　　・「スーツ全品半額」等との文字を使用した映像，「スーツ全品半額」等との音声をテレビ放送局に放送させることにより，
　　　　　・あたかも，事業者Fが全店舗において販売するスーツのすべてが表示価格の半額で販売されているかのように表示をしていた。
　　　○実際には，表示価格2万円未満のスーツは半額対象外であった。

課徴金対象行為に係る商品：
　事業者Fが全店舗において販売するスーツのうち，
　半額対象外であるにもかかわらず半額と示した表示価格2万円未満のスーツ
　（実際に半額対象であった表示価格2万円以上のスーツは，対象外）

＊　前掲消費者庁ウェブサイト「景品表示法に導入される課徴金制度に関する説明会資料2」34頁を基に作成。

㈎ 「政令で定める方法により算定した売上額」

a 「売上額」

　課徴金額算定の基礎となる，課徴金対象行為に係る商品または役務の「売上額」は，事業者の事業活動から生ずる収益から費用を差し引く前の数値（消費税相当額も含む）を意味する（課徴金ガイドライン第4の3(1)）。このため，仮に，事業者が「売上」という勘定科目を用いた会計処理をしていない場合であっても，「事業者の事業活動から生ずる収益から費用を差し引く前の数値（消費税相当額も含む)」に該当するものは，「売上額」に該当する。

　また，前記4(1)で述べた課徴金納付命令の趣旨に鑑み，この「売上額」は，事業者の直接の取引先に対する売上額のことであり，当該「売上額」は，必ずしも事業者の一般消費者に対する直接の売上額のみに限られない上，一般消費者が不当表示によって実際に誤認した結果取引を行った商品または役務の売上額に限定されるものでもなく，措置命令において認定された不当表示行為のなされた販売経路を経由して生じた商品または役務の売上額に限定されるものでもない。

　例えば，自ら特定の商品を製造する事業者が，当該商品について優良誤認表示をした場合において，当該商品の流通経路として，当該製造事業者が一般消費者に対して直接販売する経路のほか，当該製造事業者が卸売業者や小売業者等を介して一般消費者に販売する経路があるときには，当該製造事業者から一般消費者に対する直接の販売額のみならず，当該卸売業者や小売業者等に対する販売額も，課徴金算定の基礎となる「売上額」に含まれる（図表6-14参照）。

4　行政機関（消費者庁）による執行（課徴金納付命令）　　353

[図表 6-14] 課徴金額算定の基礎となる「売上額」の考え方

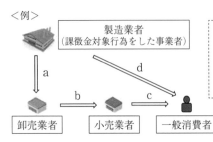

＊ 前掲消費者庁ウェブサイト「景品表示法に導入される課徴金制度に関する説明会資料2」35頁を基に作成。

　なお，課徴金対象行為に係る商品または役務のうち，「役務」の「売上額」については，事業者が提供する役務の内容に応じて異なることとなるが，例えば，①住宅建築請負工事や住宅リフォーム工事については工事役務の対価である工事代金，②電気通信役務については通信役務の対価である通信料金，③不動産仲介については仲介役務の対価である仲介手数料，④物品運送については運送役務の対価である運賃，⑤保険については保険の引受けの対価である保険料が，それぞれ「売上額」となる。

　b 「売上額」の算定方法（「政令で定める方法」）

　課徴金額算定の基礎となる「売上額」は，後記(a)のとおり算定した総売上額から，後記(b)の控除項目の合計額を控除して算定する（景表施行令第1条，第2条）。

　　(a) 総売上額の算定

　① 総売上額は，原則として，課徴金対象期間において引き渡されたまたは提供された，課徴金対象行為に係る商品または役務の対価を合計する方法（引渡基準）によって算定する（景表施行令第1条）。

　② ただし，課徴金対象行為に係る商品または役務の対価がその販売または提供に関する契約を締結する際に定められる場合であって，引渡基準により算定した額と，当該課徴金対象期間において締結した契約額を合計する方法（契約基準）により算定した額の間に著しい差異を

生ずる事情があると認められるときは，契約基準によって算定する（景表施行令第2条）。

「著しい差異を生ずる事情があると認められるとき」に該当するか否かについては，実際に両方の方法で額を計算し，その額に著しい差異が生じたか否かによってではなく，そのような著しい差異が生じる蓋然性が類型的または定性的に認められるか否かによって判断することとなると考えられる（課徴金ガイドライン第4の3(2)ア(イ)）。例えば，課徴金対象行為に係る商品が新築戸建分譲住宅であるときのように契約から引渡までに長期間を要するような場合は，契約基準を用いることがあると考えられる。

(b) 総売上額からの控除項目

総売上額を引渡基準により算定する場合，総売上額からの控除項目は，次のとおりとなる。

① 景表施行令第1条第1号に該当する値引き額

課徴金対象期間において商品の量目不足，品質不良または破損，役務の不足または不良その他の事由により対価の額の全部または一部が控除された場合における控除額である。

② 景表施行令第1条第2号に該当する返品額

課徴金対象期間に商品が返品された場合における当該商品の対価相当額である。

③ 景表施行令第1条第3号に該当する割戻金の額

商品の引渡しまたは役務の提供の実績に応じて割戻金を支払うべき旨が書面によって明らかな契約があった場合に，当該契約に基づき課徴金対象期間におけるその実績により算定した割戻金の額である。

c 売上額の推計

課徴金額算定の基礎となる「売上額」は，事業者の帳簿書類等に基づいて把握されるところ，事業者によっては，帳簿書類等の一部を保存していなかったり，課徴金納付命令の対象となる「商品又は役務」の売上額に係るデータを整備していない場合がある。こうした場合に，課徴金の計算の基礎となるべき事実を把握できない期間が生じ，当該期間について課徴金

4 行政機関（消費者庁）による執行（課徴金納付命令） 355

を課すことができないとすれば，帳簿書類等を整備している事業者よりも，整備していない事業者の方が，課徴金額が相対的に低くなるおそれがあるなど不公平・不平等が生じることとなる。

そこで，令和5年改正景品表示法により，一定の要件を満たす場合に，課徴金額算定の基礎となる「売上額」を推計することができる旨の規定が新設された。すなわち，事業者が，課徴金対象行為に係る課徴金の計算の基礎となるべき事実について景品表示法第25条第1項の規定による報告を求められたにもかかわらずその報告をしないとき（例えば，当該事実に関する資料が欠落している等の理由で，報告をしないとき）は，課徴金対象期間のうち報告がされず課徴金の計算の基礎となるべき事実を把握することができない期間における売上額を，内閣府令で定める合理的な方法により推計して，課徴金額を算定することができる（景表第8条第4項）。

具体的な推計方法としては，課徴金対象期間のうち課徴金の計算の基礎となるべき事実を把握した期間における売上額の日割平均額に，課徴金対象期間のうち当該事実を把握することができない期間の日数を乗じて算出することとなる（景表施行規則第8条の2）。

ウ 「相当の注意を怠つた者でないと認められる」か否か

事業者が，課徴金対象行為をした期間を通じて，自らが行った表示が不当表示であること（第8条第1項第1号または第2号に該当すること）を知らず，かつ，知らないことについて相当の注意を怠った者でないと認められるときは，課徴金の納付を命じることができない（景表第8条第1項但書の前半部）。景品表示法第8条第1項但書の趣旨は，事業者が表示内容の真実性について注意を行うインセンティブを担保する点にある（仮に，不当な表示を行った事業者に対し，当該事業者がその表示を行うに当たりどのような注意を行ったかにかかわらず課徴金を課す制度とする場合，事業者が表示内容の真実性について注意を行うインセンティブが損なわれ，結局，課徴金制度導入による不当表示防止の目的を達成できないおそれがある。そこで，事業者が表示内容の真実性について注意を行うインセンティブを担保すべく，景

表第8条第1項但書が規定された)。

　なお,「知らず,かつ,知らないことにつき相当の注意を怠つた者でないと認められる」か否かは,事業者が課徴金対象行為をした場合に判断する必要があるものである。したがって,例えば,事業者が,公正競争規約に沿った表示のように優良・有利誤認表示に該当しない表示をした場合等,課徴金対象行為が成立しないときは,当該事業者について,上記の「相当の注意を怠つた者でないと認められる」か否かを判断するまでもなく,課徴金の納付を命ずることはない(課徴金ガイドライン第5柱書)。

　(ｱ)　「知らず」

　既述のとおり,景品表示法第8条第1項但書の趣旨は,事業者が表示内容の真実性について注意を行うインセンティブを担保する点にある。

　かかる趣旨に照らし,景品表示法第8条第1項但書に規定する,「知らず」の対象としての同項第1号または第2号の「いずれかに該当すること」とは,実際のものと異なる表示(事実に相違する表示)であることを意味する。

　(ｲ)　「相当の注意を怠つた者でないと認められる」

　課徴金対象行為をした事業者が,当該課徴金対象行為をした期間を通じて自らが行った表示が景品表示法第8条第1項第1号または第2号に該当することを「知らないことにつき相当の注意を怠つた者でないと認められる」か否かは,当該事業者が課徴金対象行為に係る表示をする際に,当該表示の根拠となる情報を確認するなど,正常な商慣習に照らし必要とされる注意をしていたか否かにより,個別事案ごとに判断されることとなる(なお,ここでいう正常な商慣習とは,一般消費者の利益の保護の見地から是認されるものをいう。したがって,仮に,例えば自己の供給する商品の内容について一切確認することなく表示をするといった一定の商慣習が現に存在し,それには反していなかったとしても,そのことによって直ちに「知らないことにつき相当の注意を怠つた者でないと認められる」わけではないことに留意する必要がある)。

　当該判断に当たっては,当該事業者の業態や規模,課徴金対象行為に係

4　行政機関(消費者庁)による執行(課徴金納付命令)　357

る商品または役務の内容，課徴金対象行為に係る表示内容や課徴金対象行為の態様等を勘案することとなるが，当該事業者が，必要かつ適切な範囲で，管理措置指針に沿うような具体的な措置を講じていた場合には，「相当の注意を怠つた者でない」と認められると考えられる（前記第4章4(4)参照）。

また，例えば，不当表示に製造業者や販売業者等複数の事業者が関与しており，不当表示が生じた主な原因が製造業者にあるような場合，販売業者が「知らないことにつき相当の注意を怠つた者でない」と認められるか否かを判定する場合には，上記要素に加えて，当該事業者の性質，商品・役務の性質やその商流および当該事業者が表示の真実性に疑義をもってしかるべき情報に接したか等の事情を勘案して検討することになる。

(ウ) 「課徴金対象行為をした期間を通じて」

a 消費者庁長官が課徴金の納付を命ずることができないのは，課徴金対象行為をした事業者が，課徴金対象行為をした期間を通じて，自らが行った表示が景品表示法第8条第1項第1号または第2号に該当することを「知らず，かつ，知らないことにつき相当の注意を怠つた者でないと認められるとき」である。

このため，課徴金対象行為を始めた日には「知らず，かつ，知らないことにつき相当の注意を怠つた者でないと認められる」場合であったとしても，課徴金対象行為をした期間中のいずれかの時点で「知らず，かつ，知らないことにつき相当の注意を怠つた者でないと認められ」ないときは，課徴金の納付を命ずることとなる。例えば，事業者が，課徴金対象行為を始めた日には「知らず，かつ，知らないことにつき相当の注意を怠つた者でないと認められる」ものであったものの，当該課徴金対象行為をしている期間中に，同事業者の従業員の報告や第三者からの指摘を受けるなどしたにもかかわらず，何ら必要かつ適切な調査・確認等を行わなかったときには，「課徴金対象行為をした期間を通じて」，「知らず，かつ，知らないことにつき相当の注意を怠つた者でないと認められ」ず，課徴金の納付を命ずることとなる。

なお，事業者が課徴金対象行為をやめた後における当該事業者の認識の有無等は，直接の判断対象ではない。

b　課徴金対象行為をした事業者が，当該課徴金対象行為を始めた日から当該課徴金対象行為に係る表示が景品表示法第8条第1項第1号または第2号に該当することを知るまでの期間を通じて当該事実を知らないことにつき相当の注意を怠った者でない場合であって，当該事実を知った後に速やかに課徴金対象行為をやめたときは，当該事業者が当該「課徴金対象行為をした期間を通じて」当該課徴金対象行為に係る表示が景品表示法第8条第1項第1号または第2号に該当することを知らず，かつ，知らないことにつき相当の注意を怠った者でないと「認められる」と考えられる。

c　他方，当該事業者が，当該表示が景品表示法第8条第1項第1号または第2号に該当することを知った後に速やかに当該表示をする行為をやめなかったときは，当該事業者が当該「課徴金対象行為をした期間を通じて」当該課徴金対象行為に係る表示が景品表示法第8条第1項第1号または第2号に該当することを知らず，かつ，知らないことにつき相当の注意を怠った者でないと認められない。かかる場合の課徴金額算定の基礎は，「課徴金対象期間に取引をした当該課徴金対象行為に係る商品又は役務の……売上額」となる（景表第8条第1項本文。自らが行った表示が景表第8条第1項第1号または第2号に該当することを知った日以降の当該商品または役務の売上額のみが課徴金額算定の基礎となるわけではない）。

(エ)　想定例

　課徴金対象行為をした事業者が，課徴金対象行為をした期間を通じて自らが行った表示が景品表示法第8条第1項第1号または第2号に該当することを「知らず，かつ，知らないことにつき相当の注意を怠つた者でないと認められる」か否かは，個別事案ごとに異なるものである。

　このため，すべての場合を想定して論じることはできないが，課徴金ガイドライン第5の3は，課徴金対象行為をした期間を通じて当該課徴金

対象行為に係る表示が景品表示法第8条第1項第1号または第2号に該当することを「知らず，かつ，知らないことにつき相当の注意を怠った者でないと認められる」と考えられる想定例を5つ示しているので，以下，それらを引用して紹介する。

> 想定例①
>   製造業者Aが，自ら製造するシャツを，小売業者を通じて一般消費者に販売するに当たり，当該シャツについて，「通気性が従来製品の10倍」等との記載があるウェブサイトを公開することにより，あたかも，当該シャツの通気性が自社の従来製品の10倍であるかのように示す表示をしていたものの，実際には，そのような通気性を有さなかった事案
>   当該事案において，製造業者Aが，
> ・ 上記表示をする際に，実績がある等信頼できる検査機関に通気性試験を依頼し，通気性が自社の従来製品の10倍であるという試験結果報告を受けて当該報告内容を確認していたところ，
> ・ 当該検査機関による再試験の結果，実際には，上記表示をする際に依頼した試験結果に誤りがあったことが明らかとなり，速やかに当該表示に係る課徴金対象行為をやめた場合

[図表6-15] 想定例①

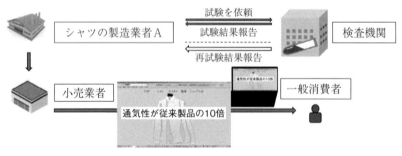

＊ 前掲消費者庁ウェブサイト「景品表示法に導入される課徴金制度に関する説明会資料2」41頁を基に作成。

想定例②

　小売業者Bが，卸売業者から仕入れた鶏肉を用いて自ら製造したおにぎりを一般消費者に供給するに当たり，当該おにぎりについて，当該おにぎりの包装袋に貼付したシールにおいて，「国産鶏肉使用」等と記載することにより，あたかも，当該商品の原材料に我が国で肥育された鶏の肉を用いているかのように示す表示をしていたものの，実際には，当該商品の原材料に外国で肥育された鶏の肉を用いていた事案

　当該事案において，小売業者Bが，
- 上記表示をする際に，卸売業者から交付された生産者作成に係る証明書に「国産鶏」と記載されていることを確認していたところ，
- 当該卸売業者から鶏肉の仕入れをしていた別の小売業者の指摘を契機として，実際には，当該証明書の記載は当該生産者による虚偽の記載であったことが明らかになり，速やかに当該表示に係る課徴金対象行為をやめた場合

[図表6-16]　想定例②

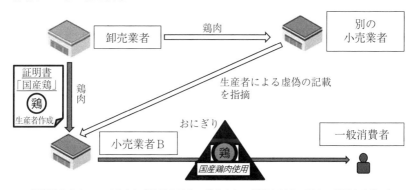

＊　前掲消費者庁ウェブサイト「景品表示法に導入される課徴金制度に関する説明会資料2」42頁を基に作成。

4　行政機関（消費者庁）による執行（課徴金納付命令）

想定例③

　小売業者Ｃが，卸売業者から仕入れた健康食品を，自ら全国において運営するドラッグストアにおいて一般消費者に販売するに当たり，当該健康食品について，全店舗の店頭ポップにおいて，「アセロラ由来のビタミンＣ含有の健康食品です。」等と記載することにより，あたかも，当該健康食品に含有されているビタミンＣがアセロラ果実から得られたものであるかのように示す表示をしていたものの，実際には，当該健康食品に含有されているビタミンＣは化学合成により製造されたものであった事案

　当該事案において，小売業者Ｃが，
- 上記表示をする際に，卸売業者から仕入れた当該健康食品のパッケージに「アセロラ由来のビタミンＣ含有」との記載があることを確認していたところ，
- 消費者庁から当該健康食品の表示に関する質問を受け，この後に速やかに当該健康食品の製造業者に問い質したところ，実際には，当該健康食品に含有されているビタミンＣはアセロラ果実から得られたものではなく化学合成により製造されたものであったことが明らかとなり，速やかに当該表示に係る課徴金対象行為をやめた場合

[図表6-17]　想定例③

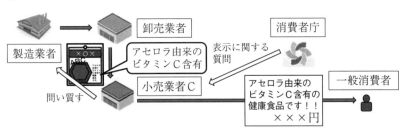

＊　前掲消費者庁ウェブサイト「景品表示法に導入される課徴金制度に関する説明会資料2」43頁を基に作成。

想定例④

　小売業者Ｄが，製造業者から仕入れた布団を通信販売の方法により一般消費者に販売するに当たり，当該布団について，テレビショッピング番組において，「カシミヤ80％」との文字を使用した映像および「ぜいたくにカシミヤを80％使いました」等の音声をテレビ放送局に放送させることにより，あたかも，当該布団の詰め物の原材料としてカシミヤが80％用いられているかのように示す表示をしていたものの，実際には，当該布団の詰め物の原材料にカシミヤは用いられていなかった事案

　当該事案において，小売業者Ｄが，
- 上記表示をする際に，当該布団を製造した事業者からカシミヤを80％含んでいる旨の混合率に関する検査結果報告を提出させ，当該報告を確認していたところ，
- 当該布団を含め自社で取り扱っている全商品について実施した抜き打ち検査により，実際には，当該布団にはカシミヤが用いられていないことが明らかとなり，速やかに当該表示に係る課徴金対象行為をやめた場合

［図表6-18］　想定例④

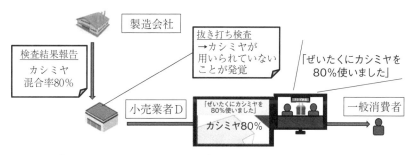

＊　前掲消費者庁ウェブサイト「景品表示法に導入される課徴金制度に関する説明会資料2」44頁を基に作成。

想定例⑤

　旅行業者 E が，自ら企画した募集型企画旅行（旅行業者があらかじめ旅行計画を作成し，旅行者を募集するもの）を，自ら全国において運営する複数の店舗において一般消費者に提供するに当たり，当該旅行について，全店舗に設置したパンフレットにおいて，「豪華　松阪牛のすき焼きを食す旅」等と記載することにより，あたかも，当該旅行の行程中に提供される料理（すき焼き）が松阪牛を使用したものであるかのように示す表示をしていたものの，実際には，松阪牛ではない外国産の牛肉を使用したすき焼きが提供されていた事案

　当該事案において，旅行業者 E が，

- 上記表示をする際に，当該旅行の行程における宿泊先であるホテルで提供されるすき焼きの食材について，ホテル運営事業者との間で当該旅行の宿泊客に対して松阪牛を使用したすき焼きを提供することを合意し，当該ホテル運営事業者を通じて松阪牛を納入する事業者から松阪牛の納入に関する証明書の提出を受けて確認していたところ，
- 当該ホテル運営事業者の従業員からの申告を契機として，実際には，当該ホテル運営事業者の独断ですき焼きに松阪牛以外の外国産の牛肉を使用したすき焼きが提供されていたことが明らかとなり，速やかに当該表示に係る課徴金対象行為をやめた場合

[図表 6-19]　想定例⑤

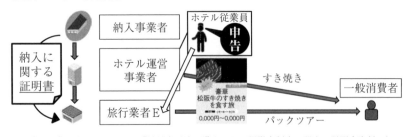

＊　前掲消費者庁ウェブサイト「景品表示法に導入される課徴金制度に関する説明会資料 2」45頁を基に作成。

エ　規模基準

　景品表示法第8条第1項により算定された課徴金額が150万円未満であるときは，課徴金の納付を命じることができない（景表第8条第1項但書の後半部）。すなわち，課徴金対象期間に取引をした当該課徴金対象行為に係る商品または役務の政令で定める方法により算定した売上額が5000万円未満（景表第8条第5項の規定により割増し算定率が適用される場合は，3333万3334円未満）の場合には課徴金の納付を命じることができない。

　なお，「その額」すなわち「課徴金対象期間に取引をした当該課徴金対象行為に係る商品又は役務の政令で定める方法により算定した売上額」に3％（景表第8条第5項の規定により割増し算定率が適用される場合は，4.5％）を乗じて得た額（景表第8条第1項本文により算定した課徴金額。算定方法について4⑵イを参照されたい）が150万円以上である場合，課徴金対象行為に該当する事実の報告や返金措置の実施による課徴金額の減額の結果，減額後の金額が150万円未満になったとしても，当該減額後の金額について，課徴金の納付が命ぜられることとなる（課徴金ガイドライン第6）。

　例えば，事業者Ｘが行った課徴金対象行為について，景品表示法第8条第1項の規定により算定した課徴金額が200万円である場合において，Ｘが景品表示法第9条の要件を満たす課徴金対象行為に該当する事実の報告を行い課徴金額から50％相当額が減額され，更に所定の要件を満たす返金措置の実施により課徴金額から50万円が減額されることとなったとき，当該事業者に対して，50万円（200万円 − 200万円 × 50％ − 50万円）の課徴金の納付が命ぜられることとなる。

オ　課徴金納付命令に関する不実証広告規制

　課徴金納付命令との関係においても不実証広告規制が規定されている。すなわち，内閣総理大臣（消費者庁長官）は，課徴金納付命令に関し，事業者がした表示が優良誤認表示に該当するか否かを判断するため必要があると認めるときは，当該表示をした事業者に対し，期間を定めて，当該表

示の裏付けとなる合理的な根拠を示す資料の提出を求めることができ，当該事業者が当該資料を提出しないときは優良誤認表示と「推定」して課徴金納付命令を行う手続規定が置かれている（景表第8条第3項）。課徴金納付命令は，事業者の過去の行為をとらえて命令をした時点で処分が完了するため，同命令との関係においては，事業者の手続保障に配慮し，資料提出期間経過後であっても，仮に合理的な根拠を示す新しい資料（例えば，資料提出期間経過後に行った試験結果）が備わった場合には当該表示の優良誤認表示該当性を争えるよう，措置命令との関係における不実証広告規制のように不当表示と「みなす」のではなく，「推定する」とされている。

　なお，景品表示法第8条第3項の適用についての考え方，「合理的な根拠」の判断基準および表示の裏付けとなる合理的な根拠を示す資料の提出手続は，不実証広告ガイドラインと同様である（課徴金ガイドライン第7）。

カ　自主申告による課徴金額の減額

　事業者が，課徴金対象行為に該当する事実を内閣府令で定めるところにより報告したときは，第8条第1項（同条第5項の規定により読み替えて適用する場合を含む）により算定した課徴金額から50％に相当する額を減額するものとされている（景表第9条本文）。この報告の方法や様式等は，景表施行規則第9条で規定されている。

　ただし，当該報告が，当該課徴金対象行為についての調査があったことにより，当該課徴金対象行為について課徴金納付命令があるべきことを予知してされたものであるときは，減額しない（同条但書）。

　この「調査」は，いわゆる間接強制に係る調査（景表第25条第1項）のみならず，間接強制調査権限を行使せずに相手方の協力の下で報告を求めるなどのいわゆる任意調査も含むものである。

　課徴金対象行為に該当する事実の報告を行うための様式（景表施行規則様式第1）のWordファイルと様式の記載要領は，以下の消費者庁のウェブサイトから入手することができる。

https://www.caa.go.jp/policies/policy/representation/contact/

366　第6章　不当表示等に対する措置と手続

景表施行規則様式第1に，記載要領に従って記入をし，①直接持参，②書留郵便等により送付，③メール等の電磁的方法により送信のいずれかの方法で消費者庁表示対策課に提出する（景表施行規則第9条第1項）。

具体的なケースとして，㈱サプリメント・ワールドに対する課徴金納付命令（令和4年6月22日）（減額が認められなかった事例），メルセデス・ベンツ日本㈱に対する課徴金納付命令（令和6年3月12日）（減額が認められた商品と認められなかった商品がある事例）等がある。

キ　除斥期間

課徴金対象行為をやめた日から5年を経過したときは，課徴金の納付を命じることができない（景表第12条第7項）。

(3)　自主返金（返金措置）の実施による課徴金額の減額等

ア　概要

事業者は，課徴金対象期間において当該商品または役務の取引を行った一般消費者（政令で定めるところにより特定されているもの）のうち申出をした者に対し，当該申出をした一般消費者の購入額（政令の定める方法により算定）の3％以上の額の金銭を交付する措置（返金措置）を実施しようとするときは，その返金措置に関する計画（以下「実施予定返金措置計画」という）を作成し，内閣総理大臣（消費者庁長官）の認定を受けることができる（景表第10条第1項）。実施予定返金措置計画の認定申請書は，景表施行規則様式第2の記載要領に従って記入をした上で，内閣総理大臣（消費者庁長官）に提出する。返金措置の対象となる一般消費者は，①「売上額」を引渡基準により算定する場合には，課徴金の対象となる期間内に事業者が不当表示をした商品の引渡しや役務の提供を受けたことが，②その商品の購入や役務の提供の対価の支払についての領収書（レシート等），その商品の購入や役務の提供についての契約書その他の上記①の事実を証する資料により特定された者であることが，景表施行令第3条で規定されている。また，「政令で定める方法により算定した購入額」（景表第10条第1項）に

4　行政機関（消費者庁）による執行（課徴金納付命令）　367

ついては，「売上額」を引渡基準（景表施行令第1条）により算定する場合
は引渡基準により算定し，「売上額」を契約基準（景表施行令第2条）によ
り算定する場合は契約基準により算定する（景表施行令第4条，第5条）。
返金措置に関する計画の認定申請等を行う際の様式等は，景表施行規則で
規定されている。

　認定を受けた事業者が，当該計画に基づき返金措置を実施してこれを適
式に報告し，当該計画に適合して返金措置が実施されたと認められるとき
は，当該返金措置により交付された金銭の額（景表施行規則で定めるところ
により計算）が，課徴金額から減額される。当該減額の結果，課徴金額が
1万円未満となる場合は課徴金の納付は命じない（景表第11条）。

イ　返金措置

　令和5年改正景品表示法による改正前は，減額対象となる「返金措置」は，
一般消費者に対して「金銭」を交付する措置に限定されていた。しかし，
近年においては，電子マネーの利用が国民生活において広く浸透している
ことを背景に，自主返金制度の利用を促進する観点から，令和5年改正
景品表示法により，一定の要件の下で，電子マネー等による返金措置も認
められることとなった。具体的には，第三者型発行者（資金決済に関する
法律（平成21年法律第59号。以下「資金決済法」という）第3条第7項）が
発行するいわゆる金額表示の前払式支払手段（同条第1項第1号）であって，
金銭と同様に通常使用することができるものとして内閣府令で定める基準
に適合するもの（以下「金銭以外の支払手段」という）は「金銭」に含まれ
ることとされ，これによる返金措置を行うことができるようになった。

　ただし，返金措置の対象となる一般消費者を保護する観点から，金銭以
外の支払手段による返金を行う場合には，支払いを受ける一般消費者の承
諾を得る必要があり（景表第10条第1項），承諾をしなかった者への返金
措置は，現金の交付または銀行振込の方法によらなければならない。また，
上記のとおり，前払式支払手段は，金銭と同様に通常使用することができ
るものとして，次の基準をいずれも満たしている必要がある（景表施行規

368　　第6章　不当表示等に対する措置と手続

則第 10 条の 2）。

①　使用可能な地域の範囲その他の事情に照らして，特定消費者（景表施行令第 3 条）にとって前払式支払手段を使用することが困難でないこと。

②　使用期間または使用期限が著しく短いものでないこと。

③　前払式支払手段を使用可能な商品または役務の範囲が極めて限定されたものではないこと。

④　①〜③のほか，特定消費者の利益を不当に害するおそれがないこと。

　例えば，特定地域のみでしか使用することができない前払式支払手段について，特定消費者の一部が当該地域に居住しておらず，当該前払式支払手段を使用することが困難である場合には，①の基準を満たさない。これに対し，地域限定の表示（チラシ等）に関する不当表示事案等では，特定消費者の全員が特定地域に居住しており，前払式支払手段の使用が困難でないという場合も考えられる。

　また，いわゆる自家型前払式支払手段（資金決済法第 3 条第 4 項）であるものや，第三者型前払式支払手段（同条第 5 項）であっても使用可能な取引相手，店舗や商品等の範囲が著しく限定されているものは，③または④の基準を満たさないこととなる。

ウ　返金措置の実施および報告

　実施予定返金措置計画の認定の申請をした事業者が，認定前に返金措置を実施したときは，遅滞なく，内閣総理大臣（消費者庁長官）に報告しなければならない（景表第 10 条第 4 項）。また，認定後においては，当該認定後に実施した返金措置の結果について，認定実施予定返金措置計画に記載された実施期間の経過後 1 週間以内に報告しなければならない（景表第 11 条第 1 項）。これらの返金措置が認定された実施予定返金措置計画に適合していると認められる場合，当該返金措置において交付された金銭相当額（景表施行規則第 16 条および第 17 条の規定により計算された額）が，課徴金額から減額されることとなる（景表第 11 条第 2 項）。

4　行政機関（消費者庁）による執行（課徴金納付命令）　369

また，事業者が，認定の申請前に既に実施した返金措置（以下「申請前の返金措置」という）があれば，必要な資料を添付した上で，実施予定返金措置計画の認定申請書に記載することができる（景表第10条第3項，景

[図表6-20] 課徴金制度における被害回復の制度設計（イメージ）

　事業者が所定の手続に沿って自主返金を行った場合（返金措置を実施した場合）は，課徴金を命じないまたは減額する。

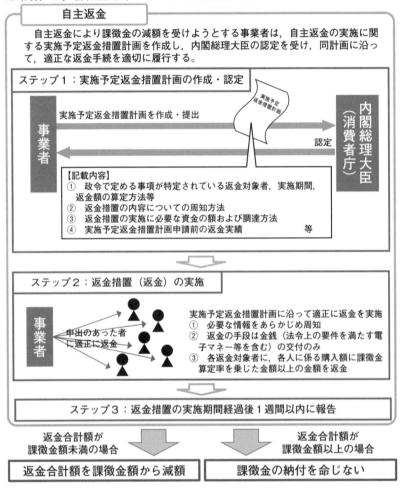

表施行規則第 11 条）。当該実施予定返金措置計画について，内閣総理大臣（消費者庁長官）の認定を受けたあと，返金措置の結果が報告され，かつ，当該返金措置が認定された実施予定返金措置計画に適合していると認められるときも，上記と同様，当該申請前の返金措置において交付された金銭相当額が課徴金額から減額されることとなる（景表第 11 条第 2 項）。

(4) 課徴金納付命令の効果等

ア 課徴金納付命令の効果

課徴金納付命令を受けた事業者は，課徴金の納付義務が生じる（景表第 12 条第 1 項）。課徴金額の 1 万円未満の端数は切り捨てられる（同条第 2 項）。

事業者が組織再編行為（組織変更を除く）および事業譲渡等を行った場合には，課徴金対象行為をした事業者の行った課徴金対象行為は，それぞれ以下の①〜③の事業者が行った行為とみなされる（景表第 12 条第 3 項，第 4 項）。

① 法人である違反事業者において，当該法人が合併により消滅した場合には当該合併に係る存続法人または新設法人（同条第 3 項）。

② 法人である違反事業者において，違反事業者が当該課徴金対象行為に係る事業について，景表第 25 条第 1 項所定の報告徴収等が最初に行われた日または景表第 15 条第 1 項所定の通知を受けた日（以下「調査開始日」という）以降に当該課徴金対象行為に係る事業の全部を一または複数の子会社等に譲渡し，かつ当該法人が合併以外の事由により消滅した場合の当該子会社等（同条第 4 項前段（当該法人の子会社もしくは親会社または当該事業者と親会社が同一である他の会社をいう））

③ 法人である違反事業者において，調査開始日以降に当該法人が会社分割により当該課徴金対象行為に係る事業の全部を一または複数の子会社等に承継させ，かつ当該法人が合併以外の事由により消滅した場合の当該子会社等（同条第 4 項後段）

課徴金の納期限は，課徴金納付命令書の謄本を発する日から 7 か月を経過した日である（景表第 17 条第 3 項）。

4 行政機関（消費者庁）による執行（課徴金納付命令） 371

なお，課徴金および延滞金の請求権は，倒産手続において過料の請求権とみなされ，他の倒産債権と比べて劣後的に取り扱われる（景表第20条）。

イ　課徴金納付命令の執行

　消費者庁長官は，課徴金納付命令を受けた事業者が，納期限までに課徴金を納付しない場合，督促状を送達することより期限を指定してその納付を督促する（景表第18条第1項）。また，消費者庁長官が督促を行ったときは，その督促に係る課徴金の額につき，年14.5％の割合で，その納期限の翌日からその納付の日までの日数により計算した延滞金を徴収することができる（景表第18条第2項）。

　督促を受けた事業者が，督促状により指定された期限までに納付すべき金額を納付しないときは，消費者庁長官の命令で，課徴金納付命令を執行する。その際，課徴金納付命令は，執行力のある債務名義と同一の効力を有する（景表第19条第1項）。

　そして，消費者庁長官は，課徴金納付命令の執行に関して必要があると認めるときは，公務所または公私の団体に照会して必要な事項の報告を求めることができる（景表第19条第3項）。

(5)　課徴金納付命令の手続

ア　事前手続

　課徴金納付命令は「一定の額の金銭の納付を命じ」る処分であることから行政手続法の事前手続に係る規定は適用されないが（同法第13条第2項第4号），事業者の手続保障および迅速な執行の調和の観点から，弁明の機会を付与する手続規定を設けている（景表第13条ないし第16条）。手続の一連の流れについては図表6-21を参照。

イ　不服申立手続

　課徴金納付命令に対する不服申立ては，行政不服審査法第4条に基づく消費者庁長官への審査請求または行政事件訴訟法第3条第2項に基づ

[図表6-21] 課徴金納付命令までの基本的な手続の流れ（イメージ）

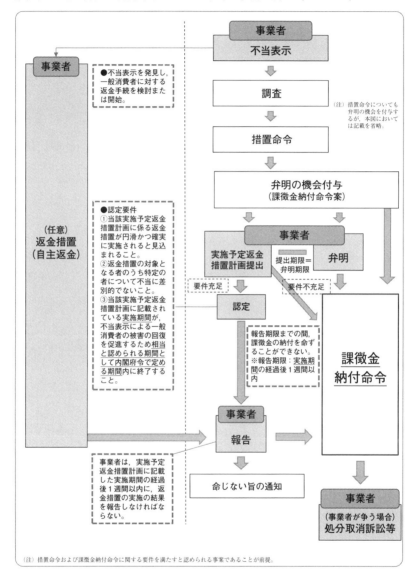

く処分取消訴訟によることとなる。

5　行政機関（消費者庁）による執行（確約手続）

(1)　確約手続の趣旨

　令和5年改正景品表示法による改正前は，景品表示法第4条の規定による制限もしくは禁止または第5条に違反する疑いのある行為（以下「違反被疑行為」という）が行われている場合，内閣総理大臣（消費者庁長官）には，所要の調査により違反行為を認定した上で，法律上の不利益処分である措置命令を行うか，または，違反のおそれがあるなどとして行政指導を行うかの二者択一の選択肢しかなかった。

　一方，違反被疑行為があった場合であっても，違反被疑行為の早期是正，再発防止策の実施，一般消費者の誤認排除，一般消費者への被害回復等を自主的かつ積極的に講ずる事業者も存在するところ，このような事業者については，必ず措置命令を行わなければならないというものではないと考えられる。もっとも，そのような場合において，事業者の自主的な取組を前提に法的効果を伴わない行政指導を行うのみでは，行政運営の透明性の確保，違反被疑行為の是正等の実効性の確保が必ずしも担保されず，また，事業者においては行政処分を受けないという法的な地位を確保できないことから，自主的な取組のインセンティブを十分に確保できない。

　そこで，令和5年改正景品表示法により，調査対象となった事業者が，自主的に「一定の措置」を講ずれば違反行為を認定せず，不利益処分である措置命令および課徴金納付命令を課さない制度（確約手続）が導入されることとされた（景表第2章第6節）。また，確約手続に関する法運用の透明性および事業者の予見可能性を確保する観点から「確約手続に関する運用基準」（令和6年4月18日消費者庁長官決定。以下「確約手続運用基準」という）が定められている。

　確約手続が導入されることにより，

　　・　一般消費者にとっては，迅速かつ確実に違反被疑行為およびその影

響が是正され，自主的かつ合理的な商品選択をより迅速かつ確実に確保することができる。

・　事業者にとっては，自主的に十分かつ確実な措置を採ることで，違反行為は認定されず，不利益処分は課されないこととなるばかりか，調査に対応する負担も軽減される（また，実務上，同一の違反行為に対する措置命令と課徴金納付命令の間には，一定の時間的間隔が生じる場合が多いが，これによる，あたかも2度の違反行為をしたかのような外見を払拭することができる）。

・　内閣総理大臣（消費者庁長官）にとっては，行政運営の透明性を確保しながら，事案に応じたメリハリのあるリソースの配分が可能となり，相対的に違反行為の抑止力を強化することができる。

といった効果が見込まれる。

　なお，確約手続は景表施行令第23条に規定する都道府県が処理する事務に含まれていないため，都道府県が処理する事案においては適用されない。

(2)　確約手続の概要

　確約手続は，大きく分けて，①内閣総理大臣（消費者庁長官）から事業者に対する景品表示法第26条または第30条の規定による通知（以下「確約手続通知」という），②事業者からの是正措置計画または影響是正措置計画（以下「確約計画」と総称する）の認定の申請，③内閣総理大臣（消費者庁長官）による確約計画の認定等のプロセスからなる。

　以下では，これらのプロセスに沿って，確約手続の概要を説明する。

　なお，景品表示法上，確約手続に関する権限は，内閣総理大臣が有しているところ，当該権限は消費者庁長官に委任されている（景表第38条第1項）。以下，確約手続における行政主体について，単に「消費者庁長官」と記載する。

5　行政機関（消費者庁）による執行（確約手続）　　375

ア　確約手続通知

消費者庁長官は，違反被疑行為について，一般消費者による自主的かつ合理的な商品および役務の選択を確保する上で必要があると認めるときは，当該違反被疑行為をしている者に対し，通常の調査手続から確約手続に移行するために，①違反被疑行為の概要，②違反する疑いのある法令の条項，③確約計画の認定の申請をすることができることを書面により通知することができる（景表第 26 条）。また，当該違反被疑行為が既になくなっている場合にも，同様の通知を行うことができる（景表第 30 条）。

ただし，消費者庁長官が，違反行為を認定するに至った場合には，もはや確約手続に移行することは適当でなく，措置命令または課徴金納付命令を行うべきことから，措置命令に係る行政手続法第 30 条の規定による通知または景品表示法第 15 条第 1 項の規定による通知をした後は，確約手続通知を行うことはできないこととされている（景表第 26 条第 1 項但書，第 30 条第 1 項但書）。

㋐ 「一般消費者による自主的かつ合理的な商品及び役務の選択を確保する上で必要があると認めるとき」

「一般消費者による自主的かつ合理的な商品及び役務の選択を確保する上で必要がある」か否かは，違反被疑行為を事業者が早期に是正することで，一般消費者の自主的かつ合理的な選択を迅速に確保し，消費者庁と事業者が協調的に問題解決を行う領域を拡大するという確約手続の趣旨を踏まえ，個別具体的な事案に応じて，違反被疑行為およびその影響を迅速に是正する必要性，あるいは，違反被疑行為者の提案に基づいた方がより実態に即した効果的な措置となる可能性などの観点から判断される。

この判断を行う際には，違反被疑行為がなされるに至った経緯（景表第 22 条第 1 項に規定する義務の遵守の状況を含む），違反被疑行為の規模および態様，一般消費者に与える影響の程度ならびに確約計画において見込まれる内容その他当該事案における一切の事情が考慮される（以上，確約手続運用基準 5(1)・(2)）。

確約手続通知を行うかどうかを判断する際には，上記の考慮要素に関す

376　第 6 章　不当表示等に対する措置と手続

る事実等を確認するために，事業者との間で，事前に確約手続に関するコミュニケーションが行われることが有益である。そのため，違反被疑行為に関して調査を受けている事業者は，いつでも，調査を受けている行為について，確約手続の対象となるかどうかを確認したり，確約手続に付すことを希望する旨を申し出たりするなど，確約手続に関する相談を行うことができることとされている（確約手続運用基準3）。

　㈡　確約手続の対象外となる場合

　前記のとおり，確約手続通知を行うかどうかは事案ごとに一切の事情を考慮して判断されるが，違反被疑行為に関して調査を受けている事業者が次の①または②に当たる場合は，当該違反被疑行為およびその影響の迅速な是正を期待することができず，違反行為を認定して法的措置を採ることにより厳正に対処する必要があると考えられることから，その他の事情にかかわらず，確約手続通知を行わないこととされている（確約手続運用基準5(3)）。

　①　違反被疑行為に係る事案についての調査を開始した旨の通知を受けた日，景品表示法第25条第1項の規定による報告徴収等が行われた日または景品表示法第7条2項もしくは第8条第3項の規定による資料提出の求めが行われた日のうち最も早い日から遡り10年以内に，法的措置を受けたことがある場合（法的措置が確定している場合に限る）

　②　違反被疑行為とされた表示について根拠がないことを当初から認識しているにもかかわらず，あえて当該表示を行っているなど，悪質かつ重大な違反被疑行為を行っていると考えられる場合

　①の場合については，過去の法的措置に係る違反行為と違反被疑行為との間の類似性等は問題とされない。例えば，過去10年以内に優良誤認表示（景表第5条第1号）について法的措置を受けており，違反被疑行為が有利誤認表示（同条第2号）に当たる疑いがある場合でも，①の場合に該当し，確約手続通知は行わないこととなる。なお，現行の実務では，違反被疑行為の調査を開始する際には，調査対象となる事業者に対して，当該調査を開始した旨の通知が行われているため，通常，当該通知を受けた日

5　行政機関（消費者庁）による執行（確約手続）　　377

から遡り 10 年以内に法的措置を受けたことがあるかが問題とされることになる。

イ　確約認定の申請

　確約手続通知を受けた事業者は，違反被疑行為およびその影響を是正するために実施しようとする措置（以下「是正措置」という）または違反被疑行為が既になくなっている場合には，その影響を是正するために実施しようとする措置（以下「影響是正措置」といい，是正措置と合わせて「確約措置」と総称する）に関する確約計画を作成し，確約手続通知を受けた日から 60 日以内に消費者庁長官に提出して，その認定を申請することができる（景表第 27 条第 1 項，第 31 条第 1 項）。

　申請は，指定の申請書の様式を用いて行う必要があり，確約措置の内容，確約措置の実施期限その他必要事項を記載して提出しなければならない（景表第 27 条第 2 項，第 31 条第 2 項，確約府令第 4 条第 1 項，第 14 条第 1 項，様式第 1 号，第 3 号）。申請書には，後述する確約認定の要件を満たすことを証する資料として，①是正措置が違反被疑行為およびその影響を是正するために十分なものであることを示す資料，または，影響是正措置が違反被疑行為による影響を是正するために十分なものであることを示す資料，②確約措置が確実に実施されることが見込まれる資料，③その他参考となるべき資料を添付する必要がある。

　なお，申請書および添付資料の提出方法は，直接持参する方法，書留郵便等により送付する方法，電磁的記録をメール等により送信する方法のいずれか，またはそれらの併用によることとされている（確約府令第 6 条，第 15 条）。

(ア)　確約認定の申請時点で実施済みの措置

　事件調査の開始後，確約手続通知が行われ，確約認定の申請に至るまでの間には，一定の期間を要することから，確約認定の申請時点で，事業者が違反被疑行為およびその影響を是正するための措置の一部を実施している場合も想定される。

確約認定の申請時点で実施済みの措置は，これから「実施しようとする措置」ではないから，是正措置または影響是正措置には当たらないが，当該措置の内容や実施状況についての資料を作成し，「その他参考となるべき資料」として申請書に添付することができる（確約府令第4条第2項第3号，第14条第2項第3号，確約手続運用基準6(3)ア(イ)）。

消費者庁長官は，当該資料から実施済みの措置があると認められるときは，これを踏まえ，確約計画の認定に係る判断を行うこととなる。

(イ) 確約措置の内容

確約計画に記載する確約措置の内容は，事業者が，個々の事案に応じて自ら検討すべき事項であるが，当該検討をする際の参考となるよう，確約手続運用基準では，確約措置として盛り込まれることが多いと想定される典型例を例示している。具体的には，後述の確約認定の要件を満たすために「必要な」措置，または「有益な」措置として，次の①〜⑦までの措置が例示されている（確約手続運用基準6(3)イ）。

なお，①〜④までの「必要な」措置は，措置命令がされる場合に事業者に命じられることが多い内容と同等のものであり，事業者が確約認定の申請時点で既に実施している場合を除いて，確約計画において定めることが必要となる措置である。

① 違反被疑行為を取りやめること

事業者が，違反被疑行為を継続している場合には，当該違反被疑行為を取りやめることは，措置内容の十分性を満たすために必要な措置の1つである。

② 一般消費者への周知徹底

違反被疑行為が行われた場合には，それによる影響，すなわち一般消費者による自主的かつ合理的な商品および役務の選択を阻害するおそれが生じていると考えられる。したがって，この影響を是正するため，違反被疑行為の内容について一般消費者へ周知徹底することは，措置内容の十分性を満たすために必要な措置の1つである。

③ 違反被疑行為および同種の行為が再び行われることを防止するため

5 行政機関（消費者庁）による執行（確約手続） 379

の措置（再発防止策）

　事業者のコンプライアンス体制の整備等を行うとともに，当該措置について当該事業者の役員および従業員に周知徹底をすることは，措置実施の確実性を満たすために必要な措置の1つである。

　なお，コンプライアンス体制の整備についての具体的な内容を検討する上では，「事業者が講ずべき景品類の提供及び管理上の措置についての指針」の内容が参考となると考えられる。

④　履行状況の報告

　確約措置の履行状況について，事業者，または，事業者が履行状況の監視等を委託した独立した第三者（消費者庁が認める者に限る）が消費者庁に対して報告することは，措置実施の確実性を満たすために必要な措置の1つである。事業者自身（代理人を含む）の報告で足りるか，独立した第三者（例えば，過去に取引関係のない弁護士等，当該事業者と利害関係を持たない者が想定される）による報告を要するかは，違反被疑行為がなされるに至った経緯や，再発防止策の内容等を踏まえ，確約措置の確実な実施を確保する上で，報告主体として適切な者であるかという観点から，事案ごとに判断される。

　なお，報告の時期および回数は，確約措置の内容に応じて設定する必要がある。

⑤　一般消費者への被害回復

　例えば，事業者が違反被疑行為に係る商品または役務を購入した一般消費者に対し，その購入額の全部または一部について返金（景表第10条第1項に定める「金銭」の交付をいう）することは，措置内容の十分性を満たすために有益である。

　返金の実施は，法的措置では必ずしも実現することができない一般消費者の被害の直接的な回復に資するものであり，違反被疑行為による影響，すなわち一般消費者による自主的かつ合理的な商品および役務の選択を阻害するおそれが生じている状況を直接改善するものである。また，事業者としても，相応のコストをかけて，返金の対象者に

対する周知，対象者本人とのやり取り，実際の返金等の事務を行うこととなるから，将来，景品表示法に違反する行為を行う動機を大きく失わせるものである。このような観点等から自主返金制度（景表第10条第1項）が導入されていることを踏まえ，確約措置として返金が実施される場合は，「重要な事情」として積極的に評価することとされている。

⑥　契約変更

　例えば，違反被疑行為がなされるに至った要因が，事業者の取引先（例えば，アフィリエイターの管理を委託するASPや，表示の裏付けに係る調査業務を委託した調査会社等）にも存すると認められる事案において，取引先を変更し，または既存の取引先との契約内容（委託業務の内容等）を見直すことは，措置内容の十分性を満たすために有益である。

⑦　取引条件の変更

　例えば，違反被疑行為が有利誤認表示（景表第5条第2号）に当たる疑いのある行為である事案において，事業者が表示内容に合わせて取引条件を変更する場合（例えば，事業者が，サービスを一定期間内に解約した場合には例外なく代金を返金すると表示していたにもかかわらず，契約で返金を受けるための諸条件を定めていた事案において，当該契約内容を変更し返金を受ける機会を確保するような場合等），当該取引条件の変更は，措置内容の十分性を満たすために有益である。

ウ　確約計画の認定，却下および変更

　消費者庁長官は，確約認定の申請があった場合において，確約計画が，①違反被疑行為およびその影響を是正する，または，違反被疑行為による影響を是正するために十分なものであること（措置内容の十分性），および，②確実に実施されると見込まれるものであること（措置実施の確実性）の2つの要件を満たすと認めるときは，確約認定を行う（景表第27条第3項ないし第5項，第31条第3項および第4項）。

5　行政機関（消費者庁）による執行（確約手続）　　381

措置内容の十分性は，個別具体的な事案ごとに判断されるが，当該判断に当たっては，過去に法的措置で違反行為が認定された事案等のうち，行為の概要，適用条項等について，違反被疑行為と類似する事案についての措置の内容が参考にされる（確約手続運用基準6(3)ア(ア)）。

また，措置実施の確実性については，確約措置が，実施期限内に確実に実施されるかどうかが判断される。例えば，確約措置として一般消費者への被害回復を行うことが定められた場合には，当該措置の内容だけでなく，被害回復の対象となる一般消費者が当該措置の内容を把握するための周知の方法，当該措置の実施に必要な資金の額，当該資金の調達方法が具体的に明らかにされていなければ，原則として，措置実施の確実性の要件を満たさないこととなる（確約手続運用基準6(3)ア(イ)）。

消費者庁長官が，措置内容の十分性・措置実施の確実性のいずれかの要件を満たさないと認めるときは，確約認定の申請を却下しなければならない（景表第27条第6項，第31条第5項）。

また，認定を受けた事業者が，当該認定された確約計画を変更しようとするときは，消費者庁長官の認定を受けなければならない（景表第27条第8項および第9項，第31条第7項および第8項）。

エ　確約認定の効果等

確約認定がされた場合，当該確約認定に係る違反被疑行為については，法的措置が行われない（景表第28条，第32条）。ただし，確約認定が取り消された場合はこの限りでなく，この場合には，確約手続通知を行う前の事件調査が再開されることとなる（景表第28条但書，第32条但書，確約手続運用基準9）。

また，確約認定がされた場合，消費者庁長官は，確約手続に係る法運用の透明性および事業者の予見可能性を確保する観点から，認定した確約計画の概要，確約認定を受けた事業者名等を公表することとされている。ただし，確約認定は，事業者が景品表示法の規定に違反する行為を行ったとの認定・判断を行うものではないことから，公表に当たっては，事業者が

景品表示法の規定に違反することを認定したものではないことを付記することとされている（確約手続運用基準9）。

オ　確約認定の取消し

　消費者庁長官は，確約計画に従って確約措置が実施されていないと認めるとき，または，事業者が虚偽もしくは不正の事実に基づいて確約認定を受けたことが判明したときは，確約認定を取り消さなければならない（景表第29条第1項，第33条第1項）。

　なお，確約認定が取り消された場合，前記のとおり，確約手続通知を行う前の事件調査が再開されることとなる（景表第28条但書，第32条但書，確約手続運用基準9）。もっとも，その場合に課徴金納付命令の除斥期間（景表第12条第7項参照）との関係で十分な調査期間が残されていない事態が想定されるため，除斥期間が満了する日まで2年に満たない場合であっても，確約認定の取消しの日（効力発生日）から2年間は，課徴金納付命令を行うことができることとされている（景表第29条第3項，第33条第3項）。

6　適格消費者団体による差止請求

　平成20年5月2日に公布された，消費者契約法等の一部を改正する法律（平成20年法律第29号）により，景品表示法が改正され，平成21年4月1日より，消費者契約法第2条第4項に規定する適格消費者団体は，事業者が，不特定かつ多数の一般消費者に対して，優良誤認表示および有利誤認表示を現に行いまたは行うおそれがあるときは，当該事業者に対し，当該行為の停止もしくは予防または当該行為が優良誤認表示または有利誤認表示である旨の周知その他の当該行為の停止もしくは予防に必要な措置を採ることを裁判所に請求することができることとされた（景表第34条第1項）。

6　適格消費者団体による差止請求　383

(1) 趣旨

　平成20年改正は，多数の消費者に急速に拡大する被害をもたらす不当表示については，行政機関による執行を強化するだけでは十分に抑止することができるとはいいがたいことから，不当表示を排除する仕組みを複線化することで，不当表示の速やかな排除と抑止力の強化を図るため，不実告知等の行為に対して平成18年6月に公布された改正消費者契約法において導入されていた，適格消費者団体に差止請求権を認める団体訴訟制度の対象に不当表示を加えたものである。

(2) 差止請求権の内容

ア　差止請求の対象となる行為

　景品表示法に違反する不当表示中，

①　商品または役務の品質，規格その他の内容について，実際のものまたは当該事業者と同種もしくは類似の商品もしくは役務を供給している他の事業者に係るものよりも著しく優良であると誤認される表示をすること

②　商品または役務の価格その他の取引条件について，実際のものまたは当該事業者と同種もしくは類似の商品もしくは役務を供給している他の事業者に係るものよりも取引の相手方に著しく有利であると誤認される表示をすること

が対象である（景表第34条第1項第1号，第2号）。景品表示法第5条第3号に対応する不当表示は，差止請求の対象にはならない。

イ　請求することができる措置の内容

　前記アの①，②の行為を現に行い，または行うおそれのある事業者に対して，当該行為の停止もしくは予防または当該行為が差止請求の対象となる表示をしたものである旨の周知その他の当該行為の停止または予防に必要な措置である（景表第34条第1項柱書）。差止請求対象行為の「停止」，「予

384　第6章　不当表示等に対する措置と手続

防」に加え，差止制度が被害の未然防止・拡大防止を目的とすることから，「停止若しくは予防に必要な措置」を求めることができる。

ウ　差止請求権の行使の制約

差止請求権が適正に行使されるようにするため，以下の場合には，差止請求をすることはできない（消契第12条の2第1項）。

①　当該適格消費者団体もしくは第三者の不正な利益を図りまたは当該差止請求に係る相手方に損害を加えることを目的とする場合（第1号）

②　他の適格消費者団体を当事者とする差止請求に係る訴訟等（訴訟ならびに和解の申立てに係る手続，調停および仲裁をいう）につき既に確定判決等（確定判決およびこれと同一の効力を有するものをいう）が存する場合において，請求の内容および相手方が同一である場合（第2号前段）

ただし，②の確定判決等には，訴えを却下した確定判決，差止請求権の不存在の確認等の請求を棄却した確定判決等などは含まれない（第2号イ〜ハ）。また，これらの確定判決の当事者である他の適格消費者団体が差止訴訟の相手方と通謀して請求の放棄等の不当な訴訟追行を行ったことを理由として認定を取り消された場合（消契第34条第1項第4号）などは，この限りではない（消契第12条の2第1項第2号但書）。

このうち，②は，同一の相手方に対する同一内容の請求に係る訴えが判決の確定後も繰り返し行われることを防止するものである。ただし，「請求の内容が同一である場合」とは，社会的事実の同一性と差止請求の根拠となる該当法規の同一性がともに認められることが必要であるとされている。したがって，例えば，ある事業者が広告において，ある商品の価額が確実に上昇するとの断定的判断を表示した場合において，当該表示により，当該提供された断定的判断の内容が確実であると誤認したとして提起された，消費者契約法第4条第1項第2号を根拠とする差止請求を棄却する判決が確定した後において，他の適格消費者団体が，当該表示が当該商品の内容について著しく優良であると誤認される表示に該当するとして景品表示法第34条第1項第1号を根拠とする差止請求を行うことが当然にで

6　適格消費者団体による差止請求　　385

きなくなるわけではないと解される（ただし，現実には前訴において，求釈明等により請求の範囲が画定される過程で，景品表示法に基づく差止請求もなされたとされることもあり得よう）。

　また，内閣総理大臣は，消費者契約法第12条の2第1項第2号に係る確定判決等の当事者である適格消費者団体が，差止訴訟の相手方との通謀による不当な訴訟追行を行ったと疑うに足る相当の理由があり，かつ，同法第34条第1項の規定に基づき当該適格消費者団体の認定の取消し等をするかどうかの判断をするために相当の期間を要すると認める場合には，受訴裁判所に対して，その旨およびその判断に要する期間を通知し（消契第46条第1項），通知を受けた受訴裁判所は，必要があると認めるときは，その通知に係る期間を経過する日まで，訴訟手続を中止することができる（同条第3項）。

(3)　差止請求手続

　差止請求は，基本的に民事訴訟手続に従って行われるが，消費者被害の発生・拡大を効果的に防止するという制度の趣旨から，いくつかの特例が設けられている。主なものを掲げると，以下のとおりである。

ア　書面による事前の請求

　適格消費者団体は，差止請求に係る訴えを提起しようとするときは，その訴えの被告となるべき者に対し，あらかじめ，請求の要旨および紛争の要点その他の内閣府令で定める事項（消契施行規則第32条第1項は，請求の要旨および紛争の要点に加えて，①名称および住所ならびに代表者の氏名，②電話番号，電子メールアドレスおよびファクシミリの番号，③被告となるべき者の氏名または名称および住所，④請求の年月日，⑤消費者契約法第41条第1項の請求である旨を規定）を記載した書面により差止請求をし，かつ，当該被告となるべき者が差止請求を拒んだときを除き，当該書面の到達した時から1週間を経過した後でなければ，その訴えを提起することができない（消契第41条第1項）。また，事前の請求に当たっては，できる限り，

訴えを提起し，または仮処分命令を申し立てる場合における当該訴えを提起し，または仮処分命令を申し立てる予定の裁判所を明らかにしなければならない（消契施行規則第32条第2項）。

なお，実際には，各適格消費者団体は，書面による事前の請求に先立って，差止請求の根拠となる法律に違反する行為の差止め等の申入れや協議を行う場合が多く，申入れ等への事業者の対応を含め，協議やその後の請求をめぐる状況は，適格消費者団体のウェブサイトにおいて公開されている。

イ　訴訟の目的の価額

差止請求に係る訴えは，事業者が事業活動の一環として行う広告表示を対象とすることから，財産権上の請求と位置付け得るが，訴えにおいて主張する利益は，不当表示が差し止められることによる不特定かつ多数の消費者が受ける利益であることから，その価額を客観的・合理的に算定することは著しく困難と認められることから，訴訟の目的の価額の算定については，財産権上の請求でない請求に係る訴えとみなされ（消契第42条），訴額は，160万円とみなされる（民事訴訟費用等に関する法律第4条第2項）。

ウ　管轄と移送

景品表示法に基づく差止請求に係る訴訟の管轄裁判所は，民事訴訟法第5条第5号（事業所または営業所の所在地）が適用されるほか，差止請求の対象となった行為があった地を管轄する裁判所である（消契第43条）。

「行為があった地」とは，景品表示法上の不当表示については，問題となる表示が一般消費者の目に触れる場所であり，表示物が広告，チラシ類である場合には，それが並べられた小売店の所在地，配布された地が，テレビやラジオの広告であれば，これを受信した地，ウェブ広告であれば，当該ウェブ画像を受信した地がこれに当たると考えられるので，1つの表示に係る差止請求が相当多数の裁判所に提起されることが考えられる。

このため，訴訟経済，事業者の応訴負担の合理化，判決内容の抵触の防

止等の観点から，裁判所は，差止請求に係る訴えが提起された場合であっ
て，他の裁判所に同一または同種の行為の差止請求に係る訴訟が係属して
いる場合に，当事者の住所または所在地，尋問を受けるべき証人の住所，
争点または証拠の共通性その他の事情を考慮して，相当と認めるときは，
申立てによりまたは職権で，当該訴えに係る訴訟の全部または一部につい
て，当該他の裁判所または他の管轄裁判所に移送することができる（消契
第44条）。さらに，請求の内容および相手方が同一である差止請求に係る
訴訟が同一の第一審裁判所または控訴裁判所に数個同時に係属するとき
は，審理の状況その他の事情を考慮して，他の差止請求に係る訴訟と弁論
および裁判を併合してすることが著しく不相当であると認めるときを除い
て，その弁論および裁判は，併合してしなければならない（消契第45条第
1項）。差止請求訴訟の当事者は，請求の内容および相手方が同一である
差止請求に係る訴訟が同一の第一審裁判所または控訴裁判所に数個同時に
係属する場合には，その旨を裁判所に申し出なければならない（消契第45
条第2項）。

(4) 適格消費者団体への情報提供

　差止請求をする権利を行使するためには差止請求の対象となる表示の情
報が不可欠であるにもかかわらず，その情報が適格消費者団体には容易に
は集まらず，そのような情報が集まらなければ差止請求の活用も困難とな
らざるを得ないという状況があった。そこで，平成26年6月改正景品表
示法により，平成26年6月に改正された消費者安全法第11条の7第1
項に規定する消費生活協力団体または消費生活協力員は，適格消費者団体
が差止請求をする権利を適切に行使するために必要な限度において，当該
適格消費者団体に対し，事業者が，不特定かつ多数の一般消費者に対して
優良誤認表示や有利誤認表示を現に行いまたは行うおそれがある旨の情報
を提供することができることとされた（景表第34条第2項）。

　これにより差止請求をする権利を行使するため多くの情報を必要とする
適格消費者団体に必要な情報がより集まることで，適格消費者団体の機能

が高められ，表示の差止めによって不当表示の被害者となり得る個々の消費者の直接・間接の利益につながることが考えられる。

　情報提供を受けた適格消費者団体は，当該情報を，差止請求をする権利の適切な行使の用に供する目的以外のために利用し，または提供してはならないこととされ（景表第34条第3項），これに違反した適格消費者団体は30万円以下の過料に処することとされた（景表第52条）。これは同項の規定に基づき取得した情報が，例えば，集めた事例をまとめた書籍の出版・販売や入手した連絡先へのダイレクトメールの送付などの目的で，みだりに利用されることを防止するため，目的外利用を禁止し，違反に対して過料に処すこととしたものである。

(5) 資料開示要請等

ア　趣旨

　差止請求をする権利を行使する上で，差止めの要件を満たす事実を主張・立証する責任は，適格消費者団体にある。特に，商品または役務の効果・性能を強調表示するものについて，優良誤認表示に該当するとされるためには，表示どおりの効果・性能がないことを主張・立証する必要がある。しかし，そのためには専門機関による調査・鑑定が必要となることから，差止請求に多大な負担を要するといった問題があった。また，実務上，適格消費者団体は，ある事業者の行為が差止請求の対象となり得るとの疑いを持った場合，当該事業者に対してその裏付けとなる根拠の照会をすることが多いところ，当該照会に真摯に回答した事業者の方が，回答しない事業者よりも差止請求を受ける可能性が高くなるという不合理が生じており，当該不合理を是正する必要があった。

　そこで，令和5年改正景品表示法により，適格消費者団体による差止請求の実効性を確保するため，事業者が現にする表示が優良誤認表示に該当すると疑うに足りる相当な理由があるときは，当該事業者に対し，当該表示の裏付けとなる合理的な根拠を示す資料の開示を要請（以下「資料開示要請」という）することができる旨の規定が新設された（景表第35条）。

6　適格消費者団体による差止請求　　389

なお，この規定は，適格消費者団体による要請とこれに応じる事業者の努力義務について定める消費者契約法第12条の4の規定に倣ったものである。

イ　資料開示要請の要件等

資料開示要請は，「事業者が現にする表示」が「前条第1項第1号に規定する表示に該当すると疑うに足りる相当な理由があるとき」に行うことができる（景表第35条第1項）。

「相当な理由があるとき」とは，単なる憶測や伝聞等ではなく，適格消費者団体が，事業者が現に行う表示が優良誤認表示に該当する可能性があると考えるに至った場合に，その判断を裏付ける資料や合理的根拠（例えば，同種の商品に係る同種の効果・性能表示について優良誤認表示に該当するとして行政庁が処分を行ったことがある場合等を含む）が存在している場合をいう。

また，資料開示要請は，「その理由を示して」行う必要があり，どのような優良誤認表示の疑いがあるのかや，当該判断を裏付ける資料や合理的根拠の内容等，資料開示要請の理由を示さなければならない（景表第35条第1項）。なお，資料開示要請は，当該資料開示要請の理由その他の内閣府令で定める事項（景表施行規則第21条の2は，要請の理由に加えて，①名称および所在地ならびに代表者の氏名，②電話番号，電子メールアドレスおよびファクシミリの番号，③事業者の氏名または名称，④景表第35条第1項の規定による要請である旨，⑤合理的な根拠を示す資料の開示を要請する表示，⑥希望する開示の実施方法を規定）を記載した書面を交付し，または，電磁的記録を提供して行うこととされている。

ウ　事業者の努力義務

事業者は，資料開示要請を受けた場合，当該要請に応じるよう努めなければならない。ただし，開示対象となる資料に営業秘密（不正競争防止法第2条第6項に規定する営業秘密をいう）が含まれる場合その他の正当な理由がある場合は，この限りでない（景表第35条第2項）。

390　　第6章　不当表示等に対する措置と手続

7 罰則

令和5年改正景品表示法施行前の景品表示法では，不当表示を行うことを直接罰する規定は置かれておらず，措置命令（景表第7条第1項）が行われた場合において，当該措置命令に違反したときは，当該違反行為をした者が，2年以下の懲役または300万円以下の罰金を科されることとされているのみであった（景表第46条第1項。改正前の第36条第1項。なお，両罰規定がある）。

しかしながら，措置命令がされた事案の中には，表示内容について何ら根拠を有していないことを認識したまま表示が行われるなど，表示と実際に乖離があることを認識し，これを容認して不当表示が行われたというものも存在する。そこで，こうした悪質な事案に対する抑止力を強めるため，令和5年改正景品表示法により，次の①または②のいずれかに該当する場合，当該違反行為をした者は，100万円以下の罰金を科されることとされた（景表第48条）。

① 自己の供給する商品または役務の取引における当該商品または役務の品質，規格その他の内容について，実際のものまたは当該事業者と同種もしくは類似の商品もしくは役務を供給している他の事業者に係るものよりも著しく優良であると一般消費者を誤認させるような表示をしたとき（同条第1号）

② 自己の供給する商品または役務の取引における当該商品または役務の価格その他の取引条件について，実際のものまたは当該事業者と同種もしくは類似の商品もしくは役務を供給している他の事業者に係るものよりも取引の相手方に著しく有利であると一般消費者を誤認させるような表示をしたとき（同条第2号）

①は優良誤認表示（景表第5条第1号）を，②は有利誤認表示（同条第2号）をそれぞれ行った場合であり，指定告示に係る不当表示（同条第3号）を行った場合は罰則の対象とならない。各構成要件の解釈は，第5条について

述べたところと同様である。ただし，本条の罪は故意犯であり，このことを明らかにする趣旨で「一般消費者を誤認させるような」との文言が用いられている。

また，両罰規定により，法人の代表者または法人もしくは人の代理人，使用人その他の従業員が，その法人または人の業務または財産に関して，上記の違反行為を行った場合には，行為者を罰するほか，当該法人または人についても，100万円以下の罰金を科すこととされている（景表第49条第1項第2号）。なお，法人でない団体の代表者等が違反行為を行った場合も，同様である（同条第2項）。

参考文献

今村成和ほか編『注解経済法（下巻）』（青林書院，1985）

川井克倭＝地頭所五男『Q＆A景品表示法〔改訂版第2版〕』（青林書院，2007）

黒田武＝本城昇編著『事例詳解　景品表示法』（公正取引協会，1987）

経済法学会編『独占禁止法講座Ⅵ　不公正な取引方法（下）』（商事法務研究会，1987）

景品表示法研究会編著『景品表示法質疑応答集』（第一法規出版，1983）

公正取引委員会事務局編『誇大広告と懸賞販売の規制——不当景品類及び不当表示防止法の解説』（ダイヤモンド社，1962）

行政管理研究センター編『逐条解説　行政手続法〔改正行審法対応版〕』（ぎょうせい，2016）

丹宗暁信＝岸井大太郎編『独占禁止手続法』（有斐閣，2002）

真渕博「改正景品表示法の概要について——平成26年6月改正」公正取引770号2頁（2014）

真渕博「平成26年6月に改正された景品表示法の概要」NBL1043号26頁（2015）

消費者庁消費者制度課編『逐条解説　消費者契約法〔第5版〕』（商事法務，2023）

黒田岳士＝加納克利＝松本博明編著『逐条解説　平成26年11月改正景品表示法——課徴金制度の解説』（商事法務，2015）

原山康彦＝古川昌平＝染谷隆明編著『詳説　景品表示法の課徴金制度』（商事法務，2016）

南雅晴＝片岡克俊編著『逐条解説　令和5年改正景品表示法——確約手続の導入など』（商事法務，2023）

●資料

＊記載の URL は，令和 6 年 6 月 26 日時点

◆ 法律

資料 1　不当景品類及び不当表示防止法（昭和 37 年法律第 134 号）
https://elaws.e-gov.go.jp/document?lawid=337AC0000000134

◆ 政令

資料 2　不当景品類及び不当表示防止法施行令（平成 21 年政令第 218 号）
https://elaws.e-gov.go.jp/document?lawid=421CO0000000218

◆ 府令

資料 3　不当景品類及び不当表示防止法施行規則（平成 28 年内閣府令第 6 号）
https://elaws.e-gov.go.jp/document?lawid=428M60000002006

資料 4　不当景品類及び不当表示防止法の規定に基づく確約手続に関する内閣
府令（令和 6 年内閣府令第 55 号）
https://elaws.e-gov.go.jp/document?lawid=506M60000002055_20241001_000000000000
000

◆ 告示・指定告示関係

資料 5　不当景品類及び不当表示防止法第 2 条の規定により景品類及び表示を
指定する件（昭和 37 年公正取引委員会告示第 3 号）
https://www.caa.go.jp/policies/policy/representation/fair_labeling/public_notice/
pdf/100121premiums_6.pdf

◆ 告示・景品関係

資料 6　一般消費者に対する景品類の提供に関する事項の制限（昭和 52 年公正
取引委員会告示第 5 号）
https://www.caa.go.jp/policies/policy/representation/fair_labeling/public_notice/
pdf/100121premiums_7.pdf

資料 7　懸賞による景品類の提供に関する事項の制限（昭和 52 年公正取引委員

資料　　393

会告示第 3 号）

https://www.caa.go.jp/policies/policy/representation/fair_labeling/public_notice/pdf/100121premiums_8.pdf

資料 8 新聞業における景品類の提供に関する事項の制限（平成 10 年公正取引委員会告示第 5 号）

https://www.caa.go.jp/policies/policy/representation/fair_labeling/public_notice/pdf/100121premiums_9.pdf

資料 9 雑誌業における景品類の提供に関する事項の制限（平成 4 年公正取引委員会告示第 3 号）

https://www.caa.go.jp/policies/policy/representation/fair_labeling/public_notice/pdf/100121premiums_10.pdf

資料 10 不動産業における一般消費者に対する景品類の提供に関する事項の制限（平成 9 年公正取引委員会告示第 37 号）

https://www.caa.go.jp/policies/policy/representation/fair_labeling/public_notice/pdf/100121premiums_11.pdf

資料 11 医療用医薬品業，医療機器業及び衛生検査所業における景品類の提供に関する事項の制限（平成 9 年公正取引委員会告示第 54 号）

https://www.caa.go.jp/policies/policy/representation/fair_labeling/public_notice/pdf/100121premiums_12.pdf

◆ 告示・表示関係

資料 12 商品の原産国に関する不当な表示（昭和 48 年公正取引委員会告示第 34 号）

https://www.caa.go.jp/policies/policy/representation/fair_labeling/public_notice/pdf/100121premiums_14.pdf

資料 13 無果汁の清涼飲料水等についての表示（昭和 48 年公正取引委員会告示第 4 号）

https://www.caa.go.jp/policies/policy/representation/fair_labeling/public_notice/pdf/100121premiums_15.pdf

資料 14 消費者信用の融資費用に関する不当な表示（昭和 55 年公正取引委員会告示第 13 号）

https://www.caa.go.jp/policies/policy/representation/fair_labeling/public_notice/pdf/100121premiums_16.pdf

資料 15 おとり広告に関する表示（平成 5 年公正取引委員会告示第 17 号）

https://www.caa.go.jp/policies/policy/representation/fair_labeling/public_notice/pdf/100121premiums_17.pdf

資料 16　不動産のおとり広告に関する表示（昭和 55 年公正取引委員会告示第 14 号）

https://www.caa.go.jp/policies/policy/representation/fair_labeling/public_notice/pdf/100121premiums_18.pdf

資料 17　有料老人ホームに関する不当な表示（平成 16 年公正取引委員会告示第 3 号）

https://www.caa.go.jp/policies/policy/representation/fair_labeling/public_notice/pdf/100121premiums_19.pdf

資料 18　一般消費者が事業者の表示であることを判別することが困難である表示（令和 5 年内閣府告示第 19 号）

https://www.caa.go.jp/policies/policy/representation/fair_labeling/public_notice/assets/representation_cms216_230328_07.pdf

◆　告示・指針関係

資料 19　事業者が講ずべき景品類の提供及び表示の管理上の措置についての指針（平成 26 年内閣府告示第 276 号）

https://www.caa.go.jp/policies/policy/representation/fair_labeling/public_notice/assets/representation_cms216_240418_01.pdf

●事項索引

◆ あ行

アフィリエイト広告	38, 58
アフターサービス	234
著しく	71, 87
一括的な割引率または割引額	150
一般消費者	67
イメージ広告	70
医療関係告示	260
インターネット上の懸賞企画	223, 224
インターネット消費者取引に係る広告表示に関する景品表示法上の問題点及び留意事項	31
インターネット留意事項	31
打消し表示	78
影響是正措置	378
影響是正措置計画	321, 375
オープン価格	138
オープン懸賞	227
おとり広告	179

◆ か行

カード合わせ	238
開店披露	258
買取りサービス	47
価格表示	111
価格表示ガイドライン	69, 111
確約計画	375, 378
——の認定	381
確約措置	378, 379
確約手続	374
確約手続通知	375, 376
確約認定	321, 382, 383
——の申請	378
過去の販売価格	116
課徴金制度	36

課徴金対象期間	331
課徴金対象行為	330
課徴金納付命令	320, 328
希望小売価格	137
規模基準	365
ぎまん的顧客誘引	2, 67
キャッシュバック	231, 234
供給する	46, 219
供給量が著しく限定	181
業種別告示	258
競争事業者	91
——の販売価格	143
共同懸賞	244
僅少果汁清涼飲料水	172
経過措置	29
経済上の利益	228
景表施行規則	100
景表施行令	215, 287, 318
景品規制の緩和・見直し	18, 22
景品提供の主体	236
景品類	216
——の価額	237
——の最高額	240
複数回の——	244
減額制度	36
健康増進法	207
原産国	173, 175
原産国告示	173
原産国告示運用基準	173
懸賞	238
懸賞制限告示	238
故意・過失	64
公示	327
公正競争規約	287
——の認定	307
公正取引委員会	307, 309, 319

事項索引 397

公正取引協議会 …………… 302, 313
公聴会 ………………… 170, 215
合理的な根拠 ………………… 103
顧客を誘引する ………… 44, 218
誤認 ……………………… 62, 67
——されるおそれ ………… 167
コンプガチャ ………………… 249

◆ さ行

最近時の販売価格 ………… 144
詐欺広告 ……………………… 52
差止請求 …………………… 383
雑誌業告示 ………………… 259
参考小売価格 ………… 138, 139
参考上代 …………………… 139
市価 ………………………… 143
事業者 ………………… 44, 218
事業者が講ずべき景品類の提供及び表
　示の管理上の措置についての指針
　…………………………… 36, 263
事業者が講ずべき表示等の管理上の措
　置 ………………………… 264
事業者団体 …………… 218, 248
自主的かつ合理的な選択 …… 3, 63
自主返金 ……………… 36, 367
実質的変更行為 …………… 175
指定告示 …………………… 166
商店街の共同懸賞 ………… 246
消費者委員会 ………… 170, 215
消費者行政推進基本計画 …… 27
消費者契約法 ……………… 383
消費者庁長官 ……………… 311
消費者モニター制度 …… 10, 25
商品の同一性 ……………… 114
商品の販売・使用等のため必要な物品
　またはサービス ………… 255
商品または役務の内容 …… 84
将来の販売価格 …………… 130
将来の販売価格を比較対照価格とする

二重価格表示に対する執行方針 ‥ 131
食品表示等問題 ……………… 34
食品表示等問題関係府省庁等会議 … 34
知らず …………………… 357
新発売 ……………………… 90
新聞業告示 ………………… 258
数量 ………………………… 162
ステルスマーケティング ……… 38
ステルスマーケティング告示 … 38, 198
正常な商慣習 ………… 230, 254
清涼飲料水 ………………… 167
是正措置 …………………… 378
是正措置計画 ………… 321, 375
セット販売 ………………… 225
全国公正取引協議会連合会 … 314
先着順 ………………… 240, 253
宣伝用の物品またはサービス … 255
総額 ………………………… 244
総付運用基準 ……………… 253
総付景品規制 ……………… 15
総付制限告示 ………… 239, 253
措置命令 …………………… 320
措置命令違反 ……………… 328

◆ た行

タイムサービス …………… 136
地方公共団体 ……………… 11
調査権限 …………………… 319
定義告示 ……………… 42, 216
定義告示運用基準 ………… 217
適格消費者団体 …………… 383
電子商取引表示調査員 …… 24
同一の商品または役務 … 232, 234
独占禁止法 ………………… 290
特定商取引に関する法律 …… 210
特定表示事項 ……………… 298
都道府県知事 ……………… 322
取引
　——する意思 ……………… 182

——に関する事項 ················ 51
——の価額 ············· 241, 242, 253
——の成立を妨げる行為 ········· 183
——を行うための準備 ··········· 180
取引条件 ························· 108
取引付随性 ······················ 221
取引本来の内容 ·················· 225

◆ な行

No.1 表示 ······················· 86
二以上の懸賞による景品類の提供 ·· 243
二重価格表示 ················ 23, 113
ニセ牛缶事件 ····················· 7
偽広告 ·························· 52
認定の取消し ···················· 311
値引 ··························· 231

◆ は行

罰金 ··························· 391
8 週間 ························· 119
販売期間の過半 ················· 119
比較広告 ····················· 17, 91
比較広告ガイドライン ············· 75
比較対照価格 ···················· 113
必要表示事項 ···················· 295
表示 ··························· 41
——の義務付け ··············· 168
——の主体 ·················· 54
表示価格からの割引 ·············· 150
表示義務 ······················· 74
表示責任者 ····················· 60
不公正な取引方法 ················· 2
不実証広告ガイドライン ········· 69, 97
不実証広告規制 ·········· 22, 94, 365
不正競争防止法 ·················· 209
付属物・付属サービス ············· 235

不動産おとり広告告示 ············· 180
不動産業告示 ···················· 260
不当な利益による顧客誘引 ······· 2, 218
不当廉売 ······················· 234
不表示 ·························· 74
不服申立て ·················· 312, 328
平成 15 年改正 ··················· 66
返金措置 ······················· 367
弁明の機会の付与 ················ 325
ポイントサービス ················· 232
他の顧客向けの販売価格 ··········· 147

◆ ま行

マイレージサービス ··············· 257
見本 ··························· 255
無過失損害賠償請求訴訟 ··········· 317
無果汁告示 ····················· 171
無果汁告示運用基準 ·············· 172
無果汁清涼飲料水 ················ 171
メニュー・料理等の食品表示に係る景
　品表示法上の考え方について ······· 35

◆ や行

安さの理由・程度 ············ 153, 157
融資費用 ······················· 168
有料老人ホーム ················ 25, 190
有料老人ホーム告示 ·············· 190
有料老人ホーム告示運用基準 ······· 190

◆ ら行

両罰規定 ······················· 391

◆ わ行

割引額 ·························· 149
割引券 ·························· 256
割引率 ·························· 149

事項索引　　399

●事例索引

◆ 判決

㈱三愛土地告発事件（東京高判昭和 46 年 1 月 29 日（昭和 45 年（の）第 1 号）） ········· 328

主婦連合会ほか 1 名に対する審決取消請求事件（東京高判昭和 49 年 7 月 19 日（昭和 48 年（行ケ）第 34 号）） ················· 312

主婦連合会ほか 1 名に対する審決取消請求事件（最判昭和 53 年 3 月 14 日（昭和 49 年（行ツ）第 99 号）） ················· 312

栄光時計㈱による審決取消請求事件（東京高判昭和 56 年 4 月 2 日（昭和 52 年（行ケ）第 195 号）） ················· 230

ジャパンヘルス㈱による審決取消請求事件（東京高判昭和 57 年 11 月 19 日（昭和 55 年（行ケ）第 354 号）） ················· 289

更生会社㈱カンキョー管財人大澤誠による審決取消請求事件（東京高判平成 14 年 6 月 7 日（平成 13 年（行ケ）第 454 号）） ················· 72

更生会社㈱カンキョー管財人大澤誠による審決取消請求事件（最決平成 14 年 11 月 22 日（平成 14 年（行ツ）第 200 号，平成 14 年（行ヒ）第 233 号）） ················· 74

㈱ヤマダ電機対㈱コジマの件（東京高判平成 16 年 10 月 19 日（平成 16 年（ネ）第 3324 号）） ················· 155

㈱ベイクルーズによる審決取消請求事件（東京高判平成 20 年 5 月 23 日（平成 19 年（行ケ）第 5 号）） ················· 55,64

㈱ベイクルーズによる審決取消請求事件（最判平成 21 年 6 月 23 日（平成 20 年（行ツ）第 255 号，平成 20 年（行ヒ）第 294 号）） ················· 65

ミュー㈱による審決取消請求事件（東京高判平成 22 年 11 月 26 日（平成 21 年（行ケ）第 45 号）） ················· 95

ミュー㈱による審決取消請求事件（最決平成 23 年 6 月 7 日（平成 23 年（行ツ）第 82 号，平成 23 年（行ヒ）第 90 号）） ················· 96

㈱翠光トップラインおよび㈱ジェイトップラインによる措置命令取消等請求事件（東京地判平成 27 年 1 月 10 日（平成 27 年（行ウ）第 161 号）） ················· 102

クロレラチラシ配布差止等請求事件（京都地判平成 27 年 1 月 21 日（平成 26 年（ワ）第 116 号）） ················· 50

㈱村田園による措置命令取消請求事件（東京地判平成 29 年 6 月 27 日（平成 28 年（行ウ）第 135 号）） ················· 69

アマゾンジャパン㈿による措置命令取消請求事件（東京地判令和元年 11 月 15 日（平成 30 年（行ウ）第 30 号）） ················· 57

㈱だいにち堂による措置命令取消請求事件（東京高判令和 2 年 10 月 28 日（令和 2 年（行コ）第 96 号）） ················· 69,97

アマゾンジャパン㈿による措置命令取消請求事件（東京高判令和 2 年 12 月 3 日（令和

元年(行コ)第 330 号)) ·············· 56

㈱ライフサポートによる措置命令取消請求事件(大阪地判令和 3 年 4 月 22 日(令和元年(行ウ)第 73 号)) ·············· 128

㈱だいにち堂による措置命令取消請求事件(最判令和 4 年 3 月 8 日(令和 3 年(行ツ)第 33 号)) ·············· 69, 97

大幸薬品㈱による措置命令仮の差止め申立一部却下決定に対する抗告事件(東京高決令和 4 年 4 月 13 日(令和 4 年(行ス)第 8 号)) ·············· 100

ティーライフ㈱による措置命令取消請求事件(東京地判令和 4 年 4 月 28 日(令和 3 年(行ウ)第 153 号)) ·············· 103

◆　審決

内田 MFC 研究所に対する審決(昭和 43 年(判)第 1 号(昭和 45 年 2 月 17 日)) ······· 312

主婦連合会ほか 1 名に対する審決(昭和 46 年(判)第 5 号(昭和 48 年 3 月 14 日)) ··· 312

ホリディ・マジック㈱に対する審決(昭和 50 年(勧)第 16 号(昭和 50 年 6 月 13 日)) ·············· 16

㈱日本交通公社に対する審決(平成 2 年(判)第 1 号(平成 3 年 11 月 21 日)) ·············· 71

㈱宇多商会に対する審決(平成 9 年(判)第 4 号(平成 11 年 10 月 1 日)) ·············· 64

◆　命令

ニッタン㈱に対する排除命令(昭和 45 年(排)第 13 号(昭和 45 年 3 月 20 日)) ·········· 92

日本ペプシコーラ㈱および北海道飲料㈱に対する排除命令(昭和 46 年(排)第 36 号(昭和 46 年 7 月 29 日)) ·············· 220

札幌上島コーヒー㈱に対する排除命令(昭和 48 年(排)第 11 号(昭和 48 年 5 月 16 日)) ·············· 220

三和総合住宅㈱に対する排除命令(昭和 57 年(排)第 8 号(昭和 57 年 11 月 30 日)) ··· 75

九州ミシンセンター福岡店こと池永憲治に対する排除命令 (平成 7 年(排)第 3 号(平成 7 年 7 月 17 日)) ·············· 184

㈱京都キモノファッションセンターに対する排除命令(平成 14 年(排)第 25 号(平成 14 年 10 月 8 日)) ·············· 164

㈱京王百貨店および明治屋産業㈱に対する排除命令(平成 14 年(排)第 27 号(平成 14 年 10 月 25 日)) ·············· 48

石川ライフクリエート㈱に対する排除命令(平成 15 年(排)第 2 号(平成 15 年 4 月 16 日)) ·············· 327

中部地区における有料老人ホームを営む事業者 3 名に対する排除命令(平成 15 年(排)第 2 号ないし第 4 号(平成 15 年 4 月 16 日)) ·············· 327

㈱フジアートグループに対する排除命令(平成 15 年(排)第 22 号(平成 15 年 12 月 5 日)) ·············· 89

国分㈱に対する排除命令(平成 16 年(排)第 2 号(平成 16 年 2 月 27 日)) ·············· 173

㈱丸久に対する排除命令(平成 16 年(排)第 7 号(平成 16 年 4 月 13 日)) ·············· 124

㈱そごうほか2社に対する排除命令(平成16年(排)第8号～第10号(平成16年6月30日)) ······ 56

㈱ベルーナに対する排除命令(平成16年(排)第12号(平成16年7月13日)) ········· 85

アサヒフードアンドヘルスケア㈱に対する排除命令(平成16年(排)第14号(平成16年7月29日)) ······ 88

㈱タカチホおよび㈱札幌グルメフーズに対する排除命令(平成16年(排)第17号(平成16年10月4日)) ······ 60

八木通商ほか衣料品小売業者に対する排除命令(平成16年(排)第19号ないし第23号(平成16年11月24日)) ······ 58

㈲ビッグイレブンに対する排除命令(平成17年(排)第6号(平成17年8月2日)) · 138

㈱ライフケアサービスに対する排除命令(平成18年(排)第3号(平成18年3月13日)) ······ 197

㈱ディア・レスト三次に対する排除命令(平成19年(排)第6号(平成19年2月8日)) ······ 195

㈱ハピネライフケアに対する排除命令(平成19年(排)第7号(平成19年2月8日)) ······ 196

㈱原弘産に対する排除命令(平成19年(排)第5号(平成19年2月8日)) ············ 196

アメリカン・ライフ・インシュアランス・カンパニーに対する排除命令(平成19年(排)第35号(平成19年10月19日)) ······ 84

㈱村さ来本社に対する排除命令(平成19年(排)第41号(平成19年12月14日)) ···· 47

㈱リッツコーポレーションおよび㈲リッツソリューションに対する排除命令(平成20年(排)第20号(平成20年2月8日)) ······ 58

製紙会社に対する排除命令(平成20年(排)第28号ないし第35号(平成20年4月25日)) ······ 88

㈱エイブルに対する排除命令(平成20年(排)第41号(平成20年6月18日)) ········ 189

西日本電信電話㈱に対する排除命令(平成20年(排)第43号(平成20年7月15日)) ······ 112

九州電力㈱に対する排除命令(平成20年(排)第47号(平成20年10月15日)) ········ 76

㈱QVCジャパンに対する排除命令(平成21年(排)第6号(平成21年1月14日)) ······ 327

アドルフォ・ドミンゲスジャパン㈱に対する排除命令(平成21年(排)第26号(平成21年6月9日)) ······ 178

㈱ファミリーマートに対する措置命令(平成21年11月10日) ············ 47

学校法人北海道安達学園に対する措置命令(平成23年6月29日) ············ 45

㈱AOKIに対する措置命令(平成23年7月26日) ············ 80

紳士服販売業者5社に対する措置命令(平成23年7月26日) ············ 77

一般照明用電球形LEDランプ販売業者12社に対する措置命令(平成24年6月14日) ······ 67

㈲藤原アイスクリーム工場に対する措置命令(平成24年9月28日) ············ 177

シャープ㈱に対する措置命令（平成 24 年 11 月 28 日）‥‥‥‥‥‥‥ 107

㈱ヘルスに対する措置命令（平成 25 年 10 月 17 日）‥‥‥‥‥‥‥ 42

アップリカ・チルドレンズプロダクツ㈱に対する措置命令（平成 25 年 12 月 26 日）・69

二酸化塩素を利用した空間除菌を標ぼうするグッズ販売業者 17 社に対する措置命令

　（平成 26 年 3 月 27 日）‥‥‥‥‥‥‥‥‥‥‥‥‥‥‥‥‥‥ 99

弁護士法人アディーレ法律事務所に対する措置命令（平成 28 年 2 月 16 日）‥‥‥ 165

ブラスワン・マーケティング㈱に対する措置命令（平成 29 年 4 月 21 日）‥‥‥ 98

㈱ボーネルンドに対する措置命令（平成 29 年 6 月 23 日）‥‥‥‥ 177

グリー㈱に対する措置命令（平成 29 年 7 月 19 日）‥‥‥‥‥‥‥ 163

ソフトバンク㈱に対する措置命令（平成 29 年 7 月 27 日）‥‥‥‥ 185

㈱ ARS および㈱リュウセンに対する措置命令（平成 29 年 11 月 2 日）‥‥‥ 86

㈱太田胃散に対する措置命令（平成 29 年 11 月 7 日）‥‥‥‥‥‥ 82

㈱シーズメンに対する措置命令（平成 29 年 12 月 5 日）‥‥‥‥‥ 126

㈱ e-chance に対する措置命令（平成 29 年 12 月 19 日）‥‥‥‥‥ 99

アマゾンジャパン㈿に対する措置命令（平成 29 年 12 月 27 日）‥‥‥ 56

アワ・パーム・カンパニー・リミテッドに対する措置命令（平成 30 年 1 月 26 日）‥‥ 46

ジュピターショップチャンネル㈱に対する措置命令（平成 30 年 3 月 16 日）‥‥‥ 130

マカフィー㈱に対する措置命令（平成 30 年 3 月 22 日）‥‥‥‥‥ 126

㈱ TSUTAYA に対する措置命令（平成 30 年 5 月 30 日）‥‥‥‥‥ 80

HITOWA ケアサービス㈱に対する措置命令（平成 30 年 7 月 3 日）‥‥‥ 196

㈱髙島屋に対する措置命令（令和元年 6 月 13 日）‥‥‥‥‥‥‥ 178

フィリップ・モリス・ジャパン㈿に対する措置命令（令和元年 6 月 21 日）‥‥‥‥ 165

ふるさと和漢堂㈱に対する措置命令（令和元年 6 月 28 日）‥‥‥‥ 98

㈱ファクトリージャパングループに対する措置命令（令和元年 10 月 9 日）‥‥‥ 47

イマジン・グローバル・ケア㈱に対する措置命令（令和元年 11 月 1 日）‥‥‥ 51

㈱サンドラッグに対する措置命令（令和 2 年 6 月 24 日）‥‥‥‥‥ 142

フィリップ・モリス・ジャパン㈿に対する課徴金納付命令（令和 2 年 6 月 24 日）‥‥ 347

㈱ T.S コーポレーションに対する措置命令（令和 3 年 3 月 3 日）‥‥‥‥ 60

㈱レッドスパイスに対する措置命令（令和 3 年 3 月 18 日）‥‥‥‥ 82

アワ・パーム・カンパニー・リミテッドに対する課徴金納付命令（令和 3 年 3 月 29 日）

　‥‥‥‥‥‥‥‥‥‥‥‥‥‥‥‥‥‥‥‥‥‥‥‥‥‥‥‥‥ 336

高知県農業協同組合に対する措置命令（令和 3 年 3 月 30 日）‥‥‥‥ 45

㈱ハピリィに対する措置命令（令和 3 年 9 月 14 日）‥‥‥‥‥‥‥ 136

㈱アクガレージおよびアシスト㈱に対する措置命令（令和 3 年 11 月 9 日）‥‥‥‥ 60

㈲菊池商事および㈱プレイズに対する措置命令（令和 3 年 12 月 16 日）‥‥‥‥ 161

大幸薬品㈱に対する措置命令（令和 4 年 1 月 20 日）‥‥‥‥‥‥‥ 99

セブンエー美容㈱および㈱エイチフォーに対する措置命令（令和 4 年 3 月 3 日）‥‥‥ 47

㈱ EE21 に対する措置命令（令和 4 年 3 月 24 日）‥‥‥‥‥‥‥‥ 127

㈱ DYM に対する措置命令（令和 4 年 4 月 27 日）‥‥‥‥‥‥‥‥ 54, 60

事例索引　　403

㈱あきんどスシローに対する措置命令（令和4年6月9日）‥‥‥‥‥ 184, 185, 186

㈱レッドスパイスに対する課徴金納付命令（令和4年6月21日）‥‥‥‥‥ 339

㈱北海道産地直送センターに対する措置命令（令和4年7月29日）‥‥‥‥‥ 130

㈱山田養蜂場に対する措置命令（令和4年9月9日）‥‥‥‥‥ 43

Guay Guay Trading Co., LTD. に対する措置命令（令和4年12月20日）‥‥‥ 46

㈱バンザンに対する措置命令（令和5年1月12日）‥‥‥‥‥ 166

㈱ CLO2 Lab に対する課徴金納付命令（令和5年1月20日）‥‥‥‥‥ 343

アシスト㈱に対する課徴金納付命令（令和5年1月24日）‥‥‥‥‥ 331

㈱ファイテックに対する課徴金納付命令（令和5年1月27日）‥‥‥‥‥ 331

コンサートの提供事業者3社に対する措置命令（令和5年2月15日）‥‥‥‥‥ 84

㈱アクガレージに対する課徴金納付命令（令和5年3月30日）‥‥‥‥‥ 341

㈱バウムクーヘンに対する措置命令（令和5年6月14日）‥‥‥‥‥ 60

富士通クライアントコンピューティング㈱に対する措置命令（令和5年6月23日）

‥‥‥‥‥ 127

㈱ドミノ・ピザジャパンに対する措置命令（令和5年6月27日）‥‥‥‥‥ 78

㈱アリュールに対する措置命令（令和5年11月27日）‥‥‥‥‥ 85

フロンティアジャパン㈱に対する措置命令（令和6年2月29日）‥‥‥‥‥ 86

◆ 警告

シティバンク，エヌ・エイおよび㈱新生銀行に対する警告（平成16年5月28日）

‥‥‥‥‥ 163

㈱天然の温泉村に対する警告（平成16年8月9日）‥‥‥‥‥ 44

◆ 勧告

ライオン㈱に対する勧告（平成28年3月1日）‥‥‥‥‥ 209

景品表示法〔第7版〕

2005年 7 月20日	初　版第 1 刷発行
2010年 5 月30日	第 2 版第 1 刷発行
2014年 1 月20日	第 3 版第 1 刷発行
2015年 8 月10日	第 4 版第 1 刷発行
2017年 4 月20日	第 5 版第 1 刷発行
2021年 6 月25日	第 6 版第 1 刷発行
2024年 9 月 6 日	第 7 版第 1 刷発行

編 著 者　　高 居 良 平

発 行 者　　石 川 雅 規

発 行 所　　株式会社 商 事 法 務

〒103-0027 東京都中央区日本橋 3-6-2
TEL 03-6262-6756・FAX 03-6262-6804〔営業〕
TEL 03-6262-6769〔編集〕
https://www.shojihomu.co.jp/

落丁・乱丁本はお取り替えいたします。
© 2024 Ryohei Takai

印刷／広研印刷㈱
Printed in Japan

Shojihomu Co., Ltd.
ISBN978-4-7857-3108-3
＊定価はカバーに表示してあります。

JCOPY ＜出版者著作権管理機構　委託出版物＞
本書の無断複製は著作権法上での例外を除き禁じられています。
複製される場合は、そのつど事前に、出版者著作権管理機構
（電話 03-5244-5088、FAX 03-5244-5089、e-mail: info@jcopy.or.jp）
の許諾を得てください。